丛书编委会

主编 思 美

编委(以姓氏笔画为序)

于爱军　石惠文　付西猛　成　奇
成　虎　刘海生　孙有进　李中臣
吴成刚　赵冬冰　段廉洁　费清天
徐心悦　徐志华　徐建伟　徐森林
黄达鹏　章青海　梁　乐　梁海英
彭　泽　满　涛　颜胤豪

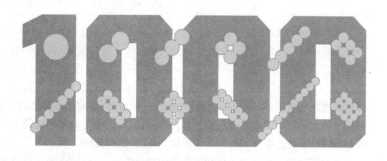

初中数学千题解

主编 思 美

一次函数与四边形

主编 徐森林 成 虎

中国科学技术大学出版社

内 容 简 介

《初中数学千题解》是"浙江思美数学"团队为初中学生与数学教师量身打造的精品丛书.本分册由一次函数100题和四边形100题及其解析4个部分组成.内容包括:一次函数的重要性质与基本计算、一次函数与面积问题、一次函数与实际应用问题、一次函数与特殊三角形的存在性问题、一次函数与特殊四边形的存在性问题、一次函数与最值问题、一次函数与几何变换、一次函数背景下的新定义等,以及平行四边形、非平行四边形、四边形与函数、四边形与最值等.本书充分展现了一次函数与四边形命题的丰富性,深刻揭示了中考的命题规律和解题方法.书中题目都有详解,并设"思路点拨"栏目,使学生不仅知其然,更知其所以然.

书中题目精选自全国各地知名中学的经典考题,具有很高的实战价值,同时兼顾重点高中的自主招生考试,个别习题难度较大,适合尖子生研习.

图书在版编目(CIP)数据

一次函数与四边形/徐森林,成虎主编.—合肥:中国科学技术大学出版社,2021.5(2024.9重印)

(初中数学千题解/思美主编)

ISBN 978-7-312-05193-7

Ⅰ.一… Ⅱ.①徐… ②成… Ⅲ.中学数学课—初中—题解—升学参考资料 Ⅳ.G634.605

中国版本图书馆 CIP 数据核字(2021)第 056164 号

一次函数与四边形

YICI HANSHU YU SIBIANXING

出版	中国科学技术大学出版社
	安徽省合肥市金寨路96号,230026
	http://press.ustc.edu.cn
	https://zgkxjsdxcbs.tmall.com
印刷	安徽省瑞隆印务有限公司
发行	中国科学技术大学出版社
经销	全国新华书店
开本	787 mm×1092 mm 1/16
印张	22.5
字数	461 千
版次	2021年5月第1版
印次	2024年9月第4次印刷
印数	12001—16000 册
定价	58.00 元

总　　序

相遇,是多么动人的词语.茫茫人海中,我们因数学而相识,因数学而结缘.

2017年5月,我被邀请加入"浙江思美数学"微信群,里面汇聚了来自全国各地的近500位数学精英,有大咖,有职业教练,有一线数学教师,也有狂热的业余爱好者.虽然与他们未曾谋面,也与他们有着不同的背景和学历,我却特别感动,因为他们有诚挚的心,以及发自内心的对数学的痴迷和执着的追求,怀揣原创初中数学题的梦想,踏上了兢兢业业研发高端品牌教辅的创作之路.

数学之缘让一切等待不再是等待,因为这些数学爱好者选择了数学研究,一生因数学而生.他们大多数来自一线,从事过多年的数学教育培训,了解学生对数学知识的需求,掌握初中数学命题的规律,善于抓住数学教学中的重点,并巧妙攻克疑难问题.他们针对一线教学中遇到的问题,进行系统总结,摸索出一套解题方法,以题与解的形式呈现给读者.丛书定名为《初中数学千题解》,共分6册:《全等与几何综合》《反比例与最值问题》《二次函数与相似》《一次函数与四边形》《代数综合与圆》《中考压轴题》.丛书拒绝目前一些教辅图书粗制滥造的编写模式,每个题目都经过编者的精心研究,抓住中考数学难题的考查方向,以专题的形式深度剖析解题过程,从不同的角度给学生全程全方位的辅导,希望能够帮助学生从实践运用中找到突破口,寻找问题本质,发散数学思维,提升解题技能.书中的题目解法别致,精彩美妙,令人不禁感叹"高手在民间",相信它一定会给读者一种茅塞顿开之感,帮助读者从中领略到数学之美.

值此新书发行之际,我想对《初中数学千题解》说:"遇见你是广大读者的缘.祝贺浙江思美数学团队!希望你们为数学教育做出更大的努力和贡献."

2019年6月

前　言

　　本书是《初中数学千题解》的第 5 册. 前 4 册《全等与几何综合》《反比例与最值问题》《二次函数与相似》《代数综合与圆》的销量和口碑都很不错, 编者备受鼓舞, 再接再厉, 全身心投入新书的创作, 力求精益求精, 使其成为学生学习数学的好帮手.

　　本书分为 4 个部分, 由一次函数 100 题和四边形 100 题及其解析组成. 紧扣课程标准, 突出重点, 注重启发引导、抽丝剥茧, 提升学生的构思能力和解题能力. 本书解析细致, 推理严谨, 通过思路点拨, 一定会让学生面对数学问题时豁然开朗.

　　本书也特别适合作为初中生中考、自主招生考试数学学科的教学辅导书. 书中各部分的知识点经过精心打磨, 直剖问题本质, 不仅破解了各类疑难问题, 同时引导设问, 循循善诱, 使读者面对各类疑难问题时能够寻根究底.

　　我们希望本书可以带给广大初中学子成功的体验, 帮助大家领略"波澜壮阔之势, 运筹帷幄之能, 对称和谐之美, 茅塞顿开之境".

　　我们特别感谢中国科学技术大学苏淳教授对晚辈们的鼓励与支持, 也非常感谢参与教研的广大数学题友, 欢迎读者朋友加入 QQ 群 731330929 讨论交流.

　　书中可能存在不足与错误之处, 望广大读者批评指正!

编　者

2021 年 3 月

目 录

总序   I

前言   III

第一部分   一次函数100题   001

第二部分   一次函数100题解析   059

第三部分   四边形100题   185

第四部分   四边形100题解析   237

第一部分　一次函数100题

1. 如图1.1所示,在平面直角坐标系中,点 O 为坐标原点,点 A 在第一象限且在直线 $y = \frac{4}{3}x$ 上,点 B 为线段 OA 的中点,过点 A 作 y 轴的垂线,垂足为点 C,点 D 是线段 AC 的延长线上的一点,连接点 B、D.若 $\angle OBD = 3\angle D$ 且 $CD = 5$,求直线 BD 的解析式.

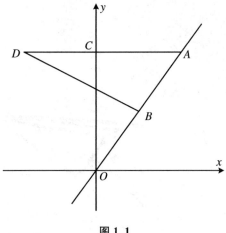

图1.1

2. 如图1.2所示,四边形 $A_1B_1C_1O$、$A_2B_2C_2C_1$、$A_3B_3C_3C_2$ 均为正方形.点 A_1、A_2、A_3 和点 C_1、C_2、C_3 分别在直线 $l: y = kx + b (k>0)$ 和 x 轴正半轴上,点 B_3 的坐标是 $\left(\frac{19}{4}, \frac{9}{4}\right)$,求直线 l 的解析式.

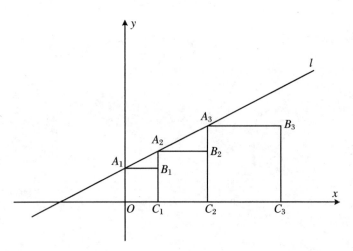

图1.2

3. 如图1.3所示,在平面直角坐标系 xOy 中,A 为 y 轴正半轴上一点,B 为 x 轴正半轴上一点,$OA = OB = 4$,光线从点 $C(1,0)$ 出发,到 AB 上一点 E,经直线 AB 反射后到 AO 上一点 D,经 AO 反射后回到点 C,则点 E 的坐标为_____.

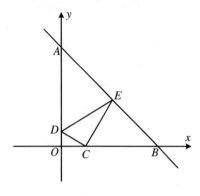

图1.3

4. 如图1.4所示,直线 $y = x - 6$ 与 x 轴、y 轴分别交于点 A、B,直线 $y = -\dfrac{1}{2}x + 2$ 与 x 轴、y 轴分别交于点 C、D,点 E 为线段 AB 上一点,且 $\angle AEC = \angle BDC$,求点 E 的坐标.

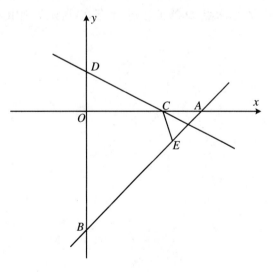

图1.4

5. 已知正比例函数 $y=kx(k\neq 0)$ 的图像经过 $A(-2,4)$、$B(1,b)$，如图 1.5 所示．

(1) 求 k、b 的值．

(2) 若已知点 $C(0,2)$，试问：在坐标轴上是否存在一点 P，使 $PB=PC$？若存在，求出点 P 的坐标；若不存在，请说明理由．

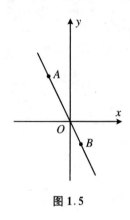

图 1.5

6. 如图 1.6 所示，直线 $y=-x+2$ 与 x 轴相交于点 A，与 y 轴相交于点 B．直线 $y=-2x+b$ 经过点 A，与 y 轴相交于点 C．在直线 AC 上是否存在点 D，使 $\angle BDA=45°$？若存在，求点 D 的坐标；若不存在，请说明理由．

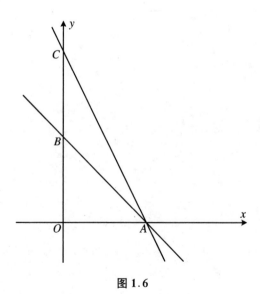

图 1.6

7. 如图 1.7 所示,已知直线 $l: y = -2x + 12$ 交 x 轴于点 A、交 y 轴于点 B,点 C 在线段 OB 上运动(不与点 O、B 重合),连接点 A、C,作 $CD \perp AC$ 交线段 AB 于点 D.

(1) 求 A、B 两点的坐标.

(2) 当点 D 的纵坐标为 8 时,求点 C 的坐标.

(3) 过点 B 作直线 $BF \perp y$ 轴,交 CD 的延长线于点 F. 设 $OC = m$,$BF = n$,试求 n 与 m 的函数关系式,并直接写出 m、n 的取值范围.

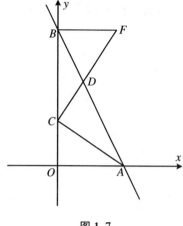

图 1.7

8. 如图 1.8 所示,四边形 $ABCO$ 为矩形,点 B 的坐标为 $(4,2)$,点 A 在 y 轴正半轴上,点 C 在 x 轴正半轴上,点 E 为 AB 边上的一点,坐标为 $(1,2)$,点 D 为 y 轴负半轴上一动点,点 F 为 x 轴正半轴上一动点,且 $\angle DEF = 90°$,在直线 $y = -10x + 60$ 上找点 P,使 $\angle BEP = \angle EDF$,试求出点 P 的坐标.

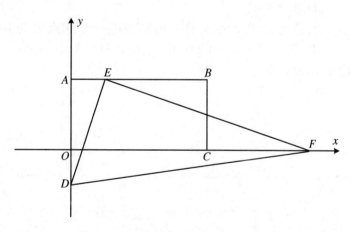

图 1.8

9. 如图1.9所示,点 A、B 分别在一次函数 $y=x$、$y=8x$ 的图像上,其横坐标分别为 a、$b(a>0,b>0)$.设直线 AB 的解析式为 $y=kx+m$,若 $\dfrac{b}{a}$ 是整数时,k 也是整数,试求出满足条件的所有 k 值.

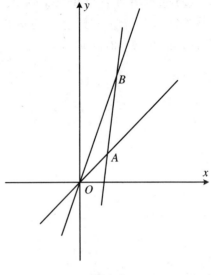

图 1.9

10. 已知一次函数 $y=kx+3(k<0)$ 的图像与 x 轴、y 轴分别相交于点 A、B,$\tan\angle OAB=2$,点 $P(a,b)$ 在该函数的图像上.

(1) 求 k 的值.

(2) 若点 P 到 x 轴、y 轴的距离之和等于 2,求点 P 的坐标.

(3) 设 $a=1-m$,如果在两个实数 a 与 b 之间(不包括 a 和 b)有且只有一个整数,求实数 m 的取值范围.

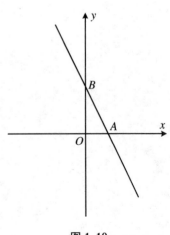

图 1.10

11. 已知一次函数的图像经过点 $A(x_1, y_1)$、$B(x_2, y_2)$ 和 $C\left(\dfrac{3}{2}, 1\right)$，并且 $\dfrac{y_2 - y_1}{x_2 - x_1} = -\dfrac{3}{2}$.

(1) 求此一次函数的解析式.

(2) 此一次函数的图像是否有可能经过横坐标和纵坐标都是整数的点？请给出你的理由.

12. 在平面直角坐标系 xOy 中，已知直线 $l_1: y = kx + 3(k < 0)$ 与直线 $l_2: y = x - 2$ 交于点 A，l_1 与 y 轴交于点 B，l_2 与 y 轴交于点 C.

(1) 当点 A 在 x 轴上时，求 k 的值及点 A、B 的坐标.

(2) 横、纵坐标都是整数的点称为整点，记线段 BC、AC、AB 围成的区域（不含边界）为 W，区域 W 内整点个数为 n，结合函数图像回答：

① 在(1)的条件下，$n = $ _____.

② 若 $2 \leqslant n \leqslant 4$，直接写出 k 的取值范围：_____.

13. 阅读材料：在平面直角坐标系中，任何直线的方程均可化为一般形式：$Ax+By+C=0$（其中 A、B、C 为常数系数）．例如：直线方程 $y=\dfrac{1}{2}x-3$ 可变形为 $x-2y-6=0$．

一般地，我们在平面直角坐标系中求点到直线的距离，可用下面的公式求解：

点 $P(x_0,y_0)$ 到直线 $Ax+By+C=0$ 的距离公式是

$$d=\dfrac{|Ax_0+By_0+C|}{\sqrt{A^2+B^2}}.$$

比如，求点 $P(1,1)$ 到直线 $2x+6y-9=0$ 的距离为

$$d=\dfrac{|2\times1+6\times1-9|}{\sqrt{2^2+6^2}}=\dfrac{1}{\sqrt{40}}=\dfrac{\sqrt{10}}{20}.$$

根据以上材料解答下列问题：

(1) 求点 $P(1,1)$ 到直线 $y=3x-2$ 的距离，并判断点 P 与直线的位置关系．

(2) 求点 $P(2,-1)$ 到直线 $y=2x-1$ 的距离．

(3) 求两条平行线 $l_1:y=-\dfrac{2}{3}x+\dfrac{8}{3}$ 和 $l_2:y=-\dfrac{2}{3}x-6$ 间的距离．

(4) 已知点 $M(-1,3)$ 与直线 $y=2x$ 上点 N 的距离是 3，则 $\triangle OMN$ 的面积是 _____．

14. 问题:探究函数 $y=|x|-2$ 的图像与性质.

小华根据学习函数的经验,对函数 $y=|x|-2$ 的图像与性质进行了探究.

下面是小华的探究过程,请补充完整:

(1) 在函数 $y=|x|-2$ 中,自变量 x 的取值范围是_____.

(2) 表 1.1 所示是 y 与 x 的几组对应值.

表 1.1

x	⋯	-3	-2	-1	0	1	2	3	⋯
y	⋯	1	0	-1	-2	-1	0	m	⋯

① $m=$ _____.

② 若 $A(n,2019)$、$B(2021,2019)$ 为该函数图像上不同的两点,则 $n=$ _____.

(3) 如图 1.11 所示,在平面直角坐标系 xOy 中,描出以上表中各组对应值为坐标的点,并根据描出的点画出该函数的图像.根据函数图像可得:该函数的最小值为_____;该函数图像与 x 轴围成的几何图形的面积是_____.

(4) 已知直线 $y_1=\dfrac{1}{2}x-\dfrac{1}{2}$ 与函数 $y=|x|-2$ 的图像交于 C、D 两点,当 $y_1 \geqslant y$ 时,试确定 x 的取值范围.

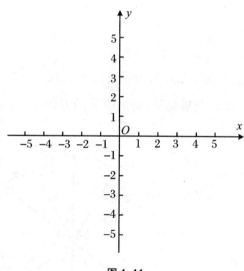

图 1.11

15. 阅读理解：

(1) 发现1：对于一次函数 $y = kx + b$（k、b 为常数且 $k \neq 0$），k 的绝对值越大，此一次函数的图像与过点 $(0, b)$ 且平行于 x 轴的直线所夹的锐角就越大.

根据发现1请解决下列问题：图1.12(a)所示是 $y = k_1 x + 2$，$y = k_2 x + 2$，$y = k_3 x + 2$，$y = k_4 x + 2$ 四个一次函数在同一平面直角坐标系中的图像，比较 k_1、k_2、k_3、k_4 的大小（用"<"或">"连接）.

(2) 发现2：我们知道函数 $y_1 = k_1 x + b_1$ 与 $y_2 = k_2 x + b_2$ 的交点的横坐标是方程 $k_1 x + b_1 = k_2 x + b_2$ 的解. 类似地，$|x - 1| = \frac{1}{2} x + 1$ 的解就是 $y = |x - 1|$ 和 $y = \frac{1}{2} x + 1$ 的两个图像交点的横坐标.

求含有绝对值的方程 $|x - 1| = \frac{1}{2} x + 1$ 的解.

解：在同一直角坐标系中画出 $y = |x - 1|$ 和 $y = \frac{1}{2} x + 1$ 的图像，如图1.12(b)所示.

由图像可知方程 $|x - 1| = \frac{1}{2} x + 1$ 的解有两个.

情况1：当 $x > 1$ 时，$y = |x - 1| = x - 1$，即 $x - 1 = \frac{1}{2} x + 1$，解得 $x = 4$.

情况2：当 $x \leq 1$ 时，$y = |x - 1| = -x + 1$，即 $-x + 1 = \frac{1}{2} x + 1$，解得 $x = 0$.

∴ 方程 $|x - 1| = \frac{1}{2} x + 1$ 的解为 $x_1 = 4$，$x_2 = 0$.

利用以上方法，解关于 x 的方程 $|x - 2| = -\frac{1}{2} x + 1$.

(3) 拓展延伸：解关于 x 的方程 $|x - 2| = ax$（a 为常数且 $a \neq 0$）.（用含 a 的代数式表示 x.）

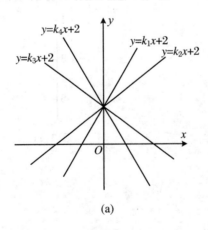

(a)

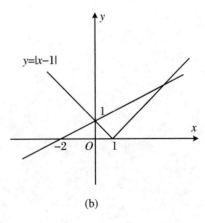

(b)

图 1.12

16. 如图1.13所示,在正方形 $ABCD$ 中,F 为 CD 上一点,连接点 B、F 交 AC 于点 G,将 $\triangle CGF$ 沿直线 GF 折叠至 $\triangle C'GF$,延长 BC' 交 AD 于点 E,连接点 C'、F 交 BD 于点 N,连接点 C、N.若 E 为 AD 的中点,$AB=6$,则四边形 $CNC'G$ 的面积是_____.

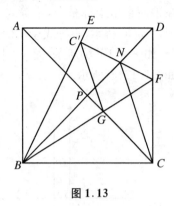

图 1.13

17. 如图1.14所示,在平面直角坐标系中,点 B、C 在 x 轴的负半轴上(点 C 在点 B 左侧),点 A 在 y 轴的负半轴上,$CD \perp AB$ 交 AB 的延长线于点 D,$CD = OA = 8$,$OB = 6$.

(1) 求点 D 的坐标.

(2) 定义:在平面直角坐标系中,有点 $M(m,n)$.对于直线 $y=kx+b$,当 $x=m$ 时,$y=km+b>n$,则称点 M 在直线下方;当 $x=m$ 时,$y=km+b=n$,则称点 M 在直线上;当 $x=m$ 时,$y=km+b<n$,则称点 M 在直线上方.

请你根据上述定义解决下列问题:

若点 P 在线段 AC 所在的直线上,且 $AC=4AP$,直线 l 经过点 P 和 $Q(6,-16)$,请你判断点 D 和直线 l 的位置关系.

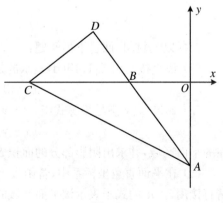

图 1.14

18. 阅读以下材料:

在平面直角坐标系中,$x=1$ 表示一条直线;以二元一次方程 $2x-y+2=0$ 的解为坐标的所有点所组成的图形就是一次函数 $y=2x+2$ 的图像,它也是一条直线.不仅如此,在平面直角坐标系中,不等式 $x\leqslant 1$ 表示一个平面区域,即直线 $x=1$ 及其左侧的部分,如图1.15(a)所示;不等式 $y\leqslant 2x+2$ 也表示一个平面区域,即直线 $y=2x+2$ 及其下方的部分,如图1.15(b)所示.而 $y=|x|$ 既不表示一条直线,也不表示一个区域,它表示一条折线,如图1.15(c)所示.

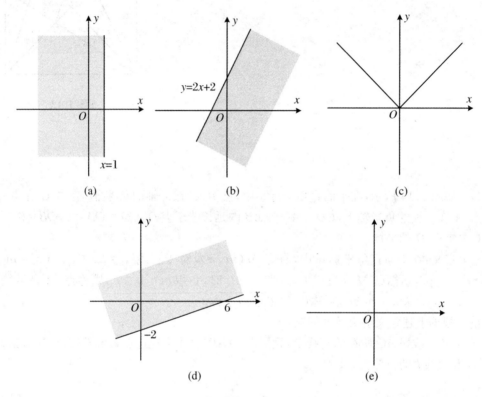

图 1.15

根据以上材料,回答下列问题:

(1) 请直接写出图 1.15(d) 表示的是_____(填二元一次不等式)对应的平面区域.

(2) 如果 x、y 满足不等式组 $\begin{cases} x\leqslant 3 \\ x+y\geqslant 0 \\ x-y+5\geqslant 0 \end{cases}$,请在图 1.15(e) 中用阴影表示出点 (x,y) 所在的平面区域,并求出阴影部分的面积 S_1.

(3) 在平面直角坐标系中,若函数 $y=2|x-2|$ 与 $y=x-m$ 的图像围成一个平面区域,请直接用含 m 的式子表示该平面区域的面积 S_2,并写出实数 m 的取值范围.

19. 已知直线 $l: y = -\dfrac{2+m}{1+2m}x + \dfrac{3m-4}{1+2m}\left(m \neq -\dfrac{1}{2}\right)$.

(1) 求证：不论 m 为何实数，直线 l 恒过一定点 M.

(2) 过定点 M 作一条直线 l_1，使其夹在两坐标轴之间的线段被点 M 平分，求直线 l_1 的解析式.

20. 一次函数 $y = kx - 4k$ 交 x 轴正半轴于点 A，交 y 轴正半轴于点 C. 当 k 变化时，作点 C 关于 x 轴对称的点 M，B 为线段 AM 上一点，连接点 C、B 交 x 轴于点 D，且 $2\angle OCD = \angle CAO$，如图 1.16 所示. 问：$AB + AC$ 是否为定值？若为定值，求出该定值；若不为定值，请说明理由.

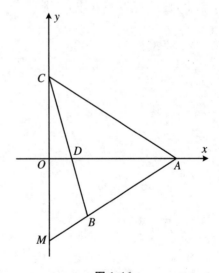

图 1.16

21. 已知直线 $l_n: y = -\dfrac{n+1}{n}x + \dfrac{1}{n}$（$n$ 是正整数）. 当 $n=1$ 时, 直线 $l_1: y = -2x + 1$ 与 x 轴和 y 轴分别交于点 A_1 和 B_1, 设 $\triangle A_1 OB_1$（O 是平面直角坐标系的原点）的面积为 S_1; 当 $n=2$ 时, 直线 $l_2: y = -\dfrac{3}{2}x + \dfrac{1}{2}$ 与 x 轴和 y 轴分别交于点 A_2 和 B_2, 设 $\triangle A_2 OB_2$ 的面积为 S_2……以此类推, 直线 l_n 与 x 轴和 y 轴分别交于点 A_n 和 B_n, 设 $\triangle A_n OB_n$ 的面积为 S_n.

(1) 求 $\triangle A_1 OB_1$ 的面积 S_1.

(2) 求 $S_1 + S_2 + S_3 + \cdots + S_{2021}$ 的值.

22. 如图 1.17 所示, 已知直线 $l_1: y = \dfrac{2}{3}x + \dfrac{8}{3}$ 与直线 $l_2: y = -2x + 16$ 相交于点 C, 直线 l_1、l_2 分别交 x 轴于 A、B 两点, 矩形 $DEFG$ 的顶点 D、E 分别在 l_1、l_2 上, 顶点 F、G 都在 x 轴上, 且点 G 与点 B 重合, 则 $\dfrac{S_{矩 DEFG}}{S_{\triangle ABC}} = $ _____.

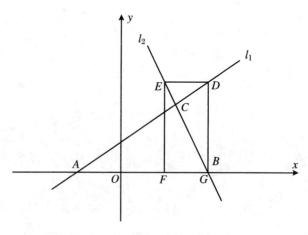

图 1.17

23. 如图 1.18 所示,直线 $y = -\dfrac{4}{3}x + 8$ 分别交 x 轴、y 轴于 A、B 两点.

(1) 求 A、B 两点的坐标.

(2) 若点 C 为 x 轴负半轴上一点,且△ABC 的面积为32,求点 C 的坐标.

(3) 在(2)的条件下,若点 E 为线段 AB 上一动点,连接点 B、C,连接点 C、E 交 y 轴于点 D,△BCE 的面积恰好被 y 轴分为 1∶2 两部分.求点 E 的坐标.

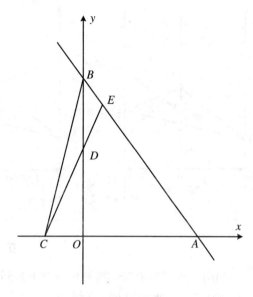

图 1.18

24. 阅读材料:如图 1.19 所示,过△ABC 的三个顶点分别作出与水平线垂直的三条直线,任意两条直线之间的距离称为△ABC 的"水平宽(a)",第三条直线被△ABC 的边所在直线截得的竖直线段的长度称为△ABC 的"铅垂高(h)".

我们可得出计算三角形面积的一种新方法:$S_{\triangle ABC} = \frac{1}{2}ah$,即三角形的面积等于水平宽与铅垂高乘积的一半.

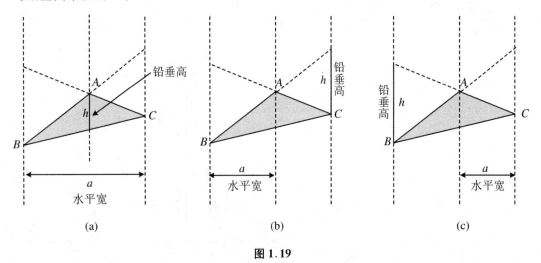

图 1.19

利用上述材料中提供的知识解答下列问题:

如图 1.20 所示,已知直线 $y = x - 5$ 与 x 轴、y 轴分别交于点 A、B. 点 C 为直线 $y = 2x + 3$ 上一点,且点 C 到直线 AB 的距离为 $7\sqrt{2}$,求点 C 的坐标.

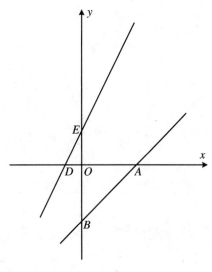

图 1.20

25. 如图 1.21 所示,在平面直角坐标系中,四边形各顶点的坐标分别为 $A(0,0)$、$B(7,0)$、$C(9,5)$、$D(2,7)$.

(1) 求直线 CD 的解析式.

(2) 求此四边形的面积.

(3) 在坐标轴上,你能否找到一点 P,使 $S_{\triangle PBC}=50$? 若能,求出点 P 的坐标;若不能,请说明理由.

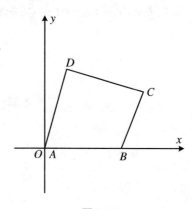

图 1.21

26. 如图 1.22 所示,在平面直角坐标系中,O 为坐标原点,直线 AB 与 x 轴、y 轴分别交于点 A 和点 B,与正比例函数的图像交于点 C,过点 B 作 $BD \parallel OA$ 交正比例函数的图像于点 D,且点 D 的横坐标是 1.已知 $AO=4$,$OD=\sqrt{10}$.

(1) 求直线 OC 与直线 AB 的解析式.

(2) 若点 P 是正比例函数图像上一动点,当 $\triangle ABP$ 的面积为 $\triangle AOC$ 面积的 $\dfrac{5}{2}$ 倍时,求点 P 的坐标.

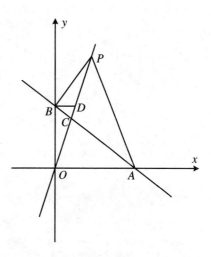

图 1.22

27. 如图 1.23 所示,直线 $y=x+3$ 分别交 x 轴、y 轴于 A、B 两点,直线 $y=x-2$ 分别交 x 轴、y 轴于 C、D 两点.在直线 AB 上是否存在一点 P,使得 $S_{\triangle PAD}=S_{\triangle PCD}$?若存在,请求出点 P 的坐标;若不存在,请说明理由.

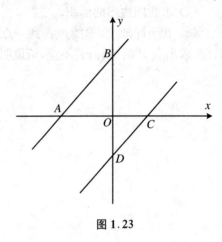

图 1.23

28. 如图 1.24 所示,在平面直角坐标系中,已知 $A(-5,0)$、$B(-2,4)$、$C(4,5)$、$D(6,2)$、$E(2,-4)$,直线 l 经过点 C 且将五边形 $ABCDE$ 的面积分割成两等份,求直线 l 的解析式.

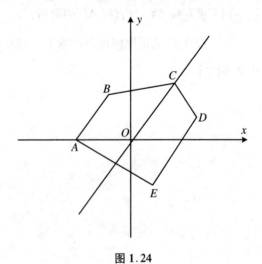

图 1.24

29. 某商店销售 A 型和 B 型两种电器,若销售 A 型电器 20 台、B 型电器 10 台,可共获利 13000 元;若销售 A 型电器 25 台、B 型电器 5 台,可共获利 12500 元.

(1) 每台 A 型电器和每台 B 型电器的利润分别为多少元?

(2) 该商店计划一次性购进两种型号的电器共 100 台,其中 B 型电器的进货量不超过 A 型电器的 2 倍.该商店购进 A 型、B 型电器各多少台,才能使销售总利润最大? 最大利润是多少?

(3) 实际进货时(A、B 两种电器共 100 台),厂家对 A 型电器出厂价下调 $a(0<a<200)$ 元,且限定商店购进 A 型电器的数量大于等于 0 且小于等于 60 台.若商店保持同种电器的售价不变,请你根据以上信息,设计出使这 100 台电器销售总利润最大的进货方案.

30. 某市为了进一步改善居民的生活环境,园林处决定增加公园 A 和公园 B 的绿化面积.已知公园 A、B 分别有如图 1.25(a)、(b)所示的阴影部分需铺设草坪.在甲、乙两地分别有同种草皮 1608 米² 和 1200 米² 出售,且售价一样.若园林处从甲、乙两地购买草皮,其路程和运费单价如表 1.2 所示.

表 1.2

地点	公园 A		公园 B	
	路程(千米)	运费单价(元)	路程(千米)	运费单价(元)
甲地	30	0.25	32	0.25
乙地	22	0.3	30	0.3

(注:运费单价指将每平方米草皮运送 1 千米所需的人民币.)

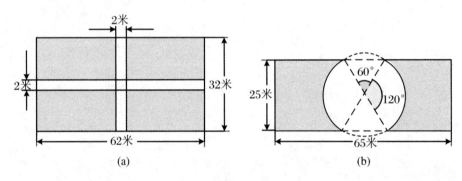

图 1.25

(1) 分别求出公园 A、B 需铺设草坪的面积(结果精确到 1 米²).
(2) 请设计出总运费最省的草皮运送方案.

31. 有甲、乙两个均装有进水管和出水管的容器,初始时刻同时打开两容器进水管.甲容器到 8 分钟时,关闭进水管、打开出水管,到 16 分钟时,又打开了进水管,此时既进水又出水,到 28 分钟时,同时关闭两容器的所有水管.两容器每分钟进水量与出水量均为常数,容器中的水量 y(升)与时间 x(分)之间的函数关系如图 1.26 所示.解答下列问题:

(1) 甲容器的进水管每分钟进水____升,出水管每分钟出水____升.

(2) 求乙容器内的水量 y 与时间 x 的函数关系式.

(3) 求从初始时刻到两容器最后一次水量相等时所需的时间.

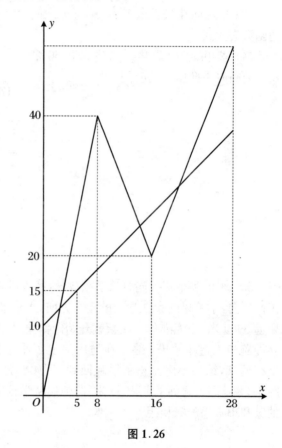

图 1.26

32. 甲、乙两个工程队共同修建一条公路,两个工程队同时从两端按一定的工作效率开始施工. 从开始施工到完成修建这条公路,甲队施工 40 天;乙队在中途接到紧急任务而停止施工一段时间,然后按原来的工作效率继续施工,直到这条公路修建完成为止. 设甲、乙两个工程队各自修建公路的长度分别为 y_1(米)、y_2(米),甲队施工的时间为 x(天),y_1、y_2 与 x 之间的函数图像如图 1.27 所示.

(1) 甲队每天修建公路_____米,这条公路的总长度是_____米.

(2) 求乙队停止施工的天数.

(3) 求乙队在恢复施工后 y_2 与 x 之间的函数表达式.

(4) 求甲、乙两队共同修建完 3050 米长的公路时甲队施工的时间.

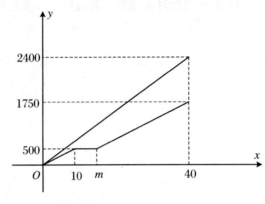

图 1.27

33. 小虎和小苹果同时从学校放学,两人以各自速度匀速步行回家. 小虎的家在学校的正西方向,小苹果的家在学校的正东方向,小苹果的家与学校的距离比小虎的家与学校的距离远 3900 米. 小虎准备一回家就开始做作业,打开书包时发现错拿了小苹果的练习册,于是立即跑步去追小苹果,终于在途中追上了小苹果并交还了练习册,然后再以先前的速度步行回家,结果小虎比小苹果晚回到家中(小虎在家中耽搁和交还作业的时间忽略不计). 图 1.28 是两人之间的距离 y(米)与他们从学校出发的时间 x(分钟)的函数关系图,则小虎的家和小苹果的家相距_____米.

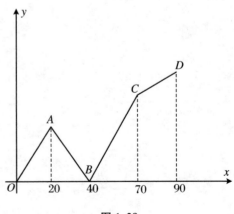

图 1.28

34. 甲、乙两车都从 A 地驶向 B 地,并以各自的速度匀速行驶.甲车比乙车早出发,在途中休息了 0.5 小时.设甲车行驶时间为 x 小时,甲、乙两车行驶的路程 y(千米)与时间 x(小时)的函数图像如图 1.29 所示.根据题中信息回答问题:

(1) 填空: $m = $ _____ , $a = $ _____ .

(2) 当乙车出发后,求乙车行驶路程 y(千米)与时间 x(小时)的函数关系式,并写出相应的 x 的取值范围.

(3) 当甲车行驶多长时间时两车恰好相距 50 千米?

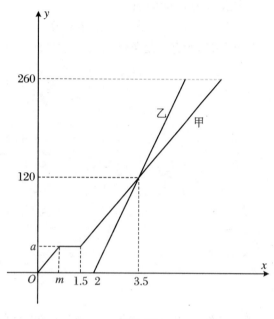

图 1.29

35. 快、慢两车分别从相距 480 千米的甲、乙两地同时出发,匀速行驶,相向而行.途中慢车停留了 1 小时,然后继续以原速驶向甲地,到达甲地后即停止行驶;快车到达乙地后,立即按原路原速返回甲地(调头时间忽略不计).图 1.30 是两车距离乙地的路程 y(千米)与所用时间 x(小时)之间的函数图像,则当两车第一次相遇时,快车距离甲地的路程是 _____ 千米.

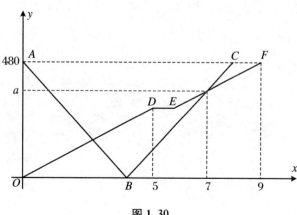

图 1.30

36. 如图1.31所示,直线 $l_1:y_1=-x+n$ 与 y 轴交于点 $A(0,6)$,直线 $l_2:y=kx+1$ 与 x 轴交于点 $B(-2,0)$、与 y 轴交于点 C,l_1 与 l_2 相交于点 D,连接点 A、B.

(1) 直接写出直线 l_1、l_2 的函数表达式.

(2) 求 $\triangle ABD$ 的面积.

(3) P 为 x 轴上一点,若 $\triangle ABP$ 为等腰三角形,试求出所有满足条件的点 P 的坐标.

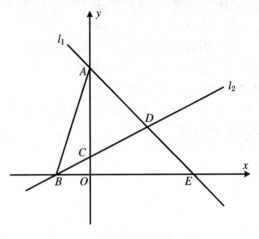

图 1.31

37. 如图1.32所示,矩形 $OABC$ 在平面直角坐标系内(O 为坐标原点),点 A 在 x 轴负半轴上,点 C 在 y 轴正半轴上,点 B 的坐标为 $(-2,2\sqrt{3})$,点 E 是 BC 的中点,点 H 在 OA 上,且 $AH=\dfrac{1}{2}$,$HG \parallel OC$ 交 EB 于点 G,F 为 OC 上一点.现将 $\triangle CEF$ 沿 EF 折叠,使点 C 落在 HG 上的点 D 处.

(1) 求 $\angle CEF$ 的度数和点 D 的坐标.

(2) 求折痕 EF 所在直线的解析式.

(3) 若点 P 在直线 EF 上,当 $\triangle PFD$ 为等腰三角形时,试求出满足条件的所有点 P 的坐标.

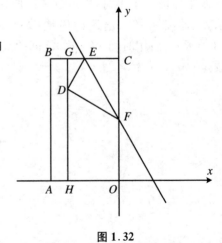

图 1.32

38. 如图 1.33 所示,已知直线 l_1 和直线 l_2 相交于点 $(2,2)$,直线 l_1 过点 $(0,3)$,直线 l_2 过原点.平行于 y 轴的动直线 l_3 的解析式为 $x = t$,且动直线 l_3 交直线 l_2、l_1 分别于点 D、E(点 E 在点 D 的上方).

(1) 求直线 l_2 和直线 l_1 的解析式.

(2) 若 P 是 y 轴上一个动点,且满足 $\triangle PDE$ 是等腰直角三角形,求点 P 的坐标.

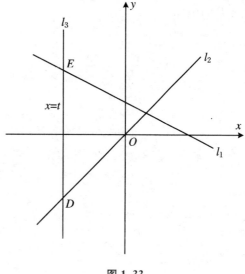

图 1.33

39. 如图 1.34 所示,在平面直角坐标系 xOy 中,一次函数 $y = kx + 6$ 的图像与 x 轴、y 轴分别交于 A、B 两点,点 A 的坐标为 $(-8,0)$.在第二象限内是否存在点 P,使得以 P、O、A 为顶点的三角形与 $\triangle OAB$ 相似(包括全等)?若存在,求出所有符合条件的点 P 的坐标;若不存在,请说明理由.

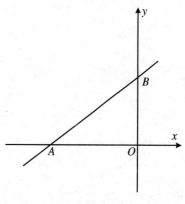

图 1.34

40. 如图 1.35 所示,直线 $l: y = -\dfrac{1}{2}x + 2$ 分别与 x 轴、y 轴交于 A、B 两点. OC 是 $\angle AOB$ 的平分线. 点 P 在直线 CO 上,过点 P 作直线 m(不与直线 l 重合),与 x 轴、y 轴分别交于 M、N 两点. 若以 O、M、N 三点为顶点的三角形与 $\triangle ABO$ 全等,求出所有符合条件的点 P 的坐标.

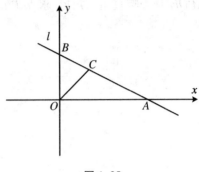

图 1.35

41. 如图 1.36 所示,在平面直角坐标系中,直线 $l_1: y = -\dfrac{1}{2}x + 2$ 向下平移 1 个单位后得到直线 l_2,l_2 交 x 轴于点 A,点 P 是直线 l_1 上一动点,过点 P 作 $PQ \parallel y$ 轴交 l_2 于点 Q. 点 B 为 OA 的中点,连接点 O 与 Q、B 与 Q. 若点 P 在 y 轴的左侧,M 为直线 $l_3: y = -1$ 上一动点,当 $\triangle PQM$ 与 $\triangle BOQ$ 全等时,求点 M 的坐标.

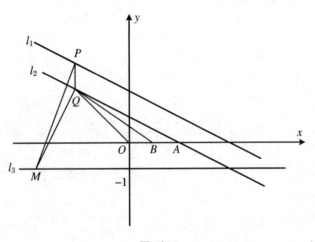

图 1.36

42. （1）模型建立：如图 1.37(a)所示，在等腰直角△ABC 中，∠ACB = 90°，CB = CA，直线 ED 经过点 C，过点 A 作 AD⊥ED 于点 D，过点 B 作 BE⊥ED 于点 E．求证：△BEC≌△CDA．

（2）模型应用Ⅰ：已知直线 $l_1: y = \dfrac{3}{2}x + 3$ 与坐标轴交于点 A、B，将直线 l_1 绕点 A 逆时针旋转 45°至直线 l_2，如图 1.37(b)所示，求直线 l_2 的解析式．

（3）模型应用Ⅱ：如图 1.37(c)所示，四边形 ABCO 为矩形，O 为坐标原点，点 B 的坐标为(8，-6)，点 A、C 分别在坐标轴上，点 P 是线段 BC 上的动点，D 为直线 $y = -2x + 5$ 上一动点．若△APD 是以点 D 为直角顶点的等腰直角三角形，试求出所有满足条件的点 D 的坐标．

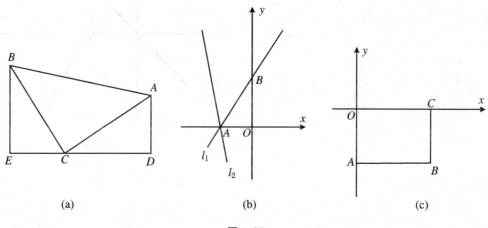

图 1.37

43. 如图 1.38 所示，在平面直角坐标系中，直线 $l_1: y = kx + b(k \neq 0)$ 与直线 $l_2: y = x$ 交于点 $A(2,a)$，与 y 轴交于点 $B(0,6)$，与 x 轴交于点 C.

(1) 求直线 l_1 的解析式.

(2) 求 $\triangle AOC$ 的面积.

(3) 在平面直角坐标系中有一点 $P(5,m)$，使得 $S_{\triangle AOP} = S_{\triangle AOC}$，请求出点 P 的坐标.

(4) 点 M 为直线 l_1 上的动点，过点 M 作 y 轴的平行线，交 l_2 于点 N，点 Q 为 y 轴上一动点，且 $\triangle MNQ$ 为等腰直角三角形，请直接写出满足条件的点 M 的坐标.

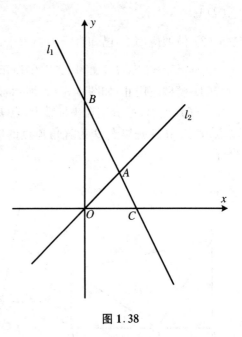

图 1.38

44. 如图 1.39 所示，直线 $y = -\dfrac{3}{4}x + 6$ 与 x 轴、y 轴分别交于 A、B 两点，M 是 AB 的中点，点 P 和点 Q 分别是 x 轴和 y 轴上的两个动点，若 $\triangle PQM$ 为等腰直角三角形，求出所有符合条件的点 P 的坐标.

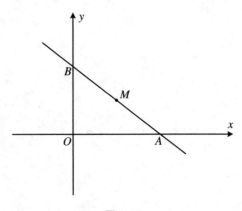

图 1.39

45. 如图1.40所示,已知直线 l_1 的解析式为 $y=\dfrac{2}{5}x$,现将 l_1 沿着 y 轴上下平移,平移后的直线记为 l_2,在平移的过程中直线 l_2 交 x 轴于点 M,交 y 轴于点 N. 在直线 $x=2$ 上是否存在点 G,使得 $\triangle GMN$ 为等腰直角三角形?若存在,求出所有满足要求的点 G 的坐标;若不存在,请说明理由.

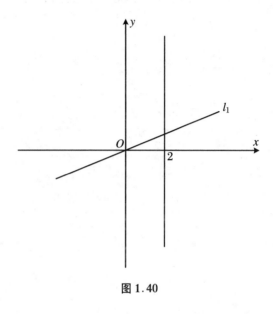

图1.40

46. 在平面直角坐标系中,一次函数 $y=-\dfrac{\sqrt{3}}{3}x+2$ 的图像与 x 轴、y 轴分别交于点 A 和点 B,若以 AB 为腰的等腰 $\triangle ABC$ 的底角为 $30°$,试求点 C 的坐标.

47. 如图 1.41 所示,在平面直角坐标系中,直线 $l:y=-2x+b$ 与 x 轴、y 轴分别交于 A、B 两点,且点 A 的坐标为 $(-4,0)$,点 $P(0,k)$ 是 y 轴负半轴上的一个动点,以点 P 为圆心,3 为半径作 $\odot P$.

若 $\odot P$ 与直线 l 交于 C、D 两点,当 k 为何值时,以 C、D、P 为顶点的三角形是等边三角形?

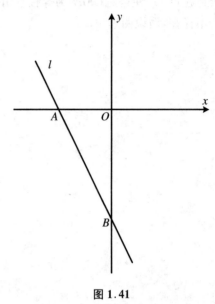

图 1.41

48. 如图 1.42 所示,在平面直角坐标系 xOy 中,点 A、B 分别在 x 轴和 y 轴的正半轴上,且 $OA=OB=8$.

(1) 将点 A 翻折落在线段 OB 的中点 C 处,连接 A、C,折痕交 OA 于点 D,交 AB 于点 E,求直线 DE 的解析式.

(2) 在(1)的条件下,在平面直角坐标系内,是否存在点 F 使得以 A、D、E、F 为顶点的四边形是平行四边形?若存在,求出点 F 的坐标;若不存在,请说明理由.

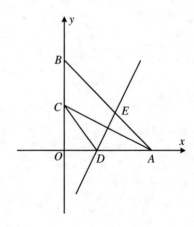

图 1.42

49. 如图 1.43 所示,在平面直角坐标系 xOy 中,A 为 x 轴负半轴上一点,B 为 y 轴正半轴上一点,且 $OA=8$,$OB=4$. 点 P 在 AB 上,且 $PB=3PA$.

(1) 求直线 AB 的解析式和点 P 的坐标.

(2) 在坐标平面内是否存在点 Q,使得以 A、P、O、Q 为顶点的四边形是等腰梯形?若存在,求出点 Q 的坐标;若不存在,请说明理由.

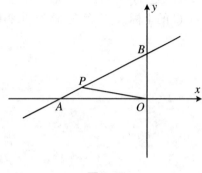

图 1.43

50. 如图 1.44 所示,在平面直角坐标系 xOy 中,直线 $y=-2x+1$ 与 x 轴、y 轴分别交于 A、B 两点,与直线 $y=x+a$ 交于点 D,点 B 绕点 A 顺时针旋转 $90°$ 的对应点 C 恰好落在直线 $y=x+a$ 上.

(1) 求直线 CD 的解析式.

(2) 点 F 是直线 $y=-2x+1$ 上的动点,G 为平面内的点,若以点 C、D、F、G 为顶点的四边形是菱形,请直接写出点 G 的坐标.

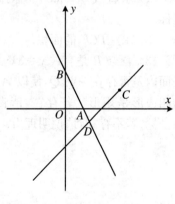

图 1.44

51. 如图 1.45 所示,在平面直角坐标系 xOy 中,A 为 x 轴负半轴上一点,B 为 y 轴正半轴上一点,且 $OA=8$,$OB=10$,四边形 $AOBC$ 为矩形,直线 AD 交 BC 于点 D,将 △ACD 沿直线 AD 折叠,使点 C 与 y 轴上的点 E 重合.

(1) 求直线 AD 的解析式.

(2) 若点 P 在 y 轴上,平面内是否存在点 Q,使以 A、D、P、Q 为顶点的四边形为矩形?若存在,请直接写出点 Q 的坐标;若不存在,请说明理由.

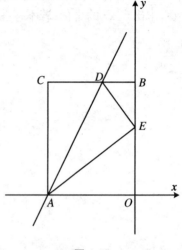

图 1.45

52. 如图 1.46 所示,直线 $y=kx+b$ 与 x 轴、y 轴分别交于点 A、B,与直线 $y=3x$ 交于点 C,且 $|OA-6|+\sqrt{OB-\dfrac{9}{2}}=0$,将直线 $y=kx+b$ 沿直线 $y=3x$ 折叠,与 x 轴交于点 D、与 y 轴交于点 E.

(1) 求直线 $y=kx+b$ 的解析式及点 C 的坐标.

(2) 求△BCE 的面积.

(3) 若点 P 是直线 $y=3x$ 上的一个动点,在平面内是否存在一点 Q,使以 A、C、P、Q 为顶点的四边形是矩形?若存在,请直接写出点 P、Q 的坐标;若不存在,请说明理由.

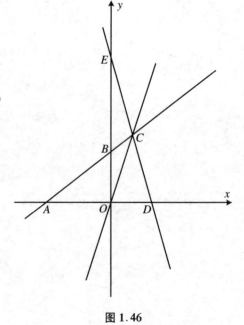

图 1.46

53. 如图 1.47 所示,在平面直角坐标系中,直线 AB 与 x 轴、y 轴分别交于 A、B 两点,直线 BC 与 x 轴、y 轴分别交于点 C、B,点 A 的坐标为 $(2,0)$,$\angle ABO = 30°$,且 $AB \perp BC$.

(1) 求直线 BC 和 AB 的解析式.

(2) 在平面直角坐标系内是否存在两个点 M 和 N,使得这两点与 B、C 两点所构成的四边形是正方形?若存在,请直接写出这两点的坐标;若不存在,请说明理由.

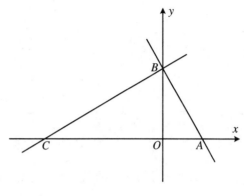

图 1.47

54. 如图 1.48 所示,在平面直角坐标系中,直线 $y = -\sqrt{3}x + 6$ 与 x 轴、y 轴分别交于 A、B 两点,直线 $y = \dfrac{\sqrt{3}}{3}x + 2\sqrt{3}$ 与 x 轴、y 轴分别交于 C、D 两点,AB、CD 交于点 E,G 为 CD 的中点,F 为 CO 的中点.若点 P 为线段 CE 上的动点(不含端点),点 Q 为折线段 AE-EG 上的动点(不含端点),且点 P 始终在点 Q 的左侧,是否存在以 O、F、P、Q 为顶点的四边形是一个轴对称图形?若存在,请直接写出这个轴对称图形的面积;若不存在,请说明理由.

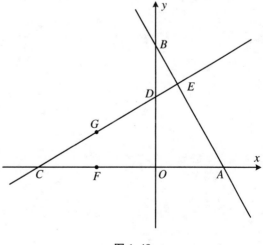

图 1.48

55. 已知 3 个非负数 a、b、c 满足条件 $\begin{cases} 3a+2b+c=5 \\ 2a+b-3c=1 \end{cases}$, $3a+b-7c$ 的最大值为 S, 最小值为 t. 求 $S-t$ 的值.

56. 如图 1.49 所示, 直线 $y=-\dfrac{1}{2}x+4$ 与 x 轴、y 轴分别交于 A、B 两点, 与直线 $y=x$ 交于点 C. 在线段 OA 上, 动点 Q 以每秒 1 个单位长度的速度从点 O 出发沿 OA 向点 A 做匀速运动, 同时动点 P 从点 A 出发沿 AO 向点 O 做匀速运动, 当点 P、Q 中的一点停止运动时, 另一点也停止运动. 分别过点 P、Q 作 x 轴的垂线, 交直线 AB、OC 于点 E、F, 连接点 E、F. 若运动时间为 t 秒, 在运动过程中四边形 $PEFQ$ 总为矩形(点 P、Q 重合除外).

(1) 求点 P 运动的速度.

(2) 当 t 为多少秒时, 矩形 $PEFQ$ 为正方形?

(3) 当 t 为多少秒时, 矩形 $PEFQ$ 的面积 S 最大? 求出最大值.

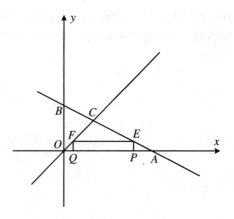

图 1.49

57. 首先，我们看下面两个问题的解答：

问题1：已知 $x>0$，求 $x+\dfrac{3}{x}$ 的最小值.

问题2：已知 $t>0$，求 $\dfrac{t^2-5t+9}{t-2}$ 的最小值.

问题1的解答：对于 $x>0$，有 $x+\dfrac{3}{x}=\left(\sqrt{x}-\dfrac{\sqrt{3}}{\sqrt{x}}\right)^2+2\sqrt{3}\geqslant 2\sqrt{3}$. 当 $\sqrt{x}=\dfrac{\sqrt{3}}{\sqrt{x}}$，即 $x=\sqrt{3}$ 时，上述不等式取等号，所以 $x+\dfrac{3}{x}$ 的最小值为 $2\sqrt{3}$.

问题2的解答：令 $x=t-2$，则 $t=x+2$，于是
$$\dfrac{t^2-5t+9}{t-2}=\dfrac{(x+2)^2-5(x+2)+9}{x}=\dfrac{x^2-x+3}{x}=x+\dfrac{3}{x}-1.$$
由问题1的解答知，$x+\dfrac{3}{x}$ 的最小值为 $2\sqrt{3}$，所以 $\dfrac{t^2-5t+9}{t-2}$ 的最小值是 $2\sqrt{3}-1$.

弄清上述问题及解答方法之后，解答下述问题：

在平面直角坐标系 xOy 中，一次函数 $y=kx+b(k>0,b>0)$ 的图像与 x 轴、y 轴分别交于 A、B 两点，且使得 $\triangle OAB$ 的面积值等于 $OA+OB+3$.

(1) 用 b 表示 k.
(2) 求 $\triangle AOB$ 面积的最小值.

58. 在平面直角坐标系中，已知 $A(0,-1)$、$B(1,3)$、$C(2,6)$. 直线 $l:y=kx+b$ 上的三点 D、E、F 的横坐标分别为 0、1、2. 当 $AD^2+BE^2+CF^2$ 取最小值时，求直线 l 的解析式.

59. 如图 1.50 所示,直线 $y = 2x + 4$ 与 x 轴、y 轴分别交于点 A、B,点 P 在该直线上,设点 P 到 x 轴、y 轴的距离分别为 d_1、d_2.

(1) 求 $d_1 + d_2$ 的最小值及对应的点 P 坐标.

(2) 当 $d_1 + d_2 = 8$ 时,求点 P 的坐标.

(3) 若点 P 是线段 AB 延长线或线段 BA 延长线上的任意一点,恒有 $md_1 + nd_2 = 8$(m、n 为常数)成立,求 $\dfrac{n}{m}$ 的值.

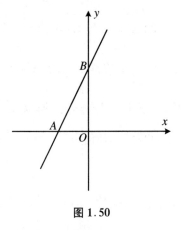

图 1.50

60. 如图 1.51 所示,直线 $y = -\dfrac{3}{4}x + 3$ 与 x 轴、y 轴分别交于 A、B 两点. 点 P 是线段 OB 上的一动点(能与点 O、B 重合). 若能在斜边 AB 上找到一点 C,使 $\angle OCP = 90°$. 设点 P 的坐标为 $(m, 0)$,求 m 的取值范围.

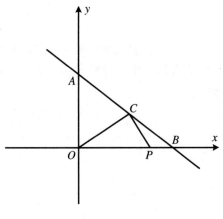

图 1.51

61. 已知点 $A(2\sqrt{3},3)$、$B(\sqrt{3},0)$，线段 $PQ=\sqrt{3}$（点 P 在点 Q 的上方）为直线 $y=\sqrt{3}x+3$ 上的一条动线段，如图 1.52 所示. 求 $AP+PQ+BQ$ 的最小值及取最小值时点 P 的坐标.

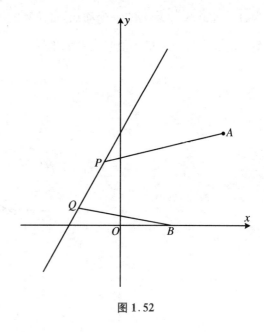

图 1.52

62. 如图 1.53 所示，已知点 $A(2\sqrt{3},8)$、$B(\sqrt{3},0)$，点 P 为直线 $l:y=\sqrt{3}x+3$ 上的一个动点，点 Q 为直线 $m:y=\sqrt{3}x$ 上的一个动点，且 $PQ\perp m$. 求 $AP+PQ+BQ$ 的最小值及取最小值时点 P 的坐标.

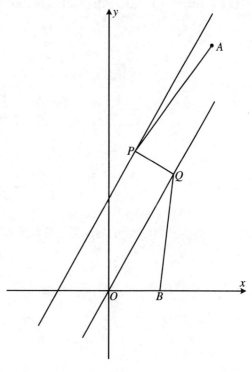

图 1.53

63. 如图 1.54 所示,已知点 $A(3\sqrt{3},5)$,点 P 为直线 $l: y = \frac{\sqrt{3}}{3}x + 3$ 上的一个动点,点 M 为直线 $n: y = \frac{\sqrt{3}}{3}x$ 上的一个动点,且 $PM \perp n$,点 Q 为 x 轴上的一个动点,求 $AP + PM + MQ$ 的最小值及取最小值时点 P 的坐标.

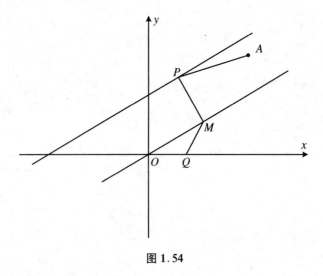

图 1.54

64. 如图 1.55 所示,已知点 $A(2\sqrt{3},4)$、$B(4\sqrt{3},0)$,线段 $PQ = 1$(点 P 在点 Q 的上方)为直线 $y = \frac{\sqrt{3}}{3}x + 1$ 上的一条动线段,求 $|AP - BQ|$ 的最大值及取最大值时点 P 的坐标.

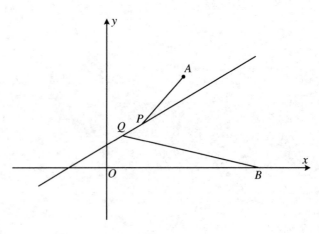

图 1.55

65. 如图1.56所示,已知点 $A(\sqrt{3},5)$、$B(4\sqrt{3},5)$,点 P 为 $y=\sqrt{3}x+3$ 上的一个动点,点 Q 为直线 $y=\dfrac{\sqrt{3}}{3}x$ 上的一个动点,求四边形 $ABQP$ 周长的最小值及取最小值时点 P 的坐标.

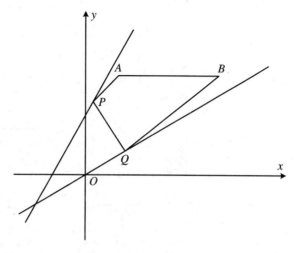

图1.56

66. 如图1.57所示,直线 $y=-\dfrac{4}{3}x+n$ 交 x 轴于点 A、交 y 轴于点 $C(0,4)$,已知点 B 的坐标为 $(0,-2)$. M 是线段 AC 上一点且 $CM=2AM$,N 为 y 轴上一动点(不与点 C 重合),将 $\triangle CNM$ 沿直线 MN 翻折后得到 $\triangle C'NM$,点 C 对应点 C',求 BC' 的最大值.

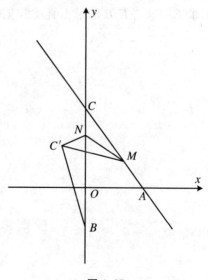

图1.57

67. 如图 1.58 所示,在平面直角坐标系 xOy 中,直线 $l_1:y=\sqrt{3}x-\sqrt{3}$ 与 x 轴、y 轴分别交于 A、B 两点,直线 $l_2:y=x$ 交 l_1 于点 D,过点 B 的直线 l_3 交 x 轴于点 $C(3,0)$,P 为 l_2 上一动点,M 为 l_3 上一动点,N 为 l_1 上一动点,求 $PM+PN$ 的最小值.

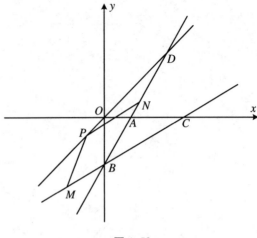

图 1.58

68. 如图 1.59 所示,直线 $y=-\dfrac{3}{4}x+3$ 与 x 轴、y 轴分别交于 A、B 两点,E 为 OA 的中点,将线段 OE 绕点 O 逆时针旋转得到 OE',旋转角为 $\alpha(0°<\alpha<90°)$,连接点 E' 与 A、E' 与 B,求 $E'A+\dfrac{2}{3}E'B$ 的最小值及相应的 E' 的坐标.

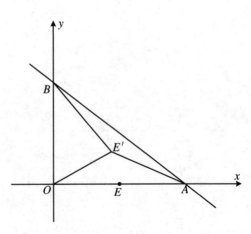

图 1.59

69. 如图 1.60(a)所示,在平面直角坐标系中,点 D 的横坐标为 4,直线 $l_1: y = x + 2$ 经过点 D 且与 x 轴、y 轴分别交于 A、B 两点,直线 $l_2: y = kx + b$ 经过点 $C(1,0)$ 和点 D.

(1) 求直线 l_2 的解析式.

(2) 在图 1.60(a)中,点 P 为直线 l_2 上一动点,连接点 B、P. 一动点 M 从点 B 出发,沿线段 BP 以每秒 $\sqrt{5}$ 个单位长度的速度向终点 P 运动,求点 M 在运动过程中所用的最短时间.

(3) 如图 1.60(b)所示,点 P 为线段 AD 上一动点,连接点 C、P. 一动点 M 从点 C 出发,沿线段 CP 以每秒 2 个单位长度的速度运动到点 P 后,再沿线段 PD 以每秒 $2\sqrt{2}$ 个单位长度的速度运动到终点 D,求点 M 在整个运动过程中所用的最短时间.

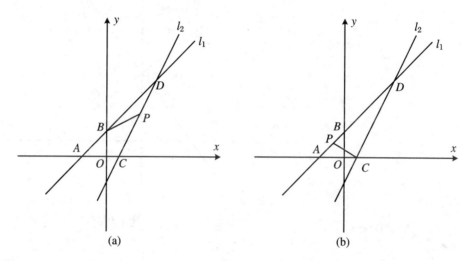

图 1.60

70. 如图1.61所示,直线 $l_1: y = \dfrac{4}{3}x + 12$ 与 x 轴、y 轴分别交于 A、B 两点,直线 l_2 与 x 轴、y 轴分别交于 C、B 两点,且 $AB:BC = 3:4$。P 为直线 l_1 上一点,横坐标为 12,Q 为直线 l_2 上一动点,当 $PQ + \dfrac{3}{5}CQ$ 最小时,将线段 PQ 沿射线 PA 方向平移,平移后 P、Q 的对应点分别为 P'、Q'。当 $OQ' + BQ'$ 最小时,求点 Q' 的坐标。

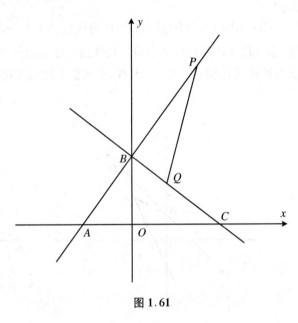

图 1.61

71. 如图1.62所示,在平面直角坐标系 xOy 中,直线 $y = -x + \sqrt{3} + 1$ 与 x 轴、y 轴分别交于 A、B 两点。Q 为 y 轴上一动点,连接点 A、Q,以 AQ 为边作正方形 $AQEF$(A、Q、E、F 四点按顺时针方向排列),连接点 O 与 E、A 与 E,则 $OE + AE$ 的最小值为 _____。

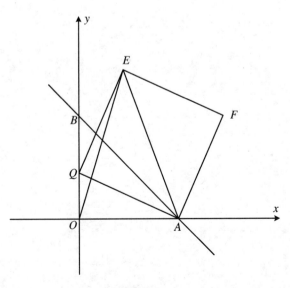

图 1.62

72. 如图 1.63(a)所示,在平面直角坐标系中,已知点 $A(8,4)$,$AB \perp y$ 轴于点 B,$AC \perp x$ 轴于点 C,直线 $y = x$ 交 AB 于点 D.

(1) 直接写出 B、C、D 三点的坐标.

(2) 若 E 为 OD 延长线上一动点,记点 E 的横坐标为 a,$\triangle BCE$ 的面积为 S,求 S 与 a 的关系式.

(3) 当 $S = 20$ 时,过点 E 作 $EF \perp AB$ 于点 F,G、H 分别为直线 AC、CB 上的动点,如图 1.63(b)所示. 求 $FG + GH$ 的最小值.

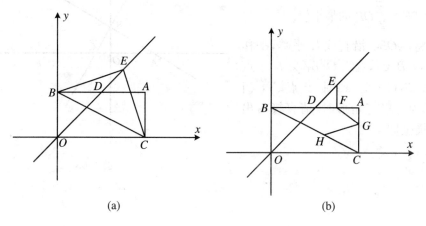

图 1.63

73. 如图 1.64 所示,将边长为 4 的正方形 $ABCD$ 置于平面直角坐标系中,使 AB 边落在 x 轴的正半轴上且点 A 的坐标是 $(1,0)$,直线 $y = x$ 与线段 CD 交于点 E.

(1) 直线 $y = \dfrac{4}{3}x + t$ 经过点 C 且与 x 轴交于点 F,求四边形 $AFCD$ 的面积.

(2) 若直线 l_1 经过点 E 和点 F,求直线 l_1 的解析式.

(3) 若直线 l_2 经过点 $G\left(-1, \dfrac{3}{2}\right)$ 且与直线 $y = -3x$ 平行,将(2)中直线 l_1 沿着 y 轴向上平移 1 个单位得到直线 l_3,直线 l_3 交 x 轴于点 M,交直线 l_2 于点 N,求 $\triangle MNG$ 的面积.

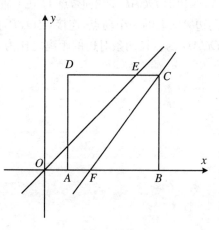

图 1.64

74. 如图 1.65 所示，在平面直角坐标系中，直线 $l_1: y = \frac{\sqrt{3}}{3}x + \sqrt{3}$ 和直线 $l_2: y = -\sqrt{3}x + b$ 相交于 y 轴上的点 B，且分别交 x 轴于点 A 和点 C.

(1) 求 $\triangle ABC$ 的面积.

(2) 点 E 的坐标为 $(5,0)$，点 F 为直线 l_1 上一个动点，点 P 为 y 轴上一个动点，求当 $EF + CF$ 最小时点 F 的坐标，并求出此时 $PF + \frac{\sqrt{2}}{2}OP$ 的最小值.

(3) 将 $\triangle OBC$ 沿直线 l_1 平移，平移后记为 $\triangle O_1B_1C_1$，直线 O_1B_1 交 l_2 于点 M，直线 B_1C_1 交 x 轴于点 N，当 $\triangle B_1MN$ 为等腰三角形时，请直接写出点 C_1 的横坐标.

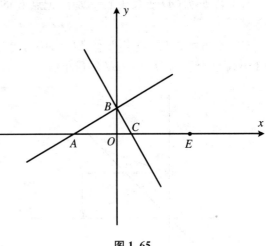

图 1.65

75. 如图 1.66 所示，在平面直角坐标系中，直线 $y = \frac{5}{8}x$ 和直线 $y = -\frac{5}{2}x + 25$ 交于点 A，四边形 $OCAD$ 是矩形，点 C 在 x 轴正半轴上，点 D 在 y 轴正半轴上，点 P 是矩形 $OCAD$ 的边 AD 上的一个动点，连接点 O、P，点 D 关于直线 OP 的对称点为点 D'. 若点 D' 到矩形 $OCAD$ 的较长两条对边的距离之比为 $1:4$，求点 P 的坐标.

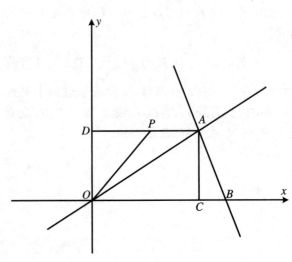

图 1.66

76. 如图 1.67 所示,直线 $y=-\dfrac{3}{4}x+\dfrac{3}{2}$ 与 x 轴、y 轴分别交于 A、B 两点,已知 $P(-2,-2)$,$PE\perp x$ 轴于点 F 交直线 AB 于点 E,点 M 是 x 轴上一动点,连接点 E 与 M、P 与 M,将 $\triangle EPM$ 沿直线 EM 折叠至 $\triangle EP'M$,连接点 A 与 P、A 与 P'.当 $\triangle APP'$ 是等腰三角形时,试求出点 M 的坐标.

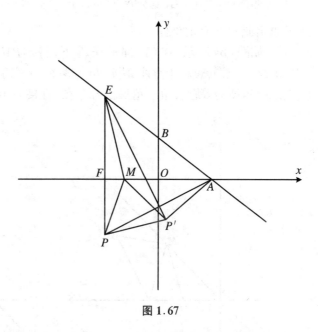

图 1.67

77. 如图 1.68 所示,直线 $y=-\dfrac{3}{4}x+12$ 分别交 x 轴、y 轴于 A、B 两点,已知 $C(9,0)$,连接点 B、C,将 $\triangle BAC$ 绕着点 A 顺时针旋转 $\alpha(0°<\alpha<180°)$ 得到 $\triangle AB'C'$,直线 $B'C'$ 与直线 AB、x 轴分别交于点 M、N.当 $\triangle AMN$ 为等腰三角形时,请直接写出线段 BM 的长.

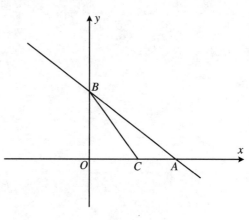

图 1.68

78. 如图 1.69 所示,在平面直角坐标系中,已知直线 $y=x$,$Q(10,6)$,$A\left(\dfrac{7}{10},0\right)$. 动点 M 在直线 $y=x(x>0)$ 上,动点 P、N 在 x 轴正半轴上(点 P 在点 N 左侧),连接点 M 与 Q、M 与 N、N 与 Q.

(1) 如图(a)所示,当 $\triangle QMN$ 的周长最小时,连接点 M、P,求 $\dfrac{3}{5}AP+PM+MQ$ 的最小值,并求出此时点 P 的坐标.

(2) 如图(b)所示,在(1)问的条件下,将 $\triangle PMN$ 绕点 A 旋转 $\alpha(0°<\alpha\leqslant 360°)$ 得 $\triangle P'M'N'$,记旋转过程中直线 $M'P'$ 与直线 $y=x$ 交于点 K,直线 $M'P'$ 与 x 轴交于点 R. 是否存在 $\triangle OKR$ 为等腰直角三角形?若存在,直接写出线段 KR 的长度;若不存在,请说明理由.

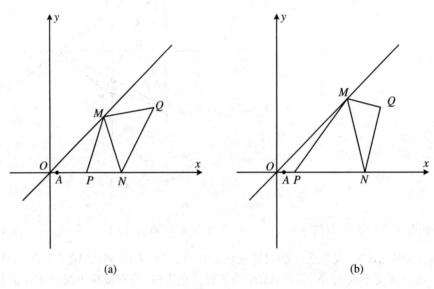

(a)   (b)

图 1.69

79. 如图1.70所示,直线 $y=\sqrt{3}x+6$ 和 $y=-x+6$ 相交于点 C,分别交 x 轴于点 A 和点 B,将直线 AC 绕点 O 顺时针方向旋转 $\alpha(0°\leqslant\alpha\leqslant180°)$,与 x 轴和直线 BC 分别交于点 M 和点 N.当 $\triangle BMN$ 是等腰三角形时,α 的大小为_____.

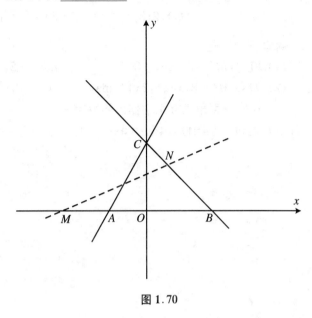

图 1.70

80. 定义符号 $\min\{a,b,c\}$ 表示 a、b、c 三个数中的最小值,比如:
$$\min\{1,-2,3\}=-2,\quad \min\{0,5,5\}=0.$$
(1) 填空:$\min\{\sqrt{9},3.14,\pi\}=$ _____.
(2) 试求函数 $y=\min\{2,x+1,-3x+11\}$ 的解析式.
(3) 关于 x 的方程 $-x+m=\min\{2,x+1,-3x+11\}$ 有解,试求常数 m 的取值范围.

81. 对于三个数 a、b、c,用 $M\{a,b,c\}$ 表示这三个数的平均数,用 $\max\{a,b,c\}$ 表示这三个数中最大的数.

例如:
$$M\{1,2,3\} = \frac{1}{3}(1+2+3) = 2, \quad \max\{1,2,3\} = 3.$$

解答下列问题:

(1) 填空:$M\{-2,-5,-3\} = $ _____,$\max\{-2,-5,-3\} = $ _____.

(2) 如果 $M\{-2,x-1,2x\} = \max\{-2,x-1,2x\}$,求 x 的值.

(3) 在同一直角坐标系中作出函数 $y=x-1$,$y=-|x+1|$,$y=-2-x$ 的图像(不需列表描点),通过观察图像,填空:$\max\{x-1,-|x+1|,-2-x\}$ 的最小值为 _____.

82. 设 a、b 是任意两个不等的实数,我们规定:满足不等式 $a \leqslant x \leqslant b$ 的实数 x 的所有取值的全体称为闭区间,表示为 $[a,b]$.

对于一个一次函数,如果它的自变量 x 与函数值 y 满足 $m \leqslant x \leqslant n$ 时有 $m \leqslant y \leqslant n$,我们称此函数为闭区间 $[m,n]$ 上的闭函数.

(1) 判断 $y = -x + 5$ 是否为 $[2,3]$ 上的闭函数.

(2) 若一次函数 $y = kx + b$ 是 $[-3,4]$ 上的闭函数,求此函数解析式.

83. 对某一个函数给出如下定义：若存在实数 $M>0$，对于任意的函数值 y，都满足 $-M\leqslant y\leqslant M$，则称这个函数是有界函数．在所有满足条件的 M 中，其最小值称为这个函数的边界值．例如，图 1.71 所示的函数是有界函数，其边界值为 1．

(1) 函数 $y=x+1(-4\leqslant x\leqslant 2)$ 是不是有界函数？若是有界函数，求其边界值．

(2) 若函数 $y=-x+1(a\leqslant x\leqslant b,b>a)$ 的边界值是 2，且这个函数的最大值也是 2，求 b 的取值范围．

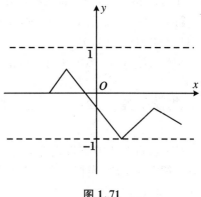

图 1.71

84. 对于给定的一次函数 $y=kx+b(k\neq 0)$，我们称函数 $y=\begin{cases}kx+b & (x\leqslant m)\\-kx-b & (x>m)\end{cases}$ 为其 "m 变函数"（其中 m 为常数）．

例如：一次函数 $y=x+4$ 的 "3 变函数" 为 $y=\begin{cases}x+4 & (x\leqslant 3)\\-x-4 & (x>3)\end{cases}$．

(1) 一次函数 $y=-x+1$ 的 "2 变函数" 为____，若 $(4,t)$ 为该 "2 变函数" 图像上一点，则 $t=$ _____．

(2) 一次函数 $y=x+2$ 的 "1 变函数" 为 y_1，一次函数 $y=-\dfrac{1}{2}x-2$ 的 "-1 变函数" 为 y_2，求函数 y_1 和函数 y_2 的图像交点坐标．

(3) 一次函数 $y=2x+2$ 的 "1 变函数" 为 y_1，一次函数 $y=\dfrac{1}{2}x-1$ 的 "m 变函数" 为 y_2．

① 当 $-3\leqslant x\leqslant 3$ 时，函数 y_1 的取值范围是_____（直接写出答案）．

② 若函数 y_1 和函数 y_2 有且仅有两个交点，则 m 的取值范围是_____（直接写出答案）．

85.【材料阅读】我们知道,当一条直线与一个圆有0个、1个、2个公共点时,分别称这条直线与这个圆相离、相切、相交.类似地,我们定义:当一条直线与一个正方形没有交点时,称这条直线与这个正方形相离;当一条直线与一个正方形只有一个公共点时,称这条直线与这个正方形相切;当一条直线与正方形有两个公共点时,称这条直线与这个正方形相交.

【问题解决】如图1.72所示,在平面直角坐标系中,正方形$ABCD$的顶点A、D在x轴上,且$A(2,0)$、$D(4,0)$.

(1) 直线$y=-x+3$与正方形$ABCD$的位置关系是_____.

(2) 若直线$y=2x+a$与正方形$ABCD$相切,则$a=$_____.

(3) 若直线l的解析式为$y=-\sqrt{3}x+b$,设d是原点O到直线l的距离,当直线l与正方形$DABC$相交时,直接写出d的取值范围.

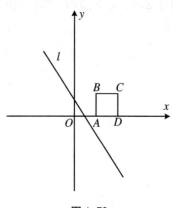

图1.72

86. 阅读下列材料并解答问题:

在平面直角坐标系xOy中,点$P(x,y)$经过变换φ得到点$P'(x',y')$,变换记作$\varphi(x,y)=(x',y')$,其中$\begin{cases}x'=ax+by\\y'=ax-by\end{cases}$($a$、$b$为常数).

例如,当$a=1,b=1$时,$\varphi(-2,3)=(1,5)$.

(1) 当$a=2,b=1$时,$\varphi(1,2)=$_____.

(2) 若$\varphi(-3,-1)=(3,1)$,则$a=$_____,$b=$_____.

(3) 设点$P(x,y)$的坐标满足$y=2x$,点P经过变换φ得到点$P'(x',y')$,若点P到点P'重合,求a和b的值.

87. 操作:"如图 1.73(a)所示,P 是平面直角坐标系中一点(x 轴上的点除外),过点 P 作 $PC \perp x$ 轴于点 C,点 C 绕点 P 逆时针旋转 $60°$ 得到点 Q."我们将由点 P 得到点 Q 的这种操作称为点的 T 变换.

(1) 点 $P(a,b)$ 经过 T 变换后得到的点 Q 的坐标为_____;若点 M 经过 T 变换后得到点 $N(6,-\sqrt{3})$,则点 M 的坐标为_____.

(2) 点 $A(2,m)$ 是函数 $y = \dfrac{\sqrt{3}}{2}x$ 图像上的一点,经过 T 变换后得到点 B,如图 1.73(b) 所示.求经过 O、B 两点的直线解析式.

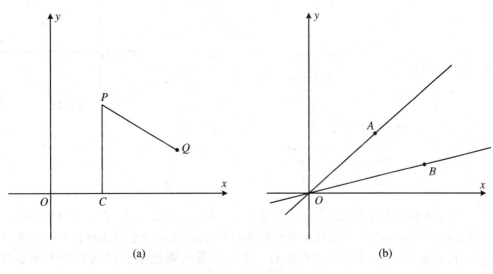

(a)　　　　　　　　　(b)

图 1.73

88. 在平面直角坐标系中,过一点分别作坐标轴的垂线,若与坐标轴围成的矩形的周长与面积数值上相等,则这个点称为和谐点.例如,图 1.74 中过点 P 分别作 x 轴、y 轴的垂线,与坐标轴围成的矩形 $OAPB$ 的周长与面积相等,则点 P 是和谐点.

(1) 判断点 $M(1,2)$、$N(4,4)$ 是否为和谐点,并说明理由.

(2) 若和谐点 $P(a,3)$ 在直线 $y=-x+b$(b 为常数)上,求 a、b 的值.

(3) 若直线 $y=2x+12$ 上存在和谐点,写出此点的坐标.

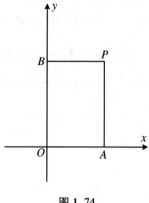

图 1.74

89. 在平面直角坐标系 xOy 中,已知 $A(0,2)$、$B(4,2)$、$C(4,0)$. P 为长方形 $ABCO$ 内(不包括边界)一点,过点 P 分别作 x 轴和 y 轴的平行线,这两条平行线将长方形 $ABCO$ 分为 4 个小长方形,若这 4 个小长方形中有一个长方形的周长等于 OA,则称 P 为长方形 $ABCO$ 的长宽点.例如:图 1.75 中的 $P\left(\dfrac{1}{3},\dfrac{2}{3}\right)$ 为长方形 $ABCO$ 的一个长宽点.

(1) 在 $D\left(\dfrac{1}{4},\dfrac{3}{4}\right)$、$E(2,1)$、$F\left(\dfrac{10}{3},\dfrac{5}{3}\right)$ 中,长方形 $ABCO$ 的长宽点是_____.

(2) 若 $G\left(a,\dfrac{3}{5}\right)$ 为长方形 $ABCO$ 的长宽点,求 a 的值.

(3) 若一次函数 $y=k(x-2)-2(k\neq 0)$ 的图像上存在长方形 $ABCO$ 的长宽点,求 k 的取值范围.

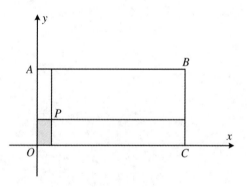

图 1.75

90. 若 m、n 是正实数,当 $m+n=mn$ 时,我们称点 $P\left(m,\dfrac{m}{n}\right)$ 为"完美点".

(1) 若点 E 为完美点,且横坐标为 2,则点 E 的纵坐标为_____;若点 F 为完美点,且纵坐标为 3,则点 F 的横坐标为_____.

(2) 完美点 P 在定直线_____(填直线的解析式)上.

(3) 如图 1.76 所示,已知点 $A(0,5)$ 与点 M 都在直线 $y=-x+5$ 上,点 B、C 是完美点,且点 B 在直线 AM 上. 若 $MC=\sqrt{3}$,$AM=4\sqrt{2}$,求 △MBC 的面积.

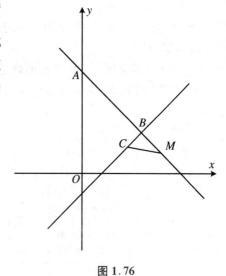

图 1.76

91. 在平面直角坐标系 xOy 中,点 P 的坐标为 (x_1,y_1),点 Q 的坐标为 (x_2,y_2),且 $x_1\neq x_2$,$y_1\neq y_2$,若 $|x_1-x_2|=|y_1-y_2|$,则称点 P、Q 互为"正方形点"(点 P 是点 Q 的正方形点,点 Q 也是点 P 的正方形点).

(1) 已知点 A 的坐标是 $(2,3)$,下列坐标中与点 A 互为正方形点的坐标是_____(填序号).

① $(1,2)$;② $(-1,5)$;③ $(3,2)$.

(2) 若点 $B(1,2)$ 的正方形点 C 在 y 轴上,求直线 BC 的解析式.

(3) 点 D 的坐标为 $(-1,0)$,点 M 的坐标为 $(2,m)$,点 N 是线段 OD(含端点)上一动点,若 M、N 互为正方形点,求 m 的取值范围.

92. 如图 1.77 所示,在平面直角坐标系中,已知点 $M(2,-3)$、$N(6,-3)$,连接点 M、N,如果点 P 在直线 $y=-x+1$ 上,且点 P 到直线 MN 的距离不小于 1,那么称点 P 是线段 MN 的"疏远点".

(1) 判断点 $A(2,-1)$ 是否是线段 MN 的疏远点,并说明理由.

(2) 若点 $P(a,b)$ 是线段 MN 的疏远点,求 a 的取值范围.

(3) 在(2)的前提下,用含 a 的代数式表示 $\triangle MNP$ 的面积 $S_{\triangle MNP}$,并求 $S_{\triangle MNP}$ 的最小值.

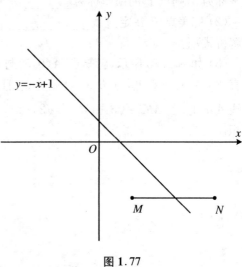

图 1.77

93. 若直线 $l_1: y=k_1x+b_1$ 与 $l_2: y=k_2x+b_2$ 的交点在直线 l 上,则把直线 l 称为 l_1、l_2 的"思美线".

(1) 求 $l_1: y=-x+3m-1$ 与 $l_2: y=x+m-1$ 的思美线 l 的解析式.

(2) 若 $l_1: y=2x+b_1$ 与 $l_2: y=-2x+b_2$ 的交点在 $y=x+2$ 上,且 l_1、l_2 的思美线为 $y=-x$,求 l_1、l_2 的解析式.

(3) 若 $l_1: y=k_1x+b_1$ 与 $l_2: y=k_2x+b_2$ 分别满足 $k_1+b_1=0$,$3k_2+b_2=2$.

① 求证:l_1、l_2 分别经过两个定点 A、B.

② 若 l_1、l_2 的交点为 C,且 $S_{\triangle ABC}=2$,连接 A、B,若 l_1、l_2 的思美线 l 平行于 AB,求 l 的解析式.

94. 在平面直角坐标系 xOy 中,AB 为任意已知线段,我们把到线段 AB 所在的直线的距离为 $\sqrt{3}$ 的直线,称为直线 AB 的"观察线",并将观察线上到 A、B 两点距离和最小的点 C 称为线段 AB 的"最佳观察点".

(1) 若 $P(1,\sqrt{3})$、$Q(4,\sqrt{3})$,那么在点 $A(1,0)$、$B\left(\dfrac{5}{2},2\sqrt{3}\right)$、$C(\sqrt{3},3)$ 中,处于直线 PQ 的观察线上的是点_____.

(2) 求直线 $l:y=\dfrac{\sqrt{3}}{3}x$ 的观察线的解析式.

(3) 若 $M(0,-1)$,点 N 在第二象限,且 $MN=6$,当 MN 的一个最佳观察点在 y 轴正半轴上时,直接写出点 N 的坐标;按逆时针方向连接点 M、N 及其所有最佳观察点,直接写出连线所围成的多边形的周长和面积.

95. 定义:若一条直线平分三角形的面积,则称这条直线为该三角形的"等积线";若一条直线平分三角形的周长,则称这条直线为该三角形的"等周线".

如图 1.78 所示,在平面直角坐标系中,点 O 为坐标的原点,$A(4,3)$,$B(4,-3)$.

(1) 过点 A 是否存在直线 l 既是 $\triangle AOB$ 的等积线又是等周线?请说明理由.

(2) 若点 P 在线段 OA 上,点 Q 在线段 OB 上,直线 PQ 为 $\triangle AOB$ 的等周线,求 $|y_P - y_Q|$(其中,y_P 为点 P 的纵坐标,y_Q 为点 Q 的纵坐标).

(3) 若点 M 在线段 OB 上,点 N 在线段 AB 上,直线 MN 既是 $\triangle AOB$ 的等积线又是等周线,求 OM 的长.

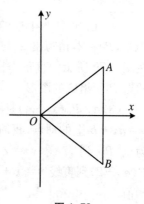

图 1.78

96. 阅读下列两则材料,回答问题.

材料1:

定义直线 $y = ax + b$ 与直线 $y = bx + a$ 互为"互助直线".例如,直线 $y = x + 4$ 与 $y = 4x + 1$ 互为互助直线.

材料2:

对于平面直角坐标系中的任意两点 $P_1(x_1, y_1)$、$P_2(x_2, y_2)$,定义 P_1、P_2 两点间的"直角距离"为 $d(P_1, P_2) = |x_1 - x_2| + |y_1 - y_2|$.例如,$Q_1(-3, 1)$、$Q_2(2, 4)$ 两点间的直角距离为 $d(Q_1, Q_2) = |-3 - 2| + |1 - 4| = 8$.

设 $P_0(x_0, y_0)$ 为一个定点,$Q(x, y)$ 是直线 $y = ax + b$ 上的动点,我们把 $d(P_0, Q)$ 的最小值称为点 P_0 到直线 $y = ax + b$ 的直角距离.

(1) 计算 $S(-1, 6)$、$T(-2, 3)$ 两点间的直角距离 $d(S, T)$;直线 $y = 2x + 3$ 上的一点 $H(a, b)$ 又是它的互助直线上的点,求点 H 的坐标.

(2) 对于直线 $y = ax + b$ 上的任意一点 $M(m, n)$,都有点 $N(3m, 2m - 3n)$ 在它的互助直线上,试求点 $L\left(5, -\dfrac{1}{3}\right)$ 到直线 $y = ax + b$ 的直角距离.

97. 对于平面直角坐标系中的任意两点 $P_1(x_1, y_1)$、$P_2(x_2, y_2)$,我们把 $|x_1 - x_2| + |y_1 - y_2|$ 称为 P_1、P_2 两点间的"转角距离",记作 $d(P_1, P_2)$.

(1) 令 $P_0(3, -4)$,O 为坐标原点,则 $d(O, P_0) =$ _____.

(2) 已知 O 为坐标的原点,动点 $P(x, y)$ 满足 $d(O, P) = 2$,请写出 x 与 y 之间满足的关系式,并在图1.79所示的直角坐标系中画出所有符合条件的点 P 所组成的图形.

(3) 设 $P_0(x_0, y_0)$ 是一个定点,$Q(x, y)$ 是直线 $y = ax + b$ 上的动点,我们把 $d(P_0, Q)$ 的最小值称为点 P_0 到直线 $y = ax + b$ 的转角距离.若 $P(a, -2)$ 到直线 $y = x + 4$ 的转角距离为10,求 a 的值.

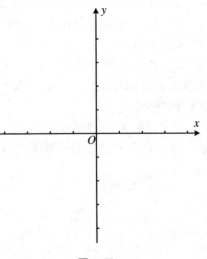

图1.79

98. 阅读材料,解决下列问题:

材料1:对非负实数 x 四舍五入到个位的值记为 $\langle x \rangle$,即:当 n 为非负整数时,如果 $n - \dfrac{1}{2} \leqslant x < n + \dfrac{1}{2}$,则 $\langle x \rangle = n$;反之,当 n 为非负整数时,如果 $\langle x \rangle = n$,则 $n - \dfrac{1}{2} \leqslant x < n + \dfrac{1}{2}$.

例如:$\langle 0.51 \rangle = \langle 1.49 \rangle = 1, \langle 2 \rangle = 2, \langle 3.5 \rangle = \langle 4.15 \rangle = 4$.

材料2:对于平面直角坐标系中任意两点 $P_1(x_1, y_1)$、$P_2(x_2, y_2)$,我们把 $|x_1 - x_2| + |y_1 - y_2|$ 称为 P_1、P_2 两点间的"折线距离",并规定 $D(P_1, P_2) = |x_1 - x_2| + |y_1 - y_2|$.

例如:若 $P_1(-1, 2), P_2(1, 3)$,则 $D(P_1, P_2) = |-1 - 1| + |2 - 3| = 3$.

若 $P_0(x_0, y_0)$ 是一定点,$Q(x, y)$ 是直线 $y = kx + b$ 上的一动点,我们把 $D(P_0, Q)$ 的最小值称为 P_0 到直线 $y = kx + b$ 的折线距离.

(1) 如果 $\langle 2x \rangle = 5$,则实数 x 的取值范围为_____.

(2) 已知 $E(a, 2)$、$F(3, 3)$,且 $D(E, F)$,则 a 的值为_____.

(3) 若 m 为满足 $\langle m \rangle = \dfrac{3}{2}m$ 的最大值,求 $M(3m, 1)$ 到直线 $y = x + 1$ 的折线距离.

99. 阅读理解:

在平面直角坐标系 xOy 中,对于任意两点 $P_1(x_1, y_1)$ 与 $P_2(x_2, y_2)$ 的"非常距离",给出如下定义:

若 $|x_1 - x_2| \geqslant |y_1 - y_2|$,则点 P_1 与点 P_2 的非常距离为 $|x_1 - x_2|$;

若 $|x_1 - x_2| < |y_1 - y_2|$,则点 P_1 与点 P_2 的非常距离为 $|y_1 - y_2|$.

例如:已知点 $P_1(1, 1)$、$P_2(2, 3)$,因为 $|1 - 2| < |1 - 3|$,所以点 P_1 与点 P_2 的非常距离为 $|1 - 3| = 2$.

(1) 已知点 $A\left(-\dfrac{1}{2}, 0\right)$,$B$ 为 y 轴上的一个动点.

① 若点 $B(0, 3)$,则点 A 与点 B 的非常距离为_____.

② 若点 A 与点 B 的非常距离为 2,则点 B 的坐标为_____.

③ 点 A 与点 B 的非常距离的最小值为_____.

(2) 如图 1.80 所示,点 C 是直线 $y = -\dfrac{4}{3}x + 3$ 上的一个动点,已知点 $D(0, 1)$,$DA \parallel x$ 轴,$CA \perp DA$ 于点 A,求点 C 与点 D 的非常距离的最小值及相应的点 C 的坐标.

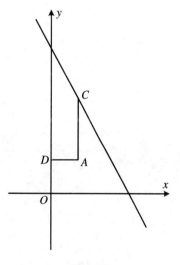

图 1.80

100. 阅读下列材料：

① 直线 l 外一点 P 到直线 l 的垂线段的长度，称为点 P 到直线 l 的距离，记作 $d(P,l)$.

② 有两条平行线 l_1、l_2，直线 l_1 上任意一点到直线 l_2 的距离称为这两条平行线之间的距离，记作 $d(l_1,l_2)$.

③ 若直线 l_1、l_2 相交，则定义 $d(l_1,l_2)=0$.

④ 对于同一直线 l，我们定义 $d(l,l)=0$.

⑤ 对于两点 P_1、P_2 和直线 l_1、l_2，定义相关距离如下：
$$d(P_1,P_2 \mid l_1,l_2)=d(P_1,l_1)+d(l_1,l_2)+d(P_2,l_2).$$

根据以上材料，解答以下问题：

如图 1.81 所示，设 $P_1(4,0)$，$P_2(0,3)$，$l_1:y=x$，$l_2:y=\sqrt{3}x$，$l_3:y=kx$，$l_4:y=kx+b$，$l_5:y=k'x$.

(1) ① $d(P_1,l_1)=$ _____；② $d(P_1,P_2 \mid l_1,l_2)=$ _____.

(2) ① 若 $k>0$，则 $d(P_1,P_2 \mid l_3,l_3)$ 的最大值为 _____；

② 若 $k<0$，$b=-2$，则 $d(P_1,P_2 \mid l_4,l_4)$ 取最大值时，k 的值为 _____；

③ 若 $k'>k>0$，且 l_3 与 l_5 的夹角是 $30°$，则 $d(P_1,P_2 \mid l_3,l_5)$ 的最大值为 _____.

(3) 若 $k=1$，试确定 $d(P_1,P_2 \mid l_3,l_4)$ 的值(用含 b 的代数式表示).

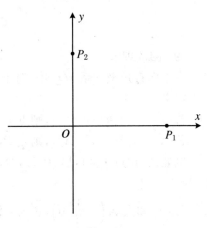

图 1.81

第二部分　一次函数100题解析

1. 连接点 B、C,如图 2.1 所示.

∵ $\angle OBD = \angle D + \angle OAD$,$\angle OBD = 3\angle D$,

∴ $\angle OAD = 2\angle D$.

∵ $AC \perp y$ 轴,

∴ $\angle OCA = 90°$.

∵ 点 B 为 OA 的中点,

∴ $BC = BA = BO$,

∴ $\angle OAD = \angle BCA$.

∵ $\angle BCA = \angle D + \angle DBC$,

∴ $\angle D = \angle DBC$,

∴ $BC = CD = 5$,$OA = 2BC = 10$.

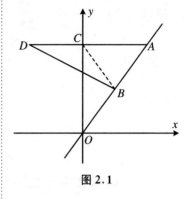

图 2.1

设点 A 的坐标为 $\left(x, \dfrac{4}{3}x\right)$,则 $AC = x$,$OC = \dfrac{4}{3}x$.

∵ 在 Rt$\triangle OCA$ 中,$OA^2 = OC^2 + AC^2$,

∴ $10^2 = x^2 + \left(\dfrac{4}{3}x\right)^2$,得 $x = 6$,

∴ 点 A 的坐标为 $(6,8)$,

∴ 点 B 的坐标为 $(3,4)$,点 D 的坐标为 $(-5,8)$.

设直线 BD 的解析式为 $y = kx + b$,将点 $B(3,4)$、$D(-5,8)$ 代入 $y = kx + b$,有

$$\begin{cases} 3k + b = 4 \\ -5k + b = 8 \end{cases}, \begin{cases} k = -\dfrac{1}{2} \\ b = \dfrac{11}{2} \end{cases}.$$

∴ 直线 BD 的解析式为 $y = -\dfrac{1}{2}x + \dfrac{11}{2}$.

思路点拨

两点确定一条直线,因此待定系数法求一次函数解析式的关键就是求直线上两点的坐标. 本题中,BC 为斜边 OA 上的中线是突破口,结合题目所给条件 $\angle OBD = 3\angle D$ 和三角形外角性质推导出 $BC = CD$,进而得出 OA 的长度和点 A 的坐标,再得出 B、D 坐标即可求出直线 BD 的解析式.

2. ∵ 如图 2.2 所示,四边形 $A_3B_3C_3C_2$ 是正方形,$B_3\left(\dfrac{19}{4}, \dfrac{9}{4}\right)$,

∴ $A_3\left(\dfrac{5}{2}, \dfrac{9}{4}\right)$,$C_2\left(\dfrac{5}{2}, 0\right)$.

∵ 直线 $y = kx + b$ 与 y 轴交于点 A_1,

∴ $A_1(0, b)$, $OA_1 = b$.

∵ 四边形 $A_1B_1C_1O$ 为正方形,

∴ $OC_1 = C_1B_1 = A_1B_1 = OA_1 = b$,

∴ $C_1C_2 = OC_2 - OC_1 = \frac{5}{2} - b$,

∵ 四边形 $A_2B_2C_2C_1$ 为正方形,

∴ $C_1A_2 = A_2B_2 = B_2C_2 = C_1C_2 = \frac{5}{2} - b$,

∴ $A_2\left(b, \frac{5}{2} - b\right)$.

将点 A_2、A_3 的坐标代入 $y = kx + b$,得

$$\begin{cases} \frac{5}{2} - b = kb + b \\ \frac{9}{4} = \frac{5}{2}k + b \end{cases},$$

消去 b,整理得 $\left(k + \frac{11}{20}\right)^2 = \left(\frac{21}{20}\right)^2$,得 $k = \frac{1}{2}$.

∴ $b = \frac{9}{4} - \frac{5}{4} = 1$,

∴ 直线 l 的解析式为 $y = \frac{1}{2}x + 1$.

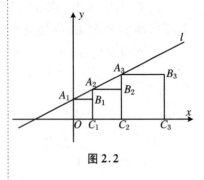

图 2.2

本题考查待定系数法求一次函数解析式. 由于点 B_3 的坐标已知,由四边形 $A_3C_2C_3B_3$ 是正方形可推出点 A_3、C_2 的坐标. 点 A_1 的纵坐标是 b,故正方形 $A_1B_1C_1O$ 的边长为 b,结合四边形 $A_2B_2C_2C_1$ 是正方形的条件可以将点 A_2 的坐标用 b 表示出来,将点 A_2、A_3 的坐标代入 $y = kx + b$ 得到 k 与 b 的方程组,解之即可.

3. ∵ 由题意知 $B(4,0)$、$A(0,4)$,

∴ 直线 AB 的解析式为 $y = -x + 4$.

设点 C 关于直线 AB 的对称点为 $F(m, n)$,连接点 E 与 F,C 与 F,CF 交 AB 于点 H,则 $CF \perp AB$ 且 H 为 CF 的中点,如图 2.3 所示.

∵ $CF \perp AB$,$C(1, 0)$,

∴ 直线 CF 的解析式为 $y = x - 1$.

由 $\begin{cases} y = -x + 4 \\ y = x - 1 \end{cases}$ 解得 $\begin{cases} x = \frac{5}{2} \\ y = \frac{3}{2} \end{cases}$,即 $H\left(\frac{5}{2}, \frac{3}{2}\right)$.

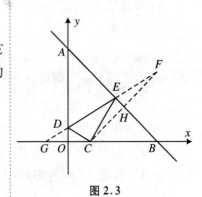

图 2.3

∵ H 为 CF 的中点,

∴ $\begin{cases} \dfrac{1+m}{2} = \dfrac{5}{2} \\ \dfrac{0+n}{2} = \dfrac{3}{2} \end{cases}$, 解得 $\begin{cases} m = 4 \\ n = 3 \end{cases}$,

∴ $F(4,3)$.

设 $C(1,0)$ 关于 y 轴的对称点为 $G(-1,0)$, 由光的反射原理可知 F、E、D、G 四点共线.

由 $F(4,3)$、$G(-1,0)$ 可求得直线 GF 的解析式为 $y = \dfrac{3}{5}x + \dfrac{3}{5}$.

由 $\begin{cases} y = \dfrac{3}{5}x + \dfrac{3}{5} \\ y = -x + 4 \end{cases}$ 解得 $\begin{cases} x = \dfrac{17}{8} \\ y = \dfrac{15}{8} \end{cases}$.

∴ $E\left(\dfrac{17}{8}, \dfrac{15}{8}\right)$.

思路点拨

分别作出点 C 关于直线 AB 和 y 轴的对称点. 由光的反射原理知 F、E、D、G 四点共线. 点 G 的坐标可直接写出, 求点 F 的坐标就成了本题的重点. 注意对轴对称性质的应用, 由 AB 垂直平分 CF 于点 H, 直线 CF 与 AB 的斜率之积为 -1, 结合点 C 的坐标得出直线 CF 的解析式, 联立直线 CF 与 AB 的解析式求得 CF 的中点 H 的坐标, 再利用中点坐标公式得出点 F 的坐标, 于是直线 GF 解析式自然求出, 联立直线 GF 与 AB 的解析式即可求得点 E 的坐标.

4. 设直线 DC 交 AB 于点 F, 过点 E 作 $EH \perp x$ 轴于点 H, 如图 2.4 所示.

由 $\begin{cases} y = x - 6 \\ y = -\dfrac{1}{2}x + 2 \end{cases}$ 解得 $\begin{cases} x = \dfrac{16}{3} \\ y = -\dfrac{2}{3} \end{cases}$, 即 $F\left(\dfrac{16}{3}, -\dfrac{2}{3}\right)$.

对于直线 $y = x - 6$:

令 $x = 0$, 则 $y = -6$, 即 $B(0, -6)$;

令 $y = 0$, 则 $x = 6$, 即 $A(6, 0)$.

∴ $AO = BO = 6$, $AB = 6\sqrt{2}$, $AF = \dfrac{2}{3}\sqrt{2}$,

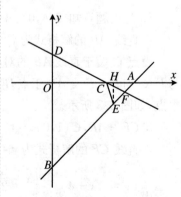

图 2.4

第二部分 一次函数100题解析

$\therefore BF = AB - AF = \dfrac{16}{3}\sqrt{2}$.

对于直线 $y = -\dfrac{1}{2}x + 2$：

令 $x = 0$，则 $y = 2$，即 $D(0,2)$；

令 $y = 0$，则 $x = 4$，即 $C(4,0)$.

$\therefore DO = 2, CO = 4$，

$\therefore AC = 6 - 4 = 2, BD = 2 + 6 = 8$.

又 $\because \angle AEC = \angle BDC, \angle EAC = \angle DBF = 45°$，

$\therefore \triangle AEC \sim \triangle BDF$，

$\therefore \dfrac{AE}{BD} = \dfrac{AC}{BF}$，

$\therefore AE = \dfrac{3}{2}\sqrt{2}$.

$\because \angle AHE = 90°$，

$\therefore \triangle AHE$ 是等腰直角三角形，

$\therefore AG = EG = \dfrac{3}{2}$，

$\therefore OH = AO - AH = 6 - \dfrac{3}{2} = \dfrac{9}{2}$.

又点 E 在第四象限内，

$\therefore E\left(\dfrac{9}{2}, -\dfrac{3}{2}\right)$.

思路点拨

设直线 DC 交 AB 于点 F，由题设易知 $\triangle AEC$ 与 $\triangle BDF$ 相似，由比例等式算出 AE 的长度.作 $EH \perp x$ 轴，根据 $\triangle AEH$ 是等腰直角三角形算出 AH 与 EH 的长度，然后可知点 E 的坐标.

5.(1) $\because$ 正比例函数 $y = kx(k \neq 0)$ 的图像经过 $A(-2,4)$，

$\therefore -2k = 4$，得 $k = -2$，

$\therefore$ 正比例函数为 $y = -2x$.

$\because$ 直线 $y = -2x$ 经过 $B(1,b)$，

$\therefore b = -2$.

(2) **解法1** $\because C(0,2), B(1,-2)$，

$\therefore$ 线段 BC 的中点坐标为 $D\left(\dfrac{1}{2}, 0\right)$.

设直线 BC 的解析式为 $y = k'x + t(k' \neq 0)$，

$\therefore$ 由 $\begin{cases} t = 2 \\ k' + t = -2 \end{cases}$ 解得 $\begin{cases} t = 2 \\ k' = -4 \end{cases}$，

∴直线 BC 的解析式为 $y = -4x + 2$.

∵ $PB = PC$,

∴点 P 在线段 BC 的垂直平分线上.

设线段 BC 的垂直平分线为 $y = \frac{1}{4}x + h$.

∵ $D\left(\frac{1}{2}, 0\right)$,

∴ $\frac{1}{8} + h = 0$,解得 $h = -\frac{1}{8}$,

∴线段 BC 的垂直平分线为 $y = \frac{1}{4}x - \frac{1}{8}$,

∴ $P\left(0, -\frac{1}{8}\right)$ 或 $P\left(\frac{1}{2}, 0\right)$.

解法 2 设 $P(m, n)$.

∵ $PB = PC$,

∴ $(m-1)^2 + (n+2)^2 = m^2 + (n-2)^2$.

令 $m = 0$,可解得 $n = -\frac{1}{8}$,即 $P\left(0, -\frac{1}{8}\right)$;

令 $n = 0$,可解得 $m = \frac{1}{2}$,即 $P\left(\frac{1}{2}, 0\right)$.

综上所述,满足要求的点 P 坐标为 $\left(0, -\frac{1}{8}\right)$ 或 $\left(\frac{1}{2}, 0\right)$.

思路点拨

(1) 先将点 A 的坐标代入 $y = kx$ 算出 k,再将点 B 的坐标代入 $y = kx$ 算出 b.

(2) 有两种解法.解法 1:由 $PB = PC$ 知点 P 在 BC 的中垂线上,因此求出 BC 的中垂线解析式,中垂线与坐标轴的交点即为点 P.解法 2:设出点 P 的坐标,直接利用两点间的距离公式和 $PB = PC$ 列方程求解.

6. 存在.

作 $OF \perp AC$ 于点 F,在 FC 上截取 $FE = FO$,连接点 O、E,则 $\triangle OFE$ 是等腰直角三角形,如图 2.5 所示.

∴ $\angle EOF = \angle OEF = 45°$.

作 $BD \parallel OE$ 交 AC 于点 D.

∴ $\angle BDA = \angle OEF = 45°$.

∵ 直线 $y = -x + 2$ 与 x 轴、y 轴分别相交于 A、B 两点,

∴ $A(2, 0)$,$B(0, 2)$,

∴ $OA = OB = 2$.

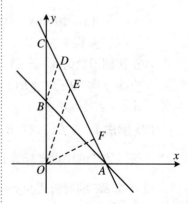

图 2.5

∵直线 $y = -2x + b$ 经过点 A,

∴$0 = -2 \times 2 + b$,得 $b = 4$,

∴直线 AC 的解析式为 $y = -2x + 4$.

∵直线 $y = -2x + 4$ 与 y 轴交于点 C,

∴$C(0,4)$,

∴$OC = 4$,

∴$AC = \sqrt{OA^2 + OC^2} = \sqrt{4+16} = 2\sqrt{5}$.

∵$AC \cdot OF = OA \cdot OC$,

∴$OF = \dfrac{OA \cdot OC}{AC} = \dfrac{2 \times 4}{2\sqrt{5}} = \dfrac{4\sqrt{5}}{5}$,

∴$OE = \sqrt{2} OF = \dfrac{4\sqrt{10}}{5}$.

设 $E(m, -2m+4)(0 < m < 2)$,则

$$OE^2 = m^2 + (-2m+4)^2 = \left(\dfrac{4\sqrt{10}}{5}\right)^2,$$

解得 $m = \dfrac{4}{5}$ 或 $m = \dfrac{12}{5}$(舍去).

∴点 E 的坐标为 $\left(\dfrac{4}{5}, \dfrac{12}{5}\right)$.

∵$OB = 2 = \dfrac{1}{2} OC$,

∴B 为 OC 的中点.

∵$BD \parallel OE$,

∴D 为 CE 的中点,

∴$D\left(\dfrac{2}{5}, \dfrac{16}{5}\right)$.

思路点拨

首先求出点 A、B 的坐标,然后求出直线 AC 的解析式及点 C 的坐标. 由 $45°$ 不难联想到等腰直角三角形,于是作 $OF \perp AC$ 于点 F,在 FC 上截取 $FE = FO$,连接点 O、E,则 $\triangle OFE$ 是等腰直角三角形. 然后作 $BD \parallel OE$ 交 AC 于点 D,点 D 就是所求点. 由等面积法可以求出 OF 的长度,解等腰直角三角形得出 OE 的长度,而点 E 在直线 AC 上,设出点 E 的坐标,根据 OE 的长度列方程解出点 E 的坐标,注意到 B 是 OC 的中点,而 $BD \parallel OE$,于是得出 D 就是 CE 的中点,由中点坐标公式直接得出点 D 的坐标.

7. (1) ∵ $y = -2x + 12$ 交 x 轴于点 A, 交 y 轴于点 B,
∴ $y = 0$ 时, $x = 6$, 即 $A(6,0)$; $x = 0$ 时, $y = 12$, 即 $B(0,12)$.

(2) 过点 D 作 $DE \perp BO$ 于 E, 如图 2.6 所示.
∵ 点 D 的纵坐标为 8,
∴ $8 = -2x + 12$, 得 $x = 2$, 即 $D(2,8)$.
设 $CO = x$, 则 $CE = 8 - x$.
∵ $CD \perp AC$,
∴ $\angle ECD + \angle OCA = 90°$.
∵ $\angle CAO + \angle OCA = 90°$,
∴ $\angle CAO = \angle ECD$.
∵ $\angle COA = \angle DEC = 90°$,
∴ $\triangle COA \sim \triangle DEC$,
∴ $\dfrac{DE}{CO} = \dfrac{EC}{AO}$,
∴ $\dfrac{2}{x} = \dfrac{8-x}{6}$, 解得 $x_1 = 2, x_2 = 6$,
∴ 点 C 的坐标为 $(0,2)$ 或 $(0,6)$.

(3) ∵ $\angle ECD = \angle CAO, \angle COA = \angle CBF = 90°$,
∴ $\triangle COA \sim \triangle FBC$,
∴ $\dfrac{FB}{BC} = \dfrac{CO}{AO}$.
∵ $OC = m, BF = n$, 则 $BC = 12 - m$,
∴ $\dfrac{n}{12-m} = \dfrac{m}{6}$,
∴ $n = -\dfrac{m^2}{6} + 2m \,(0 < n \leqslant 6, 0 < m < 12)$.

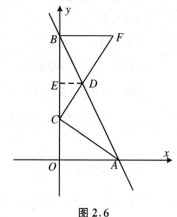

图 2.6

思路点拨

(1) 解析式已知, A、B 坐标易求.

(2) 作 $DE \perp BO$ 于点 E, 构造"一线三垂直"相似, 即 $\triangle DEC$ 与 $\triangle COA$ 相似, 列出比例方程解出 CO 的长度.

(3) 根据 $\triangle COA$ 与 $\triangle FBC$ 相似, 列出比例方程, 整理即可得出 n 与 m 的函数关系式.

8. ① 当点 P 在直线 AB 的上方时, 记为 P_1.
作 $P_1H \perp x$ 轴于点 H 交 AB 的延长线于点 G, 作 $FN \perp AB$ 交 AB 的延长线于点 N, 如图 2.7 所示.
∵ $\angle DEF = 90°$,

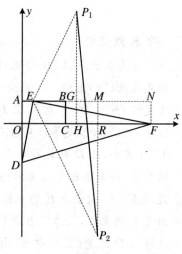

图 2.7

∴ $\angle AED + \angle NEF = 90°$.

∵ $\angle OAB = 90°$,

∴ $\angle AED + \angle ADE = 90°$,

∴ $\angle NEF = \angle ADE$.

∵ $\angle DAE = \angle FNE = 90°$,

∴ $\triangle ADE \sim \triangle NEF$,

∴ $\dfrac{ED}{FE} = \dfrac{AE}{NF}$.

∵ $E(1,2)$,

∴ $AE = 1$.

∵ $FN = AO = 2$,

∴ $\dfrac{ED}{FE} = \dfrac{1}{2}$.

∵ $\angle BEP_1 = \angle EDF$, $\angle DEF = \angle EGP_1 = 90°$,

∴ $\triangle DEF \sim \triangle EGP_1$,

∴ $\dfrac{EG}{GP_1} = \dfrac{DE}{EF} = \dfrac{1}{2}$.

设 $P_1(a, -10a+60)$,则 $EG = a-1$,$P_1G = -10a+60-2 = -10a+58$.

∴ $\dfrac{a-1}{-10a+58} = \dfrac{1}{2}$,得 $a = 5$,

∴ $-10a+60 = 10$,

∴ $P_1(5,10)$.

② 当点 P 在直线 AB 的下方时,记为 P_2. 设点 P_2 的坐标为 $(a, -10a+60)$.

作 $P_2M \perp AB$ 于点 M 交 x 轴于点 R,则

$EM = a-1$, $P_2M = 2-(-10a+60) = 10a-58$.

同理,$\dfrac{EM}{P_2M} = \dfrac{DE}{EF} = \dfrac{1}{2}$.

∴ $\dfrac{a-1}{10a-58} = \dfrac{1}{2}$,解得 $a = 7$,

∴ $-10a+60 = -10$,

∴ $P_2(7,-10)$.

综上所述,满足条件的点 P 的坐标为 $(5,10)$ 或 $(7,-10)$.

思路点拨

分两种情况进行讨论:① 点 P 在直线 AB 上方;② 点 P 在直线 AB 下方.

作 $FN \perp AB$ 于点 N,由 $\triangle ADE \backsim \triangle NEF$ 得出 $\dfrac{ED}{FE} = \dfrac{1}{2}$.对于第一种情况,作 $P_1H \perp x$ 轴于点 H 交 AB 的延长线于点 G,由条件可判定 $\triangle DEF \backsim \triangle EGP_1$,从而 $\dfrac{EG}{GP_1} = \dfrac{DE}{EF} = \dfrac{1}{2}$.设出点 P 的坐标 $P_1(a, -10a+60)$,用含 a 的式子表示出 EG 和 GP_1,解比例方程得出 a,从而确定点 P_1 的坐标.第二种情况的解法类似.

9. 由题意知 $A(a,a)$、$B(b,8b)$.
设直线 AB 的解析式为 $y = kx + m$,则
$$\begin{cases} ka + m = a \\ kb + m = 8b \end{cases},$$
解得
$$k = \dfrac{8b-a}{b-a} = 8 + \dfrac{7a}{b-a} = 8 + \dfrac{7}{\dfrac{b}{a}-1}.$$

∵ k 为整数,

∴ $\dfrac{b}{a} - 1$ 是 7 的约数.

① 当 $\dfrac{b}{a} - 1 = -7$ 时,$b = -6a$.

∵ $a > 0, b > 0$,

∴ 此情况舍去.

② 当 $\dfrac{b}{a} - 1 = 1$ 时,$b = 2a, k = 15$.

③ 当 $\dfrac{b}{a} - 1 = 7$ 时,$b = 8a, k = 9$.

综上所述,满足要求的 k 值为 15 和 9.

思路点拨

首先表示出点 A、B 的坐标,设直线 AB 的解析式为 $y = kx + m$,再把点 A、B 的坐标代入 $y = kx + m$ 得到两个方程,整理得出 k 的表达式,结合 $\dfrac{b}{a}$、k 都是整数的条件判断出 $\dfrac{b}{a} - 1$ 的值,从而得出 $\dfrac{b}{a}$ 的值,进而求出 k 的值.

10. (1) 对于 $y = kx + 3$,令 $x = 0$,则 $y = 3$,即 $B(0,3)$.

∵ $\tan\angle BAO = \dfrac{OB}{OA} = 2$,

∴ $OA = \dfrac{3}{2}$, $A\left(\dfrac{3}{2}, 0\right)$.

将 $A\left(\dfrac{3}{2}, 0\right)$ 代入 $y = kx + 3$ 得 $k = -2$.

∴ 一次函数是 $y = -2x + 3$.

(2) ∵ 点 $P(a, b)$ 在该函数的图像上,

∴ $b = -2a + 3$.

∵ 点 P 到 x 轴、y 轴的距离之和等于 2,

∴ $|a| + |b| = 2$,

∴ $|a| = 2 - |-2a + 3|$.

① 当 $a < 0$ 时, $-a = 2 + 2a - 3$, 解得 $a = \dfrac{1}{3}$(舍).

② 当 $0 < a < \dfrac{3}{2}$ 时, $a = 2 + 2a - 3$, 解得 $a = 1$, 即 $P(1, 1)$.

③ 当 $a > \dfrac{3}{2}$ 时, $a = 2 - 2a + 3$, 解得 $a = \dfrac{5}{3}$, 即 $P\left(\dfrac{5}{3}, -\dfrac{1}{3}\right)$.

∴ 满足条件的点 P 坐标为 $(1, 1)$、$\left(\dfrac{5}{3}, -\dfrac{1}{3}\right)$.

(3) ∵ $a = 1 - m$,

∴ $b = -2(1-m) + 3 = 2m + 1$.

∵ 由题意知 $a \neq b$,

∴ $1 - m \neq 2m + 1$, 得 $m \neq 0$.

① 若 $m > 0$, 则 $a < 1 < b$.

∵ a 与 b 之间(不包括 a 和 b)有且只有一个整数,

∴ $\begin{cases} a \geq 0 \\ b \leq 2 \end{cases}$, 即 $\begin{cases} 1 > 1 - m \geq 0 \\ 2m + 1 \leq 2 \end{cases}$, 解得 $0 < m \leq \dfrac{1}{2}$.

② 若 $m < 0$, 则 $b < 1 < a$.

∵ a 与 b 之间(不包括 a 和 b)有且只有一个整数,

∴ $\begin{cases} b \geq 0 \\ a \leq 2 \end{cases}$, 即 $\begin{cases} 2m + 1 \geq 0 \\ 1 < 1 - m \leq 2 \end{cases}$, 解得 $-\dfrac{1}{2} \leq m < 0$.

综上所述, m 的取值范围是 $-\dfrac{1}{2} \leq m \leq \dfrac{1}{2}$ 且 $m \neq 0$.

思路点拨

(1) 由于截距已知,因此先算出点 B 的坐标,得出 OB 的长度,再根据所给正切值算出 OA 的长度,得出点 A 的坐标,然后将其代入直线解析式求出 k.

(2) 将点 P 的坐标代入直线解析式得 b 与 a 的二元一次方程,根据点 P 到坐标轴的距离之和为 2 列出方程,消去 b 得到关于 a 的含绝对值的一次方程,用"零点分段讨论法"去绝对值符号,解出 a 的值,得出点 P 的坐标.

(3) 将 $a = 1-m$ 代入直线解析式算出 b. 根据题意知 $a \neq b$,推出 $m \neq 0$,然后分 $m>0$ 和 $m<0$ 两种情况讨论. 在这两种情况下,都可推知 1 在 a 与 b 之间或 b 与 a 之间,再根据"a 与 b 之间(不包括 a 和 b)有且只有一个整数"进一步限定 a 与 b 的取值范围,列出关于 m 的不等式组,解之即可.

11. (1) 设直线的解析式为 $y = kx + b$.

∵ 直线 $y = kx + b$ 经过点 $A(x_1, y_1)$、$B(x_2, y_2)$,

∴ $\begin{cases} y_1 = kx_1 + b \\ y_2 = kx_2 + b \end{cases}$,得 $y_2 - y_1 = k(x_2 - x_1)$,

∴ $k = \dfrac{y_2 - y_1}{x_2 - x_1} = -\dfrac{3}{2}$,

∴ $y = -\dfrac{3}{2}x + b$.

又 $y = -\dfrac{3}{2}x + b$ 经过点 $C\left(\dfrac{3}{2}, 1\right)$,

∴ $1 = -\dfrac{3}{2} \times \dfrac{3}{2} + b$,得 $b = \dfrac{13}{4}$,

∴ 直线的解析式为 $y = -\dfrac{3}{2}x + \dfrac{13}{4}$.

(2) 将直线的解析式变形:

$y = -\dfrac{3}{2}x + \dfrac{13}{4} = \dfrac{-6x + 13}{4} = -2x + 3 + \dfrac{2x+1}{4}$.

若 x 为整数,则 $2x+1$ 必为奇数.

∴ $\dfrac{2x+1}{4}$ 不可能是整数,即 y 不可能是整数.

∴ 此一次函数的图像不可能经过横坐标和纵坐标都是整数的点.

思路点拨

(1) 设直线的解析式为 $y = kx + b$,将 A、B 两点坐标代入 $y = kx + b$ 得到两个方程,两式相减可得 $k = \dfrac{y_2 - y_1}{x_2 - x_1}$(事实上,这就是直线斜率公式),再将点 C 坐标代入即可求出直线的解析式.

(2) 直线的解析式就是一个二元一次不定方程,对 $y=-\dfrac{3}{2}x+\dfrac{13}{4}$ 进行"欧拉分离"得 $y=-2x+3+\dfrac{2x+1}{4}$.假设 x 为整数,则 $2x+1$ 是奇数,而奇数是不可能被 4 整除的,即 y 不可能是整数.

12. (1) 对于直线 $y=x-2$,令 $x=0$,则 $y=-2$,即 $C(0,-2)$;令 $y=0$,则 $x=2$,即 $A(2,0)$.

∵直线 l_1 经过点 A,

∴$2k+3=0$,得 $k=-\dfrac{3}{2}$,

∴直线 l_1 的解析式为 $y=-\dfrac{3}{2}x+3$.

令 $x=0$,则 $y=-\dfrac{3}{2}\times 0+3=3$,即 $B(0,3)$.

(2) 根据题意作图,如图 2.8 所示.

① W 区域的整点有 $(1,1)$、$(1,0)$,即 $n=2$.
② 当 l_1 刚好经过 $(1,1)$ 时,$k+3=1$,得 $k=-2$,此时区域 W 内只有一个整点.

∵$n\geqslant 2$,

∴$k>-2$.

当 l_1 刚好经过 $(2,2)$ 时,$2k+3=2$,得 $k=-\dfrac{1}{2}$,此时区域 W 内刚好有 4 个整点.

∵$n\leqslant 4$,

∴$k\leqslant -\dfrac{1}{2}$.

综上所述,当 $-2<k\leqslant -\dfrac{1}{2}$ 时,$2\leqslant n\leqslant 4$.

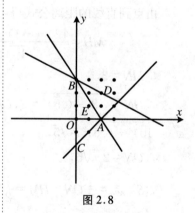

图 2.8

思路点拨

本题主要考查直线所围封闭区域内的整点个数问题.需要注意两点:① 正确作图,数形结合.② 利用极端原理求变量取值范围.在求 $2\leqslant n\leqslant 4$ 对应的 k 的取值范围时,分别计算 n 取最小值和最大值时 k 的两个极端值,从而确定 k 的取值范围.

13. (1) 将直线方程 $y=3x-2$ 变形为 $3x-y-2=0$.
∴点 $P(1,1)$ 到直线 $y=3x-2$ 的距离为
$$d=\frac{|3-1-2|}{\sqrt{1+3^2}}=0,$$
∴点 P 在直线 $y=3x-2$ 上.

(2) 将直线方程 $y=2x-1$ 变形为 $2x-y-1=0$.
∴点 $P(2,-1)$ 到直线 $y=2x-1$ 的距离为
$$d=\frac{|4+1-1|}{\sqrt{1+2^2}}=\frac{4\sqrt{5}}{5}.$$

(3) 在直线 $l_1:y=-\frac{2}{3}x+\frac{8}{3}$ 上取一点 $P(4,0)$.

将 $y=-\frac{2}{3}x-6$ 变形为 $2x+3y+18=0$.

点 P 到直线 $l_2:y=-\frac{2}{3}x-6$ 的距离 d 即为两直线之间的距离:
$$d=\frac{|2\times 4+3\times 0+18|}{\sqrt{2^2+3^2}}=2\sqrt{13}.$$

∴ l_1 与 l_2 之间的距离为 $2\sqrt{13}$.

(4) 过点 M 作 $MH\perp ON$ 于点 H,如图 2.9 所示.
由点到直线的距离公式得
$$MH=\frac{|2\times(-1)-3+0|}{\sqrt{1^2+2^2}}=\sqrt{5}.$$

∵ $MN=3$,

∴ $HN=\sqrt{3^2-(\sqrt{5})^2}=2$, $OM=\sqrt{1^2+3^2}=\sqrt{10}$, $OH=\sqrt{(\sqrt{10})^2-(\sqrt{5})^2}=\sqrt{5}$,

∴ $ON=2+\sqrt{5}$,

∴ $S_{\triangle OMN}=\frac{1}{2}ON\times HM=\frac{1}{2}\times(2+\sqrt{5})\times\sqrt{5}=\frac{5+2\sqrt{5}}{2}$.

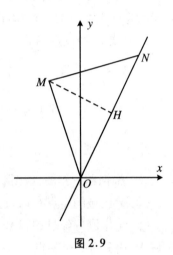

图 2.9

思路点拨

本题以阅读材料的形式考查了点到直线的距离公式的应用.

(1) 如何判断一个点是否在直线上?除了验证点的坐标是否满足直线方程,还可以验证点到直线的距离是否为 0.

(2) 直接套用公式,但套用之前应将直线方程化为一般形式.

(3) 两条平行线之间的距离就是其中一条直线上的任意一点到另一直线的距离. 事实上, 平行直线 l_1: $Ax+By+C_1=0$ 和 l_2: $Ax+By+C_2=0$ 之间的距离为
$$d=\frac{|C_1-C_2|}{\sqrt{A^2+B^2}}.$$
注意: 两条平行线的方程一定要(也一定能)先化成 x 和 y 的系数分别对应相同的一般形式.

(4) 作 MH 垂直于直线 $y=2x$ 于点 H, 先求点 M 到直线 $y=2x$ 的距离 MH, 根据勾股定理求 HN 和 OH 的长, 也就求出了 ON 的长, 然后 $\triangle OMN$ 的面积可以直接算出.

14. (1) 函数 $y=|x|-2$ 自变量 x 的取值范围是任意实数.

(2) ① 把 $x=3$ 代入 $y=|x|-2$, 得 $m=3-2=1$.
② 把 $y=2019$ 代入 $y=|x|-2$, 得 $2019=|x|-2$, 解得 $x=-2021$ 或 2021.
∵ $A(n,2019)$、$B(2021,2019)$ 为该函数图像上不同的两点,
∴ $n=-2021$.

(3) 该函数的图像如图 2.10 所示.

由图 2.10 可得, 该函数的最小值为 -2; 该函数图像与 x 轴围成的几何图形的面积是 $\frac{1}{2}\times 4\times 2=4$.

(4) 在同一平面直角坐标系中画出函数 $y_1=\frac{1}{2}x-\frac{1}{2}$ 与函数 $y=|x|-2$ 的图像, 如图 2.11 所示.

由图像可知, 当 $y_1\geqslant y$ 即 $\frac{1}{2}x-\frac{1}{2}\geqslant|x|-2$ 时 x 的取值范围是 $-1\leqslant x\leqslant 3$.

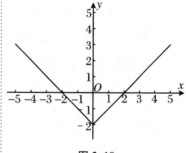

图 2.10

思路点拨

(1) 自变量"没有任何限制", 取值范围为任意实数.
(2) 将所给数据代入函数直接算出 m、n 即可.
(3) 根据表格中的数据在坐标系中描点作图.
(4) 在同一平面直角坐标系中再画出函数 $y_1=\frac{1}{2}x-\frac{1}{2}$ 的图像, 直线 $y_1=\frac{1}{2}x-\frac{1}{2}$ 高于或等于函数 $y=|x|-2$ 图像所对应的 x 的取值范围即为所求.

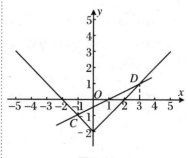

图 2.11

15. (1) $k_4 < k_3 < k_2 < k_1$.

(2) 如图 2.12 所示，在坐标系中画出 $y=|x-2|$ 和 $y=-\dfrac{1}{2}x+1$ 的图像.

由图像可知方程 $|x-2|=-\dfrac{1}{2}x+1$ 的解只有一个.

当 $x>2$ 时，$y=|x-2|=x-2$，即 $x-2=-\dfrac{1}{2}x+1$，解得 $x=2$.

当 $x\leqslant 2$ 时，$y=|x-2|=-x+2$，即 $-x+2=-\dfrac{1}{2}x+1$，解得 $x=2$.

∴方程 $|x-2|=-\dfrac{1}{2}x+1$ 的解为 $x=2$.

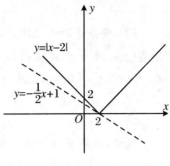

图 2.12

(3) ① 当 $a<-1$ 时，如图 2.13 所示，直线 $y=ax$ 与 $y=|x-2|$ 有一个交点，即方程 $|x-2|=ax$ 有一个解.

此时 $x<2$，$y=|x-2|=-x+2$. 由 $-x+2=ax$ 解得 $x=\dfrac{2}{a+1}$.

② 当 $-1\leqslant a<0$ 时，如图 2.14 所示，直线 $y=ax$ 与 $y=|x-2|$ 无交点，故方程 $|x-2|=ax$ 无解.

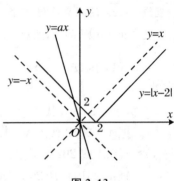

图 2.13

③ 当 $0<a<1$ 时，如图 2.15 所示，直线 $y=ax$ 与 $y=|x-2|$ 有两个交点，即方程 $|x-2|=ax$ 有两个解.

当 $x<2$ 时，$y=|x-2|=-x+2$. 由 $-x+2=ax$ 解得 $x=\dfrac{2}{a+1}$.

当 $x>2$ 时，$y=|x-2|=x-2$. 由 $x-2=ax$ 解得 $x=-\dfrac{2}{a-1}$.

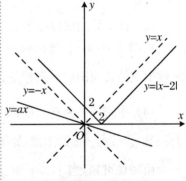

图 2.14

④ 当 $a\geqslant 1$ 时，如图 2.16 所示，直线 $y=ax$ 与 $y=|x-2|$ 有一个交点，即方程 $|x-2|=ax$ 有一个解.

此时 $x<2$，$y=|x-2|=-x+2$. 由 $-x+2=ax$ 解得 $x=\dfrac{2}{a+1}$.

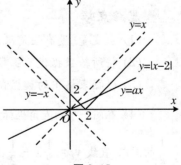

图 2.15

思路点拨

(1) 对于一次函数 $y = kx + b$,k 是直线的斜率,k 的符号反映直线的倾斜方向,$|k|$ 的值反映直线的倾斜程度. 具体而言,$k>0$ 时直线从左向右看是上升趋势,$k<0$ 时直线从左向右看是下降趋势;$|k|$ 的值越大,直线越靠近 y 轴,与 y 轴所夹锐角越小(或者通俗地说直线"越陡").

(2) 数与形相辅相成. 方程 $|x-2| = -\dfrac{1}{2}x + 1$ 的解就是函数 $y = |x-2|$ 与 $y = -\dfrac{1}{2}x + 1$ 图像交点的横坐标,因此在同一坐标系中画出 $y = |x-2|$ 和 $y = -\dfrac{1}{2}x + 1$ 的图像,通过观察图像交点的情况即可得知方程解的情况.

(3) 同样借助数形结合的思想解决问题. 只不过这里有参数 a 的存在,因此要分类讨论. 由于函数 $y = |x-2|$ 对应的 $y = x-2$ 和 $y = -x+2$ 的斜率为 ± 1,因此可以作出 $y = x$ 和 $y = -x$ 两条直线作为"临界直线",再讨论 a 的范围就容易多了.

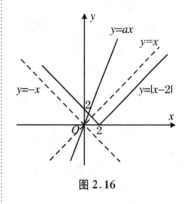

图 2.16

16. 如图 2.17 所示,以 B 为坐标原点建立坐标系,使 A、C 两点分别在 y 轴正半轴上和 x 轴正半轴上,延长 BE 与 CD 交于点 H.

易知 $DH = AB = 6$,$CH = CD + DH = 12$,$BE = EH = 3\sqrt{5}$,$BH = 6\sqrt{5}$.

∴ $A(0,6)$,$C(6,0)$,$D(6,6)$,$E(3,6)$,

∴ 直线 BE 的解析式为 $y = 2x$,直线 BD 的解析式为 $y = x$,直线 AC 的解析式为 $y = -x + 6$.

∵ BF 平分 $\angle CBH$,

∴ $\dfrac{CF}{FH} = \dfrac{BC}{BH} = \dfrac{6}{6\sqrt{5}} = \dfrac{\sqrt{5}}{5}$,

∴ $CF = \dfrac{\sqrt{5}}{5+\sqrt{5}} \cdot CH = \dfrac{\sqrt{5}}{5+\sqrt{5}} \times 12 = 3\sqrt{5} - 3$,

∴ $F(6, 3\sqrt{5} - 3)$,

∴ 直线 BF 的解析式为 $y = \dfrac{\sqrt{5}-1}{2}x$.

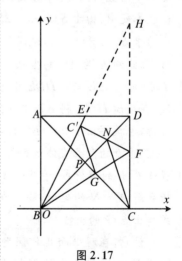

图 2.17

由 $\begin{cases} y=-x+6 \\ y=\dfrac{\sqrt{5}-1}{2}x \end{cases}$ 解得 $G(3\sqrt{5}-3,9-3\sqrt{5})$.

∵ $C'F \perp BE$,

∴设直线 $C'F$ 的解析式为 $y=-\dfrac{1}{2}x+b$.

将 $F(6,3\sqrt{5}-3)$ 代入 $y=-\dfrac{1}{2}x+b$,解得 $b=3\sqrt{5}$.

∴直线 $C'F$ 的解析式为 $y=-\dfrac{1}{2}x+3\sqrt{5}$.

由 $\begin{cases} y=x \\ y=-\dfrac{1}{2}x+3\sqrt{5} \end{cases}$ 解得 $N(2\sqrt{5},2\sqrt{5})$.

∴ $S_{\triangle CGF}=\dfrac{1}{2}CF\cdot(x_F-x_G)=18\sqrt{5}-36$,$S_{\triangle NCF}=\dfrac{1}{2}CF\cdot(x_F-x_N)=12\sqrt{5}-24$,

∴ $S_{四CNC'G}=2S_{\triangle CGF}-S_{\triangle NCF}=24\sqrt{5}-48$.

思路点拨

本题是"建系法"解决平面几何问题的经典实例.对于很多平面几何问题,仅运用几何手段解答很困难,而建立平面直角坐标系,用代数手段处理就显得容易.

本题中,由于 $S_{四CNC'G}=2S_{\triangle CGF}-S_{\triangle NCF}$,因此问题转化为求 $S_{\triangle CGF}$ 和 $S_{\triangle NCF}$,进而转化为求 G、N、F 三点的坐标.注意到 E 为 AD 的中点,于是延长 BE 和 CD 交于点 H,得到 $\triangle ABE$ 与 $\triangle HDE$ 全等,从而得出 DH、BH 的长度.在 $\triangle BCH$ 中,利用角平分线比例定理可得出点 F 的坐标,也就得出了直线 BF 的解析式.而 $C'F \perp BE$,利用"相互垂直的两条直线的斜率之积为 -1"的结论可得出直线 $C'F$ 的解析式.于是联立直线 BD 与直线 $C'F$ 的解析式解出点 N 的坐标,联立直线 AC 与直线 BF 的解析式解出点 G 的坐标.

注意,在解平面几何问题时,如果建立坐标系后图中点的坐标和直线的解析式不易求,最好不用"建系法",或许纯几何方法更简洁高效.

17. (1) ∵ $OA=8,OB=6,\angle AOB=90°$,

∴ $AB=10$.

∵ $CD \perp AB$,

∴∠CDB = 90° = ∠AOB.

在△CDB 和△AOB 中,有

$$\begin{cases} \angle CBD = \angle ABO \\ \angle CDB = \angle AOB, \\ CD = AO \end{cases}$$

∴△CDB≌△AOB（AAS），

∴CB = AB = 10, DB = OB = 6, OC = 16.

作 DH⊥BC 于点 H,如图 2.18 所示.

∵$S_{\triangle BCD} = \frac{1}{2}CD \times BD = \frac{1}{2}BC \times DH$,

∴$DH = \frac{CD \times BD}{BC} = \frac{24}{5}$.

在 Rt△DHB 中, $BH = \sqrt{BD^2 - DH^2} = \sqrt{36 - \frac{576}{25}} = \frac{18}{5}$.

∴$OH = OB + BH = 6 + \frac{18}{5} = \frac{48}{5}$,

∴$D\left(-\frac{48}{5}, \frac{24}{5}\right)$.

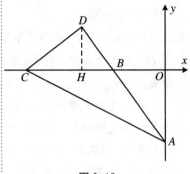

图 2.18

(2) ① 当点 P 在线段 AC 上时,如图 2.19 所示.

作 PM⊥OA 于点 M.

∴$\frac{AM}{AO} = \frac{PM}{CO} = \frac{AP}{AC} = \frac{1}{4}$,

∴PM = 4, AM = 2,

∴OM = 6,

∴点 P 的坐标为(−4, −6).

∵Q(6, −16),

∴直线 l 的解析式为 y = −x − 10.

∵当 $x = -\frac{48}{5}$ 时, $y = \frac{48}{5} - 10 = -\frac{2}{5} < \frac{24}{5}$,

∴点 D 在直线 l 的上方.

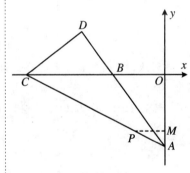

图 2.19

② 当点 P 在 CA 的延长线上时,如图 2.20 所示,作 PN⊥OA 于点 N.

∵PN∥CO,

∴$\frac{AN}{AO} = \frac{PN}{CO} = \frac{AP}{AC} = \frac{1}{4}$,

∴PN = 4, AN = 2,

∴ON = 10,

∴点 P 的坐标为(4, −10).

∵Q(6, −16),

∴直线 l 的解析式为 y = −3x + 2.

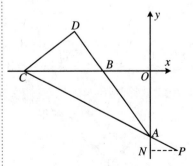

图 2.20

∵ 当 $x = -\dfrac{48}{5}$ 时，$y = -3 \times \left(-\dfrac{48}{5}\right) + 2 = \dfrac{154}{5} > \dfrac{24}{5}$，

∴ 点 D 在直线 l 的下方．

> **思路点拨**
>
> (1) 判定 $\triangle CDB \cong \triangle AOB$ 是解答的切入点，然后得出 BD、CB 的长度，再利用等面积法求出点 D 到 x 轴的距离．
>
> (2) 题目中给出点与直线位置关系的判定方法，必须先求出直线解析式，因此求点 P 的坐标就成了解答此问的关键．而点 P 坐标的求解除了常规的比例法，还可以用定比分点坐标公式速算：
>
> 在平面直角坐标系中，已知点 $A(x_1, y_1)$、$B(x_2, y_2)$，$P(x, y)$ 为线段 AB 上一点，若 $\dfrac{AP}{PB} = m$，则
>
> $$\begin{cases} x = \dfrac{x_1 + mx_2}{1+m} \\ y = \dfrac{y_1 + my_2}{1+m} \end{cases}.$$
>
> 特别地，当 $m = 1$ 时上述公式即为中点坐标公式．

18. (1) 过点 $(0, -2)$、$(6, 0)$ 的直线解析式为 $y = \dfrac{1}{3}x - 2$．

图 1.15(d) 表示直线 $y = \dfrac{1}{3}x - 2$ 及其上方的部分，即 $y \geqslant \dfrac{1}{3}x - 2$ 对应的平面区域．

(2) 阴影表示的平面区域如图 2.21 所示．

由 $\begin{cases} x - y + 5 = 0 \\ x = 3 \end{cases}$ 解得 $\begin{cases} x = 3 \\ y = 8 \end{cases}$，即 $A(3, 8)$．

由 $\begin{cases} x + y = 0 \\ x = 3 \end{cases}$ 解得 $\begin{cases} x = 3 \\ y = -3 \end{cases}$，即 $B(3, -3)$．

由 $\begin{cases} x + y = 0 \\ x - y + 5 = 0 \end{cases}$ 解得 $\begin{cases} x = -\dfrac{5}{2} \\ y = \dfrac{5}{2} \end{cases}$，即 $C\left(-\dfrac{5}{2}, \dfrac{5}{2}\right)$．

∴ $S_1 = \dfrac{1}{2} \times \left[3 - \left(-\dfrac{5}{2}\right)\right] \times [8 - (-3)] = \dfrac{121}{4}$．

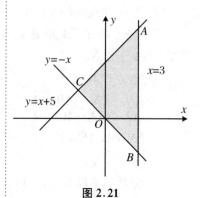

图 2.21

(3) $y=2|x-2|=\begin{cases} 2x-4 & (x>2) \\ 0 & (x=2) \\ -2x+4 & (x<2) \end{cases}$.

函数 $y=2|x-2|$ 与 $y=x-m$ 的图像所围成的平面区域如图2.22所示,则 $D(2,0)$.

由 $\begin{cases} y=x-m \\ y=2x-4 \end{cases}$ 解得 $\begin{cases} x=4-m \\ y=4-2m \end{cases}$, 即 $E(4-m, 4-2m)$.

由 $\begin{cases} y=x-m \\ y=-2x+4 \end{cases}$ 解得 $\begin{cases} x=\dfrac{4+m}{3} \\ y=\dfrac{4-2m}{3} \end{cases}$.

$\therefore F\left(\dfrac{4+m}{3}, \dfrac{4-2m}{3}\right)$.

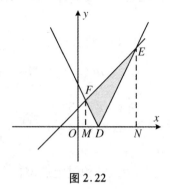

图2.22

作 $FM \perp x$ 轴于点 M, $EN \perp x$ 轴于点 N.

$\because NE=4-2m, FM=\dfrac{4-2m}{3}, DM=\dfrac{2-m}{3}, DN=2-m, MN=DM+DN=\dfrac{4(2-m)}{3}$,

$\therefore S_{梯FMNE}=\dfrac{1}{2}(FM+NE) \cdot MN=\dfrac{16}{9}(2-m)^2$,

$S_{\triangle FMD}=\dfrac{1}{2}FM \cdot DM=\dfrac{1}{9}(2-m)^2$, $S_{\triangle END}=\dfrac{1}{2}NE \cdot DN=(2-m)^2$,

$\therefore S_2=S_{梯FMNE}-S_{\triangle FMD}-S_{\triangle END}=\dfrac{2}{3}(2-m)^2$.

$\because$ 当直线 $y=x-m$ 过点 D 时, $m=2$,

$\therefore$ 函数 $y=2|x-2|$ 与 $y=x-m$ 的图像要围成一个封闭平面区域必须满足 $-m>-2$, 即 $m<2$.

思路点拨

(1) 根据两点的坐标 $(0,-2)$、$(6,0)$ 求出直线解析式.

(2) 通过作图可知不等式组表示的区域是一个三角形,求出该三角形的三个顶点的坐标,就可求出三角形的面积.

(3) 函数 $y=2|x-2|$ 的图像与 x 轴的交点为 D, 函数 $y=x-m$ 与 $y=2|x-2|$ 的图像围成一个三角形区域,交点为 E、F. 解方程组求得点 E、F 的坐标. 作 $FM \perp x$ 轴于点 M, $EN \perp x$ 轴于点 N. 由于 $S_2=S_{梯FMNE}-S_{\triangle FMD}-S_{\triangle END}$, 因此分别求出梯形 $FMNE$、$\triangle FMD$、$\triangle END$ 的

面积即可确定 S_2. 直线 $y=x-m$ 过点 D 时是临界状态，此时 $m=2$. 故 $-m>-2$ 才可以保证 $y=x-m$ 与 $y=2|x-2|$ 围成封闭区域，从而得出 m 的取值范围.

19.（1）将方程 $y=-\dfrac{2+m}{1+2m}x+\dfrac{3m-4}{1+2m}$ 整理得

$$m(x+2y-3)+(2x+y+4)=0.$$

令 $\begin{cases}x+2y-3=0\\2x+y+4=0\end{cases}$，解得 $\begin{cases}x=-\dfrac{11}{3}\\y=\dfrac{10}{3}\end{cases}$.

∴ 直线 l 恒过定点 $M\left(-\dfrac{11}{3},\dfrac{10}{3}\right)$.

（2）设所求直线 l_1 的解析式为 $y=kx+b$.

∵ l_1 过点 $M\left(-\dfrac{11}{3},\dfrac{10}{3}\right)$，

∴ $-\dfrac{11}{3}k+b=\dfrac{10}{3}$，得 $b=\dfrac{10}{3}+\dfrac{11}{3}k$，

∴ $y=kx+\dfrac{10}{3}+\dfrac{11}{3}k$.

设直线 l_1 与 x 轴、y 轴分别交于 A、B 两点，则 $A\left(-\dfrac{b}{k},0\right),B(0,b)$.

∵ AB 的中点为 M，

∴ $\begin{cases}-\dfrac{b}{k}+0=-\dfrac{22}{3}\\0+b=\dfrac{20}{3}\end{cases}$，解得 $\begin{cases}k=\dfrac{10}{11}\\b=\dfrac{20}{3}\end{cases}$.

∴ 直线 l_1 的解析式为 $y=\dfrac{10}{11}x+\dfrac{20}{3}$.

思路点拨

如果直线的解析式能表示成 $mG(x,y)+F(x,y)=0$ 形式（其中，m 是参数，$G(x,y)$、$F(x,y)$ 是两个关于 x、y 的一次整式），则该直线必过一定点，且该定点的坐标由方程组 $\begin{cases}G(x,y)=0\\F(x,y)=0\end{cases}$ 确定.

另外，如果有一定点的坐标为 (m,n)，那么过该定点的直线的表达式为 $y=k(x-m)+n$ 或者 $x=m$.

注意中点坐标公式的应用：平面内任意两点 (x_1,y_1)、(x_2,y_2) 连线的中点坐标为 $\left(\dfrac{x_1+x_2}{2},\dfrac{y_1+y_2}{2}\right)$.

20. $AB+AC$ 是定值.

作 AE 平分 $\angle OAC$ 交 OC 于点 E，$EF\perp AC$ 于点 F，如图 2.23 所示.

对于一次函数 $y=kx-4k$，令 $y=0$，则 $x=4$；令 $x=0$，则 $y=-4k$.

∴ $A(4,0)$，$C(0,-4k)$，

∴ $OA=4$，$OC=-4k$，

∴ $AC=\sqrt{4^2+(4k)^2}=4\sqrt{1+k^2}$.

∵ AE 平分 $\angle CAO$，

∴ $\angle CAE=\angle OAE$.

∵ $EF\perp AC$，

∴ $\angle EFA=\angle EOA=90°$，

∴ $\triangle EFA\cong\triangle EOA$，

∴ $EF=EO$，$AF=AO=4$，

∴ $CF=AC-AF=4\sqrt{1+k^2}-4$.

设 $CE=m$，则 $EF=OE=OC-CE=-4k-m$.

在 Rt$\triangle CEF$ 中，$CE^2=CF^2+EF^2$，即

$$m^2=(4\sqrt{1+k^2}-4)^2+(-4k-m)^2,$$

解得

$$m=\frac{4\sqrt{1+k^2}-4-4k^2}{k}.$$

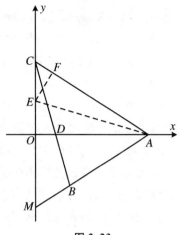

图 2.23

∵ $\angle CAO=2\angle OCD$，

∴ $\angle OCD=\frac{1}{2}\angle CAO=\angle CAE$.

∵ 点 M 与点 C 关于 x 轴对称，

∴ $OM=OC=-4k$，$CM=OC+OM=-8k$，$AM=AC=4\sqrt{1+k^2}$，$\angle ACE=\angle CMB$，

∴ $\triangle CMB\sim\triangle ACE$，

∴ $\dfrac{BM}{CE}=\dfrac{CM}{AC}$，

∴ $\dfrac{BM}{\dfrac{4\sqrt{1+k^2}-4-4k^2}{k}}=\dfrac{-8k}{4\sqrt{1+k^2}}$，

∴ $BM=-8(1-\sqrt{1+k^2})$，

∴ $AB=AM-BM=8-4\sqrt{1+k^2}$，

∴ $AB+AC=8$，即 $AB+AC$ 为定值.

思路点拨

根据一次函数 $y = kx - 4k$ 可以先得出点 A、C 的坐标与 OA、OC 的长度,再利用勾股定理算出 AC 的长度(用 k 表示).注意到条件中二倍角关系的存在,即 $\angle CAO = 2\angle OCD$,于是作 AE 平分 $\angle OAC$ 交 OC 于点 E,$EF \perp AC$ 于点 F,然后易知 $\triangle EFA \cong \triangle EOA$,$AF = AO$,$EF = EO$,$CF = CA - AF$.设 $CE = m$,在 $\text{Rt}\triangle CEF$ 中,由勾股定理列出方程解出 CE 的长度(用 k 表示). 根据对称性可知 $OM = OC$,$AM = AC$,$\angle ACE = \angle CMB$,不难得出 $\triangle CMB$ 与 $\triangle ACE$ 相似,列出比例方程解出 BM 的长度(用 k 表示),也就知道了 AB 的长度. $AB + AC$ 的表达式中,含 k 的项刚好全部抵消.

21. (1) ∵ 当 $n = 1$ 时,直线 $l_1 : y = -2x + 1$ 与 x 轴和 y 轴的交点分别为 $A_1\left(\dfrac{1}{2}, 0\right)$ 和 $B_1(0, 1)$,

∴ $OA_1 = \dfrac{1}{2}$,$OB_1 = 1$,

∴ $S_1 = \dfrac{1}{2} OA_1 \times OB_1 = \dfrac{1}{2} \times \dfrac{1}{2} \times 1 = \dfrac{1}{4}$.

(2) ∵ 直线 $l_n : y = -\dfrac{n+1}{n}x + \dfrac{1}{n}$ 与 x 轴和 y 轴的交点坐标分别为 $A_n\left(\dfrac{1}{n+1}, 0\right)$ 和 $B_n\left(0, \dfrac{1}{n}\right)$,

∴ $OA_n = \dfrac{1}{n+1}$,$OB_n = \dfrac{1}{n}$,

∴ $S_n = \dfrac{1}{2} OA_n \times OB_n = \dfrac{1}{2} \dfrac{1}{n(n+1)} = \dfrac{1}{2}\left(\dfrac{1}{n} - \dfrac{1}{n+1}\right)$,

∴ $S_1 + S_2 + S_3 + \cdots + S_{2021} = \dfrac{1}{2}\left(1 - \dfrac{1}{2} + \dfrac{1}{2} - \dfrac{1}{3} + \dfrac{1}{3} - \dfrac{1}{4} + \cdots + \dfrac{1}{2021} - \dfrac{1}{2022}\right) = \dfrac{1}{2}\left(1 - \dfrac{1}{2022}\right) = \dfrac{2021}{4044}$.

思路点拨

(1) 算出直线 l_1 与坐标轴的交点坐标,得出 OA_1、OB_1 的长度,再利用面积公式计算 S_1.

(2) 直接算出 l_n 与坐标轴的交点坐标,得出 OA_n、OB_n 的长度,进而得出 S_n 的通项公式.观察 S_n 公式结构发现可以"裂项",从而使计算简化.

22. 对于直线 $y = \dfrac{2}{3}x + \dfrac{8}{3}$, 令 $y = 0$, 则 $\dfrac{2}{3}x + \dfrac{8}{3} = 0$, 解得 $x = -4$, 即 $A(-4, 0)$.

对于直线 $y = -2x + 16$, 令 $y = 0$, 则 $-2x + 16 = 0$, 解得 $x = 8$, 即 $B(8, 0)$.

∴ $AB = 8 - (-4) = 12$.

由 $\begin{cases} y = \dfrac{2}{3}x + \dfrac{8}{3} \\ y = -2x + 16 \end{cases}$ 解得 $\begin{cases} x = 5 \\ y = 6 \end{cases}$, 即 $C(5, 6)$.

∴ $S_{\triangle ABC} = \dfrac{1}{2}AB \times y_C = \dfrac{1}{2} \times 12 \times 6 = 36$.

∵ 四边形 $DEFG$ 为矩形,

∴ $BD \perp FG$, $DE \parallel FG$.

∵ 点 D 在 l_1 上, $x_D = x_B = 8$,

∴ $y_D = \dfrac{2}{3} \times 8 + \dfrac{8}{3}$,

∴ $D(8, 8)$, $BD = 8$.

∵ 点 E 在 l_2 上, $y_E = y_D = 8$,

∴ $-2x_E + 16 = 8$, 解得 $x_E = 4$,

∴ $E(4, 8)$, $DE = 4$.

∴ $S_{矩形 DEFG} = DE \times BD = 4 \times 8 = 32$.

∴ $\dfrac{S_{矩形 DEFG}}{S_{\triangle ABC}} = \dfrac{32}{36} = \dfrac{8}{9}$.

思路点拨

由于 l_1、l_2 的解析式已知, 因此首先求出点 A、B、C 的坐标, 从而得出 $S_{\triangle ABC}$. 根据四边形 $DEFG$ 是矩形且点 D、E 分别在直线 l_1、l_2 上, 可依次求出点 D、E 的坐标, 从而得出矩形的长和宽, 然后算出矩形的面积. 最后求出面积之比.

23. (1) 对于直线 $y = -\dfrac{4}{3}x + 8$, 令 $x = 0$, 则 $y = 8$, 即 $B(0, 8)$; 令 $y = 0$, 则 $x = 6$, 即 $A(6, 0)$.

(2) ∵ $S_{\triangle ABC} = \dfrac{1}{2}AC \times OB = 32$,

∴ $AC = 8$,

∴ $OC = 2$,

∴ $C(-2, 0)$.

(3) 设 $E\left(m, -\dfrac{4}{3}m+8\right)$.

① 若 $S_{\triangle BDE} = 2S_{\triangle BCD}$,则 $2BD \times OC = BD \times m$,得 $m = 4$,即 $E\left(4, \dfrac{8}{3}\right)$.

② 若 $2S_{\triangle BDE} = S_{\triangle BCD}$,则 $BD \times OC = 2BD \times m$,得 $m = 1$,即 $E\left(1, \dfrac{20}{3}\right)$.

综上所述,满足要求的点 E 坐标为 $\left(4, \dfrac{8}{3}\right)$、$\left(1, \dfrac{20}{3}\right)$.

思路点拨

(1) 分别令 $x = 0, y = 0$ 进行计算.

(2) 由面积关系算出 AC 的长度,进而得 OC 的长度.

(3) 设出点 E 的坐标,分两种情况讨论.

24. 如图 2.24 所示,连接点 C 与 B、C 与 A,作 $CH \perp AB$ 于点 H,作 $CF \parallel y$ 轴交 AB 于点 F.

设 $C(m, 2m+3)$,则 $F(m, m-5)$.

∵直线 $y = x - 5$ 与 x 轴、y 轴分别交于点 A、B,

∴ $A(5, 0), B(0, -5)$,

∴ $OA = OB = 5$,

∴ $AB = 5\sqrt{2}$.

∵ $CH = 7\sqrt{2}$,

∴ $S_{\triangle ABC} = \dfrac{1}{2} AB \times CH = \dfrac{1}{2} \times 5\sqrt{2} \times 7\sqrt{2} = 35$.

∵ $S_{\triangle ABC} = \dfrac{1}{2}(x_A - x_B) \times |y_C - y_F|$,

∴ $\dfrac{1}{2} \times (5 - 0) \cdot |2m + 3 - m + 5| = 35$,解得 $m = 6$ 或 $m = -22$,

∴ $C(6, 15)$ 或 $C(-22, -41)$.

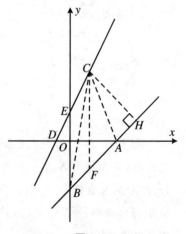

图 2.24

思路点拨

由于 AB 的长度可求,点 C 到 AB 的距离已知,因此 $\triangle ABC$ 的面积可直接算出.

过点 C 作竖直线交 AB 于点 F.根据材料可知△ABC 的面积可表示为 $S_{\triangle ABC}=\frac{1}{2}(x_A-x_B)\times|y_C-y_F|$.设 $C(m,2m+3)$,则 $F(m,m-5)$,解方程可得 m 的值,从而得出点 C 的坐标.注意,这里的铅垂高 CF 表示为 $|y_C-y_F|$,加绝对值符号的原因是 C 和 F 的位置不确定,这样做可以防止漏解.

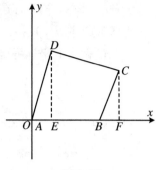

图 2.25

25.(1)设直线 CD 的解析式为 $y=kx+b$,将 C、D 两点的坐标代入 $y=kx+b$,得

$$\begin{cases}9k+b=5\\2k+b=7\end{cases},$$

解得 $k=-\frac{2}{7},b=\frac{53}{7}$.

∴直线 CD 的解析式为 $y=-\frac{2}{7}x+\frac{53}{7}$.

(2)作 $DE\perp AB$ 于点 E,$CF\perp AB$ 于点 F,如图 2.25 所示.

$S_{四ABCD}=S_{\triangle OED}+S_{梯EFCD}-S_{\triangle CFB}=\frac{1}{2}\times AE\times DE+\frac{1}{2}\times(CF+DE)\times EF-\frac{1}{2}\times FC\times FB=44.$

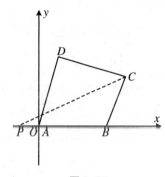

图 2.26

(3)**解法 1** ①当点 P 在 x 轴上且在直线 BC 左侧时,如图 2.26 所示.设点 P 的坐标为 $(x,0)$,则

$$S_{\triangle PBC}=\frac{1}{2}(7-x)\times 5=50,$$

解得 $x=-13$,即 $P(-13,0)$.

②当点 P 在 x 轴上且在直线 BC 右侧时,如图 2.27 所示.设点 P 的坐标为 $(x,0)$,则

$$S_{\triangle PBC}=\frac{1}{2}(x-7)\times 5=50,$$

解得 $x=27$,即 $P(27,0)$.

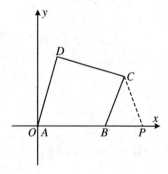

图 2.27

③当点 P 在 y 轴上且在直线 BC 上方时,如图 2.28 所示.设点 P 的坐标为 $(0,y)$,作 $CH\perp AB$ 于点 H,则

$$S_{\triangle PBC}=S_{梯PAHC}-S_{\triangle CBH}-S_{\triangle PAB}$$
$$=\frac{1}{2}\times(5+y)\times 9-\frac{1}{2}\times 2\times 5-\frac{1}{2}\times 7y=50,$$

解得 $y=\frac{65}{2}$,即 $P\left(0,\frac{65}{2}\right)$.

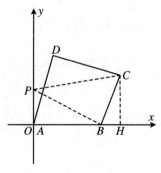

图 2.28

④ 当点 P 在 y 轴上且在直线 BC 下方时,如图 2.29 所示.设点 P 的坐标为 $(0,y)$.

由 B、C 两点的坐标可得直线 BC 的解析式为
$$y = \frac{5}{2}x - \frac{35}{2}.$$

∴ 直线 BC 与 y 轴的交点为 $H\left(0,-\frac{35}{2}\right)$.

$S_{\triangle PBC} = S_{\triangle PHC} - S_{\triangle PHB}$
$= \frac{1}{2}\left(-\frac{35}{2}-y\right)\times 9 - \frac{1}{2}\left(-\frac{35}{2}-y\right)\times 7 = 50$,

解得 $y = -\frac{135}{2}$,即 $P\left(0,-\frac{135}{2}\right)$.

综上所述,满足要求的点 P 坐标为 $(-13,0)$、$(27,0)$、$\left(0,\frac{65}{2}\right)$、$\left(0,-\frac{135}{2}\right)$.

解法 2 设点 P 的坐标为 (m,n).作 $PH \parallel y$ 轴交直线 BC 于点 H,如图 2.30 所示.

由 B、C 两点的坐标可求得直线 BC 的解析式为
$$y = \frac{5}{2}x - \frac{35}{2}.$$

∴ $H\left(m,\frac{5}{2}m-\frac{35}{2}\right)$.

$S_{\triangle PBC} = \frac{1}{2}(x_C - x_B) \times |y_P - y_H|$
$= \frac{1}{2} \times (9-7) \times \left|n - \frac{5}{2}m + \frac{35}{2}\right|$
$= \left|n - \frac{5}{2}m + \frac{35}{2}\right| = 50.$

① 令 $m = 0$,则 $\left|n + \frac{35}{2}\right| = 50$,解得 $n = \frac{65}{2}$ 或 $n = -\frac{135}{2}$.

∴ 点 P 的坐标为 $\left(0,\frac{65}{2}\right)$、$\left(0,-\frac{135}{2}\right)$.

② 令 $n = 0$,则 $\left|\frac{35}{2} - \frac{5m}{2}\right| = 50$,解得 $m = -13$ 或 $m = 27$.

∴ 点 P 的坐标为 $(-13,0)$、$(27,0)$.

综上所述,满足要求的点 P 坐标为 $(-13,0)$、$(27,0)$、$\left(0,\frac{65}{2}\right)$、$\left(0,-\frac{135}{2}\right)$.

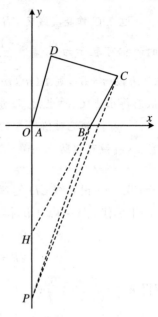

图 2.29

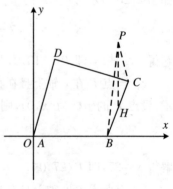

图 2.30

思路点拨

(1) 采用待定系数法求直线的解析式.

(2) 采用割补法求面积.

(3) 解法1中,分四种情况,画出对应的示意图,分别计算. 解法2利用"水平宽"与"铅垂高"求面积.

如图2.31所示,在平面直角坐标系 xOy 中,△ABC 的三个顶点坐标分别表示为 $A(x_A, y_A)$、$B(x_B, y_B)$、$C(x_C, y_C)$. $BE \parallel y$ 轴交 CA 的延长线于点 E, $AD \parallel y$ 轴交 BC 于点 D, $CF \parallel y$ 轴交 BA 的延长线于点 F,D、E、F 三点的坐标分别表示为 $D(x_D, y_D)$、$E(x_E, y_E)$、$F(x_F, y_F)$. 则

$$S_{\triangle ABC} = \frac{1}{2}|x_C - x_B| \times |y_A - y_D|$$

$$= \frac{1}{2}|x_C - x_A| \times |y_E - y_B|$$

$$= \frac{1}{2}|x_A - x_B| \times |y_F - y_C|.$$

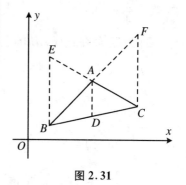

图 2.31

26. (1) ∵ $BD \parallel OA$,

∴ $\angle DBO = 90°$.

∵ $x_D = 1$,

∴ $BD = 1$.

在 Rt△OBD 中,$OB = \sqrt{OD^2 - BD^2} = \sqrt{10-1} = 3$.

∴ $D(1, 3)$, $B(0, 3)$.

设直线 OC 的解析式为 $y = mx$.

将 $D(1, 3)$ 代入 $y = mx$,得 $m = 3$.

∴ 直线 OC 的解析式为 $y = 3x$.

设直线 AB 的解析式为 $y = kx + b$.

将 $A(4, 0)$ 和 $B(0, 3)$ 代入 $y = kx + b$,解得 $k = -\frac{3}{4}$,$b = 3$.

∴ 直线 AB 的解析式为 $y = -\frac{3}{4}x + 3$.

(2) 由 $\begin{cases} y = 3x \\ y = -\frac{3}{4}x + 3 \end{cases}$ 解得 $\begin{cases} x = \frac{4}{5} \\ y = \frac{12}{5} \end{cases}$,即 $C\left(\frac{4}{5}, \frac{12}{5}\right)$.

∴ $S_{\triangle AOC} = \frac{1}{2} \times OA \times y_C = \frac{1}{2} \times 4 \times \frac{12}{5} = \frac{24}{5}$.

过点 P 作 $PF \parallel y$ 轴交直线 AB 于点 F. 设 $P(x, 3x)$,则

$F\left(x, -\dfrac{3}{4}x+3\right)$.

① 当点 P 在直线 AB 的上方时,如图 2.32 所示.

$PF = 3x - \left(-\dfrac{3}{4}x+3\right) = \dfrac{15}{4}x - 3$.

$\because S_{\triangle ABP} = \dfrac{5}{2}S_{\triangle AOC}$,

$\therefore \dfrac{1}{2}OA \times PF = \dfrac{5}{2} \times \dfrac{24}{5}$.

$\therefore 4\left(\dfrac{15}{4}x - 3\right) = 24$,解得 $x = \dfrac{12}{5}$,

$\therefore P\left(\dfrac{12}{5}, \dfrac{36}{5}\right)$.

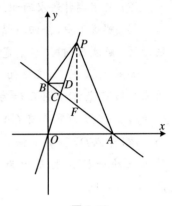

图 2.32

② 当点 P 在直线 AB 的下方时,如图 2.33 所示.

$PF = \left(-\dfrac{3}{4}x+3\right) - 3x = -\dfrac{15}{4}x + 3$.

$\because S_{\triangle ABP} = \dfrac{5}{2}S_{\triangle AOC}$,

$\therefore \dfrac{1}{2}OA \times PF = \dfrac{5}{2} \times \dfrac{24}{5}$.

$\therefore 4\left(-\dfrac{15}{4}x + 3\right) = 24$,解得 $x = -\dfrac{4}{5}$,

$\therefore P\left(-\dfrac{4}{5}, -\dfrac{12}{5}\right)$.

综上所述,满足要求的点 P 坐标为 $\left(\dfrac{12}{5}, \dfrac{36}{5}\right)$ 或 $\left(-\dfrac{4}{5}, -\dfrac{12}{5}\right)$.

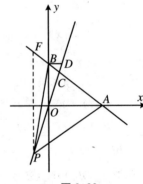

图 2.33

思路点拨

(1) 由勾股定理算出 OB 的长度,确定点 D 和点 B 的坐标,然后利用待定系数法确定两直线的解析式.

(2) 首先联立两直线的解析式解出点 C 的坐标,然后直接算出 $\triangle AOC$ 的面积. 作 $PF \parallel y$ 轴交 AB 于点 F,以 OA 为 $\triangle ABP$ 的水平宽,以 PF 为 $\triangle ABP$ 的铅垂高,则 $S_{\triangle ABP} = \dfrac{1}{2}|y_P - y_F| \times OA$. 设 $P(x, 3x)$,则 $F\left(x, -\dfrac{3}{4}x+3\right)$,根据 $S_{\triangle ABP} = \dfrac{5}{2}S_{\triangle AOC}$ 建立方程解出 x 的值,从而确定点 P 的坐标.

27. 存在.

由题意知 $A(-3,0)$、$B(0,3)$、$C(2,0)$、$D(0,-2)$,则

$OA=OB=3$, $OC=OD=2$, $AB \parallel CD$.

① 当点 P 在 x 轴的下方时,如图 2.34 所示.

∵ $S_{\triangle PAD}=S_{\triangle PCD}$ 且 $AB \parallel CD$,

∴ $AP=CD$,

∴ 四边形 $APDC$ 为平行四边形,

∴ PC 与 AD 的中点重合,

∴ $P(-5,-2)$.

② 当点 P 在 x 轴的上方时,如图 2.35 所示.

∵ $S_{\triangle PAD}=S_{\triangle PCD}$ 且 $AB \parallel CD$,

∴ $AP=CD$,

∴ 四边形 $PADC$ 为平行四边形,

∴ PD 与 AC 的中点重合,

∴ $P(-1,2)$.

综上所述,直线 AB 上存在使 $S_{\triangle PAD}=S_{\triangle PCD}$ 的点 P,其坐标为 $(-5,-2)$ 或 $(-1,2)$.

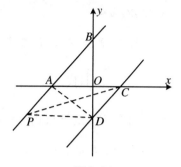

图 2.34

思路点拨

分两种情况讨论:① 点 P 在 x 轴的下方;② 点 P 在 x 轴的上方.由 $AB \parallel CD$ 与 $S_{\triangle PAD}=S_{\triangle PCD}$ 可推断出四边形 $APDC$ 或 $PADC$ 是平行四边形,而平行四边形的对角线互相平分,故可借助中点坐标公式迅速确定点 P 的坐标.

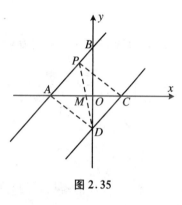

图 2.35

28. 如图 2.36 所示,连接点 A 与 C、C 与 E,作 $BG \parallel AC$ 交 AE 的反向延长线于点 G,连接点 C、G,作 $DF \parallel CE$ 交 AE 的延长线于点 F,连接点 C、F.

∵ $S_{\triangle BAC}=S_{\triangle GAC}$, $S_{\triangle DCE}=S_{\triangle FCE}$,

∴ $S_{五边形ABCDE}=S_{\triangle BAC}+S_{\triangle CAE}+S_{\triangle DCE}=S_{\triangle GAC}+S_{\triangle CAE}+S_{\triangle FCE}=S_{\triangle CGF}$.

设直线 l 与 AE 的交点为 M.

∵ l 经过点 C 且平分五边形 $ABCDE$ 的面积,

∴ l 平分 $\triangle CGF$ 的面积,

∴ M 为 GF 的中点.

设直线 AC 的解析式为 $y=k_1 x+b_1$.

由 $\begin{cases} -5k_1+b_1=0 \\ 4k_1+b_1=5 \end{cases}$ 解得 $\begin{cases} k_1=\dfrac{5}{9} \\ b_1=\dfrac{25}{9} \end{cases}$.

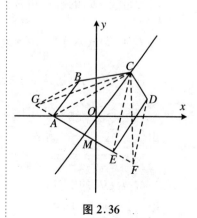

图 2.36

∴直线 AC 的解析式为 $y = \frac{5}{9}x + \frac{25}{9}$.

∵ $BG \parallel AC$,

∴设直线 BG 的解析式为 $y = \frac{5}{9}x + t$.

将 $B(-2, 4)$ 代入 $y = \frac{5}{9}x + t$,解得 $t = \frac{46}{9}$.

∴直线 BG 的解析式为 $y = \frac{5}{9}x + \frac{46}{9}$.

设直线 AE 的解析式为 $y = k_2 x + b_2$,则

$$\begin{cases} -5k_2 + b_2 = 0 \\ 2k_2 + b_2 = -4 \end{cases}, \begin{cases} k_2 = -\frac{4}{7} \\ b_2 = -\frac{20}{7} \end{cases}.$$

∴直线 AE 的解析式为 $y = -\frac{4}{7}x - \frac{20}{7}$.

由 $\begin{cases} y = -\frac{4}{7}x - \frac{20}{7} \\ y = \frac{5}{9}x + \frac{46}{9} \end{cases}$ 解得 $\begin{cases} x = -\frac{502}{71} \\ y = \frac{84}{71} \end{cases}$.

∴ $G\left(-\frac{502}{71}, \frac{84}{71}\right)$.

设直线 CE 的解析式为 $y = k_3 x + b_3$.

由 $\begin{cases} 4k_3 + b_3 = 5 \\ 2k_3 + b_3 = -4 \end{cases}$ 解得 $\begin{cases} k_3 = \frac{9}{2} \\ b = -13 \end{cases}$.

∴直线 CE 的解析式为 $y = \frac{9}{2}x - 13$.

∵ $DF \parallel CE$,

∴设直线 DF 的解析式为 $y = \frac{9}{2}x + n$.

将 $D(6, 2)$ 代入 $y = \frac{9}{2}x + n$,解得 $n = -25$.

∴直线 DF 的解析式为 $y = \frac{9}{2}x - 25$.

由 $\begin{cases} y = \frac{9}{2}x - 25 \\ y = -\frac{4}{7}x - \frac{20}{7} \end{cases}$ 解得 $\begin{cases} x = \frac{310}{71} \\ y = -\frac{380}{71} \end{cases}$,即 $F\left(\frac{310}{71}, -\frac{380}{71}\right)$.

∵ M 为 GF 的中点,

∴ $M\left(-\frac{96}{71}, -\frac{148}{71}\right)$.

设 l 的解析式为 $y = k_4 x + b_4$.

由 $\begin{cases} 4k_4 + b_4 = 5 \\ -\dfrac{96}{71}k_4 + b_4 = -\dfrac{148}{71} \end{cases}$ 解得 $\begin{cases} k_4 = \dfrac{503}{380} \\ b_4 = -\dfrac{28}{95} \end{cases}$.

∴ l 的解析式为 $y = \dfrac{503}{380}x - \dfrac{28}{95}$.

29.（1）设每台 A 型电器的利润为 a 元,每台 B 型电器的利润为 b 元.

由题意得

$$\begin{cases} 20a + 10b = 13000 \\ 25a + 5b = 12500 \end{cases}, \begin{cases} a = 400 \\ b = 500 \end{cases}.$$

答:每台 A 型电器的利润为 400 元,每台 B 型电器的利润为 500 元.

（2）设销售总利润为 W 元,购进 A 种型号电器 x 台,则

$$W = 400x + 500(100 - x) = -100x + 50000.$$

W 随 x 的增大而减小,当 x 取最小值时,W 取最大值.

由题意知 $100 - x \leqslant 2x$,解得 $x \geqslant \dfrac{100}{3}$.

当 $x = 34$ 时,W 取得最大值,此时 $W = -100 \times 34 + 50000 = 46600$,$100 - x = 66$.

答:该商店购进 A 型、B 型电器的数量分别为 34 台、66 台,才能使销售总利润最大,最大利润是 46600 元.

（3）设总利润为 W 元,购进 A 种型号电器 x 台,则

$$W = (400 + a)x + 500(100 - x) = (a - 100)x + 50000.$$

由题意知 $0 < a < 200, 0 \leqslant x \leqslant 60$.

① 当 $100 < a < 200$ 时,$a - 100 > 0$,W 随 x 的增大而增大.

当 $x = 60$ 时,W 取得最大值,此时 $W = 60a + 44000 > 50000$,$100 - x = 40$.

② 当 $a = 100$ 时,$W = 50000$ 为定值.

③ 当 $0 < a < 100$ 时,$a - 100 < 0$,W 随 x 的增大而减小.

当 $x = 0$ 时,W 取得最大值,此时 $W = 50000$,$100 - x = 100$.

综上所述:当 $100 < a < 200$ 时,购买 A 种型号的电器 60 台、B 种型号的电器 40 台可获得最大利润;当 $a = 100$ 时,利润固定为 50000 元,此时只要 A 种型号的电器不超过 60 台即可;当 $0 < a < 100$ 时,购买 A 种型号的电器 0 台、B 种

型号电器 100 台可获得最大利润.

思路点拨

(1) 列出二元一次方程组求解.

(2) 设销售总利润为 W 元, 购进 A 种型号电器 x 台, 由题意可列出 W 与 x 的一次函数关系式, 并且由条件可确定 x 的取值范围, 再根据一次函数的增减性求出 W 的最大值及对应的 x 的值.

(3) 设总利润为 W 元, 购进 A 种型号电器 x 台, 由题意列出 W 与 x 的函数关系式, 分三种情况讨论. 当 $a = 100$ 时, W 为定值. 在其他情况下, W 与 x 存在一次函数关系, 根据一次函数的增减性确定 W 的最大值及对应的 x 的值.

30. (1) 设公园 A、B 需铺设草坪的面积分别为 S_1 和 S_2.

$S_1 = 62 \times 32 - 62 \times 2 - 32 \times 2 + 2 \times 2 = 1800$(米^2).

设公园 B 中圆的半径为 R, 圆心到矩形较长一边的距离为 $\dfrac{25}{2}$.

$\because \sin 60° = \dfrac{\frac{25}{2}}{R} = \dfrac{\sqrt{3}}{2}$,

$\therefore R = \dfrac{25}{2} \times \dfrac{2}{\sqrt{3}} = \dfrac{25\sqrt{3}}{3}$,

$\therefore S_2 = 65 \times 25 - 2 \times \dfrac{120}{360} \times \left(\dfrac{25\sqrt{3}}{3}\right)^2 \pi - 2 \times \dfrac{1}{2} \times \dfrac{25\sqrt{3}}{3} \times \dfrac{25}{2} \approx 1008$(米^2).

$\therefore$ 公园 A、B 需铺设草坪的面积分别为 1800 米^2 和 1008 米^2.

(2) 设总运费为 y 元, 公园 A 从甲地购买草皮 x 米^2, 从乙地购买草皮 $(1800 - x)$ 米^2.

公园 A、B 需要购买的草皮面积总数为 $1800 + 1008 = 2808$ 米^2, 甲、乙两地出售的草皮面积总数为 $1608 + 1200 = 2808$ 米^2, 即总需求量与总供应量相等.

$\therefore$ 公园 B 从甲地购买草皮 $(1608 - x)$ 米^2, 从乙地购买草皮 $1200 - (1800 - x) = (x - 600)$ 米^2.

由 $\begin{cases} 0 \leqslant x \leqslant 1608 \\ 0 \leqslant 1800 - x \leqslant 1200 \end{cases}$ 解得 $600 \leqslant x \leqslant 1608$.

由题意得
$$y = 30\times 0.25x + 22\times 0.3\times(1800-x)$$
$$+32\times 0.25\times(1608-x)+30\times 0.3\times(x-600)$$
$$=1.9x+19344.$$

∵ y 随 x 的增大而增大,

∴当 $x=600$ 时,y 取得最小值,$y_{\min}=1.9\times 600+19344=20484$(元).

∴总运费最省的方案为:公园 A 从甲地购买草皮 600 米^2,从乙地购买草皮 1200 米^2;公园 B 从甲地购买草皮 1008 米^2.

思路点拨

(1) 根据图示利用割补法求出阴影面积.

(2) 设总运费为 y 元,公园 A 从甲地购买草皮 x 米^2,然后用含 x 的代数式依次表示出公园 A 从乙地购买的草皮数量以及公园 B 从甲、乙地购买的草皮数量.由题中所给约束条件列出关于 x 的不等式组,求出 x 的取值范围.根据表格中提供的数据建立一次函数模型,利用一次函数的增减性求出 y 的最小值.

31.(1) 观察图像可知,甲容器进水管的速度为 $\dfrac{40}{8}=5$ 升/分,出水管的速度为 $\dfrac{40-20}{16-8}=2.5$ 升/分.

(2) 设乙容器内的水量 y 与时间 x 的函数关系式为 $y=mx+n$. 观察图像可知,直线经过点 $(0,10)$ 和点 $(5,15)$,则

$$\begin{cases}n=10\\5m+n=15\end{cases},\begin{cases}m=1\\n=10\end{cases}.$$

∴乙容器内的水量 y 与时间 x 的函数关系式为 $y=x+10$.

(3) 观察图像可知,从初始时刻到两容器最后一次水量相等(图像相交)时所需的时间在 16~28 分钟内.

在第 16 分钟时,甲容器中的水量为 20 升,进水管的进水速度与出水管的出水速度之差为 $5-2.5=2.5$ 升/分.

在第 28 分钟时,甲容器中的水量为 $20+2.5\times(28-16)=50$ 升.

设 16~28 分钟时间段内,甲容器内的水量 y 与时间 x

的函数关系式为 $y = kx + b$.

将 $(16,20)$、$(28,50)$ 代入 $y = kx + b$,得

$$\begin{cases} 16k + b = 20 \\ 28k + b = 50 \end{cases}, \begin{cases} k = \dfrac{5}{2} \\ b = -20 \end{cases}.$$

∴ 16~28 分钟时间段内,甲容器内的水量 y 与时间 x 的函数关系式 $y = \dfrac{5}{2}x - 20$.

由 $\begin{cases} y = x + 10 \\ y = \dfrac{5}{2}x - 20 \end{cases}$ 解得 $\begin{cases} x = 20 \\ y = 30 \end{cases}$.

∴ 从初始时刻到两容器最后一次水量相等时所需的时间为 20 分钟.

思路点拨

(1) 根据 0~8 分钟的函数图像计算进水管的速度,出水管的速度可根据 8~16 分钟的函数图像计算得出.

(2) 已知两点的坐标,利用待定系数法求解函数关系式即可.

(3) 首先求出 16~28 分钟时间段内甲容器内的水量 y 与时间 x 的函数关系式,再与乙容器的函数关系式联立即可解出答案.

32. (1) 甲队的工作效率为

$$2400 \div 40 = 60(\text{米/天}).$$

公路总长度为

$$2400 + 1750 = 4150(\text{米}).$$

(2) 乙队的工作效率为

$$500 \div 10 = 50(\text{米/天}).$$

乙队停止施工的天数为

$$40 - 1750 \div 50 = 5.$$

(3) $m = 10 + 5 = 15$.

设 $y_2 = kx + b$,将 $(15,500)$、$(40,1750)$ 代入,得

$$\begin{cases} 500 = 15k + b \\ 1750 = 40k + b \end{cases}, \begin{cases} k = 50 \\ b = -250 \end{cases}.$$

∴ $y_2 = 50x - 250$.

(4) 设甲、乙两队共同修建完 3050 米长的公路时,甲队施工了 a 天.

当 $a = 15$ 时,则 $15 \times 60 + 500 = 1400 < 3050$.

∴ $a > 15$,

∴ $60a + 50a - 250 = 3050$,解得 $a = 30$,

∴ 甲、乙两队共同修建完 3050 米长的公路时,甲队施工了 30 天.

思路点拨

(1) 用甲队修路的总长度除以总天数即得每天修路的长度;甲、乙两队所修路的长度之和即为公路的总长度.

(2) 由图像可知,乙队前 10 天修路 500 米,据此算出乙队的工作效率,用乙队修路的总长度除以工作效率得到乙队实际修路所用的时间,然后用 40 天减去这个时间就得到乙队中途停止施工的天数.

(3) 由前一问的计算可知 $m = 15$,然后利用待定系数法即可求出 y_2 与 x 之间的函数表达式.

(4) 先判断在第 15 天时两队所修路的总长度低于 3050 米,由此断定施工天数必须大于 15. 设甲、乙两队共同修建完 3050 米长的公路时,甲队施工了 a 天,列出方程求解即可.

33. 设小虎的家与学校的距离为 h 米,则学校与小苹果家的距离为 $h + 3900$ 米.

观察图像可知,在第 20 分钟时小虎到家,在第 70 分钟时小苹果到家.

小虎的步行速度为 $\dfrac{h}{20}$ 米/分,小苹果的步行速度为 $\dfrac{h+3900}{70}$ 米/分.

观察图像可知,在第 40 分钟时小虎追上了小苹果,在第 90 分钟时小虎返回到家中.

小虎返回时与放学回家的步行速度一样,由此可知在第 70 分钟小苹果到家时,小虎刚好经过学校(小虎从学校步行回家的时间是 20 分钟).

由题意结合图像可知,小苹果步行 40 分钟的路程与小虎步行 30 分钟的路程一样,则

$$\dfrac{h+3900}{70} \times 40 = \dfrac{h}{20} \times 30,$$

解得 $h = 2400$.

小虎家与小苹果家的距离为 $2400 + 2400 + 3900 = 8700$ 米.

思路点拨

本题考查一次函数图像在行程问题中的应用.由于小苹果家与学校的距离比小虎家与学校的距离远3900米,故设小虎的家与学校的距离为 h 米,则学校与小苹果家的距离为 $h+3900$ 米.观察图像可以分别表示出小虎与小苹果的步行速度.由于小虎从学校回到家的用时是20分钟,从第70分钟到第90分钟用时也是20分钟,故推断出在第70分钟时小虎刚好经过学校(观察出这一点是本题的难点和突破口),由此得出小苹果步行40分钟的路程与小虎步行30分钟的路程一样,列出方程即可解出 h.

34.(1)由题意知甲车在途中休息了0.5小时,则 $m=1.5-0.5=1$.

由图像可知

$$a=\frac{120}{3.5-0.5}=40.$$

(2)设乙车行驶的路程为 $y=kx+b$,由题意知

$$\begin{cases}2k+b=0\\3.5k+b=120\end{cases},\begin{cases}k=80\\b=-160\end{cases}.$$

∴ $y=80x-160$.

令 $y=260$,则 $80x-160=260$,得 $x=5.25$.

∴ $2\leqslant x\leqslant 5.25$.

(3)设甲车行驶的路程为 $y=mx+n(x\geqslant 1.5)$,由题意知

$$\begin{cases}1.5m+n=40\\3.5m+n=120\end{cases},\begin{cases}m=40\\n=-20\end{cases}.$$

∴ $y=40x-20$.

令 $y=260$,则 $40x-20=260$,得 $x=7$.

∴ $y=40x-20(1.5\leqslant x\leqslant 7)$.

① 若 $1.5\leqslant x\leqslant 2$,由 $40x-20=50$ 解得 $x=\frac{7}{4}$.

② 若 $2<x\leqslant 5.25$,由 $|40x-20-(80x-160)|=50$ 解得 $x=\frac{9}{4}$ 或 $\frac{19}{4}$.

③ 若 $5.25<x\leqslant 7$,由 $260-(40x-20)=50$ 解得 $x=\frac{23}{4}$.

综上所述,甲车行驶$\frac{7}{4}$小时、$\frac{9}{4}$小时、$\frac{19}{4}$小时或$\frac{23}{4}$小时,两车恰好相距50千米.

思路点拨

(1) 根据甲车"在途中休息了0.5小时"这一条件,结合图像可推断 $m=1$. 由图像可知甲车行驶3小时的路程为120千米,从而可知甲车的速度为40千米/时,而 a 恰好就是甲车行驶1小时的路程,故 a 就是40.

(2) 设 $y=kx+b$,将坐标 $(2,0)$、$(3.5,120)$ 代入 $y=kx+b$ 解出 k 与 b,即可得函数关系式.令 $y=260$,可求出 x 的最大值,从而确定 x 的取值范围.

(3) 先根据图像求出甲车在1.5小时之后的路程与时间的一次函数关系式.分三种情况讨论:① $1.5 \leqslant x \leqslant 2$;② $2 < x \leqslant 5.25$;③ $5.25 < x \leqslant 7$.对于每一种情况,根据路程差为50列出方程即可解出对应的 x 值.注意,第二种情况的路程差要加绝对值符号,原因是在相遇前后两车的路程大小关系是相反的.

35. 由图像可知,慢车的速度为 $480 \div (9-1) = 60$ 千米/时.

点 D 对应的时间为5小时,则对应的路程为 $5 \times 60 = 300$ 千米,即 $D(5,300)$.

∴直线 OD 的解析式为 $y=60x$.

∵ $a = 60 \times (7-1) = 360$,

∴快车的速度为 $(480+360) \div 7 = 120$ 千米/时,

∴快车到达乙地的用时为 $480 \div 120 = 4$ 小时,

∴ $B(4,0)$.

设直线 AB 的解析式为 $y=kx+b$,由题意得

$$\begin{cases} 4k+b=0 \\ b=480 \end{cases}, \begin{cases} k=-120 \\ b=480 \end{cases}.$$

∴直线 AB 的解析式为 $y=-120x+480$.

由 $\begin{cases} y=60x \\ y=-120x+480 \end{cases}$ 解得 $\begin{cases} x=\frac{8}{3} \\ y=160 \end{cases}$.

∴快车与慢车第一次相遇时,距离甲地的路程是 $480-160=320$ 千米.

思路点拨

首先由图像可知慢车行驶全程所用的时间,算出慢车的速度,从而算出第 5 小时慢车行驶的路程,得出点 D 的坐标和直线 OD 的解析式;同时可得出第 7 小时慢车行驶的路程,也就得出快车此时一共行驶的路程,算出快车的速度以及快车行驶完一个全程所对应的时间,得出点 B 的坐标,用待定系数法求得直线 AB 的解析式.联立直线 OD 与直线 AB 的解析式求得第一次相遇距离乙地的路程,用全程减去这个路程即是距离甲地的路程.

解答这类行程问题的关键是弄清楚运动过程,用分段一次函数图像反映行程问题的情况下,要看懂每一段图像代表的运动过程,特别要注意折线段拐点所代表的含义.明白了运动过程,结合已知数据和行程问题的基本公式进行计算.在同一个坐标系中有两个或多个运动参与者的图像时,图像的交点往往代表相遇或者追及事件,而交点坐标的求解常借助解二元一次方程组来实现.

36. (1) 将 $A(0,6)$ 代入 $y = -x + n$,得 $n = 6$.

∴直线 l_1 的解析式为 $y = -x + 6$.

将 $B(-2,0)$ 代入 $y = kx + 1$,得 $k = \frac{1}{2}$.

∴直线 l_2 的解析式为 $y = \frac{1}{2}x + 1$.

(2) 由 $\begin{cases} y = -x + 6 \\ y = \frac{1}{2}x + 1 \end{cases}$ 解得 $\begin{cases} x = \frac{10}{3} \\ y = \frac{8}{3} \end{cases}$,即 $D\left(\frac{10}{3}, \frac{8}{3}\right)$.

对于 $y = \frac{1}{2}x + 1$,令 $x = 0$,则 $y = 1$,即 $C(0,1)$.

$S_{\triangle ABD} = S_{\triangle ACD} + S_{\triangle ACB} = \frac{1}{2}AC \times x_D + \frac{1}{2}AC \times BO = \frac{1}{2}AC(x_D - x_B) = \frac{1}{2} \times (6-1)\left(\frac{10}{3} + 2\right) = \frac{40}{3}$.

(3) 设 $P(m, 0)$.

∵ $A(0,6)$,$B(-2,0)$,

∴ $AP^2 = m^2 + 36$,$BP^2 = (m+2)^2$,$AB^2 = 40$.

① 当 $AP = BP$ 时,$m^2 + 36 = (m+2)^2$,解得 $m = 8$,即 $P(8,0)$.

② 当 $AP = AB$ 时,$m^2 + 36 = 40$,解得 $m = -2$(此时

点 B 与 P 重合,舍去)或 $m = 2$,即 $P(2,0)$.

③ 当 $BP = AB$ 时,$(m + 2)^2 = 40$,解得 $m = -2 \pm 2\sqrt{10}$,即 $P(-2 + 2\sqrt{10}, 0)$ 或 $P(-2 - 2\sqrt{10}, 0)$.

综上所述,满足要求的点 P 坐标为 $(-2 - 2\sqrt{10}, 0)$、$(2, 0)$、$(-2 + 2\sqrt{10}, 0)$ 或 $(8, 0)$.

思路点拨

(1) 将 A、B 两点坐标分别代入 l_1、l_2 解析式中求出 n 与 k 即可.

(2) 先求出 C、D 两点坐标,再计算 $\triangle ABD$ 面积即可.

(3) 由于点 P 在 x 轴上,故设出点 P 的坐标,利用距离公式分别表示出 AB^2、AP^2、BP^2,然后分三种情况进行计算.

37. (1) ∵ 四边形 $OABC$ 为矩形,$B(-2, 2\sqrt{3})$,

∴ $AB = OC = 2\sqrt{3}$,$BC = AO = 2$,$A(-2, 0)$,$C(0, 2\sqrt{3})$.

∵ E 是 BC 的中点,

∴ $E(-1, 2\sqrt{3})$,$EC = EB = \frac{1}{2}BC = 1$.

∵ $\triangle FCE$ 与 $\triangle FDE$ 关于直线 EF 对称,

∴ $\triangle FCE \cong \triangle FDE$,

∴ $ED = EC = 1$,$\angle FCE = \angle FDE = 90°$,$DF = CF$.

∵ $HG \parallel OC$ 交 BC 于 G,

∴ $BG = AH = \frac{1}{2}$,$\angle DGE = 90°$,

∴ $EG = EB - BG = 1 - \frac{1}{2} = \frac{1}{2}$.

∵ 在 Rt$\triangle GED$ 中,$\frac{EG}{ED} = \frac{1}{2}$,

∴ $\angle GDE = 30°$,$\angle GED = 60°$,

∴ $\angle DEC = 180° - 60° = 120°$,$DG = \sqrt{3}EG = \frac{\sqrt{3}}{2}$.

∵ $\angle DEF = \angle CEF$,

∴ $\angle CEF = \frac{1}{2}\angle DEC = 60°$.

∵ $DH = GH - DG = AB - DG = \frac{3\sqrt{3}}{2}$,$OH = OA -$

$AH = \dfrac{3}{2}$,

$\therefore D\left(-\dfrac{3}{2}, \dfrac{3\sqrt{3}}{2}\right)$.

(2) $\because \angle CEF = 60°$,

$\therefore CF = \sqrt{3}CE = \sqrt{3}$,

$\therefore OF = OC - CF = \sqrt{3}$，即 $F(0, \sqrt{3})$.

设 EF 所在直线的解析式为 $y = kx + b$.

由 $\begin{cases} \sqrt{3} = b \\ 2\sqrt{3} = -k + b \end{cases}$ 解得 $\begin{cases} k = -\sqrt{3} \\ b = \sqrt{3} \end{cases}$.

$\therefore EF$ 所在直线的解析式为 $y = -\sqrt{3}x + \sqrt{3}$.

(3) $\because$ 设 $P(t, -\sqrt{3}t + \sqrt{3})$，如图 2.37 所示.

① 当 $PF = DF = \sqrt{3}$ 时，$PF^2 = 3$.

由 $(t-0)^2 + (-\sqrt{3}t + \sqrt{3} - \sqrt{3})^2 = 3$ 解得 $t_1 = -\dfrac{\sqrt{3}}{2}$，

$t_2 = \dfrac{\sqrt{3}}{2}$.

$\therefore P_1\left(-\dfrac{\sqrt{3}}{2}, \dfrac{3}{2} + \sqrt{3}\right)$，$P_2\left(\dfrac{\sqrt{3}}{2}, -\dfrac{3}{2} + \sqrt{3}\right)$.

② 当 $PD = PF$ 时，$PD^2 = PF^2$.

由 $\left(t + \dfrac{3}{2}\right)^2 + \left(-\sqrt{3}t + \sqrt{3} - \dfrac{3\sqrt{3}}{2}\right)^2 = (t-0)^2 +$

$(-\sqrt{3}t + \sqrt{3} - \sqrt{3})^2$ 解得 $t = -\dfrac{1}{2}$.

$\therefore P_3\left(-\dfrac{1}{2}, \dfrac{3\sqrt{3}}{2}\right)$.

③ 当 $PD = DF = \sqrt{3}$ 时，$PD^2 = 3$.

由 $\left(t + \dfrac{3}{2}\right)^2 + \left(-\sqrt{3}t + \sqrt{3} - \dfrac{3\sqrt{3}}{2}\right)^2 = 3$ 解得 $t_1 = $

$0(舍)$，$t_2 = -\dfrac{3}{2}$.

$\therefore P_4\left(-\dfrac{3}{2}, \dfrac{5\sqrt{3}}{2}\right)$.

综上所述，满足条件的点 P 坐标为 $\left(-\dfrac{3}{2}, \dfrac{5\sqrt{3}}{2}\right)$、$\left(\dfrac{\sqrt{3}}{2}, \sqrt{3} - \dfrac{3}{2}\right)$、$\left(-\dfrac{1}{2}, \dfrac{3\sqrt{3}}{2}\right)$、$\left(-\dfrac{\sqrt{3}}{2}, \sqrt{3} + \dfrac{3}{2}\right)$.

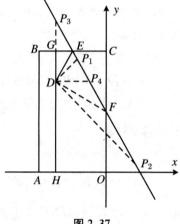

图 2.37

思路点拨

(1) 通过计算 GE 和 DE 的长度发现 $\dfrac{GE}{DE}=\dfrac{1}{2}$，即 $\angle GDE=30°$，于是 $\angle GED=60°$，从而推出 $\angle CEF=\dfrac{1}{2}\angle CED=60°$，由 $GD=\sqrt{3}GE$ 得出 GD 的长度，也就知道了 DH 的长度，点 D 的坐标自然得出.

(2) 由 $\angle CEF=60°$ 可知 $CF=\sqrt{3}CE$，$OF=OC-CF$，得出点 F 的坐标，再用待定系数法求直线 EF 的解析式即可.

(3) 由于点 P 在 EF 上，故设 $P(t,-\sqrt{3}t+\sqrt{3})$，然后分三种情况讨论：$PF=DF$；$PD=FD$；$PD=PF$.

38. (1) 设直线 l_2 的解析式为 $y=kx$.

将 $(2,2)$ 代入 $y=kx$，得 $k=1$.

∴ 直线 l_2 的解析式为 $y=x$.

设直线 l_1 的解析式为 $y=kx+b$.

将 $(2,2)$、$(0,3)$ 代入 $y=kx+b$，得

$$\begin{cases}2k+b=2\\b=3\end{cases},\quad \begin{cases}k=-\dfrac{1}{2}\\b=3\end{cases}.$$

∴ 直线 l_1 的解析式为 $y=-\dfrac{1}{2}x+3$.

(2) 由 $\begin{cases}x=t\\y=x\end{cases}$ 解得 $\begin{cases}x=t\\y=t\end{cases}$，即 $D(t,t)$.

由 $\begin{cases}x=t\\y=-\dfrac{1}{2}x+3\end{cases}$ 解得 $\begin{cases}x=t\\y=-\dfrac{1}{2}t+3\end{cases}$.

∴ $E\left(t,-\dfrac{1}{2}t+3\right)$.

∴ $DE=-\dfrac{1}{2}t+3-t=-\dfrac{3}{2}t+3$.

∵ 点 E 在 D 的上方，

∴ $-\dfrac{1}{2}t+3>t$，得 $t<2$.

① 若 $PE=PD$，$\angle DPE=90°$，则 $|x_E|=\dfrac{1}{2}ED$.

由 $|t|=\dfrac{1}{2}\left(-\dfrac{3}{2}t+3\right)$ 解得 $t=\dfrac{6}{7}$ 或 $t=-6$.

当 $t=\dfrac{6}{7}$ 时，$D\left(\dfrac{6}{7},\dfrac{6}{7}\right)$，$E\left(\dfrac{6}{7},\dfrac{18}{7}\right)$，$P\left(0,\dfrac{12}{7}\right)$；

当 $t=-6$ 时，$D(-6,-6)$，$E(-6,6)$，$P(0,0)$.

② 若 $DE=PE$，$\angle DEP=90°$ 或 $DE=PD$，$\angle EDP=90°$，则 $|x_E|=DE$.

由 $|t|=-\dfrac{3}{2}t+3$ 解得 $t=\dfrac{6}{5}$ 或 $t=6$（舍）.

当 $t=\dfrac{6}{5}$ 时，$D\left(\dfrac{6}{5},\dfrac{6}{5}\right)$，$E\left(\dfrac{6}{5},\dfrac{12}{5}\right)$，$P\left(0,\dfrac{6}{5}\right)$ 或 $P\left(0,\dfrac{12}{5}\right)$.

综上所述：

当 $t=\dfrac{6}{5}$ 时，△PDE 为等腰直角三角形，此时点 P 的坐标为 $\left(0,\dfrac{12}{5}\right)$ 或 $\left(0,\dfrac{6}{5}\right)$；

当 $t=\dfrac{6}{7}$ 时，△PDE 为等腰直角三角形，此时点 P 的坐标为 $\left(0,\dfrac{12}{7}\right)$；

当 $t=-6$ 时，△PDE 为等腰直角三角形，此时点 P 的坐标为 $(0,0)$.

思路点拨

（1）用待定系数法求解.

（2）首先用 t 表示出 D、E 两点的坐标，根据点 E 在点 D 上方确定 t 的取值范围，同时用纵坐标之差表示出 DE 的长度. △PDE 为等腰直角三角形，可以根据 DE 是斜边还是直角边分为两种情况：① DE 是斜边. 在这种情况下，点 P 到 DE 的距离就是 DE 的一半，据此列出关于 t 的方程并求出 t 的值，然后得出点 P 的坐标. ② DE 是直角边. 在这种情况下，点 P 到 DE 的距离就等于 DE，据此列出关于 t 的方程并求出 t 的值，然后得出点 P 的坐标.

39. 将 $A(-8,0)$ 代入 $y=kx+6$，解得 $k=\dfrac{3}{4}$.

∴ 直线 AB 的解析式为 $y=\dfrac{3}{4}x+6$.

令 $x=0$，则 $y=6$，即 $B(0,6)$.

∴ $AO=8$，$BO=6$，$AB=10$.

① 如图 2.38 所示，△PAO∽△BOA，此时 △PAO≌

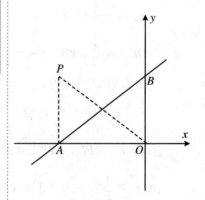

图 2.38

△BOA,则 $P(-8,6)$.

② 如图 2.39 所示,作 $OP \perp AB$ 于点 P,则 △$APO \backsim$ △AOB,直线 OP 的解析式为 $y = -\dfrac{4}{3}x$.

由 $\begin{cases} y = \dfrac{3}{4}x + 6 \\ y = -\dfrac{4}{3}x \end{cases}$ 解得 $\begin{cases} x = -\dfrac{72}{25} \\ y = \dfrac{96}{25} \end{cases}$,即 $P\left(-\dfrac{72}{25}, \dfrac{96}{25}\right)$.

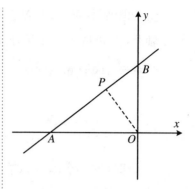

图 2.39

③ 如图 2.40 所示,△$APO \backsim$ △BOA,作 $PH \perp x$ 轴于点 H.

∴ $\dfrac{PO}{OA} = \dfrac{AP}{BO} = \dfrac{AO}{BA} = \dfrac{8}{10} = \dfrac{4}{5}$,

∴ $PO = \dfrac{4}{5}AO = \dfrac{32}{5}$.

由射影定理知 $OP^2 = OH \cdot OA$,得

$$OH = \dfrac{32^2}{25 \times 8} = \dfrac{128}{25}.$$

∴ $PH = \sqrt{OP^2 - OH^2} = \dfrac{96}{25}$,即 $P\left(-\dfrac{128}{25}, \dfrac{96}{25}\right)$.

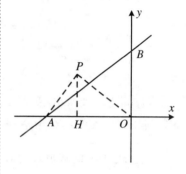

图 2.40

④ 如图 2.41 所示,△$OAP \backsim$ △BOA.

∴ $\dfrac{OA}{OB} = \dfrac{OP}{OA}$,

∴ $OP = \dfrac{32}{3}$,即 $P\left(-8, \dfrac{32}{3}\right)$.

综上所述,满足条件的点 P 的坐标为 $(-8, 6)$、$\left(-\dfrac{72}{25}, \dfrac{96}{25}\right)$、$\left(-\dfrac{128}{25}, \dfrac{96}{25}\right)$、$\left(-8, \dfrac{32}{3}\right)$.

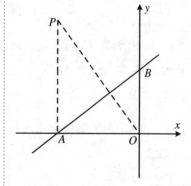

图 2.41

思路点拨

先求出直线 AB 的解析式及点 B 的坐标,为后续计算做好数据准备. 由于 AO 是公共边,因此从考虑 AO 与 △AOB 各边的对应关系入手,可以构造出四种情形,对于每一种情形列出比例方程进行计算.

40. 对于直线 $y = -\dfrac{1}{2}x + 2$,令 $x = 0$,则 $y = 2$,即 $B(0, 2)$;令 $y = 0$,则 $x = 4$,即 $A(4, 0)$.

∵ OC 平分 $\angle AOB$,

∴ 直线 OC 的解析式为 $y = x$.

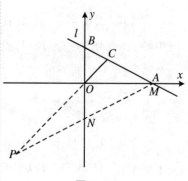

图 2.42

① 如图2.42所示,点 N 在 y 轴负半轴上,点 M 在 x 轴正半轴上,$\triangle MON \cong \triangle AOB$,此时 $M(4,0)$,$N(0,-2)$.

∴直线 MN 的解析式为 $y = \dfrac{1}{2}x - 2$.

由 $\begin{cases} y = x \\ y = \dfrac{1}{2}x - 2 \end{cases}$ 解得 $\begin{cases} x = -4 \\ y = -4 \end{cases}$,即 $P(-4, -4)$.

② 如图2.43所示,点 N 在 y 轴正半轴上,点 M 在 x 轴正半轴上,$\triangle NOM \cong \triangle AOB$,此时 $M(2,0)$,$N(0,4)$.

∴直线 MN 的解析式为 $y = -2x + 4$.

由 $\begin{cases} y = x \\ y = -2x + 4 \end{cases}$ 解得 $\begin{cases} x = \dfrac{4}{3} \\ y = \dfrac{4}{3} \end{cases}$,即 $P\left(\dfrac{4}{3}, \dfrac{4}{3}\right)$.

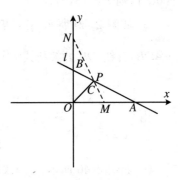

图 2.43

③ 如图2.44所示,点 M 在 x 轴负半轴上,点 N 在 y 轴正半轴上,$\triangle MON \cong \triangle AOB$,此时 $M(-4,0)$,$N(0,2)$.

∴直线 MN 的解析式为 $y = \dfrac{1}{2}x + 2$.

由 $\begin{cases} y = \dfrac{1}{2}x + 2 \\ y = x \end{cases}$ 解得 $\begin{cases} x = 4 \\ y = 4 \end{cases}$,即 $P(4, 4)$.

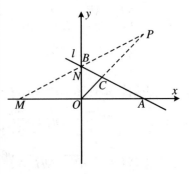

图 2.44

④ 如图2.45所示,点 M 在 x 轴负半轴上,点 N 在 y 轴负半轴上,$\triangle MON \cong \triangle AOB$,此时 $M(-4, 0)$,$N(0, -2)$.

∴直线 MN 的解析式为 $y = -\dfrac{1}{2}x - 2$.

由 $\begin{cases} y = -\dfrac{1}{2}x - 2 \\ y = x \end{cases}$ 解得 $\begin{cases} x = -\dfrac{4}{3} \\ y = -\dfrac{4}{3} \end{cases}$,即 $P\left(-\dfrac{4}{3}, -\dfrac{4}{3}\right)$.

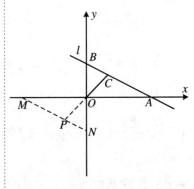

图 2.45

⑤ 如图2.46所示,点 M 在 x 轴负半轴上,点 N 在 y 轴正半轴上,$\triangle MON \cong \triangle BOA$,此时 $M(-2,0)$,$N(0,4)$.

∴直线 MN 的解析式为 $y = 2x + 4$.

由 $\begin{cases} y = 2x + 4 \\ y = x \end{cases}$ 解得 $\begin{cases} x = -4 \\ y = -4 \end{cases}$,即 $P(-4, -4)$.

⑥ 如图2.47所示,点 M 在 x 轴负半轴上,点 N 在 y 轴负半轴上,$\triangle MON \cong \triangle BOA$,此时 $M(-2,0)$,$N(0,-4)$.

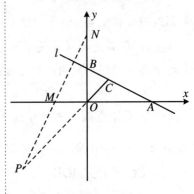

图 2.46

∴直线 MN 的解析式为 $y=-2x-4$.

由 $\begin{cases} y=-2x-4 \\ y=x \end{cases}$ 解得 $\begin{cases} x=-\frac{4}{3} \\ y=-\frac{4}{3} \end{cases}$, 即 $P\left(-\frac{4}{3},-\frac{4}{3}\right)$.

⑦如图 2.48 所示,点 M 在 x 轴正半轴上,点 N 在 y 轴负半轴上,△MON≌△BOA,此时 $M(2,0)$,$N(0,-4)$.

∴直线 MN 的解析式为 $y=2x-4$.

由 $\begin{cases} y=2x-4 \\ y=x \end{cases}$ 解得 $\begin{cases} x=4 \\ y=4 \end{cases}$, 即 $P(4,4)$.

综上所述,满足条件的点 P 的坐标为 $(-4,-4)$、$\left(-\frac{4}{3},-\frac{4}{3}\right)$、$\left(\frac{4}{3},\frac{4}{3}\right)$、$(4,4)$.

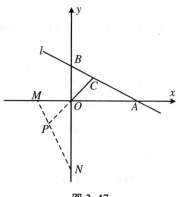

图 2.47

思路点拨

由于点 M、N 在坐标轴上,因此存在 7 种构图.对于每一种构图,根据全等三角形的性质得出点 M、N 的坐标,从而得出直线 MN 的解析式,点 P 的坐标由直线 OC 与直线 MN 的解析式联立成方程组解出.虽然构图有 7 种,但最后解出的点 P 坐标只有 4 个,原因是其中有些构图的点 P 是同一个.

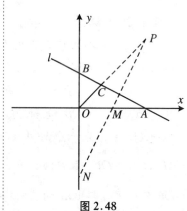

图 2.48

41. 由题意知,直线 l_2 的解析式为 $y=-\frac{1}{2}x+1$,$PQ=1$.

∵l_2 交 x 轴于点 A,

∴$A(2,0)$.

∵点 B 为 OA 的中点,

∴$B(1,0)$,$OB=PQ=1$.

延长 PQ 交 x 轴于点 E,交 l_3 于点 F,M 在 PQ 左侧时,如图 2.49 所示.

由题意知∠PQM、∠QOB 为钝角,△PQM≌△BOQ.

∴∠PQM=∠BOQ,$QM=QO$,∠QME=∠OQE.

∵∠QEO=∠QFM=$90°$,

∴△MQF≌△QOE,

∴$QE=MF$,$OE=QF$.

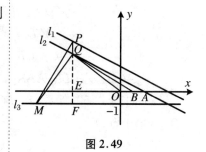

图 2.49

设 $P\left(m, -\frac{1}{2}m+2\right)$,则 $Q\left(m, -\frac{1}{2}m+1\right)$, $OE = -m$, $QF = y_Q - (-1) = -\frac{1}{2}m + 2$.

由 $-m = -\frac{1}{2}m + 2$ 解得 $m = -4$.

∴ $Q(-4, 3)$,

∴ $QE = 3$, $MF = QE = 3$,

∴ $M_1(-7, -1)$.

由对称性可知 $M_2(-1, -1)$ 也符合题意.

综上所述,满足要求的点 M 坐标为 $M_1(-7, -1)$、$M_2(-1, -1)$.

思路点拨

本题考查一次函数与几何的综合. 要使 △PQM 与 △BOQ 全等,先探究两者顶点的对应关系. 延长 PQ 交 x 轴于点 E,交 l_3 于点 F. 由题目已知条件可知 $PQ = OB$ 且 ∠PQM、∠QOB 是钝角,因此只能是 △PQM ≅ △BOQ. 接着易证 △MQF ≅ △QOE,从而得出 $QE = MF$, $OE = QF$. 设 $P\left(m, -\frac{1}{2}m+2\right)$,然后根据 $OE = QF$ 列出方程解出 m 的值. 由对称性可知点 M 的坐标有两个.

42.(1)∵ ∠ACB = 90°,

∴ ∠ACD + ∠BCE = 90°.

∵ AD ⊥ ED, BE ⊥ ED,

∴ ∠D = ∠E = 90°, ∠EBC + ∠BCE = 90°,

∴ ∠ACD = ∠EBC.

∵ 在 △ACD 与 △CBE 中,有

$$\begin{cases} \angle D = \angle E \\ \angle ACD = \angle CBE \\ AC = CB \end{cases}$$

∴ △ACD ≅ △CBE(AAS).

(2)如图 2.50 所示,作 $BC \perp AB$ 交 l_2 于点 C,作 $CD \perp y$ 轴于点 D.

∵ ∠BAC = 45°,

∴ △ABC 为等腰直角三角形.

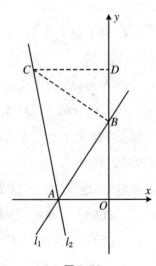

图 2.50

根据(1)中的模型可知$\triangle CBD \cong \triangle BAO$.

$\therefore BD = AO, CD = OB$.

对于 $y = \dfrac{3}{2}x + 3$,若 $y = 0$,则 $x = -2$,即 $A(-2, 0)$;若 $x = 0$,则 $y = 3$,即 $B(0, 3)$.

$\therefore BD = AO = 2, CD = OB = 3$,

$\therefore OD = OB + BD = 3 + 2 = 5$,

$\therefore C(-3, 5)$.

设 l_2 的解析式为 $y = kx + b$.

由 $\begin{cases} -2k + b = 0 \\ -3k + b = 5 \end{cases}$ 解得 $\begin{cases} k = -5 \\ b = -10 \end{cases}$.

$\therefore l_2$ 的解析式为 $y = -5x - 10$.

(3) $\because$ 四边形 $ABCO$ 为矩形,点 B 的坐标为 $(8, -6)$,

$\therefore OA = BC = 6, OC = AB = 9, A(0, -6), C(8, 0)$.

① 如图 2.51 所示,点 D 在 AB 上方时,$\angle ADP = 90°$,$AD = DP$,过点 D 作 x 轴的平行线 EF 交 OA 于点 E,交 BC 于点 F.

设 $D(x, -2x + 5)$,则 $OE = 2x - 5, AE = 6 - (2x - 5) = 11 - 2x, DF = EF - DE = 8 - x$.

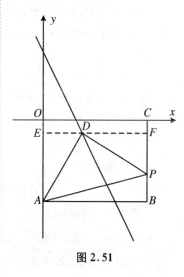

图 2.51

根据(1)中的模型可知 $\triangle ADE \cong \triangle DPF$.

$\therefore DF = AE$,

$\therefore 11 - 2x = 8 - x$,解得 $x = 3$,

$\therefore D(3, -1)$.

② 如图 2.52 所示,点 D 在 AB 下方时,$\angle ADP = 90°$,$AD = DP$,过点 D 作 x 轴的平行线 EF 交 OA 延长线于点 E,交 BC 延长线于点 F.

设 $D(x, -2x + 5)$,则 $OE = 2x - 5, AE = OE - OA = 2x - 5 - 6 = 2x - 11, DF = EF - DE = 8 - x$.

根据(1)中的模型可知 $\triangle ADE \cong \triangle DPF$.

$\therefore AE = DF$,

$\therefore 2x - 11 = 8 - x$,解得 $x = \dfrac{19}{3}$,

$\therefore D\left(\dfrac{19}{3}, -\dfrac{23}{3}\right)$.

综上所述,满足条件的点 D 坐标为 $(3, -1)$、$\left(\dfrac{19}{3}, -\dfrac{23}{3}\right)$.

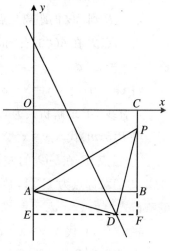

图 2.52

思路点拨

(1) 这是经典的"一线三垂直"全等,证明的要点在于利用互余的性质进行导角.

(2) 点 A 的坐标已知,只需在 l_2 上再找一个点并求出其坐标即可确定 l_2 的解析式. l_2 与 l_1 的夹角是 $45°$,于是作 $BC \perp AB$ 交 l_2 于点 C 构造等腰直角 $\triangle ABC$,作 $CD \perp y$ 轴于点 D,根据(1)中的模型可知 $\triangle CBD \cong \triangle BAO$,然后根据等量关系求出点 C 的坐标,最后用待定系数法确定解析式.

(3) 分两种情况讨论:点 D 在 AB 上方和点 D 在 AB 下方.对于每一种情况,分别构造出(1)中的全等模型进行计算.

43.(1) $\because$ 点 $A(2,a)$ 在直线 $l_2:y=x$ 上,

$\therefore a=2$,即 $A(2,2)$.

$\because$ 直线 $l_1:y=kx+b$ 过 $A(2,2)$ 和 $B(0,6)$,

$\therefore \begin{cases} 2k+b=2 \\ b=6 \end{cases}$,解得 $\begin{cases} k=-2 \\ b=6 \end{cases}$,

$\therefore$ 直线 l_1 的解析式为 $y=-2x+6$.

(2) 令 $y=-2x+6=0$,解得 $x=3$.

$\therefore C(3,0)$,即 $OC=3$,

$\therefore S_{\triangle AOC}=\dfrac{1}{2}OC \times y_A=\dfrac{1}{2} \times 3 \times 2=3$.

(3) $\because S_{\triangle AOP}=S_{\triangle AOC}$,

$\therefore$ 点 P 到 AO 的距离与点 C 到 AO 的距离相等.

① 当点 P 在 AO 的右侧时,$CP /\!/ AO$. 设直线 CP 的解析式为 $y=x+d$.

将 $C(3,0)$ 代入 $y=x+d$,解得 $d=-3$.

$\therefore$ 直线 CP 的解析式为 $y=x-3$.

将 $P(5,m)$ 代入 $y=x-3$,得 $m=5-3=2$,即 $P(5,2)$.

② 当点 P 在 AO 的左侧时,设点 $C(3,0)$ 关于点 $A(2,2)$ 的对称点为 $C'(1,4)$,则 $C'P /\!/ AO$. 设直线 $C'P$ 的解析式为 $y=x+d$.

将 $C'(1,4)$ 代入 $y=x+d$,解得 $d=3$.

$\therefore$ 直线 $C'P$ 的解析式为 $y=x+3$.

将 $P(5,m)$ 代入 $y=x+3$,得 $m=5+3=8$,即 $P(5,8)$.

综上所述,满足要求的点 P 坐标为$(5,2)$或$(5,8)$.

(4) 设 $M(t,-2t+6)$,则 $N(t,t)$.

∴ $MN=|-2t+6-t|=|3t-6|$.

① 当 $\angle MQN=90°$,$MQ=NQ$ 时,如图 2.53 所示.

此时,点 Q 到 MN 的距离等于 $\dfrac{1}{2}MN$.

∴ $|t|=\dfrac{1}{2}|3t-6|$,解得 $t_1=\dfrac{6}{5}$,$t_2=6$,

∴ 点 M 的坐标为 $\left(\dfrac{6}{5},\dfrac{18}{5}\right)$ 或 $(6,-6)$.

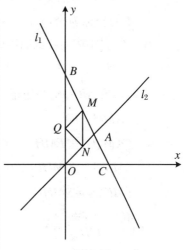

图 2.53

② 当 $\angle QMN=90°$ 或 $\angle QNM=90°$ 时,分别如图 2.54、图 2.55 所示.

此时,$QM=NM$ 或 $QN=MN$.

∴ $|3t-6|=|t|$,解得 $t_1=\dfrac{3}{2}$,$t_2=3$,

∴ 点 M 的坐标为 $\left(\dfrac{3}{2},3\right)$ 或 $(3,0)$.

综上所述,满足条件的点 M 的坐标为 $\left(\dfrac{6}{5},\dfrac{18}{5}\right)$、$\left(\dfrac{3}{2},3\right)$、$(6,-6)$、$(3,0)$.

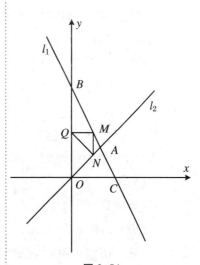

图 2.54

思路点拨

(1) 先确定点 A 的坐标,再由 A、B 两点的坐标确定直线 l_1 的解析式.

(2) 先算出点 C 的坐标,然后计算 $\triangle AOC$ 的面积.

(3) 分两种情况讨论:①点 P 在 AO 右侧;②点 P 在 AO 左侧. 对于第一种情况,由 $S_{\triangle AOP}=S_{\triangle AOC}$ 知 $CP\parallel AO$,求出直线 CP 的解析式,再将点 P 的坐标代入即可求出 m 的值. 对于第二种情况,先确定点 C 关于点 A 的对称点 C',由 $S_{\triangle AOP}=S_{\triangle AOC}$ 知 $C'P\parallel AO$,可求出直线 $C'P$ 的解析式,再将点 P 的坐标代入即可算出 m 的值.

(4) 分别以 Q、M、N 为直角顶点作出相应图形,根据等腰直角三角形的线段关系列方程求解.

44. 对于直线 $y=-\dfrac{3}{4}x+6$,令 $y=0$,则 $x=8$,即 $A(8,0)$;令 $x=0$,则 $y=6$,即 $B(0,6)$.

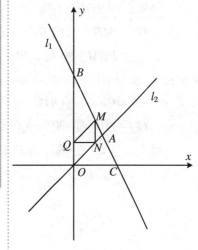

图 2.55

∵ M 是 AB 的中点,

∴ M 的坐标为 $(4,3)$.

① 当 $\angle QMP = 90°$ 时,作 $MH \perp OA$ 于点 H,$MK \perp OB$ 于点 K,如图 2.56 所示.

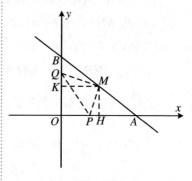

图 2.56

∵ 四边形 $MHOK$ 是矩形,

∴ $\angle KMH = 90°$,

∴ $\angle KMQ = \angle PMH$.

∵ $\angle MKQ = \angle MHP = 90°$,

∴ $\triangle MKQ \backsim \triangle MHP$,

∴ $\dfrac{MQ}{MP} = \dfrac{MK}{MH} = \dfrac{4}{3}$,

∴ $MQ \neq MP$,即 $\triangle PQM$ 不是等腰直角三角形.

② 当 $\angle QPM = 90°$ 时,$QP = PM$,如图 2.57 所示.

易知 $\triangle MHP \cong \triangle POQ$.

∴ $OP = MH = 3$,即 $P(3,0)$.

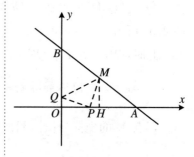

图 2.57

③ 当 $\angle PQM = 90°$ 时,$QP = QM$,作 $MH \perp OB$ 于点 H,如图 2.58 所示.

易知 $\triangle MHQ \cong \triangle QOP$.

∴ $MH = QO = 4$, $QH = OP$.

∵ $OH = 3$,

∴ $QH = 1$,

∴ $OP = 1$,即 $P(-1,0)$.

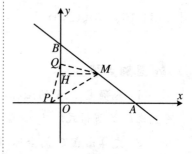

图 2.58

④ 当 $\angle MPQ = 90°$ 时,$QP = PM$,作 $MH \perp OA$ 于点 H,如图 2.59 所示.

易知 $\triangle PMH \cong \triangle QPO$.

∴ $OP = MH = 3$,即 $P(-3,0)$.

⑤ 当 $\angle PQM = 90°$ 时,$QP = QM$,作 $MH \perp OB$ 于点 H,如图 2.60 所示.

易知 $\triangle POQ \cong \triangle QHM$.

∴ $OQ = HM = 4$, $OP = HQ = OQ + OH = 7$,即 $P(-7,0)$.

综上所述,满足条件的点 P 坐标为 $(3,0)$、$(-1,0)$、$(-3,0)$、$(-7,0)$.

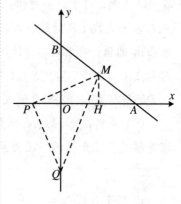

图 2.59

思路点拨

首先求出点 A、B、M 的坐标.分别以 P、Q、M 为直角顶点进行考虑,其中以 M 为直角顶点时,点 P、Q、M 不能构成等腰直角三角形,因此舍去.以 P、Q 为直角顶点时,各对应两种情形,对于每一种情形,均构造"一线三垂直"全等进行计算.

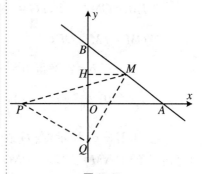

图 2.60

45. 存在.

设直线 $x=2$ 与 x 轴交于点 F,则 $F(2,0)$,$OF=2$.

① 如图 2.61 所示,点 G 在 x 轴上方,$\triangle MGN$ 为等腰直角三角形,$GM=GN$,$\angle MGN=90°$.

作 $GE\perp y$ 轴于点 E,则 $\triangle GEN\cong\triangle GFM$.

$\therefore GF=GE=OF=2$,即 $G(2,2)$.

② 如图 2.62 所示,点 G 在 x 轴下方,$\triangle MGN$ 为等腰直角三角形,$GM=GN$,$\angle MGN=90°$.

作 $GE\perp y$ 轴于点 E,则 $\triangle GEN\cong\triangle GFM$.

$\therefore GF=GE=OF=2$,即 $G(2,-2)$.

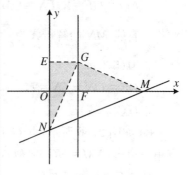

图 2.61

③ 如图 2.63 所示,点 G 在 x 轴上方,$\triangle NMG$ 为等腰直角三角形,$MN=MG$,$\angle GMN=90°$.

易知 $\triangle ONM\cong\triangle FMG$.

$\therefore FM=ON$,$FG=OM$.

设直线 MN 的解析式为 $y=\dfrac{2}{5}x+b$,则 $N(0,b)$,$M\left(-\dfrac{5}{2}b,0\right)$.

$\therefore FM=ON=-b$,$FG=OM=-\dfrac{5}{2}b$.

$\because OM=OF+FM$,

$\therefore 2-b=-\dfrac{5}{2}b$,解得 $b=-\dfrac{4}{3}$,

$\therefore FG=\dfrac{10}{3}$,即 $G\left(2,\dfrac{10}{3}\right)$.

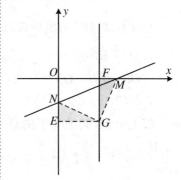

图 2.62

④ 如图 2.64 所示,点 G 在 x 轴下方,$\triangle NMG$ 为等腰直角三角形,$MN=MG$,$\angle GMN=90°$.

易知 $\triangle ONM\cong\triangle FMG$.

$\therefore FM=ON$,$FG=OM$.

设直线 MN 的解析式为 $y=\dfrac{2}{5}x+b$,则 $N(0,b)$,$M\left(-\dfrac{5}{2}b,0\right)$.

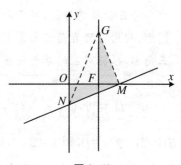

图 2.63

∴ $FM = ON = -b$, $FG = OM = -\frac{5}{2}b$,

∵ $OM + FM = OF$,

∴ $-b - \frac{5}{2}b = 2$,解得 $b = -\frac{4}{7}$,

∴ $FG = \frac{10}{7}$,即 $G\left(2, -\frac{10}{7}\right)$.

⑤ 如图 2.65 所示,点 G 在 x 轴下方,△GNM 为等腰直角三角形,$NM = NG$,$\angle MNG = 90°$.

作 $GE \perp y$ 轴于点 E,则△$GEN \cong$ △NOM.

∴ $NO = GE = 2$,$EN = OM$,

∵ 直线 MN 的解析式为 $y = \frac{2}{5}x - 2$,$N(0, -2)$,

∴ $M(5, 0)$,

∵ $OE = ON + EN = 7$,

∴ $G(2, -7)$.

⑥ 如图 2.66 所示,点 G 在 x 轴下方,△GNM 为等腰直角三角形,$NM = NG$,$\angle MNG = 90°$.

作 $GE \perp y$ 轴于点 E,则△$GEN \cong$ △NOM,

∴ $NO = GE = 2$,$EN = OM$.

易知直线 MN 的解析式为 $y = \frac{2}{5}x + 2$,$N(0, 2)$.

∴ $M(-5, 0)$.

∵ $OE = EN - ON = 5 - 2 = 3$,

∴ $G(2, -3)$.

综上所述,满足要求的点 G 坐标为 $(2, 2)$、$(2, -2)$、$\left(2, \frac{10}{3}\right)$、$\left(2, -\frac{10}{7}\right)$、$(2, -7)$、$(2, -3)$.

思路点拨

分 6 种情况讨论,对于每一种情况分别画出对应的图形,利用等腰直角三角形构造"一线三垂直"全等直角三角形,根据对应的等量关系可计算出点 G 坐标.

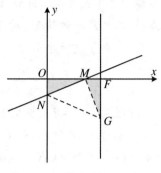

图 2.64

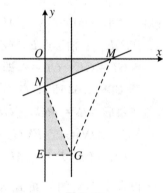

图 2.65

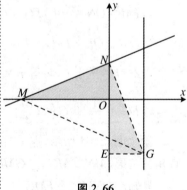

图 2.66

46. 对于直线 $y = -\frac{\sqrt{3}}{3}x + 2$,令 $x = 0$,则 $y = 2$,即 $B(0, 2)$;令 $y = 0$,则 $x = 2\sqrt{3}$,即 $A(2\sqrt{3}, 0)$.

∴ $OA = 2\sqrt{3}$,$OB = 2$,$AB = 4$,

∴ $OB = \frac{1}{2}AB$,

∴∠OAB = 30°,∠OBA = 60°.

如图 2.67 所示,分 4 种情况讨论.

① 点 C 在 x 轴负半轴上,$BC = BA = 4$,$\angle BCA = \angle BAC = 30°$.

∴$CO = AO = 2\sqrt{3}$,即 $C_1(-2\sqrt{3},0)$.

② 点 C 在 y 轴正半轴上,$BC = BA = 4$.

∴$OC = OB + BC = 6$,即 $C_2(0,6)$.

③ 点 C 在第一象限,$AC = AB = 4$,$\angle ABC = \angle ACB = 30° = \angle BAO$.

∴$BC // OA$.

作 $AH \perp BC$ 于点 H.

∴$AH = \dfrac{1}{2}AB = 2$,$BH = \sqrt{3}AH = 2\sqrt{3}$,$BC = 2BH = 4\sqrt{3}$,即 $C_3(4\sqrt{3},2)$.

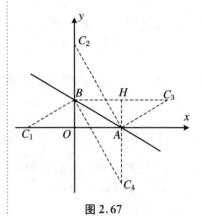

图 2.67

④ 点 C 在第四象限,$AC = AB = 4$,$\angle BAC = 120°$.

∴$\angle OAC = \angle BAC - \angle OAB = 120° - 30° = 90°$,即 $AC \perp OA$,

∴$C_4(2\sqrt{3},-4)$.

综上所述,满足条件的点 C 坐标为 $C_1(-2\sqrt{3},0)$、$C_2(0,6)$、$C_3(4\sqrt{3},2)$、$C_4(2\sqrt{3},-4)$.

思路点拨

本题是特殊三角形的"找点"问题. 题目给出了等腰 $\triangle ABC$ 的约束条件:① 以 AB 为腰;② 底角为 $30°$. 存在 4 种情况,分别画出对应的示意图,算出点 C 的坐标.

47. 将 $A(-4,0)$ 代入 $y = -2x + b$,得 $b = -8$,即 $B(0,-8)$.

① 当点 P 在点 B 的上方时,如图 2.68 所示,作 $PE \perp CD$ 于点 E.

∴$\triangle PCD$ 是等边三角形,$PC = PD = DC = 3$,

∴$DE = EC = \dfrac{1}{2}DC = \dfrac{3}{2}$,

∴$PE = \sqrt{3}DE = \dfrac{3\sqrt{3}}{2}$.

在 $\triangle AOB$ 中,$AB = \sqrt{OA^2 + OB^2} = 4\sqrt{5}$.

∵$\angle PEB = \angle AOB = 90°$,$\angle ABO = \angle PBE$,

∴$\triangle BEP \sim \triangle BOA$,

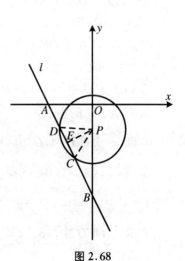

图 2.68

$\therefore \dfrac{PE}{OA} = \dfrac{PB}{AB}$,

$\therefore \dfrac{\frac{3\sqrt{3}}{2}}{4} = \dfrac{k+8}{4\sqrt{5}}$,解得 $k = \dfrac{3}{2}\sqrt{15} - 8$.

② 当点 P 在点 B 的下方时,如图 2.69 所示,作 $PE \perp CD$ 于点 E.

同①,$PE = \dfrac{3\sqrt{3}}{2}$,$AB = 4\sqrt{5}$.

$\because \angle PEP = \angle AOB = 90°$,$\angle ABO = \angle PBE$,

$\therefore \triangle BEP \backsim \triangle BOA$,

$\therefore \dfrac{PE}{OA} = \dfrac{PB}{AB}$,

$\therefore \dfrac{\frac{3\sqrt{3}}{2}}{4} = \dfrac{-8-k}{4\sqrt{5}}$,解得 $k = -8 - \dfrac{3\sqrt{15}}{2}$.

综上所述,当 k 为 $\dfrac{3}{2}\sqrt{15}-8$ 或 $-8-\dfrac{3\sqrt{15}}{2}$ 时,以 C、D、P 为顶点的三角形是等边三角形.

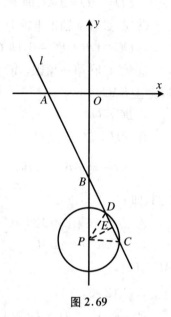

图 2.69

思路点拨

本题考查一次函数与几何的综合.由于等边 $\triangle PCD$ 的边长是固定的,因此其高也是固定的.作 $PE \perp CD$ 于点 E,易知 $\triangle EBP$ 与 $\triangle BOA$ 相似,列出比例方程即可解出 k 值.注意有两种情况,不要漏解.

48.(1)$\because OA = OB = 8$,

$\therefore A(8,0)$,$B(0,8)$.

$\because$ 点 A、C 关于 DE 对称,

$\therefore DA = DC$.

设 OD 为 x,则 $DA = DC = OA - AD = 8 - x$.

又 C 为 OB 的中点,

$\therefore OC = \dfrac{1}{2}OB = 4$,$C(0,4)$.

由 $A(8,0)$、$C(0,4)$ 得直线 AC 的解析式为 $y = -\dfrac{1}{2}x + 4$.

在 Rt$\triangle OCD$ 中,$(8-x)^2 = 4^2 + x^2$,解得 $x = 3$.

$\therefore D(3,0)$,

$\therefore AD = 5$.

∵ DE⊥AC,

∴设直线 DE 的解析式为 $y = 2x + b$.

将 $D(3,0)$ 代入 $y = 2x + b$,解得 $b = -6$.

∴直线 DE 的解析式为 $y = 2x - 6$.

(2) 由 $A(8,0)$、$B(0,8)$ 得直线 AB 的解析式为 $y = -x + 8$.

由 $\begin{cases} y = 2x - 6 \\ y = -x + 8 \end{cases}$ 解得 $\begin{cases} x = \dfrac{14}{3} \\ y = \dfrac{10}{3} \end{cases}$,即 $E\left(\dfrac{14}{3}, \dfrac{10}{3}\right)$,

① 如图 2.70 所示,四边形 EDAF 为平行四边形,此时 EF∥AD 且 EF = AD.

∴ $x_F = x_E + 5 = \dfrac{29}{3}$,$y_F = y_E = \dfrac{10}{3}$,即 $F\left(\dfrac{29}{3}, \dfrac{10}{3}\right)$.

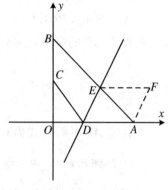

图 2.70

② 如图 2.71 所示,四边形 FDAE 为平行四边形,此时 FE∥DA 且 FE = DA.

∴ $x_F = x_E - 5 = -\dfrac{1}{3}$,$y_F = y_E = \dfrac{10}{3}$,即 $F\left(-\dfrac{1}{3}, \dfrac{10}{3}\right)$.

③ 如图 2.72 所示,四边形 EDFA 为平行四边形,此时 AE∥DF 且 AE = DF,DE∥AF 且 DE = AF. 连接点 E、F 交 AD 于点 M,则 M 为 AD 和 EF 的中点.

∵ $A(8,0)$,$D(3,0)$,

∴ $M\left(\dfrac{11}{2}, 0\right)$,

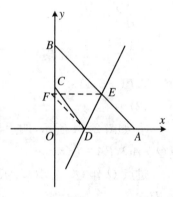

图 2.71

∴ $x_F = 2x_M - x_E = \dfrac{19}{3}$,$y_F = 2y_M - y_E = -\dfrac{10}{3}$,即 $F\left(\dfrac{19}{3}, -\dfrac{10}{3}\right)$.

综上所述,满足条件的点 F 的坐标为 $\left(\dfrac{29}{3}, \dfrac{10}{3}\right)$、$\left(-\dfrac{1}{3}, \dfrac{10}{3}\right)$、$\left(\dfrac{19}{3}, -\dfrac{10}{3}\right)$.

思路点拨

(1) 由轴对称的性质可知 AD = CD,而 OA、OB 的长度已知,C 为 OB 的中点,在 Rt△OCD 中利用勾股定理建立方程可求出 OD、CD 的长度,也就知道了点 D 的坐标. 注意到 DE⊥AC,由 A、C 两点的坐标可得直线 AC 的解析式,也就知道了直线 DE 的斜率(相互垂直的两条直线的斜率之积为 -1),结合点 D 的坐标即可确定直线 DE 的解析式.

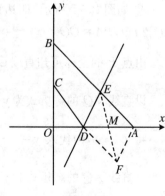

图 2.72

（2）由 A、B 两点的坐标可确定直线 AB 的解析式，联立直线 DE、AB 的解析式可解出点 E 的坐标. A、D、E 三点固定，因此分3种情况进行作图、计算.

49.（1）∵ $OA = 8$, $OB = 4$,

∴ $A(-8, 0)$, $B(0, 4)$.

设直线 AB 的解析式为 $y = kx + b$.

由 $\begin{cases} -8k + b = 0 \\ b = 4 \end{cases}$ 解得 $\begin{cases} k = \dfrac{1}{2} \\ b = 4 \end{cases}$.

∴ 直线 AB 的解析式为 $y = \dfrac{1}{2}x + 4$.

过点 P 作 $PH \perp x$ 轴于点 H，如图 2.73 所示.

设 $P\left(x, \dfrac{1}{2}x + 4\right)$，则 $AH = |-8 - x| = x + 8$.

∵ $PH \parallel y$ 轴,

∴ $\dfrac{AH}{HO} = \dfrac{AP}{PB} = \dfrac{1}{3}$,

∴ $\dfrac{x + 8}{-x} = \dfrac{1}{3}$，解得 $x = -6$,

∴ $P(-6, 1)$.

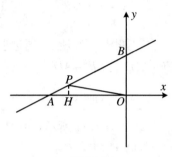

图 2.73

(2) 存在.

① 如图 2.74 所示，四边形 $PAOQ$ 是等腰梯形，此时 $PQ \parallel AO$, $PA = QO$.

过点 Q 作 $QG \perp AO$ 于点 G，过点 P 作 $PH \perp AO$ 于点 H.

∴ $OG = AH = OA - OH = 8 - 6 = 2$, $QG = PH = 1$, 即 $Q(-2, 1)$.

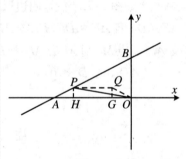

图 2.74

② 如图 2.75 所示，四边形 $PAQO$ 是等腰梯形，此时 $AQ \parallel PO$, $PA = OQ$.

由点 P 的坐标可知直线 OP 的解析式为 $y = -\dfrac{1}{6}x$.

设直线 AQ 的解析式为 $y = -\dfrac{1}{6}x + m$.

将 $A(-8, 0)$ 代入 $y = -\dfrac{1}{6}x + m$，解得 $m = -\dfrac{4}{3}$.

∴ 直线 AQ 的解析式为 $y = -\dfrac{1}{6}x - \dfrac{4}{3}$.

设点 Q 的坐标为 $\left(x, -\dfrac{1}{6}x - \dfrac{4}{3}\right)$.

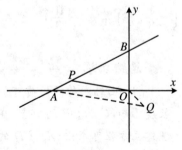

图 2.75

∴ $x^2 + \left(-\dfrac{1}{6}x - \dfrac{4}{3}\right)^2 = [-8-(-6)]^2 + 1^2$,解得 $x = \dfrac{58}{37}$ 或 $x = -2$(舍),

∴ $Q\left(\dfrac{58}{37}, -\dfrac{59}{37}\right)$.

③ 如图 2.76 所示,四边形 $PAQO$ 是等腰梯形,此时 $AP \parallel OQ$,$AQ = PO$.

∴ 直线 OQ 的解析式为 $y = \dfrac{1}{2}x$,

∴ 设点 Q 的坐标为 $\left(x, \dfrac{1}{2}x\right)$.

∵ $AQ = OP$,

∴ $(x+8)^2 + \left(\dfrac{1}{2}x\right)^2 = 1^2 + (-6)^2$,解得 $x = -\dfrac{54}{5}$ 或 $x = -2$(舍),

∴ $Q\left(-\dfrac{54}{5}, -\dfrac{27}{5}\right)$.

综上所述,满足要求的点 Q 的坐标为 $(-2, 1)$、$\left(\dfrac{58}{37}, -\dfrac{59}{37}\right)$、$\left(-\dfrac{54}{5}, -\dfrac{27}{5}\right)$.

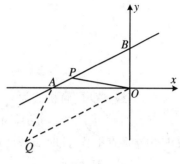

图 2.76

思路点拨

(1) 由 OA、OB 的长度可知点 A、B 的坐标,然后用待定系数法可确定直线 AB 的解析式. 作 $PH \perp x$ 轴于点 H,则 $\dfrac{AH}{HO} = \dfrac{AP}{PB} = \dfrac{1}{3}$,然后解出点 P 的坐标.

(2) 由于 A、P、O 三点是定点,因此将 AO、PO、AP 分别作为等腰梯形的底(上底或下底)共有 3 种情况,依次画出相应的图形并进行计算. 计算过程中主要利用了等腰梯形的两大性质:上下底平行,两腰相等.

50. (1) 如图 2.77 所示,连接点 A、C,作 $CE \perp x$ 轴于点 E.

对于 $y = -2x + 1$:

令 $y = 0$,则 $x = \dfrac{1}{2}$,即 $A\left(\dfrac{1}{2}, 0\right)$,$OA = \dfrac{1}{2}$;

令 $x = 0$,则 $y = 1$,即 $B(0, 1)$,$OB = 1$.

∵ $\angle BAC = 90°$,

∴ $\angle ABO + \angle BAO = 90°$,$\angle BAO + \angle CAE = 90°$,

∴ $\angle ABO = \angle CAE$.

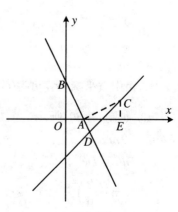

图 2.77

∵ $AB = AC$, $\angle AOB = \angle CEA = 90°$,

∴ $\triangle ABO \cong \triangle CAE$,

∴ $CE = OA = \dfrac{1}{2}$, $AE = OB = 1$,

∴ $C\left(\dfrac{3}{2}, \dfrac{1}{2}\right)$.

把 $C\left(\dfrac{3}{2}, \dfrac{1}{2}\right)$ 代入 $y = x + a$,得 $a = -1$.

∴ 直线 CD 的解析式为 $y = x - 1$.

(2) ① 如图 2.78 所示,四边形 $DCFG$ 是菱形,CG 与 DF 相互垂直平分,此时 A 为 CG 的中点.

∴ $G\left(-\dfrac{1}{2}, -\dfrac{1}{2}\right)$.

② 如图 2.79 所示,四边形 $FDGC$ 为菱形,FG 与 DC 交于点 M.

由 $\begin{cases} y = x - 1 \\ y = -2x + 1 \end{cases}$ 解得 $\begin{cases} x = \dfrac{2}{3} \\ y = -\dfrac{1}{3} \end{cases}$,即 $D\left(\dfrac{2}{3}, -\dfrac{1}{3}\right)$.

∵ $\dfrac{1}{2}\left(\dfrac{2}{3} + \dfrac{3}{2}\right) = \dfrac{13}{12}$,$\dfrac{1}{2}\left(\dfrac{1}{2} - \dfrac{1}{3}\right) = \dfrac{1}{12}$,

∴ $M\left(\dfrac{13}{12}, \dfrac{1}{12}\right)$.

∵ FG 与直线 $y = x - 1$ 垂直,

∴ 设直线 FG 的解析式为 $y = -x + b$.

将 $M\left(\dfrac{13}{12}, \dfrac{1}{12}\right)$ 代入 $y = -x + b$,得 $b = \dfrac{7}{6}$.

∴ 直线 FG 的解析式为 $y = -x + \dfrac{7}{6}$.

由 $\begin{cases} y = -x + \dfrac{7}{6} \\ y = -2x + 1 \end{cases}$ 解得 $\begin{cases} x = -\dfrac{1}{6} \\ y = \dfrac{4}{3} \end{cases}$,即 $F\left(-\dfrac{1}{6}, \dfrac{4}{3}\right)$.

∴ 由中点坐标公式可得 $G\left(\dfrac{7}{3}, -\dfrac{7}{6}\right)$.

③ 如图 2.80 所示,当 CF 为菱形的对角线时,设 $F(m, -2m + 1)$.

∵ $DF^2 = DC^2$,

∴ $\left(m - \dfrac{2}{3}\right)^2 + \left(-2m + 1 + \dfrac{1}{3}\right)^2 = \left(\dfrac{3}{2} - \dfrac{2}{3}\right)^2 + \left(\dfrac{1}{2} + \dfrac{1}{3}\right)^2$,

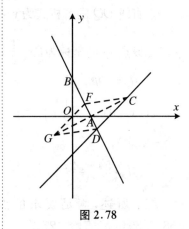

图 2.78

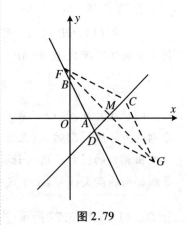

图 2.79

∴ $6m^2 - 8m + 1 = 0$, 解得 $m = \dfrac{4 \pm \sqrt{10}}{6}$.

由 $\begin{cases} x_F + x_C = x_D + x_G \\ y_F + y_C = y_D + y_G \end{cases}$ 可得

$G\left(\dfrac{3}{2} - \dfrac{\sqrt{10}}{6}, \dfrac{1}{2} + \dfrac{\sqrt{10}}{3}\right)$ 或 $G\left(\dfrac{3}{2} + \dfrac{\sqrt{10}}{6}, \dfrac{1}{2} - \dfrac{\sqrt{10}}{3}\right)$.

综上所述，满足条件的点 G 的坐标为 $\left(-\dfrac{1}{2}, -\dfrac{1}{2}\right)$、$\left(\dfrac{7}{3}, -\dfrac{7}{6}\right)$、$\left(\dfrac{3}{2} - \dfrac{\sqrt{10}}{6}, \dfrac{1}{2} + \dfrac{\sqrt{10}}{3}\right)$、$\left(\dfrac{3}{2} + \dfrac{\sqrt{10}}{6}, \dfrac{1}{2} - \dfrac{\sqrt{10}}{3}\right)$.

思路点拨

（1）BA 绕点 A 顺时针旋转 $90°$ 得到 CA，于是作 $CE \perp x$ 轴于点 E，易知 $\triangle ABO \cong \triangle CAE$，然后计算出点 C 的坐标并代入 $y = x + a$ 求出 a，即可确定直线 CD 的解析式.

（2）存在 4 种情形，分别画出相应的图形并进行计算. 计算过程中用到以下知识点：① 中点坐标公式；② 两点间的距离公式；③ 相互垂直的两条直线的斜率之积为 -1.

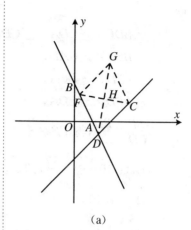

(a)

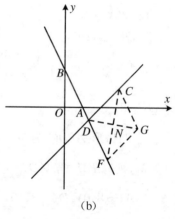

(b)

图 2.80

51.（1）∵ $OA = 8, OB = 10$,

∴ $A(-8, 0), B(0, 10)$.

∵ 四边形 $AOBC$ 是矩形,

∴ $AC = OB = 10, BC = OA = 8$.

由折叠性质可知 $DE = CE, AE = AC = OB = 10$.

在 Rt△AOE 中, $OE = \sqrt{AE^2 - AO^2} = \sqrt{10^2 - 8^2} = 6$.

∴ $BE = OB - OE = 10 - 6 = 4$.

设 $BD = x$, 则 $CD = DE = 8 - x$.

在 Rt△BDE 中, $DE^2 = BE^2 + BD^2$.

∴ $(8-x)^2 = 4^2 + x^2$, 解得 $x = 3$,

∴ $D(-3, 10)$.

设直线 AD 的解析式为 $y = kx + b$.

由 $\begin{cases} -8k + b = 0 \\ -3k + b = 10 \end{cases}$ 解得 $\begin{cases} k = 2 \\ b = 16 \end{cases}$.

∴ 直线 AD 的解析式为 $y = 2x + 16$.

（2）① 如图 2.81 所示，四边形 $ADPQ$ 为矩形，AP 为对角线，则 $DP \perp DA$.

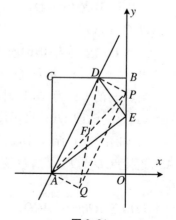

图 2.81

连接点 A 与 P、D 与 Q 交于点 F，则 F 为 AP、DQ 的中点.

$\therefore \angle BDP + \angle CDA = \angle CDA + \angle CAD = 90°$,

$\therefore \angle BDP = \angle CAD$.

又 $\angle PBD = \angle DCA$,

$\therefore \triangle BPD \backsim \triangle CDA$,

$\therefore \dfrac{BP}{CD} = \dfrac{BD}{CA}$，得 $BP = \dfrac{3}{2}$,

$\therefore OP = 10 - \dfrac{3}{2} = \dfrac{17}{2}$，即 $P\left(0, \dfrac{17}{2}\right)$.

$\because A(-8,0)$,

$\therefore F\left(-4, \dfrac{17}{4}\right)$.

设 $Q(x,y)$.

$\because D(-3,10)$,

$\therefore \dfrac{x+(-3)}{2} = -4, \dfrac{y+10}{2} = \dfrac{17}{4}$，解得 $x = -5, y = -\dfrac{3}{2}$,

即 $Q\left(-5, -\dfrac{3}{2}\right)$.

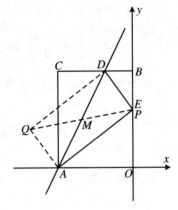

图 2.82

② 四边形 $APDQ$ 为矩形，AD 为对角线，设 AD 的中点为 M，则有 $PM = \dfrac{1}{2}AD$.

$\because A(-8,0), D(-3,10)$,

$\therefore AD$ 的中点 $M\left(-\dfrac{11}{2}, 5\right)$,

$\therefore \dfrac{1}{2}\sqrt{(-8+3)^2 + 10^2} = \sqrt{\left(-\dfrac{11}{2}\right)^2 + (5-y)^2}$，解得 $y = 6$ 或 $y = 4$,

$\therefore P(0,6)$ 或 $P(0,4)$.

设 $Q(x,y)$.

当点 P 的坐标为 $(0,6)$ 时，如图 2.82 所示，由中点坐标公式得 $x = -11, y = 4$，即 $Q(-11,4)$.

当点 P 的坐标为 $(0,4)$ 时，如图 2.83 所示，同理可得 $x = -11, y = 6$，即 $Q(-11,6)$.

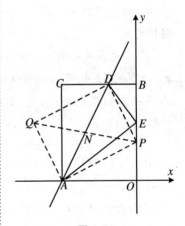

图 2.83

③ 如图 2.84 所示，四边形 $APQD$ 为矩形，则 $AP \perp AD$. 连接点 D 与 P、A 与 Q 交于点 G，则 G 为 AQ、DP 的中点.

易知 $\triangle AOP \backsim \triangle ACD$.

$\therefore \dfrac{OP}{CD} = \dfrac{OA}{AC}$，得 $OP = 4$，即 $P(0,-4)$.

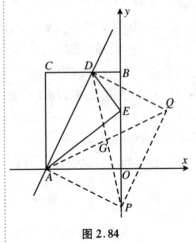

图 2.84

∵ $D(-3,10)$,

∴ $G\left(-\dfrac{3}{2},3\right)$.

设 $Q(x,y)$.

∵ $A(-8,0)$,

∴ 由中点坐标公式得 $x=5, y=6$,即 $Q(5,6)$.

综上所述,满足条件的点 Q 的坐标为 $\left(-5,-\dfrac{3}{2}\right)$、$(-11,4)$、$(-11,6)$、$(5,6)$.

思路点拨

(1) 由折叠性质可知 $AE=AC$,$CD=DE$,由勾股定理直接算出 OE,然后得出 BE 的长度. 设 $BD=x$,则 $CD=DE=8-x$,在 Rt△BDE 中根据勾股定理列出方程解出 BD 的长度,就可以确定点 D 的坐标,再用待定系数法求直线 AD 的解析式即可.

(2) 由于直线 AD 是固定的,因此从两个方面考虑:① AD 为矩形的边;② AD 为矩形的对角线. 每一方面都存在两种情形,分别作图,熟练运用矩形性质、勾股定理、相似三角形性质、中点坐标公式是正确计算的关键.

52. (1) ∵ $|OA-6|+\sqrt{OB-\dfrac{9}{2}}=0$,

∴ $OA=6$,$OB=\dfrac{9}{2}$,即 $A(-6,0)$,$B\left(0,\dfrac{9}{2}\right)$.

将点 A、B 的坐标代入 $y=kx+b$,得

$\begin{cases}-6k+b=0\\b=\dfrac{9}{2}\end{cases}$, $\begin{cases}k=\dfrac{3}{4}\\b=\dfrac{9}{2}\end{cases}$.

∴ 直线 AB 的解析式为 $y=\dfrac{3}{4}x+\dfrac{9}{2}$.

由 $\begin{cases}y=3x\\y=\dfrac{3}{4}x+\dfrac{9}{2}\end{cases}$ 解得 $\begin{cases}x=2\\y=6\end{cases}$,即 $C(2,6)$.

(2) 过点 O 作 $MN\perp OC$ 交直线 AB 于点 M,交直线 CE 于点 N,如图 2.85 所示.

∵ 直线 OC 的解析式为 $y=3x$,

∴ 直线 MN 的解析式为 $y=-\dfrac{1}{3}x$.

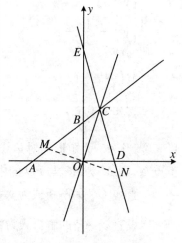

图 2.85

由 $\begin{cases} y = -\dfrac{1}{3}x \\ y = \dfrac{3}{4}x + \dfrac{9}{2} \end{cases}$ 解得 $\begin{cases} x = -\dfrac{54}{13} \\ y = \dfrac{18}{13} \end{cases}$，即 $M\left(-\dfrac{54}{13}, \dfrac{18}{13}\right)$.

∵ $\angle MCO = \angle NCO$，$CO \perp MN$，

∴ $MO = NO$，

∴ $N\left(\dfrac{54}{13}, -\dfrac{18}{13}\right)$，

由 C、N 两点的坐标可确定直线 CE 的解析式为 $y = -\dfrac{24}{7}x + \dfrac{90}{7}$.

∴ $E\left(0, \dfrac{90}{7}\right)$，

∴ $BE = \dfrac{90}{7} - \dfrac{9}{2} = \dfrac{117}{14}$，

∴ $S_{\triangle BCE} = \dfrac{1}{2} BE \times |x_C| = \dfrac{1}{2} \times \dfrac{117}{14} \times 2 = \dfrac{117}{14}$.

(3) ① 当 AC 为矩形的边时，$AP \perp AC$，AQ 与 PC 交于点 M，则 M 为 AQ 与 PC 的中点，如图 2.86 所示.

∵ 直线 AC 的解析式为 $y = \dfrac{3}{4}x + \dfrac{9}{2}$，

∴ 设直线 AP 的解析式为 $y = -\dfrac{4}{3}x + n$.

将点 A 的坐标代入 $y = -\dfrac{4}{3}x + n$，解得 $n = -8$.

∴ 直线 AP 的解析式为 $y = -\dfrac{4}{3}x - 8$.

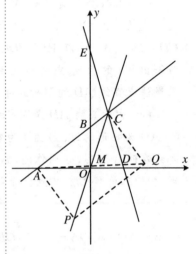

图 2.86

由 $\begin{cases} y = 3x \\ y = -\dfrac{4}{3}x - 8 \end{cases}$ 解得 $\begin{cases} x = -\dfrac{24}{13} \\ y = -\dfrac{72}{13} \end{cases}$，即 $P\left(-\dfrac{24}{13}, -\dfrac{72}{13}\right)$.

∴ $M\left(\dfrac{1}{13}, \dfrac{3}{13}\right)$，

∴ $Q\left(\dfrac{80}{13}, \dfrac{6}{13}\right)$.

② 当 AC 为矩形的对角线时，$AP \perp OC$，AC 与 PQ 交于点 M，则 M 为 AC 与 PQ 的中点，如图 2.87 所示.

∵ 直线 OC 的解析式为 $y = 3x$，

∴ 设直线 AP 的解析式为 $y = -\dfrac{1}{3}x + h$.

将点 A 的坐标代入 $y = -\dfrac{1}{3}x + h$，解得 $h = -2$.

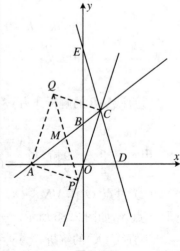

图 2.87

∴直线 AP 的解析式为 $y=-\dfrac{1}{3}x-2$.

由 $\begin{cases} y=-\dfrac{1}{3}x-2 \\ y=3x \end{cases}$ 解得 $\begin{cases} x=-\dfrac{3}{5}, \\ y=-\dfrac{9}{5} \end{cases}$,即 $P\left(-\dfrac{3}{5},-\dfrac{9}{5}\right)$.

∵ $A(-6,0)$,$C(2,6)$,

∴ $M(-2,3)$,

∴ $Q\left(-\dfrac{17}{5},\dfrac{39}{5}\right)$.

综上所述,满足条件的点对为 $P\left(-\dfrac{24}{13},-\dfrac{72}{13}\right)$、$Q\left(\dfrac{80}{13},\dfrac{6}{13}\right)$ 或 $P\left(-\dfrac{3}{5},-\dfrac{9}{5}\right)$、$Q\left(-\dfrac{17}{5},\dfrac{39}{5}\right)$.

思路点拨

(1) 先确定点 A、B 的坐标,再将点 A、B 的坐标代入 $y=kx+b$ 确定 k 与 b 的值.联立 $y=3x$ 和 $y=kx+b$ 求出点 C 的坐标.

(2) 解答此问的关键是确定直线 CE 的解析式.过点 O 作 $MN\perp OC$ 交直线 AB 于点 M、交直线 CE 于点 N.根据"相互垂直的两条直线的斜率之积为 -1",确定直线 MN 的解析式,联立直线 AB 与直线 MN 的解析式求出点 M 的坐标,根据等腰三角形"三线合一"可知 O 为 MN 的中点,从而确定点 N 的坐标,由 C、N 两点的坐标确定直线 CE 的解析式,进而确定点 E 的坐标,$\triangle BCE$ 的面积也就迎刃而解.

(3) 分两种情况讨论:① AC 作为矩形的边;② AC 作为矩形的对角线.两种情况都需要先根据"相互垂直的两条直线的斜率之积为 -1"确定直线 AP 的解析式,然后求出交点 P 的坐标,最后都利用"矩形的对角线相等且相互平分"这一性质结合中点坐标公式算出点 Q 的坐标.

53.(1) ∵ $A(2,0)$,$\angle AOB=\angle COB=90°$,$\angle ABO=30°$,

∴ $OB=\sqrt{3}OA=2\sqrt{3}$,$AB=2OA=4$,$B(0,2\sqrt{3})$.

∵ $AB\perp BC$,

∴ $\angle BCO=\angle ABO=30°$,

∴ $OC=\sqrt{3}OB=6$,$BC=2OB=4\sqrt{3}$,$C(-6,0)$.

设直线 AB 的解析式为 $y=kx+b$.

由 $\begin{cases} b = 2\sqrt{3} \\ 2k + b = 0 \end{cases}$ 解得 $\begin{cases} k = -\sqrt{3} \\ b = 2\sqrt{3} \end{cases}$.

∴直线 AB 的解析式为 $y = -\sqrt{3}x + 2\sqrt{3}$.

设直线 BC 的解析式为 $y = mx + n$.

由 $\begin{cases} n = 2\sqrt{3} \\ -6m + n = 0 \end{cases}$ 解得 $\begin{cases} m = \dfrac{\sqrt{3}}{3} \\ n = 2\sqrt{3} \end{cases}$.

∴直线 BC 的解析式为 $y = \dfrac{\sqrt{3}}{3}x + 2\sqrt{3}$.

(2) ① 如图 2.88 所示,四边形 BCMN 为正方形.

作 MH⊥OC 于点 H,NG⊥OB 于点 G.

易知△MHC≌△COB≌△BGN.

∴CH = NG = OB = $2\sqrt{3}$,BG = MH = OC = 6,

∴M($-6-2\sqrt{3}$,6),N($-2\sqrt{3}$,$2\sqrt{3}+6$).

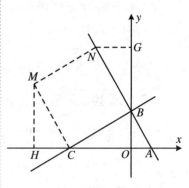

图 2.88

② 如图 2.89 所示,四边形 BCMN 为正方形.

同理可得 M($2\sqrt{3}-6$,-6),N($2\sqrt{3}$,$2\sqrt{3}-6$).

③ 如图 2.90 所示,四边形 BMCN 为正方形.

过点 C 作 EF⊥x 轴,过点 M 作 ME⊥CE 于点 E,过点 N 作 FG⊥EF 于点 F 交 y 轴于点 G.

易证△MEC≌△CFN≌△NGB,

∴NG = EM = CF = OG,BG = NF = CE.

∵OB = $2\sqrt{3}$,

∴FN = BG = $2\sqrt{3} + OG = 2\sqrt{3} + NG$.

∵FG = FN + NG = OC = 6,

∴NG = CF = EM = OG = $3 - \sqrt{3}$,

∴BG = OB + OG = $3 + \sqrt{3}$,

∴CE = FN = BG = $3 + \sqrt{3}$,OC − EM = $3 + \sqrt{3}$,

∴M($-3-\sqrt{3}$,$3+\sqrt{3}$),N($\sqrt{3}-3$,$\sqrt{3}-3$).

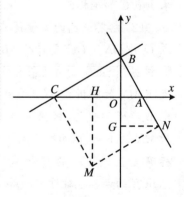

图 2.89

综上所述,满足要求的点对为 M($-6-2\sqrt{3}$,6)、N($-2\sqrt{3}$,$2\sqrt{3}+6$)或 M($2\sqrt{3}-6$,-6)、N($2\sqrt{3}$,$2\sqrt{3}-6$)或 M($-3-\sqrt{3}$,$3+\sqrt{3}$)、N($\sqrt{3}-3$,$\sqrt{3}-3$).

 思路点拨

(1) 先确定 B、C 两点的坐标,再用待定系数法求解即可.

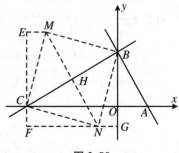

图 2.90

(2)分两种情况进行讨论:① BC 为正方形的边;② BC 为正方形的对角线.其中,BC 为正方形的边时,又根据 MN 在 BC 上方或下方分为两种情形.对于每一种情形,构造"一线三垂直"全等三角形可以使计算简化.

54. 对于直线 $y=-\sqrt{3}x+6$,令 $y=0$,则 $x=2\sqrt{3}$,即 $OA=2\sqrt{3}$;令 $x=0$,则 $y=6$,即 $OB=6$.

∵ 在 Rt△AOB 中,$AB=4\sqrt{3}$,

∴ $OA=\dfrac{1}{2}AB$,

∴ $\angle ABO=30°,\angle BAO=60°$.

对于直线 $y=\dfrac{\sqrt{3}}{3}x+2\sqrt{3}$,令 $y=0$,得 $x=-6$,即 $OC=6$;令 $x=0$,则 $y=2\sqrt{3}$,即 $OD=2\sqrt{3}$.

∵ 在 Rt△COD 中,$CD=4\sqrt{3}$,

∴ $OD=\dfrac{1}{2}CD$,

∴ $\angle DCO=30°,\angle CDO=60°$,

∴ $\angle DCO+\angle BAO=90°$,

∴ $CE\perp AE$.

∵ G 为 CD 的中点,

∴ $G(-3,\sqrt{3}),CG=GD=2\sqrt{3}$.

∵ F 为 CO 的中点,

∴ $F(-3,0),CF=OF=3$.

① 如图 2.91 所示,作 $OQ\perp AB$ 于点 Q.

∵ $OA\times OB=AB\times OQ$,

∴ $OQ=3=OF$.

∵ $\angle QOA=90°-\angle OAB=30°$,

∴ $\angle FOQ=150°$.

作 $\angle FOQ$ 的平分线交 CE 于点 P,连接点 P 与 F、P 与 Q.

∴ $\angle FOP=\angle QOP=75°$,

∴ △$FOP\cong$△QOP,

∴ 四边形 $OFPQ$ 为轴对称图形,对称轴为 OP.

∵ $\angle DCO=30°$,

∴ $\angle CPO=180°-\angle PCO-\angle COP=75°=\angle COP$,

∴ $CP=CO=6$.

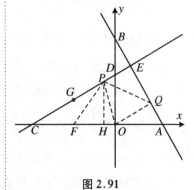

图 2.91

作 $PH \perp CO$ 于点 H,则 $PH = \frac{1}{2}CP = 3$.

$\therefore S_{\triangle OFP} = \frac{1}{2}OF \times PH = \frac{1}{2} \times 3 \times 3 = \frac{9}{2}$.

$\therefore S_{四OFPQ} = 2S_{\triangle OFP} = 9$.

② 如图 2.92 所示,作 $OP \perp CD$ 于点 P,则 $OP = \frac{1}{2}OC = 3$.

连接点 P、F,则 $PF = \frac{1}{2}OC = 3$.

作 $FQ \perp OP$ 交 AB 于 Q,连接点 P 与 Q、O 与 Q,则 $PQ = OQ$,$\triangle FPQ \cong \triangle FOQ$.

$\therefore$ 四边形 $FPQO$ 是轴对称图形,对称轴为 FQ.

$\because \angle BAO = 60°$,

$\therefore \angle QFA = 30°$,

$\therefore AQ = \frac{1}{2}AF = \frac{1}{2}(AO + OF) = \frac{3}{2} + \sqrt{3}$.

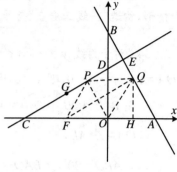

图 2.92

作 $QH \perp OA$ 于点 H,则 $QH = \frac{\sqrt{3}}{2}AQ = \frac{3\sqrt{3}}{4} + \frac{3}{2}$.

$\therefore S_{\triangle QFO} = \frac{1}{2}OF \times QH = \frac{1}{2} \times 3 \times \left(\frac{3\sqrt{3}}{4} + \frac{3}{2}\right) = \frac{9\sqrt{3}}{8} + \frac{9}{4}$,

$\therefore S_{四OFPQ} = 2S_{\triangle QFO} = \frac{9\sqrt{3}}{4} + \frac{9}{2}$.

③ 如图 2.93 所示,点 P 与 G 重合,连接点 P、F,则 $PF = \frac{1}{2}OD = \sqrt{3}$,$PF \perp OC$.

作 $OQ \perp CD$ 于点 Q,则 $OQ = \frac{OC \times OD}{CD} = 3 = OF$.

$\therefore \triangle OFP \cong \triangle OQP$.

$\therefore$ 四边形 $OFPQ$ 为轴对称图形,对称轴为 OP,

$\therefore S_{\triangle OFP} = \frac{1}{2}OF \times PF = \frac{1}{2} \times 3 \times \sqrt{3} = \frac{3\sqrt{3}}{2}$,

$\therefore S_{四OFPQ} = 2S_{\triangle OFP} = 3\sqrt{3}$.

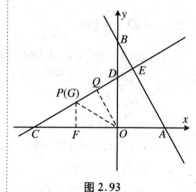

图 2.93

④ 如图 2.94 所示,点 Q 在 CD 上且 $CQ = CO = 6$,连接点 O、Q,

作 $FP // OQ$ 交 CD 于点 P,则四边形 $FPQO$ 为等腰梯形,则 $CP = PQ = \frac{1}{2}CQ = 3$.

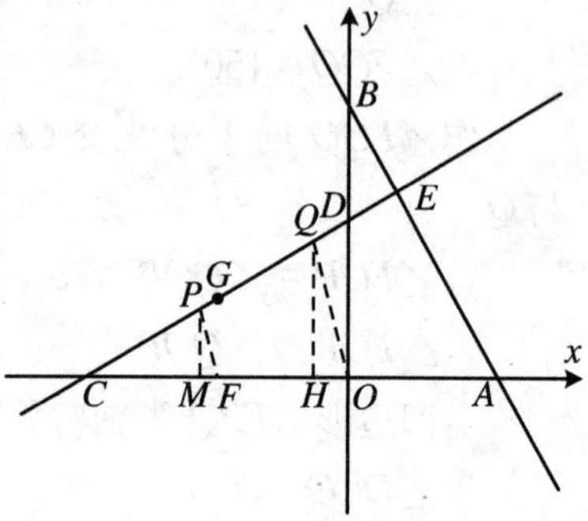

图 2.94

作 $QH \perp OC$ 于点 H,则 $QH = \frac{1}{2}CQ = 3$.

$\therefore S_{\triangle CQO} = \frac{1}{2}OC \times QH = \frac{1}{2} \times 6 \times 3 = 9$.

作 $PM \perp OC$ 于点 M,则 $PM = \frac{1}{2}CP = \frac{3}{2}$.

$\therefore S_{\triangle CPF} = \frac{1}{2}CF \times PM = \frac{1}{2} \times 3 \times \frac{3}{2} = \frac{9}{4}$,

$\therefore S_{四FPQO} = S_{\triangle CQO} - S_{\triangle CPF} = 9 - \frac{9}{4} = \frac{27}{4}$.

综上所述,满足条件的轴对称图形的面积为 9、$\frac{9\sqrt{3}}{4} + \frac{9}{2}$、$3\sqrt{3}$ 或 $\frac{27}{4}$.

思路点拨

本题的难点在于构图,需要一定的想象力,一旦构造出图形,剩下的计算就不难了.常见的轴对称四边形有筝形、菱形、矩形、等腰梯形、正方形.本题存在 4 种情形,分别画出对应图形,结合特殊角度进行计算.

55. 令 $y = 3a + b - 7c$.

由 $\begin{cases} 3a + 2b + c = 5 \\ 2a + b - 3c = 1 \end{cases}$ 得 $\begin{cases} a = 7c - 3 \\ b = -11c + 7 \end{cases}$.

$\therefore y = 3c - 2$.

$\because a、b、c$ 均为非负数,

$\therefore \begin{cases} 7c - 3 \geq 0 \\ -11c + 7 \geq 0 \\ c \geq 0 \end{cases}$,解得 $\frac{3}{7} \leq c \leq \frac{7}{11}$.

由 $y = 3c - 2$ 知 y 随 c 的增大而增大.

当 $c = \frac{3}{7}$ 时,$t = 3 \times \frac{3}{7} - 2 = -\frac{5}{7}$;

当 $c = \frac{7}{11}$ 时,$S = 3 \times \frac{7}{11} - 2 = -\frac{1}{11}$.

$\therefore S - t = -\frac{1}{11} - \left(-\frac{5}{7}\right) = \frac{48}{77}$.

思路点拨

将 c 看作常数,由所给两个方程解出 a 和 b(都用 c 表示),代入目标代数式中消去 a 和 b,目标代数式就变成了关于 c 的一次函数.根据 $a、b、c$ 都是非负数的约束条件列出关于 c 的不等式组,可解出自变量 c 的取值范围.然后利用一次函数的增减性求出最大值与最小值.

56. (1) 对于 $y=-\dfrac{1}{2}x+4$，令 $x=0$，则 $y=4$，即 $OB=4$；令 $y=0$，则 $x=8$，即 $OA=8$.

∵ 四边形 PEFQ 为矩形，

∴ $FQ\perp PQ, EP\perp PQ, EF=PQ, FQ=EP$.

t 秒时，$OQ=t, Q(t,0)$.

∵ 点 F 在直线 $y=x$ 上，

∴ $F(t,t), FQ=OQ=t$，

∴ $EP=FQ=t$.

∴ $\dfrac{EP}{AP}=\dfrac{OB}{AB}=\dfrac{1}{2}$，

∴ $AP=2EP=2t$，

∴ $\dfrac{AP}{t}=\dfrac{2t}{t}=2$，即点 P 运动的速度是每秒 2 个单位长度.

(2) t 秒时，$Q(t,0), P(8-2t,0), PE=FQ=OQ=t$.

∵ 矩形 PEFQ 为正方形，

∴ $PQ=PE$，

∴ $|8-2t-t|=t$，解得 $t=2$ 或 $t=4$.

(3) 点 P、Q 刚好相遇时，$t=\dfrac{8}{1+2}=\dfrac{8}{3}$；点 P 到达点 O 处时，$t=\dfrac{8}{2}=4$.

① 点 Q 在点 P 的左边，即 $0<t<\dfrac{8}{3}$.

∵ $OQ=t, PA=2t$，

∴ $QP=8-t-2t=8-3t$，

∴ $S_{矩PEFQ}=QP\times QF=(8-3t)\times t=8t-3t^2=-3\left(t-\dfrac{4}{3}\right)^2+\dfrac{16}{3}$，

∴ 当 $t=\dfrac{4}{3}$ 时，$S_{矩PEFQ}$ 取得最大值 $\dfrac{16}{3}$.

② 点 Q 在点 P 的右边，即 $\dfrac{8}{3}<t\leqslant 4$.

∵ $OQ=t, PA=2t$，

∴ $QP=t-(8-2t)=3t-8$，

∴ $S_{矩PEFQ}=QP\times QF=(3t-8)\times t=3t^2-8t=3\left(t-\dfrac{4}{3}\right)^2-\dfrac{16}{3}$，

∴ 当 $t=4$ 时，$S_{矩PEFQ}$ 取得最大值 $16\left(>\dfrac{16}{3}\right)$.

综上所述,当 $t=4$ 时 $S_{矩PEFQ}$ 取得最大值 16.

思路点拨

(1) 注意到 $\dfrac{PE}{PA}=\dfrac{OB}{OA}$,而 $OQ=FQ=EP$,可先算出 PA,再除以时间 t 即可得到点 P 的速度.

(2) 由于四边形 $PEFQ$ 是矩形,因此只需让 $PQ=PE$ 即可使四边形 $PEFQ$ 成为正方形.用含 t 的式子表示 PQ 和 PE,然后根据 $PQ=PE$ 建立方程求解.注意,用 P、Q 两点横坐标之差的绝对值表示 PQ 可以避开分类讨论.

(3) 分两种情况:① 点 P、Q 两点相遇前;② 点 P、Q 两点相遇后.根据每种情况分别列出矩形面积与 t 的关系式,通过配方求出最大值.

57. (1) 对于一次函数 $y=kx+b$,当 $x=0$ 时,$y=b$,即 $OB=b$;当 $y=0$ 时,$x=-\dfrac{b}{k}$,即 $OA=\dfrac{b}{k}$.

$\therefore S_{\triangle OAB}=\dfrac{1}{2}OA\times OB=\dfrac{b^2}{2k}$.

$\because S_{\triangle OAB}=OA+OB+3$,

$\therefore \dfrac{b^2}{2k}=\dfrac{b}{k}+b+3$,得 $k=\dfrac{b^2-2b}{2b+6}$.

(2) $S_{\triangle OAB}=\dfrac{b^2}{2k}=\dfrac{b^2(2b+6)}{2(b^2-2b)}=\dfrac{b^2+3b}{b-2}$.

令 $x=b-2$,则 $b=x+2$.

$S_{\triangle OAB}=\dfrac{(x+2)^2+3(x+2)}{x}=x+\dfrac{10}{x}+7$

$=\left(\sqrt{x}-\sqrt{\dfrac{10}{x}}\right)^2+7+2\sqrt{10}\geqslant 7+2\sqrt{10}$.

当且仅当 $x=\dfrac{10}{x}$,即 $x=\sqrt{10}$ 时等号成立.

$\therefore S_{\triangle OAB}$ 的最小值为 $7+2\sqrt{10}$.

思路点拨

(1) 首先算出 A、B 两点的坐标,得出 OA 和 OB 的长度,表示出 $S_{\triangle OAB}$,再代入题目所给等式 $S_{\triangle OAB}=OA+OB+3$,整理变形即可.

(2)将(1)中所得的 k 表达式代入 $S_{\triangle OAB}$ 的表达式中消去 k，得到 $S_{\triangle OAB}$ 关于 b 的分式表达式，模仿题目中所给问题 2 的解答过程求出最值.

事实上，本题所涉及的知识点就是均值不等式：对任意的正数 a、b，$a+b \geqslant 2\sqrt{ab}$，当且仅当 $a=b$ 时取等号.

58. 由题意知 $D(0,b)$、$E(1,k+b)$、$F(2,2k+b)$，则
$AD^2 = (b+1)^2 = b^2 + 2b + 1$,
$BE^2 = (k+b-3)^2 = k^2 + b^2 + 9 + 2kb - 6k - 6b$,
$CF^2 = (2k+b-6)^2$
$= 4k^2 + b^2 + 36 + 4kb - 24k - 12b$,
$AD^2 + BE^2 + CF^2 = 5\left(k - 3 + \dfrac{3b}{5}\right)^2 + \dfrac{6}{5}\left(b + \dfrac{5}{6}\right)^2 + \dfrac{1}{6}$.

当 $\begin{cases} k - 3 + \dfrac{3b}{5} = 0 \\ b + \dfrac{5}{6} = 0 \end{cases}$，即 $\begin{cases} k = \dfrac{7}{2} \\ b = -\dfrac{5}{6} \end{cases}$ 时，$AD^2 + BE^2 + CF^2$ 取得最小值 $\dfrac{1}{6}$.

此时，直线 l 的解析式为 $y = \dfrac{7}{2}x - \dfrac{5}{6}$.

思路点拨

先表示出点 D、E、F 的坐标，再用两点间的距离公式分别表示出 AD^2、BE^2、CF^2，进而得出 $AD^2 + BE^2 + CF^2$ 的表达式，用配方法求出最值，从而求得 k、b 的值.

59. 对于 $y = 2x + 4$，令 $x = 0$，则 $y = 4$，即 $B(0,4)$；令 $y = 0$，则 $x = -2$，即 $A(-2,0)$.

∵ 点 P 在直线 $y = 2x + 4$ 上，
∴ 设 $P(a, 2a+4)$，则 $d_1 = |2a+4|$，$d_2 = |a|$，
∴ $d_1 + d_2 = |a| + |2a+4|$.

当 $a < -2$ 时，$d_1 + d_2 = -a - 2a - 4 = -3a - 4$；
当 $-2 \leqslant a \leqslant 0$ 时，$d_1 + d_2 = -a + 2a + 4 = a + 4$；
当 $a > 0$ 时，$d_1 + d_2 = a + 2a + 4 = 3a + 4$.

∴ $d_1 + d_2 = \begin{cases} -3a - 4 & (a < -2) \\ a + 4 & (-2 \leqslant a \leqslant 0) \\ 3a + 4 & (a > 0) \end{cases}$.

(1) 当 $a<-2$ 时，$d_1+d_2>2$；

当 $-2\leqslant a\leqslant 0$ 时，$2\leqslant d_1+d_2\leqslant 4$；

当 $a>0$ 时，$d_1+d_2>4$.

综上所述，当 $a=-2$ 时，d_1+d_2 取得最小值2，此时 $P(-2,0)$.

(2) ① 当 $a<-2$ 时，$d_1+d_2=-3a-4=8$，解得 $a=-4$，此时 $P(-4,-4)$.

② 当 $-2\leqslant a\leqslant 0$ 时，$d_1+d_2=a+4=8$，解得 $a=4$(舍).

③ 当 $a>0$ 时，$d_1+d_2=3a+4=8$，解得 $a=\dfrac{4}{3}$，此时 $P\left(\dfrac{4}{3},\dfrac{20}{3}\right)$.

综上所述，满足要求的点 P 坐标为 $(-4,-4)$、$\left(\dfrac{4}{3},\dfrac{20}{3}\right)$.

(3) ∵ P 是线段 AB 延长线或线段 BA 延长线上的任意一点，

∴ $a<-2$ 或 $a>0$.

① 当 $a>0$ 时，$md_1+nd_2=m(2a+4)+na=(2m+n)a+4m=8$ 恒成立.

∴ $2m+n=0$，得 $\dfrac{n}{m}=-2$.

② 当 $a<-2$ 时，$md_1+nd_2=-m(2a+4)-na=-(2m+n)a-4m=8$ 恒成立.

∴ $m+2n=0$，得 $\dfrac{n}{m}=-2$.

综上所述，$\dfrac{n}{m}=-2$.

思路点拨

平面直角坐标系中的一点 (x,y) 到 y 轴的距离等于 $|x|$，到 x 轴的距离等于 $|y|$.

对于本题，由于点 P 在直线 $y=2x+4$ 上，因此设 $P(a,2a+4)$，则 $d_1+d_2=|a|+|2a+4|$. 通过分段讨论可以得到 d_1+d_2 与 a 的分段函数表达式.

(1) 根据 d_1+d_2 与 a 的分段函数表达式直接求得 d_1+d_2 的最小值及对应的点 P 坐标.

(2)分类解方程即可.

(3)由于 P 是线段 AB 延长线或线段 BA 延长线上的任意一点,故 $a<-2$ 或 $a>0$,化简 $md_1+nd_2=\pm(2m+n)a\pm 4m=8$,上式要恒成立,即与 a 无关,于是 $m+2n=0$.

60. 对于直线 $y=-\dfrac{3}{4}x+3$,令 $y=0$,则 $x=4$,即 $B(4,0)$.

过点 C 作 $CD\perp x$ 轴于点 D,如图 2.95 所示.

设 $C\left(a,-\dfrac{3}{4}a+3\right)$,则 $OD=a$,$CD=-\dfrac{3}{4}a+3$,$PD=m-a$.

∵ $\angle OCP=90°$,

∴ 由射影定理可知 $CD^2=OD\times DP$,

∴ $\left(-\dfrac{3}{4}a+3\right)^2=a(m-a)$,

∴ $m=\dfrac{25a}{16}+\dfrac{9}{a}-\dfrac{9}{2}=\left(\dfrac{5\sqrt{a}}{4}-\dfrac{3}{\sqrt{a}}\right)^2+3$,

∴ 当 $\dfrac{5\sqrt{a}}{4}=\dfrac{3}{\sqrt{a}}$,即 $a=\dfrac{12}{5}$ 时,m 取得最小值 3.

∵ 点 P 是线段 OB 上的一动点(能与点 O、B 重合),

∴ 当 $OC\perp AB$ 时,点 P、B 重合,m 取得最大值 4.

综上所述,$3\leqslant m\leqslant 4$.

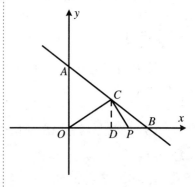

图 2.95

思路点拨

显然,点 P、B 重合时 m 最大,而求 m 的最小值是本题的难点.由题意可知点 P 受点 C 的约束,因此设 $C\left(a,-\dfrac{3}{4}a+3\right)$,过点 C 作 $CD\perp x$ 轴于点 D,根据射影定理得到 m 与 a 的关系式,可利用配方法求出 m 的最小值.

61. 设直线 $y=\sqrt{3}x+3$ 与 y 轴、x 轴分别交于 C、D 两点,则 $C(0,3)$、$D(-\sqrt{3},0)$.

∵ $OC=3$,$OD=\sqrt{3}$,$\dfrac{OC}{OD}=\sqrt{3}$,

∴ $\angle CDO=60°$,$\angle DCO=30°$.

如图 2.96 所示,作平行四边形 $BQPB'$,则 $B'\left(\dfrac{3\sqrt{3}}{2},\dfrac{3}{2}\right)$,$BQ=B'P$.

作点 A 关于直线 $y=\sqrt{3}x+3$ 的对称点 A',连接点 A' 与 P、A' 与 B',则 $A'(-\sqrt{3},6)$,$AP=AP'$.

∴ $AP+PQ+QB=A'P+PQ+B'P \geqslant PQ+A'B'$,当且仅当 A'、P、B' 三点共线时,$AP+PQ+QB$ 取得最小值 $PQ+A'B'$.

∵ $A'B'=\sqrt{\left(-\sqrt{3}-\dfrac{3\sqrt{3}}{2}\right)^2+\left(6-\dfrac{3}{2}\right)^2}=\sqrt{39}$,

∴ $PQ+A'B'=\sqrt{3}+\sqrt{39}$,即 $AP+PQ+QB$ 的最小值为 $\sqrt{3}+\sqrt{39}$.

此时,P 为直线 $A'B'$ 与直线 $y=\sqrt{3}x+3$ 的交点.

由 $A'(-\sqrt{3},6)$、$B'\left(\dfrac{3\sqrt{3}}{2},\dfrac{3}{2}\right)$ 可求得直线 $A'B'$ 的解析式为 $y=-\dfrac{3\sqrt{3}}{5}x+\dfrac{21}{5}$.

由 $\begin{cases} y=\sqrt{3}x+3 \\ y=-\dfrac{3\sqrt{3}}{5}x+\dfrac{21}{5} \end{cases}$ 解得 $\begin{cases} x=\dfrac{\sqrt{3}}{4} \\ y=\dfrac{15}{4} \end{cases}$,即 $P\left(\dfrac{\sqrt{3}}{4},\dfrac{15}{4}\right)$.

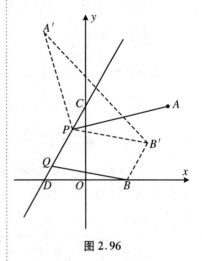

图 2.96

本题是"将军饮马"最短路径问题的一种重要变式,其特点是 $AP+PQ+QB$ 中 PQ 的长度不变,因此只需求 $AP+BQ$ 的最小值,通过平移可转化为一般的"将军饮马"问题.

62. 设直线 $y=\sqrt{3}x+3$ 与 y 轴、x 轴分别交于 C、D 两点,则 $C(0,3)$,$D(-\sqrt{3},0)$.

∴ $OC=3$,$OD=\sqrt{3}$,$\dfrac{OC}{OD}=\sqrt{3}$,

∴ $\angle CDO=60°$,$\angle DCO=30°$.

如图 2.97 所示,作 $OH\perp CD$ 于点 H.

∴ $OH=\dfrac{\sqrt{3}}{2}OD=\dfrac{3}{2}$.

∵ 直线 l 与直线 m 的斜率相同,

∴ $l\parallel m$.

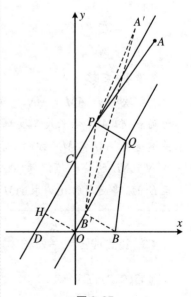

图 2.97

∵ 点 P 在直线 l 上，且 $PQ \perp m$，

∴ $PQ = OH = \dfrac{3}{2}$.

作平行四边形 $PQBB'$，则 $BQ = B'P$，$B'\left(\dfrac{\sqrt{3}}{4}, \dfrac{3}{4}\right)$.

作点 A 关于直线 l 的对称点 A'，连接点 A' 与 B'、A' 与 P，则 $A'P = AP$，$A'\left(\dfrac{3\sqrt{3}}{2}, \dfrac{17}{2}\right)$.

∴ $AP + PQ + QB = A'P + PB' + PQ \geqslant A'B' + PQ$，当且仅当 A'、P、B' 三点共线时，$AP + PQ + QB$ 取得最小值 $A'B' + PQ$.

∵ $A'B' = \sqrt{\left(\dfrac{3\sqrt{3}}{2} - \dfrac{\sqrt{3}}{4}\right)^2 + \left(\dfrac{17}{2} - \dfrac{3}{4}\right)^2} = \dfrac{\sqrt{259}}{2}$，

∴ $A'B' + PQ = \dfrac{\sqrt{259}}{2} + \dfrac{3}{2}$，即 $AP + PQ + QB$ 的最小值为 $\dfrac{\sqrt{259}}{2} + \dfrac{3}{2}$.

此时，P 为 $A'B'$ 与直线 l 的交点.

由 $A'\left(\dfrac{3\sqrt{3}}{2}, \dfrac{17}{2}\right)$、$B'\left(\dfrac{\sqrt{3}}{4}, \dfrac{3}{4}\right)$ 可求得直线 $A'B'$ 的解析式为 $y = \dfrac{31\sqrt{3}}{15}x - \dfrac{4}{5}$.

由 $\begin{cases} y = \dfrac{31\sqrt{3}}{15}x - \dfrac{4}{5} \\ y = \sqrt{3}x + 3 \end{cases}$ 解得 $\begin{cases} x = \dfrac{19\sqrt{3}}{16} \\ y = \dfrac{105}{16} \end{cases}$，即 $\left(\dfrac{19\sqrt{3}}{16}, \dfrac{105}{16}\right)$.

思路点拨

解决形如 $AM + MN + NB$（A、B 为两定点，M、N 为动点，但 MN 的长度不变）的三线段之和最小值问题，关键是将 AM 沿 MN 方向平移至 $A'N$，将问题转化为求 $A'N + NB$ 的最小值问题（或者将 BN 沿 NM 方向平移至 $B'M$，将问题转化为求 $AM + MB'$ 的最小值问题）.

63. 设直线 $y = \dfrac{\sqrt{3}}{3}x + 3$ 与 y 轴、x 轴分别交于 C、D 两点，则 $C(0, 3)$、$D(-3\sqrt{3}, 0)$.

∵ $OC = 3$，$OD = 3\sqrt{3}$，$\dfrac{OC}{OD} = \dfrac{\sqrt{3}}{3}$，

∴ ∠CDO = 60°, ∠DCO = 30°.

如图 2.98 所示,作 OE⊥CD 于点 E.

∴ $OE = \frac{1}{2}OD = \frac{3\sqrt{3}}{2}$.

∵ 直线 l 与直线 n 的斜率相同,

∴ l∥n.

∵ 点 P 在直线 l 上,且 PM⊥n,

∴ $PM = OE = \frac{3\sqrt{3}}{2}$.

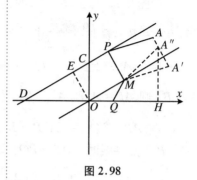

图 2.98

作平行四边形 APMA′,则 A′M = AP, $A'\left(\frac{15\sqrt{3}}{4}, \frac{11}{4}\right)$.

作点 A′ 关于直线 n 的对称点 A″,连接点 A″ 与 M,则 $A'M = A''M, A''\left(\frac{13\sqrt{3}}{4}, \frac{17}{4}\right)$.

作 A″H⊥x 轴于点 H.

∴ AP + PM + MQ = A″M + MQ + PM ≥ A″H + PM,当且仅当 A″、M、Q、H 四点共线时,AP + PM + MQ 取得最小值 $A''H + PM = \frac{3\sqrt{3}}{2} + \frac{17}{4}$.

此时,M 为 A″H 与直线 n 的交点.

∴ $M\left(\frac{13\sqrt{3}}{4}, \frac{13}{4}\right)$,

∴ $P\left(\frac{5\sqrt{3}}{2}, \frac{11}{2}\right)$.

思路点拨

由于 PM 的长是两条平行线间的距离,是定值,因此只需要求 AP + MQ 的最小值即可.通过平移将 AP 平移至 A′M,问题转化为求 A′M + MQ 的最小值.再作点 A′ 关于直线 l 的对称点 A″,问题进一步转化为求 A″M + MQ 的最小值,而 Q 为定直线 x 轴上的动点,故根据"垂线段最短"原理即可解决问题.

64. 设直线 $y = \frac{\sqrt{3}}{3}x + 1$ 与 y 轴、x 轴分别交于 C、D 两点,则 $C(0,1)$、$D(-\sqrt{3}, 0)$.

∵ $OC = 1, OD = \sqrt{3}, \frac{OC}{OD} = \frac{\sqrt{3}}{3}$,

∴ ∠CDO = 30°, ∠DCO = 60°.

如图 2.99 所示,作平行四边形 $PQBB'$,则 $BB' = PQ = 1$, $B'P = BQ$, $B'\left(\dfrac{9\sqrt{3}}{2}, \dfrac{1}{2}\right)$.

作点 A 关于直线 CD 的对称点 A',连接点 A' 与 P、A' 与 B',则 $AP = A'P$, $A'\left(\dfrac{5\sqrt{3}}{2}, \dfrac{5}{2}\right)$.

∴ $|AP - BQ| = |A'P - B'P| \leq A'B'$,当且仅当 B'、A'、P 三点共线时,$|AP - BQ|$ 取得最大值

$$A'B' = \sqrt{\left(\dfrac{9\sqrt{3}}{2} - \dfrac{5\sqrt{3}}{2}\right)^2 + \left(\dfrac{1}{2} - \dfrac{5}{2}\right)^2} = 4.$$

此时,P 为直线 $A'B'$ 与直线 CD 的交点.

由 $A'\left(\dfrac{5\sqrt{3}}{2}, \dfrac{5}{2}\right)$、$B'\left(\dfrac{9\sqrt{3}}{2}, \dfrac{1}{2}\right)$ 可求得直线 $A'B'$ 的解析式为 $y = -\dfrac{\sqrt{3}}{3}x + 5$.

由 $\begin{cases} y = \dfrac{\sqrt{3}}{3}x + 1 \\ y = -\dfrac{\sqrt{3}}{3}x + 5 \end{cases}$ 解得 $\begin{cases} x = 2\sqrt{3} \\ y = 3 \end{cases}$,即 $P(2\sqrt{3}, 3)$.

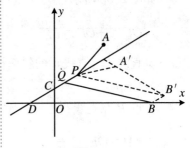

图 2.99

思路点拨

解决形如 $|AX - XB|$ (A、B 为两定点,X 为定直线上的动点)的两线段差最大值问题,首先确定 A、B 两点在直线的同侧还是异侧,如果是同侧,则直接利用三角形的三边关系(两边之差小于等于第三边,取等号时三角形三个顶点共线)确定最值;如果是异侧,则先求出其中一个定点关于直线的对称点,然后再利用三角形的三边关系确定最值.

65. 设直线 $y = \sqrt{3}x + 3$ 与 y 轴、x 轴分别交于 C、D 两点,则 $C(0, 3)$,$D(-\sqrt{3}, 0)$.

∵ $OC = 3$,$OD = \sqrt{3}$,$\dfrac{OC}{OD} = \sqrt{3}$,

∴ ∠CDO = 60°, ∠DCO = 30°.

如图 2.100 所示,作点 A 关于直线 CD 的对称点 A',连接点 A'、P,则 $A'P = AP$, $A'\left(\dfrac{\sqrt{3}}{2}, \dfrac{11}{2}\right)$.

作点 B 关于直线 $y = \dfrac{\sqrt{3}}{3}x$ 的对称点 B',连接点 B' 与

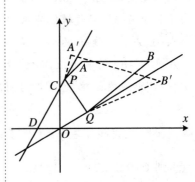

图 2.100

Q、A' 与 B'，则 $B'Q = BQ$，$B'\left(\dfrac{9\sqrt{3}}{2}, \dfrac{17}{2}\right)$.

∴ $AP + PQ + QB + BA = A'P + PQ + QB' + BA \geqslant A'B' + AB$，当且仅当 A'、P、Q、B' 四点共线时，四边形 $ABQP$ 的周长取得最小值 $A'B' + AB$.

∵ $A'B' = \sqrt{\left(\dfrac{9\sqrt{3}}{2} - \dfrac{\sqrt{3}}{2}\right)^2 + \left(\dfrac{7}{2} - \dfrac{11}{2}\right)^2} = 2\sqrt{13}$，$AB = 4\sqrt{3} - \sqrt{3} = 3\sqrt{3}$.

∴ $A'B' + AB = 3\sqrt{3} + 2\sqrt{13}$，即四边形 $ABQP$ 周长的最小值为 $3\sqrt{3} + 2\sqrt{13}$.

此时，P 为直线 $A'B'$ 与直线 CD 的交点.

由 $A'\left(\dfrac{\sqrt{3}}{2}, \dfrac{11}{2}\right)$、$B'\left(\dfrac{9\sqrt{3}}{2}, \dfrac{7}{2}\right)$ 可求得直线 $A'B'$ 的解析式为 $y = -\dfrac{\sqrt{3}}{6}x + \dfrac{23}{4}$.

由 $\begin{cases} y = \sqrt{3}x + 3 \\ y = -\dfrac{\sqrt{3}}{6}x + \dfrac{23}{4} \end{cases}$ 解得 $\begin{cases} x = \dfrac{11\sqrt{3}}{14} \\ y = \dfrac{75}{14} \end{cases}$，即 $\left(\dfrac{11\sqrt{3}}{14}, \dfrac{75}{14}\right)$.

思路点拨

由于 AB 为定长，因此问题的本质为求 $AP + PQ + QB$ 的最小值，只需求出点 A 关于直线 $y = \sqrt{3}x + 3$ 的对称点 A' 以及点 B 关于直线 $y = \dfrac{\sqrt{3}}{3}x$ 的对称点 B'，根据"两点之间线段最短"原理即可求出最值.

66. 将 $C(0,4)$ 代入 $y = -\dfrac{4}{3}x + n$，得 $n = 4$.

∴ 直线 AC 解析式为 $y = -\dfrac{4}{3}x + 4$.

令 $y = 0$，则 $-\dfrac{4}{3}x + 4 = 0$，解得 $x = 3$，即 $A(3, 0)$.

∵ M 是线段 AC 上一点且 $CM = 2AM$，

∴ $x_M = \dfrac{2}{3}x_A = 2$，$y_M = \dfrac{1}{3}y_C = \dfrac{4}{3}$，即 $M\left(2, \dfrac{4}{3}\right)$.

如图 2.101 所示，连接点 B、M，则 $BC' \leqslant BM + MC'$，当且仅当 B、M、C' 三点共线时 BC' 取得最大值 $BM + MC'$.

∵ $MC' = MC = \sqrt{2^2 + \left(4 - \dfrac{4}{3}\right)^2} = \dfrac{10}{3}$，$BM = $

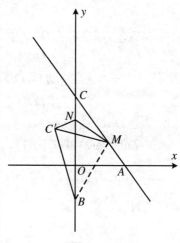

图 2.101

$\sqrt{2^2+\left(\frac{4}{3}+2\right)^2}=\frac{2\sqrt{34}}{3}$,

∴ $BM+MC'=\frac{10+2\sqrt{34}}{3}$，即 BC' 的最大值为 $\frac{10+2\sqrt{34}}{3}$.

思路点拨

由于 B、M 为定点，MC' 为定长，于是连接 B、M，根据三角形的三边关系，$BC' \leqslant BM+MC'$，当点 C' 刚好在 BM 的延长线上时，BC' 取得最大值 $BM+MC'$.

67. 对于直线 $y=\sqrt{3}x-\sqrt{3}$，令 $x=0$，则 $y=-\sqrt{3}$，即 $OB=\sqrt{3}$；令 $y=0$，则 $x=1$，即 $OA=1$.

∵ $OC=3=\sqrt{3}OB$,

∴ $\angle OBC=60°$，$\angle OCB=30°$.

设 l_3 的解析式为 $y=kx+b$，将 $B(0,-\sqrt{3})$、$C(3,0)$ 代入，得 $k=\frac{\sqrt{3}}{3}$，$b=-\sqrt{3}$.

∴ l_3 的解析式为 $y=\frac{\sqrt{3}}{3}x-\sqrt{3}$.

作 l_1 关于 l_2 的对称直线 l_4，与 y 轴、x 轴分别交于 E、F 两点，在 DE 上取一点 N'，使得 $DN=DN'$，连接点 P、N'，则 $PN=PN'$，如图 2.102 所示.

由 $\begin{cases} y=x \\ y=\sqrt{3}x-\sqrt{3} \end{cases}$ 解得 $\begin{cases} x=\frac{3+\sqrt{3}}{2} \\ y=\frac{3+\sqrt{3}}{2} \end{cases}$，即 $D\left(\frac{3+\sqrt{3}}{2},\frac{3+\sqrt{3}}{2}\right)$.

∵ 在△DAO 和△DEO 中，有

$\begin{cases} \angle ODA=\angle ODE \\ OD=OD \\ \angle EOD=\angle AOD \end{cases}$,

∴ △$DAO \cong$ △DEO,

∴ $EO=AO=1$，$E(0,1)$.

设 l_4 的解析式为 $y=mx+n$，将 $D\left(\frac{3+\sqrt{3}}{2},\frac{3+\sqrt{3}}{2}\right)$、$E(0,1)$ 代入，得

$\begin{cases} n=1 \\ \frac{3+\sqrt{3}}{2}=\frac{3+\sqrt{3}}{2}m+n \end{cases}$，解得 $\begin{cases} m=\frac{\sqrt{3}}{3} \\ n=1 \end{cases}$.

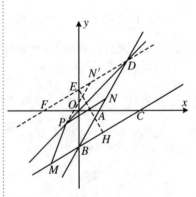

图 2.102

∴ l_4 的解析式为 $y = \frac{\sqrt{3}}{3}x + 1$,

∴ $F(-\sqrt{3}, 0)$, $OF = \sqrt{3} = \sqrt{3}OE$,

∴ $\angle EFO = 30° = \angle OCB$,

∴ $l_4 \parallel l_3$.

作 $EH \perp BC$ 于点 H, 则 $PM + PN = PM + PN' \geq EH$.

∵ $E(0, 1)$, $B(0, -\sqrt{3})$,

∴ $EB = 1 + \sqrt{3}$,

∴ $EH = \frac{\sqrt{3}}{2}EB = \frac{3 + \sqrt{3}}{2}$, 即 $PM + PN$ 的最小值为 $\frac{3 + \sqrt{3}}{2}$.

思路点拨

作 l_1 关于 l_2 的对称直线 l_4, 则点 N 关于 l_2 的对称点 N' 也在 l_4 上, 问题转化成为求 $PM + PN'$ 的最小值. 通过计算可知 l_4 与 l_3 平行, 显然平行线间的距离最短, 作 $EH \perp BC$ 于点 H, 则 EH 就是所求最小值.

68. ∵ 直线 $y = -\frac{3}{4}x + 3$ 与 x 轴、y 轴分别交于 A、B 两点,

∴ $A(4, 0)$, $B(0, 3)$, $OA = 4$, $OB = 3$.

在 OB 上取一点 M, 使 $OM = \frac{2}{3}OE'$, 连接点 M 与 E'、A 与 M, 如图 2.103 所示.

∵ E 为 OA 的中点,

∴ $OE = OE' = \frac{1}{2}OA = 2$,

∴ $OM = \frac{2}{3}OE' = \frac{4}{3}$, 即 $M\left(0, \frac{4}{3}\right)$.

∴ $\frac{OE'}{OB} = \frac{2}{3} = \frac{OM}{OE'}$, $\angle BOE' = \angle E'OM$,

∴ $\triangle BOE' \sim \triangle E'OM$,

∴ $\frac{ME'}{E'B} = \frac{OM}{OE'} = \frac{2}{3}$,

∴ $ME' = \frac{2}{3}E'B$,

∴ $E'A + \frac{2}{3}E'B = AE' + E'M \geq AM$, 当且仅当 A、E'、

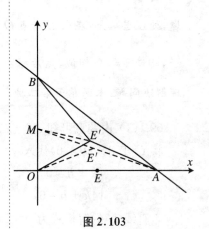

图 2.103

M 三点共线时 $E'A + \dfrac{2}{3}E'B$ 取得最小值 $AM =$

$\sqrt{\left(\dfrac{4}{3}\right)^2 + 4^2} = \dfrac{4\sqrt{10}}{3}$.

此时,点 E' 在直线 AM 上,$OE' = 2$.

设直线 AM 的解析式为 $y = kx + b$.

由 $\begin{cases} 4k + b = 0 \\ b = \dfrac{4}{3} \end{cases}$ 解得 $\begin{cases} k = -\dfrac{1}{3} \\ b = \dfrac{4}{3} \end{cases}$.

∴ 直线 AM 的解析式为 $y = -\dfrac{1}{3}x + \dfrac{4}{3}$.

设 $E'\left(m, -\dfrac{1}{3}m + \dfrac{4}{3}\right)$.

由 $m^2 + \left(-\dfrac{1}{3}m + \dfrac{4}{3}\right)^2 = 2^2$ 解得 $m = \dfrac{2 + 3\sqrt{6}}{5}$.

∴ $E'\left(\dfrac{2 + 3\sqrt{6}}{5}, \dfrac{6 - \sqrt{6}}{5}\right)$.

思路点拨

形如 $AP + \dfrac{m}{n}PB$(A、B 是定点,P 是动点)的线段和最值问题一般有两类:① 胡不归问题;② 阿氏圆问题. 点 P 在定直线上运动,就属于胡不归问题,处理思路是: 寻找或者构造一个以 B 为顶点的角 θ,使 $\sin\theta = \dfrac{m}{n}$,然后根据"垂线段最短"原理解决问题. 点 P 在某一个圆周 (旋转中心或圆心不妨设为 O)上运动,就属于阿氏圆问题,处理思路是: 在点 B 与点 O 连线上取一点,使 $\dfrac{OM}{OP} = \dfrac{m}{n}$,构造子母型相似,然后根据"两点之间线段最短"原理解决问题. 本题属于第二种.

69. (1) 由题意可知 $A(-2, 0)$、$B(0, 2)$、$D(4, 6)$.

将 $C(1, 0)$、$D(4, 6)$ 代入 $y = kx + b$,有

$\begin{cases} k + b = 0 \\ 4k + b = 6 \end{cases}$,解得 $\begin{cases} k = 2 \\ b = -2 \end{cases}$.

∴ 直线 l_2 的解析式为 $y = 2x - 2$.

(2) 作 $BH \perp CD$ 于点 H,作 $DE \perp x$ 轴于点 E,连接点 B、C,如图 2.104 所示.

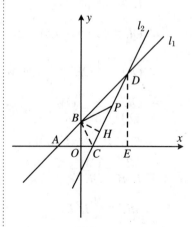

图 2.104

∵ $D(4,6)$,
∴ $DE=6, OE=4$.
∵ $C(1,0)$,
∴ $OC=1, CE=3$,
∴ $CD=\sqrt{CE^2+DE^2}=3\sqrt{5}$.
∵ $A(-2,0), B(0,2), C(1,0)$,
∴ $AC=3, OB=2$,
∴ $S_{\triangle ACB}=\frac{1}{2}AC\times OB=3, S_{\triangle ACD}=\frac{1}{2}AC\times DE=9$,
∴ $S_{\triangle BCD}=S_{\triangle ACD}-S_{\triangle ABC}=9-3=6$.
∵ $S_{\triangle BCD}=\frac{1}{2}CD\times BH$,
∴ $BH=\frac{4\sqrt{5}}{5}$,

∴ 动点 M 的运动时间 $t=\frac{BP}{\sqrt{5}}\geqslant\frac{BH}{\sqrt{5}}=\frac{4}{5}$, 当且仅当点 H、P 重合时, t 取得最小值 $\frac{4}{5}$.

∴ 点 M 在运动过程中所用的最短时间为 $\frac{4}{5}$ 秒.

(3) 过点 D 作 $l\parallel x$ 轴, 作 $AH\perp l$ 于点 H, 作 $PF\perp l$ 于点 F, 作 $CE\perp l$ 于点 E, 如图 2.105 所示.

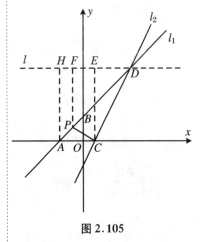

图 2.105

∵ $A(-2,0), D(4,6)$,
∴ $AH=CE=6, DH=4+2=6$,
∴ $\angle HAD=\angle HDA=45°$,
∴ $PF=\frac{PD}{\sqrt{2}}$,

∴ 动点 M 的运动时间 $t=\frac{CP}{2}+\frac{PD}{2\sqrt{2}}=\frac{1}{2}(CP+PF)\geqslant\frac{1}{2}CE$, 当且仅当点 E、F 重合(C、P、F 三点共线)时, t 取得最小值 $\frac{1}{2}CE=3$.

∴ 点 M 在整个运动过程中所用的最短时间为 3 秒.

思路点拨

(1) 先求出点 D 坐标, 再由 C、D 两点坐标确定 l_2 的解析式.

(2) 动点的速度不变, 问题的本质就是求 BP 的最小值. 作 $BH\perp CD$ 于点 H, 则 BH 就是 BP 的最小值. 接下来利用面积法求出 BH 即可.

> **思路点拨**
>
> (3) 过点 D 作 $l \parallel x$ 轴, 作 $AH \perp l$, 作 $PF \perp l$, 作 $CE \perp l$, 由 A、D 两点的坐标易知 $\triangle AHD$ 是等腰直角三角形, 从而有 $PF = \dfrac{PD}{\sqrt{2}}$, 则动点的运动总时间为 $\dfrac{CP}{2} + \dfrac{PD}{2\sqrt{2}} = \dfrac{1}{2}(CP + PF)$, 问题本质就转化为求 $CP + PF$ 最小值, 显然垂线段 CE 最小.

70. ∵直线 $l_1: y = \dfrac{4}{3}x + 12$ 与 x 轴、y 轴分别交于 A、B 两点,

∴$A(-9, 0)$, $B(0, 12)$, $OA = 9$, $OB = 12$,

∴$AB = \sqrt{OA^2 + OB^2} = 15$.

∵$\dfrac{AB}{BC} = \dfrac{3}{4}$, 得 $BC = 20$,

∴$OC = \sqrt{BC^2 - OB^2} = 16$, 即 $C(16, 0)$,

∴$AC = OA + OC = 25$,

∴$AC^2 = AB^2 + BC^2$,

∴$\angle ABC = 90°$.

设直线 l_2 的解析式为 $y = kx + b$.

由 $\begin{cases} 16k + b = 0 \\ b = 12 \end{cases}$ 解得 $\begin{cases} k = -\dfrac{3}{4} \\ b = 12 \end{cases}$.

∴直线 l_2 的解析式为 $y = -\dfrac{3}{4}x + 12$.

∵点 P 在直线 l_1 上, 且 $x_P = 12$,

∴$y_P = \dfrac{4}{3} \times 12 + 12 = 28$, 即 $P(12, 28)$.

作 $QH \perp x$ 轴于点 H, 作 $PM \perp x$ 轴于点 M, 如图 2.106 所示.

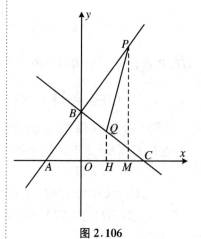

图 2.106

∵$\triangle QHC \sim \triangle BOC$,

∴$\dfrac{QH}{QC} = \dfrac{OB}{BC} = \dfrac{3}{5}$, 得 $QH = \dfrac{3}{5}QC$,

∴$PQ + \dfrac{3}{5}CQ = PQ + QH \geq PM$, 当且仅当 P、Q、H 三点共线时, $PQ + \dfrac{3}{5}CQ$ 取得最小值 PM. 此时, 点 M、H 重合, Q 为 PM 与 BC 交点, 即 $Q(12, 3)$.

PQ 在平移的过程中, 点 Q' 在平行于 AB 的直线 l_3 上

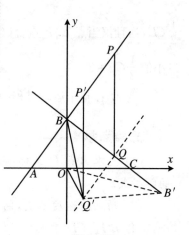

图 2.107

移动,如图 2.107 所示.

∴ l_3 的解析式为 $y=\dfrac{4}{3}x-13$.

作点 $B(0,12)$ 关于 l_3 的对称点 B',则 $B'(24,-6)$.

连接点 Q' 与 B'、O 与 B',则 $OQ'+BQ'=OQ'+B'Q' \geqslant OB'$,当且仅当 O、Q'、B' 三点共线时,$OQ'+BQ'$ 取得最小值 OB'.此时,Q' 为 OB' 与直线 l_3 的交点.

∵ $B'(24,-6)$,

∴ 直线 OB' 的解析式为 $y=-\dfrac{1}{4}x$.

由 $\begin{cases} y=\dfrac{4}{3}x-13 \\ y=-\dfrac{1}{4}x \end{cases}$ 解得 $\begin{cases} x=\dfrac{156}{19} \\ y=-\dfrac{39}{19} \end{cases}$,即 $Q'\left(\dfrac{156}{19},-\dfrac{39}{19}\right)$.

思路点拨

> 本题是典型的连环最值问题,即通过求第一个最值将某个点固定,然后再求第二个最值.第一个最值问题是"胡不归问题",解决的要点是将 $\dfrac{3}{5}QC$ 转化为垂直于 AC 的线段 QH.点 Q 通过求第一个最值得以固定,第二个最值问题就是"将军饮马"问题了,明确点 Q' 在平行于 AB 的定直线上且求出该定直线的解析式是解答的关键.

71. ∵ 直线 $y=-x+\sqrt{3}+1$ 与 x 轴、y 轴分别交于 A、B 两点,

∴ $A(\sqrt{3}+1,0)$,$B(0,\sqrt{3}+1)$,$OA=OB=\sqrt{3}+1$.

如图 2.108 所示,作 $EH \perp y$ 轴于点 H,则 $\angle QHE = \angle AOQ = 90°$.

∵ 四边形 $AQEF$ 是正方形,

∴ $AQ=EQ$,$\angle AQE=90°$,

∴ $\angle HQE + \angle AQO = 90°$.

∵ $\angle AQO + \angle OAQ = 90°$,

∴ $\angle OAQ = \angle HQE$,

∴ 在 △HQE 和 △OAQ 中,有

$\begin{cases} \angle HQE = \angle OAQ \\ \angle QHE = \angle AOQ \\ QE = AQ \end{cases}$

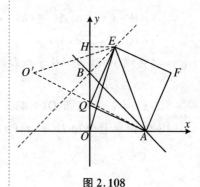

图 2.108

∴△HQE≌△OAQ(AAS),

∴$HQ = OA = \sqrt{3}+1, HE = OQ$.

设$Q(0,m)$,则$OH = m + \sqrt{3} + 1$.

∴$E(m, m+\sqrt{3}+1)$,

∴点E在直线$y = x + \sqrt{3} + 1$上.

作点O关于直线$y = x + \sqrt{3} + 1$的对称点O',则$O'(-\sqrt{3}-1, \sqrt{3}+1)$.

连接点O'与E、A与O',则$OE = O'E$.

∴$OE + EA = O'E + EA \geq AO'$,当且仅当$O'$、$E$、$A$三点共线时,$OE + EA$取得最小值

$AO' = \sqrt{(\sqrt{3}+1+\sqrt{3}+1)^2 + (\sqrt{3}+1)^2} = \sqrt{15}+5$,

即$OE + EA$的最小值为$\sqrt{15}+\sqrt{5}$.

思路点拨

O、A为定点,E为动点,$OE + EA$结构上像"将军饮马"问题,但是点E所在的定直线并不知道,因此本题是隐线"将军饮马"问题,找出点E所在直线就是解答本题的关键。作$EH \perp y$轴于点H,易证△HQE≌△OAQ。设$Q(0,m)$,可得出$E(m, m+\sqrt{3}+1)$,显然点E是直线$y = x + \sqrt{3} + 1$上的点(如果一个点的横坐标与纵坐标都是关于某个字母的一次代数式,那么这个点就一定在某条定直线上)。

72. (1) ∵$AB \perp y$轴于点B,$AC \perp x$轴于点C,

∴∠ABO = ∠ACO = ∠COB = 90°,

∴四边形$ABOC$是矩形.

∵$A(8,4)$,

∴$AB = OC = 8, AC = OB = 4$,

∴$B(0,4), C(8,0)$.

∵直线$y = x$交AB于点D,

∴$y_D = OB = 4$,

∴$x_D = y_D = 4$,即$D(4,4)$.

(2) 由题意可知$E(a,a)(a>4)$.

∴$S = S_{\triangle OBE} + S_{\triangle OEC} - S_{\triangle OBC} = \frac{1}{2} \times 4 \times a + \frac{1}{2} \times 8 \times a - \frac{1}{2} \times 4 \times 8 = 6a - 16$.

(3) ∵ $S = 20$,

∴ $20 = 6a - 16$,解得 $a = 6$,即 $E(6,6)$.

∵ $EF \perp AB$,

∴ $F(6,4)$.

如图2.109所示,作点 F 关于直线 AC 的对称点 F',则 $F'(10,4)$.

连接点 G 与 F'、F' 与 C,则 $FG = F'G$,$F'A = FA = 2$,$BF' = 10$.

在 Rt△ACF' 中,$F'C = \sqrt{AC^2 + F'A^2} = \sqrt{16 + 4} = 2\sqrt{5}$.

在 Rt△ABC 中,$BC = \sqrt{AB^2 + AC^2} = \sqrt{64 + 16} = 4\sqrt{5}$.

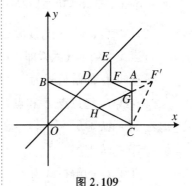

图 2.109

∴ $BF'^2 = BC^2 + F'C^2$,即 $F'C \perp BC$,

∴ $FG + GH = F'G + GH \geqslant F'C$,

∴ $FG + GH$ 的最小值为 $F'C = 2\sqrt{5}$.

思路点拨

(1) 点 A 的坐标已知,由四边形 $ABOC$ 是矩形直接得出点 B、C 的坐标,由直线 $y = x$ 与 AB 相交直接得出交点 D 的坐标.

(2) 利用割补法进行面积转化,即 $S = S_{\triangle OBE} + S_{\triangle OEC} - S_{\triangle OBC}$.

(3) 作点 F 关于直线 AC 的对称点 F',问题转化为求 $F'G + GH$ 的最小值,通过计算 BC、CF'、BF' 得知 △BCF' 是直角三角形,根据"垂线段最短"原理可知 $F'C$ 就是所求的最小值,此时点 G、H 重合于点 C 处.

73. (1) ∵ 四边形 $ABCD$ 是正方形且边长为4,

∴ $AB = BC = CD = DA = 4$,$AB \parallel CD$.

∵ $A(1,0)$,

∴ $C(5,4)$.

∵ 点 C 在直线 $y = \dfrac{4}{3}x + t$ 上,

∴ $\dfrac{20}{3} + t = 4$,

∴ $t = -\dfrac{8}{3}$.

∵ 直线 $y = \frac{4}{3}x - \frac{8}{3}$ 与 x 轴交于点 F,

∴ $F(2, 0)$.

∴ $AF = 1$.

∴ $S_{四AFCD} = \frac{1}{2}(AF + CD) \times AD = \frac{1}{2} \times (1 + 4) \times 4 = 10$.

(2) ∵ 直线 $y = x$ 与线段 CD 交于点 E,

∴ 当 $y = 4$ 时, $x = 4$, 即 $E(4, 4)$.

设直线 l_1 的解析式为 $y = kx + b$.

∵ 直线 l_1 经过点 E 和点 F,

∴ $\begin{cases} 4 = 4k + b \\ 0 = 2k + b \end{cases}$, 解得 $\begin{cases} k = 2 \\ b = -4 \end{cases}$,

∴ 直线 l_1 的解析式为 $y = 2x - 4$.

(3) ∵ 直线 l_2 经过点 $G\left(-1, \frac{3}{2}\right)$ 且与直线 $y = -3x$ 平行,

∴ 设直线 l_2 的解析式为 $y = -3x + b$,

∴ $\frac{3}{2} = -3 \times (-1) + b$, 得 $b = -\frac{3}{2}$.

∴ 直线 l_2 的解析式为 $y = -3x - \frac{3}{2}$.

令 $y = 0$, 则 $x = -\frac{1}{2}$, 即直线 l_2 与 x 轴的交点坐标为 $P\left(-\frac{1}{2}, 0\right)$.

∵ 直线 l_1 沿着 y 轴向上平移 1 个单位得到直线 l_3,

∴ 直线 l_3 的解析式为 $y = 2x - 3$.

∵ l_3 交 x 轴于 M,

∴ $M\left(\frac{3}{2}, 0\right)$.

由 $\begin{cases} y = 2x - 3 \\ y = -3x - \frac{3}{2} \end{cases}$ 解得 $\begin{cases} x = \frac{3}{10} \\ y = -\frac{12}{5} \end{cases}$, 即 $N\left(\frac{3}{10}, -\frac{12}{5}\right)$.

$S_{\triangle MNG} = S_{\triangle GPM} + S_{\triangle NPM}$

$= \frac{1}{2} \times \left(\frac{3}{2} + \frac{1}{2}\right) \times \frac{3}{2} + \frac{1}{2} \times \left(\frac{3}{2} + \frac{1}{2}\right) \times \frac{12}{5}$

$= \frac{39}{10}$.

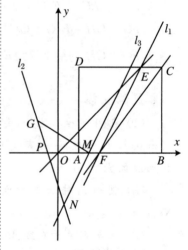

图 2.110

> **思路点拨**
>
> (1) 先求出点 F 的坐标,再按梯形面积公式计算即可.
>
> (2) 先求出点 E 的坐标,再用待定系数法确定解析式.
>
> (3) 先确定 l_2 与 l_3 的解析式,然后求出 l_2 与 l_3 的交点坐标以及 l_2 与 x 轴的交点坐标. $\triangle MNG$ 的面积被 x 轴分割成两块,分别算出这两个三角形的面积再求和即可.

74. (1) ∵直线 $y = \dfrac{\sqrt{3}}{3}x + \sqrt{3}$ 与 x 轴、y 轴分别交于点 A、B,

∴ $A(-3,0)$,$B(0,\sqrt{3})$.

∵直线 l_2 经过点 $B(0,\sqrt{3})$,

∴ $b = \sqrt{3}$,

∴直线 l_2 的解析式为 $y = -\sqrt{3}x + \sqrt{3}$,

∴ $C(1,0)$,

∴ $AC = 1-(-3) = 4$,

∴ $S_{\triangle ABC} = \dfrac{1}{2}AC \times OB = \dfrac{1}{2} \times 4 \times \sqrt{3} = 2\sqrt{3}$.

(2) ∵ $A(-3,0)$,$B(0,\sqrt{3})$,$C(1,0)$,

∴ $OA = 3$,$OB = \sqrt{3}$,$OC = 1$,$AB = 2\sqrt{3}$,$BC = 2$,

∴ $OB = \dfrac{1}{2}AB$,$OC = \dfrac{1}{2}BC$,

∴ $\angle BAO = 30°$,$\angle ABO = 60°$,$\angle CBO = 30°$,$\angle BCO = 60°$,

∴ $\angle ABC = 90°$,即 $AB \perp BC$.

如图 2.111 所示,作点 C 关于直线 AB 的对称点 $C'(-1, 2\sqrt{3})$,连接点 C' 与 F、C' 与 E,则 $CF = C'F$.

∴ $CF + FE = C'F + FE \geqslant C'E$,当且仅当 C'、F、E 三点共线时,$CF + FE$ 取得最小值 $C'E$,此时 F 为直线 $C'E$ 与直线 AB 的交点.

由 $C'(-1, 2\sqrt{3})$、$E(5,0)$ 得直线 $C'E$ 的解析式为 $y = -\dfrac{\sqrt{3}}{3}x + \dfrac{5\sqrt{3}}{3}$.

由 $\begin{cases} y = -\dfrac{\sqrt{3}}{3}x + \dfrac{5}{3}\sqrt{3} \\ y = \dfrac{\sqrt{3}}{3}x + \sqrt{3} \end{cases}$ 解得 $\begin{cases} x = 1 \\ y = \dfrac{4\sqrt{3}}{3} \end{cases}$,即 $F\left(1, \dfrac{4\sqrt{3}}{3}\right)$.

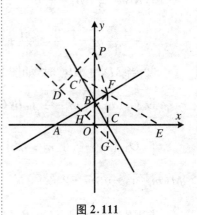

图 2.111

作第二、四象限的角平分线 l_3，过点 P 作 $PD \perp l_3$ 于点 D.

∴ △PDO 为等腰直角三角形，

∴ $PD = \dfrac{\sqrt{2}}{2} OP$.

作 $FH \perp l_3$ 于点 H.

∴ $PF + \dfrac{\sqrt{2}}{2} OP = FP + PD \geqslant FH$，当且仅当 F、P、D 三点共线时，$PF + \dfrac{\sqrt{2}}{2} OP$ 取得最小值 FH.

作 $FG // y$ 轴交直线 l_3 于点 G，则 △FHG 为等腰直角三角形，$G(1, -1)$.

∴ $FH = \dfrac{\sqrt{2}}{2} FG = \dfrac{\sqrt{2}}{2} \left(\dfrac{4\sqrt{3}}{3} + 1 \right) = \dfrac{2\sqrt{6}}{3} + \dfrac{\sqrt{2}}{2}$，

∴ $PF + \dfrac{\sqrt{2}}{2} OP$ 的最小值为 $\dfrac{2\sqrt{6}}{3} + \dfrac{\sqrt{2}}{2}$.

(3) 由题意知点 C_1 在直线 $y = \dfrac{\sqrt{3}}{3} x - \dfrac{\sqrt{3}}{3}$ 上移动.

① 当 $B_1 M = B_1 N$ 时，如图 2.112 所示.

设 $C_1 \left(m, \dfrac{\sqrt{3}}{3} m - \dfrac{\sqrt{3}}{3} \right)$，$B_1 O_1$ 交 x 轴于点 R.

∴ $O_1 \left(m-1, \dfrac{\sqrt{3}}{3} m - \dfrac{\sqrt{3}}{3} \right)$，$B_1 \left(m-1, \dfrac{\sqrt{3}}{3} m + \dfrac{2\sqrt{3}}{3} \right)$，$M(m-1, -\sqrt{3} m + 2\sqrt{3})$，

∴ $RB_1 = \dfrac{\sqrt{3}}{3} m + \dfrac{2\sqrt{3}}{3}$，$B_1 M = -\dfrac{4\sqrt{3}}{3} m + \dfrac{4\sqrt{3}}{3}$，

∴ $RN = \dfrac{\sqrt{3}}{3} RB_1 = \dfrac{1}{3} m + \dfrac{2}{3}$，$B_1 N = 2 RN = \dfrac{2m}{3} + \dfrac{4}{3}$，

∴ $-\dfrac{4\sqrt{3}}{3} m + \dfrac{4\sqrt{3}}{3} = \dfrac{2m}{3} + \dfrac{4}{3}$，解得 $m = \dfrac{14 - 6\sqrt{3}}{11}$.

② 当 $MN = MB_1$ 时，如图 2.113 所示.

设 $C_1 \left(m, \dfrac{\sqrt{3}}{3} m - \dfrac{\sqrt{3}}{3} \right)$，$B_1 O_1$ 交 x 轴于点 R.

∴ $O_1 \left(m-1, \dfrac{\sqrt{3}}{3} m - \dfrac{\sqrt{3}}{3} \right)$，$B_1 \left(m-1, \dfrac{\sqrt{3}}{3} m + \dfrac{2\sqrt{3}}{3} \right)$，$M(m-1, -\sqrt{3} m + 2\sqrt{3})$

∴ $RB_1 = \dfrac{\sqrt{3}}{3} m + \dfrac{2\sqrt{3}}{3}$，$B_1 M = \dfrac{4\sqrt{3}}{3} m - \dfrac{4\sqrt{3}}{3}$，

∴ $RM = -\sqrt{3} m + 2\sqrt{3}$，$MN = 2RM = -2\sqrt{3} m + 4\sqrt{3}$，

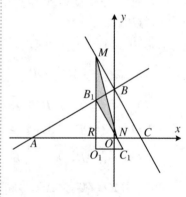

图 2.112

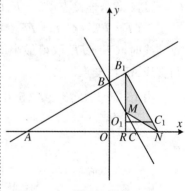

图 2.113

∴ $-2\sqrt{3}m + 4\sqrt{3} = \frac{4\sqrt{3}}{3}m - \frac{4\sqrt{3}}{3}$,解得 $m = \frac{8}{5}$.

③ 当 $B_1M = B_1M$ 时,如图 2.114 所示.

设 $C_1\left(m, \frac{\sqrt{3}}{3}m - \frac{\sqrt{3}}{3}\right)$,$B_1O_1$ 交 x 轴于点 R.

∴ $O_1\left(m-1, \frac{\sqrt{3}}{3}m - \frac{\sqrt{3}}{3}\right)$,$B_1\left(m-1, \frac{\sqrt{3}}{3}m + \frac{2\sqrt{3}}{3}\right)$,

$M(m-1, -\sqrt{3}m + 2\sqrt{3})$,

∴ $RB_1 = \frac{\sqrt{3}}{3}m + \frac{2\sqrt{3}}{3}$,$B_1M = \frac{4\sqrt{3}}{3}m - \frac{4\sqrt{3}}{3}$,

∴ $RN = \frac{\sqrt{3}}{3}RB_1 = \frac{1}{3}m + \frac{2}{3}$,$B_1N = 2RN = \frac{2m}{3} + \frac{4}{3}$,

∴ $\frac{2m}{3} + \frac{4}{3} = \frac{4\sqrt{3}}{3}m - \frac{4\sqrt{3}}{3}$,解得 $m = \frac{14 + 6\sqrt{3}}{11}$.

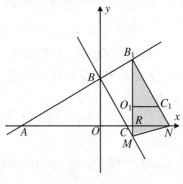

图 2.114

④ 当 $NM = NB_1$ 时,如图 2.115 所示.

设 $C_1\left(m, \frac{\sqrt{3}}{3}m - \frac{\sqrt{3}}{3}\right)$,$B_1O_1$ 交 x 轴于点 R.

∴ $O_1\left(m-1, \frac{\sqrt{3}}{3}m - \frac{\sqrt{3}}{3}\right)$,$B_1\left(m-1, \frac{\sqrt{3}}{3}m + \frac{2\sqrt{3}}{3}\right)$,

$M(m-1, -\sqrt{3}m + 2\sqrt{3})$,

∵ B_1、M 两点关于 x 轴对称,

∴ $\frac{\sqrt{3}}{3}m + \frac{2\sqrt{3}}{3} = \sqrt{3}m - 2\sqrt{3}$,解得 $m = 4$.

综上所述,点 C_1 的横坐标为 $\frac{14 - 6\sqrt{3}}{11}$、$\frac{8}{5}$、$\frac{14 + 6\sqrt{3}}{11}$ 或 4.

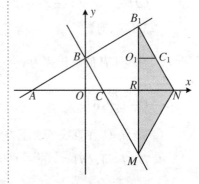

图 2.115

思路点拨

(1) 求出 A、B、C 三点的坐标,即可求得 $\triangle ABC$ 的面积.

(2) 此问为连环最值问题.第一个最值问题为"将军饮马"问题,第二个最值问题为胡不归问题.先求出第一个最值,固定点 F,再求第二个最值.对于第二个最值,由于系数是 $\frac{\sqrt{2}}{2}$,因此以 O 为顶点在 y 轴左侧构造 $45°$ 角,即可将问题转化为垂线段最短问题.

(3) 此问为平移过程中寻找等腰三角形问题,解答的关键是分类与画图,对于每一种情况,画出相对应的示意图,利用等腰三角形的性质进行计算.

75. 由 $\begin{cases} y = \dfrac{5}{8}x \\ y = -\dfrac{5}{2}x + 25 \end{cases}$ 解得 $\begin{cases} x = 8 \\ y = 5 \end{cases}$，即 $A(8,5)$．

由题意可得 $C(8,0)$，$D(0,5)$．

连接点 O、D'，过点 D' 作 $D'H \perp x$ 轴于点 H，连接点 D、D' 交 OP 于点 M，则 OP 垂直平分 DD'，即 M 为 DD' 的中点．

① 当点 D' 在直线 OA 下方、OC 上方时，如图 2.116 所示．

∵ 点 D' 到矩形 $OCAD$ 的较长两条对边的距离之比为 $1:4$，则 $D'H = 1$．

∵ $OD' = OD = 5$，

∴ $OH = \sqrt{5^2 - 1^2} = 2\sqrt{6}$，即 $D'(2\sqrt{6}, 1)$，

∴ $M(\sqrt{6}, 3)$，

∴ 直线 OP 的解析式为 $y = \dfrac{\sqrt{6}}{2}x$，

∴ $P\left(\dfrac{5\sqrt{6}}{3}, 5\right)$．

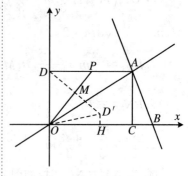

图 2.116

② 当点 D' 在直线 OA 上方时，如图 2.117 所示．

∵ $D'H = 4$，$OH = \sqrt{5^2 - 4^2} = 3$，即 $D'(3, 4)$，

∴ $M\left(\dfrac{3}{2}, \dfrac{9}{2}\right)$，

∴ 直线 OP 的解析式为 $y = 3x$．

令 $y = 5$，则 $x = \dfrac{5}{3}$，即 $P\left(\dfrac{5}{3}, 5\right)$．

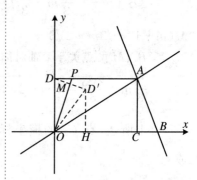

图 2.117

③ 当点 D' 在直线 OC 下方时，如图 2.118 所示．

∵ $D'H = \dfrac{5}{3}$，$OH = \sqrt{5^2 - \left(\dfrac{5}{3}\right)^2} = \dfrac{10\sqrt{2}}{3}$，

∴ $D'\left(\dfrac{10\sqrt{2}}{3}, \dfrac{5}{3}\right)$，

∴ $M\left(\dfrac{5\sqrt{2}}{3}, \dfrac{10}{3}\right)$，

∴ 直线 OP 的解析式为 $y = \sqrt{2}x$，

∴ $P(5\sqrt{2}, 5)$．

综上所述，满足要求的点 P 的坐标为 $\left(\dfrac{5\sqrt{6}}{3}, 5\right)$、$\left(\dfrac{5}{3}, 5\right)$、$(5\sqrt{2}, 5)$．

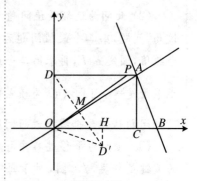

图 2.118

第二部分 一次函数100题解析

先确定点 D' 的坐标,再得出 DD' 的中点坐标,从而算出直线 OP 的解析式,点 P 的坐标也就确定了. 注意分3种情况讨论.

76. ∵直线 $y = -\dfrac{3}{4}x + \dfrac{3}{2}$ 与 x 轴、y 轴分别交于 A、B 两点,

∴ $A(2,0)$,$B\left(0,\dfrac{3}{2}\right)$.

∵ $PE \perp x$ 轴且 $P(-2,-2)$,

∴ $F(-2,0)$,$E(-2,3)$,

∴ $EP = 3-(-2) = 5$,$EA = \sqrt{(-2-2)^2 + (3-0)^2} = 5$, $EF = 3$,

∴ $EP = EA$.

设 PA 的中点为 N,则 $N(0,-1)$.

① 当 $P'P = P'A$ 时,如图2.119所示,则 EP' 垂直平分 AP,即 EP' 经过点 $N(0,-1)$.

∴直线 EP' 的解析式为 $y = -2x-1$.

设 EP' 交 x 轴于点 H,则 $H\left(-\dfrac{1}{2},0\right)$.

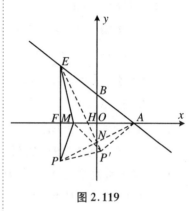

图 2.119

∴ $EH = \sqrt{\left(-2+\dfrac{1}{2}\right)^2 + (3-0)^2} = \dfrac{3\sqrt{5}}{2}$,$FH = -\dfrac{1}{2} + 2 = \dfrac{3}{2}$.

∵ △$PEM \cong$ △$P'EM$,

∴ $\angle PEM = \angle P'EM$.

在△EFH 中,由角平分线比例定理可知

$$\dfrac{FM}{MH} = \dfrac{EF}{EH} = \dfrac{2\sqrt{5}}{5}.$$

∴ $FM = \dfrac{2\sqrt{5}}{2\sqrt{5}+5}FH = 3\sqrt{5}-6$,

∴ $OM = OF - FM = 8 - 3\sqrt{5}$,即 $M(3\sqrt{5}-8, 0)$.

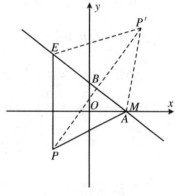

图 2.120

② 当 $AP = AP'$ 时,如图2.120所示,点 M 与 A 重合,则 $M(2,0)$.

③ 当 $P'P = P'A$ 时,如图2.121所示,则 $P'E = PE = PA = 5$,$P'E$ 垂直平分 AP,即直线 $P'E$ 经过点 $N(0,-1)$.

由 E,N 两点的坐标可求得直线 $P'E$ 的解析式为

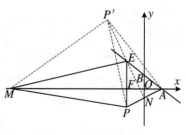

图 2.121

$y=-2x-1$.

设 $P'(t,-2t-1)$，则
$$P'E=\sqrt{(t+2)^2+(-2t-1-3)^2}=5,$$
解得 $t_1=-2-\sqrt{5},t_2=-2+\sqrt{5}$(舍).

∴ $P'(-2-\sqrt{5},3+2\sqrt{5})$.

设 $M(m,0)$，则
$$P'M^2=(-2-\sqrt{5}-m)^2+(3+2\sqrt{5})^2,$$
$$PM^2=(-2-m)^2+4=8+4m+m^2.$$

∴ $(-2-\sqrt{5}-m)^2+(3+2\sqrt{5})^2=8+4m+m^2$，解得 $m=-3\sqrt{5}-8$，

∴ $M(-3\sqrt{5}-8,0)$.

④ 当 $P'P=PA$ 时，如图 2.122 所示，则 $EP'=EP=EA=5$，EP 垂直平分 AP'，点 P' 在 x 轴上.

∴ $P'(-6,0),P'F=4$.

∵ △$P'EM$≌△PEM，

∴ EM 平分 $\angle P'EF$，

∴ 由角平分线比例定理可知 $\dfrac{FM}{MP'}=\dfrac{EF}{EP'}=\dfrac{3}{5}$，

∴ $FM=\dfrac{3}{8}P'F=\dfrac{3}{2}$，

∴ $OM=OF+FM=\dfrac{7}{2}$，即 $M\left(-\dfrac{7}{2},0\right)$.

综上所述，满足要求的点 M 的坐标为 $(3\sqrt{5}-8,0)$、$(2,0)$、$(-3\sqrt{5}-8,0)$、$\left(-\dfrac{7}{2},0\right)$.

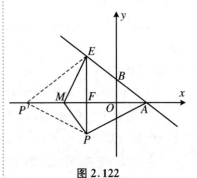

图 2.122

思路点拨

本题是在翻折变换的过程中寻找等腰三角形，共有 4 种情况，依次作图并计算. 由于对称轴本身具有角平分线的功能，因此在计算时借助角平分线比例定理可使解答过程简化.

77. 引理 如果 $\tan\alpha=\dfrac{3}{4}$，则 $\tan\dfrac{\alpha}{2}=\dfrac{1}{3}$.

引理的证明 如图 2.123 所示，在 Rt△ACB 中，$AC=4,BC=3,AB=5,AD$ 平分 $\angle BAC$ 交 BC 于点 D.

设 $\angle BAC=\alpha$，则 $\tan\alpha=\dfrac{3}{4}$.

作 $CE\parallel AB$ 交 AD 的延长线于点 E.

$\therefore \angle E = \angle CAE = \angle BAD = \dfrac{\alpha}{2}, \dfrac{CD}{BD} = \dfrac{CE}{AB}$,

$\therefore CE = CA = 4, CD = \dfrac{4}{5}BD$,

$\therefore CD = \dfrac{4}{9}BC = \dfrac{4}{3}$,

$\therefore \tan \angle DAC = \tan \dfrac{\alpha}{2} = \dfrac{1}{3}$.

引理得证.

如图 2.124 所示,作 $AE \perp BC$ 于点 E.

$\because \angle AEC = \angle BOC = 90°, \angle BCO = \angle ACE$,

$\therefore \triangle BCO \backsim \triangle ACE$,

$\therefore \dfrac{AE}{AC} = \dfrac{BO}{BC}$.

$\because$ 直线 $y = -\dfrac{3}{4}x + 12$,

$\therefore A(16,0), B(0,12)$,

$\therefore OA = 16, OB = 12, AB = 20$,

$\therefore \tan \angle BAO = \dfrac{BO}{AO} = \dfrac{3}{4}$.

$\because OC = 9$,

$\therefore BC = 15, AC = OA - OC = 7$,

$\therefore AE = \dfrac{BO}{BC} \times AC = \dfrac{12}{15} \times 7 = \dfrac{28}{5}$.

① 如图 2.125 所示,当 $NA = NM$ 时,则 $\angle NMA = \angle NAM$.

作 $AE \perp B'C'$ 于点 E,则 $AE = \dfrac{28}{5}$.

$\because \sin \angle AME = \dfrac{AE}{AM} = \sin \angle MAN = \dfrac{OB}{AB} = \dfrac{3}{5}$,

$\therefore AM = \dfrac{5}{3}AE = \dfrac{28}{3}$,

$\therefore BM = BA - AM = \dfrac{32}{3}$.

② 如图 2.126 所示,当 $AN = AM$ 时,作 $AE \perp B'C'$ 于点 E,则 $AE = \dfrac{28}{5}, \angle NAE = \angle MAE = \dfrac{1}{2}\angle BAO$.

$\because \tan \angle BAO = \dfrac{OB}{OA} = \dfrac{3}{4}$,

$\therefore$ 由引理可知 $\tan \angle MAE = \tan \dfrac{\angle BAO}{2} = \dfrac{EM}{AE} = \dfrac{1}{3}$,

$\therefore AM = \dfrac{\sqrt{10}}{3}AE = \dfrac{\sqrt{10}}{3} \times \dfrac{28}{5} = \dfrac{28\sqrt{10}}{15}$

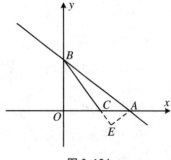

图 2.124

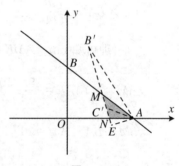

图 2.125

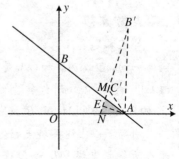

图 2.126

$\therefore BM = BA - AM = 20 - \dfrac{28\sqrt{10}}{15}$.

③ 如图 2.127 所示,当 $AM = MN$ 时,则 $\angle MNA = \angle MAN$,作 $AE \perp B'C'$ 于点 E,则 $AE = \dfrac{28}{5}$.

$\therefore \tan\angle ANM = \dfrac{AE}{NE} = \tan\angle MAN = \dfrac{OB}{OA} = \dfrac{3}{4}$,

$\therefore EN = \dfrac{4}{3} AE = \dfrac{4}{3} \times \dfrac{28}{5} = \dfrac{112}{15}$.

设 $AM = MN = n$.

在 Rt$\triangle AEM$ 中,$n^2 = \left(\dfrac{112}{15} - n\right)^2 + \left(\dfrac{28}{5}\right)^2$,解得 $n = \dfrac{35}{6}$.

$\therefore BM = AB - AM = \dfrac{85}{6}$.

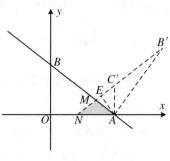

图 2.127

④ 如图 2.128 所示,当 $AM = AN$ 时,则 $\angle AMN = \angle ANM = \dfrac{1}{2} \angle BAO$.

作 $AE \perp B'C'$ 于点 E,则 $AE = \dfrac{28}{5}$.

$\because \tan\angle BAO = \dfrac{OB}{OA} = \dfrac{3}{4}$,

$\therefore$ 由引理可知 $\tan\angle AME = \tan\dfrac{\angle BAO}{2} = \dfrac{AE}{EM} = \dfrac{1}{3}$,

$\therefore AM = \sqrt{10} AE = \dfrac{28\sqrt{10}}{5}$,

$\therefore BM = BA - AM = 20 - \dfrac{28\sqrt{10}}{5}$.

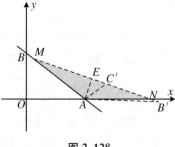

图 2.128

综上所述,BM 的长度为 $\dfrac{32}{3}$、$20 - \dfrac{28\sqrt{10}}{15}$、$\dfrac{85}{6}$、$20 - \dfrac{28\sqrt{10}}{5}$.

思路点拨

处理本题要注意以下几点:① 涉及三条关键直线:两定一动(直线 AB 和 OA 是定直线,直线 $B'C'$ 是动直线).② 旋转中心到旋转直线 $B'C'$ 的距离是不变的.③ 四点共线,即 M、N、B'、C' 四点始终在一条直线上.

明确了以上这些特点,这类问题就可以简单地等价于在两条定直线 AB 和 OA 上分别找一个点 M、N 使 $\triangle AMN$ 形成等腰三角形,从而减少由旋转带来的迷惑,构图也变得容易.

78.（1）作点 Q 关于 x 轴的对称点 Q'，作点 Q 关于直线 $y = x$ 的对称点 Q''，如图 2.129 所示，则 $Q'(10, -6)$，$Q''(6, 10)$.

∴直线 $Q'Q''$ 的解析式为 $y = -4x + 34$.

$QN + NM + MQ = Q'N + NM + MQ'' \geqslant Q'Q''$，当且仅当 Q'、N、M、Q'' 四点共线时，$\triangle QNM$ 周长取得最小值 $Q'Q''$，此时 M 为直线 $Q'Q''$ 与直线 $y = x$ 的交点.

由 $\begin{cases} y = x \\ y = -4x + 34 \end{cases}$ 解得 $\begin{cases} x = \dfrac{34}{5} \\ y = \dfrac{34}{5} \end{cases}$，即 $M\left(\dfrac{34}{5}, \dfrac{34}{5}\right)$.

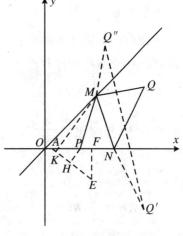

图 2.129

作 Rt$\triangle AFE$，使 $\angle AFE = 90°$，$\dfrac{EF}{AF} = \dfrac{3}{4}$，点 F 在 x 轴上且在点 A 右侧，点 E 在第四象限.

∴$\dfrac{EF}{AE} = \dfrac{3}{5}$.

作 $PH \perp AE$ 于点 H，$MK \perp AE$ 于点 K.

∵$\triangle AHP \sim \triangle AFE$，

∴$\dfrac{PH}{AP} = \dfrac{EF}{AE} = \dfrac{3}{5}$，

∴$PH = \dfrac{3}{5} AP$，

∴$QM + PM + \dfrac{3}{5} AP = MQ + PM + PH \geqslant QM + MK$，

当且仅当 M、P、H 三点共线时，$QM + MP + \dfrac{3}{5} PA$ 取得最小值 $QM + MK$，此时 P 为直线 MK 与 x 轴的交点.

取 $AF = 4$，$EF = 3$，则 $E\left(\dfrac{47}{10}, -3\right)$.

∴直线 AE 的解析式为 $y = -\dfrac{3}{4}x + \dfrac{21}{40}$.

∵$MK \perp AE$，

∴直线 MK 的解析式为 $y = \dfrac{4}{3}x - \dfrac{34}{15}$，

∴$P\left(\dfrac{17}{10}, 0\right)$.

由 $\begin{cases} y = -\dfrac{3}{4}x + \dfrac{21}{40} \\ y = \dfrac{4}{3}x - \dfrac{34}{15} \end{cases}$ 解得 $\begin{cases} x = \dfrac{67}{50} \\ y = -\dfrac{12}{25} \end{cases}$，即 $K\left(\dfrac{67}{50}, -\dfrac{12}{25}\right)$.

∴ $MK + MQ = \sqrt{\left(\dfrac{34}{5} - \dfrac{67}{50}\right)^2 + \left(\dfrac{34}{5} + \dfrac{12}{25}\right)^2} +$

$\sqrt{\left(\frac{34}{5}-10\right)^2+\left(\frac{34}{5}-6\right)^2}=\frac{91}{10}+\frac{4\sqrt{17}}{5},$

$\therefore \frac{3}{5}AP+PM+MQ$ 的最小值为 $\frac{91}{10}+\frac{4\sqrt{17}}{5}$,此时点 P 的坐标为 $\left(\frac{17}{10},0\right).$

(2) ① 如图 2.130 所示,当 △OKR 是等腰直角三角形时,作 $AH \perp KR$ 于点 H.

由(1)可知 $AH=\frac{4}{5}.$

$\therefore AR=\sqrt{2}AH=\frac{4}{5}\sqrt{2},$

$\therefore OR=\frac{7}{10}+\frac{4}{5}\sqrt{2},$

$\therefore KR=\frac{\sqrt{2}}{2}OR=\frac{7\sqrt{2}}{20}+\frac{4}{5}.$

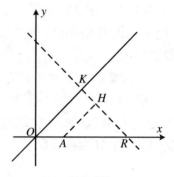

图 2.130

② 如图 2.131 所示,当 △OKR 是等腰直角三角形时, $AR=\frac{4}{5}.$

$\therefore KR=OR=AR-OA=\frac{4}{5}-\frac{7}{10}=\frac{1}{10}.$

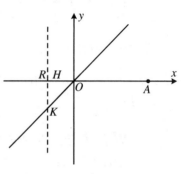

图 2.131

③ 如图 2.132 所示,当 △OKR 是等腰直角三角形时,作 $AH \perp KR$ 于点 H.

$\because AR=\sqrt{2}AH=\frac{4}{5}\sqrt{2},$

$\therefore OR=AR-OA=\frac{4\sqrt{2}}{5}-\frac{7}{10},$

$\therefore KR=\frac{\sqrt{2}}{2}AR=\frac{4}{5}-\frac{7\sqrt{2}}{20}.$

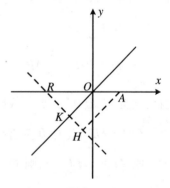

图 2.132

④ 如图 2.133 所示,当 △OKR 是等腰直角三角形时, $KR=OR=OA+AR=\frac{7}{10}+\frac{4}{5}=\frac{3}{2}.$

综上所述,满足条件的 KR 值为 $\frac{7\sqrt{2}}{20}+\frac{4}{5}$、$\frac{1}{10}$、$\frac{4}{5}-\frac{7\sqrt{2}}{20}$、$\frac{3}{2}.$

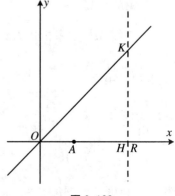

图 2.133

思路点拨

(1) 分别作点 Q 关于 x 轴、直线 $y=x$ 的对称点 Q'、Q'',根据"两点之间,线段最短"公理可知 $Q'Q''$ 即为 △QMN 的周长最小值,此时 M 为 $Q'Q''$ 与直线 $y=x$ 的交点,从而确定点 M 的坐标和 QM 的长度,因此只需要求 $MP+\dfrac{3}{5}AP$ 的最小值即可. 以 A 为顶点在 x 轴下方构造一个角,使角的正弦值为 $\dfrac{3}{5}$,将问题转化为垂线段最短问题.

(2) 此问是在旋转变换的过程中寻找等腰直角三角形. 其本质就是直线 $M'P'$ 绕点 A 旋转,旋转过程中点 A 到直线 $M'P'$ 的距离始终不变. 明白这一点之后,问题就可以简化为在两条定直线 $y=x$ 和 x 轴上分别找动点 K、R 使 $\triangle OKR$ 为等腰直角三角形. 共有 4 种情况,作出相应的示意图,分别算出 KR 的长度.

79. ∵直线 $y=\sqrt{3}x+6$ 交 x 轴、y 轴于 A、C 两点,

∴$C(0,6)$,$A(-2\sqrt{3},0)$,

∴$OC=\sqrt{3}OA$,

∴$\angle OAC=60°$,$\angle OCA=30°$.

∵直线 $y=-x+6$ 交 x 轴于点 B,

∴$B(6,0)$,

∴$OB=OC=6$,

∴$\angle OBC=\angle OCB=45°$.

① 如图 2.134 所示,当 $NM=NB$ 时,设直线 MN 与 AC 交于点 P.

∵$\angle NMB=\angle NBM=45°$,

∴$\alpha=\angle MPA=\angle OAC-\angle NMB=60°-45°=15°$.

② 如图 2.135 所示,当 $BM=BN$ 时,设直线 MN 与 AC 交于点 P.

∵$\angle NMB=\dfrac{1}{2}\angle CBO=22.5°$,

∴$\alpha=\angle PAM+\angle PMA=60°+22.5°=82.5°$.

③ 如图 2.136 所示,当 $MB=MN$ 时,设直线 MN 与 AC 交于点 P.

∵$\angle MNB=\angle MBN=45°$,

∴$\angle BMN=\angle AMP=90°$,

∴$\angle APM=90°-\angle PAM=30°$,

∴$\alpha=180°-\angle APM=150°$.

④ 当 $BM=BN$ 时,如图 2.137 所示.

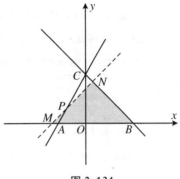

图 2.134

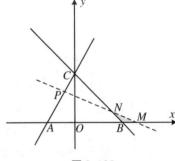

图 2.135

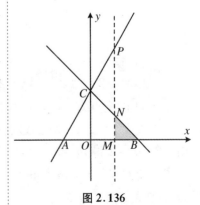

图 2.136

∵ $\angle NMB = \frac{1}{2}(180° - \angle NMB) = 67.5°$,

∴ $\angle AMN = 180° - \angle NMB = 112.5°$,

∴ $\alpha = \angle CAM + \angle AMN = 60° + 112.5° = 172.5°$.

综上所述,满足条件的 α 的值为 $15°$、$82.5°$、$150°$ 或 $172.5°$.

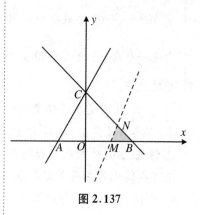

图 2.137

思路点拨

本题是一次函数与几何的综合问题,主要是寻找直线绕点旋转的过程中形成等腰三角形的时刻,并确定相应的旋转角度.分类讨论,正确作图是关键.

80. (1) ∵ $\sqrt{9} = 3$,

∴ $\sqrt{9} < 3.14 < \pi$,

∴ $\min\{\sqrt{9}, 3.14, \pi\} = 3$.

(2) ① 若 $\begin{cases} x+1 < 2 \\ x+1 < -3x+11 \end{cases}$,即 $x < 1$,则 $y = x+1$.

② 若 $\begin{cases} 2 \leq x+1 \\ 2 \leq -3x+11 \end{cases}$,即 $1 \leq x \leq 3$,则 $y = 2$.

③ 若 $\begin{cases} -3x+11 < x+1 \\ -3x+11 < 2 \end{cases}$,即 $x > 3$,则 $y = -3x+11$.

综上所述,$y = \begin{cases} x+1 & (x<1) \\ 2 & (1 \leq x \leq 3) \\ -3x+11 & (x>3) \end{cases}$.

(3) 方程 $-x+m = \min\{2, x+1, -3x+11\}$ 有解等价于函数 $y = -x+m$ 与 $y = \begin{cases} x+1 & (x<1) \\ 2 & (1 \leq x \leq 3) \\ -3x+11 & (x>3) \end{cases}$ 的图像有交点.

由 $\begin{cases} y=2 \\ y=-3x+11 \end{cases}$ 解得 $\begin{cases} x=3 \\ y=2 \end{cases}$,即直线 $y=2$ 与直线 $y=-3x+11$ 的交点为 $P(3,2)$,如图 2.138 所示.

当直线 $y = -x+m$ 经过点 P 时,截距 m 取得最大值,由 $-3+m=2$ 得 $m=5$.

∴ 使方程 $-x+m = \min\{2, x+1, -3x+11\}$ 有解的 m 的取值范围是 $m \leq 5$.

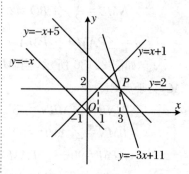

图 2.138

思路点拨

本题考查一次函数与一次方程、不等式（组）的综合应用.

（1）由定义直接作答.

（2）分 3 种情况进行讨论，得出 y 的分段函数表达式.

（3）利用数形结合的思想是解答此问的关键. 方程 $-x+m = \min\{2, x+1, -3x+11\}$ 的左右两边可分别看作是两个函数，方程有解就等价于函数图像有交点. 方程右侧的函数就是（2）中所求的分段函数 $y = \begin{cases} x+1 \ (x<1) \\ 2 \ (1 \leqslant x \leqslant 3) \\ -3x+11 \ (x>3) \end{cases}$，于是作出函数图像，算出直线 $y = 2$ 与直线 $y = -3x+11$ 的交点坐标 $P(3, 2)$，观察图像可知，当直线 $y = -x+m$ 经过点 P 时，m 取得最大值.

81.（1）$M\{-2, -5, -3\} = \dfrac{-2-5-3}{3} = -\dfrac{10}{3}$，$\max\{-2, -5, -3\} = -2$.

（2）$\because M\{-2, x-1, 2x\} = \dfrac{-2+x-1+2x}{3} = x-1$，

又 $M\{-2, x-1, 2x\} = \max\{-2, x-1, 2x\}$，

$\therefore \begin{cases} x-1 \geqslant -2 \\ x-1 \geqslant 2x \end{cases}$，解得 $-1 \leqslant x \leqslant -1$，

$\therefore x = -1$.

（3）在同一平面直角坐标系中分别作出函数 $y = x-1$，$y = -|x+1|$，$y = -2-x$ 的图像，如图 2.139 所示.

观察图像可知 $\max\{x-1, -|x+1|, -2-x\}$ 的最小值为 -1.

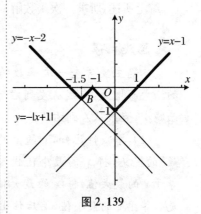

图 2.139

思路点拨

（1）由定义直接作答.

（2）先根据定义计算 $M\{-2, x-1, 2x\} = x-1$，而 $M\{-2, x-1, 2x\} = \max\{-2, x-1, 2x\}$，说明 $x-1$ 最大，据此列出不等式组. 巧合的是，不等式组的解集为 $-1 \leqslant x \leqslant -1$，因此 x 只能为 -1.

（3）此问是一个"求最大值的最小值"的有趣问题. 通过作图可以发现 $\max\{x-1, -|x+1|, -2-x\}$ 实际

上是一个分段函数(4段,见图中粗线所示部分). $\max\{x-1,-|x+1|,-2-x\}$ 可理解成取3个函数图像中"最上面一段",即 $\max\{x-1,-|x+1|,-2-x\}$ 的图像就是"从上往下所看到的图像",而该图像的"最低处"就对应 $\max\{x-1,-|x+1|,-2-x\}$ 的最小值.

82.(1)由解析式 $y=-x+5$ 知 y 随 x 的增大而减小.

∴当 $x=2$ 时,$y_{\max}=-x+5=3$;当 $x=3$ 时,$y_{\min}=-x+5=2$.

∴当 $2\leqslant x\leqslant 3$ 时,有 $2\leqslant y\leqslant 3$.

∴$y=-x+5$ 为 $[2,3]$ 上的闭函数.

(2)① $k>0$,y 随 x 的增大而增大.

∴当 $x=-3$ 时,$y=-3$;当 $x=4$ 时,$y=4$.

∴$\begin{cases}-3k+b=-3\\4k+b=4\end{cases}$,解得 $\begin{cases}k=1\\b=1\end{cases}$.

∴一次函数解析式为 $y=x$.

② $k<0$,y 随 x 的增大而减小.

∴当 $x=-3$ 时,$y=4$;当 $x=4$ 时,$y=-3$.

∴$\begin{cases}-3k+b=4\\4k+b=-3\end{cases}$,解得 $\begin{cases}k=-1\\b=0\end{cases}$.

∴一次函数解析式为 $y=-x+1$.

综上所述,所求一次函数解析式为 $y=x$ 或 $y=-x+1$.

思路点拨

本题主要考查一次函数的增减性质:$k>0$,y 随 x 的增大而增大,直线从左到右上升;$k<0$,y 随 x 的增大而减小,直线从左到右下降.

(1)增减性已知,y 随 x 的增大而减小,根据"闭函数"的定义,将 x 的最小值代入解析式验证函数值是否等于 y 的最大值,将 x 的最大值代入解析式验证函数值是否等于 y 的最小值,然后作出判断.

(2)增减性未知,因此分两种情况讨论.① $k>0$,x 最小时,y 取最小值;x 最大时,y 取最大值.得到 k、b 的方程并求解,即可得一次函数解析式.② $k<0$,"交叉"对应,即 x 最小时,y 取最大值;x 最大时,y 取最小

值.同样得到两个 k、b 的方程,算出 k、b 即可得一次函数解析式.

83.(1) ∵ $-4 \leqslant x \leqslant 2$,

∴ $-3 \leqslant x+1 \leqslant 3$,即 $-3 \leqslant y \leqslant 3$,

∴ 函数 $y = x+1(-4 \leqslant x \leqslant 2)$ 是有界函数,边界值为 3.

(2) 由一次函数解析式 $y = -x+1$ 可知斜率 $k = -1 < 0$.

∵ y 随 x 的增大而减小,

∴ 当 $x = a$ 时,$y_{max} = -a+1$;当 $x = b$ 时,$y_{min} = -b+1$.

∵ $y = -x+1$ 的最大值为 2,

∴ $-a+1 = 2$,得 $a = -1$.

∵ $y = -x+1$ 的边界值是 2,

∴ $-2 \leqslant -b+1 \leqslant 2$,得 $-1 \leqslant b \leqslant 3$.

∵ $b > a$,

∴ $-1 < b \leqslant 3$.

思路点拨

本题以新定义的形式考查一次函数的增减性及一次函数在特定范围内的最值问题.

(1) 求出函数 $y = x+1$ 在 $-4 \leqslant x \leqslant 2$ 内的取值范围,结合有界函数定义作出解答.

(2) 由一次函数解析式可知函数为减函数(y 随 x 的增大而减小),故当 $x = a$ 时 y 取得最大值,而题中又给出函数的最大值为 2,由此即可求出 a 的值.根据边界值为 2,可知当 $x = b$ 时 $-2 \leqslant -b+1 \leqslant 2$,注意到 $b > a$,解不等式组即可得出 b 的取值范围.

84.(1) 一次函数 $y = -x+1$ 的"2变函数"为

$$y = \begin{cases} -x+1 & (x \leqslant 2) \\ x-1 & (x > 2) \end{cases}.$$

将 $(4, t)$ 代入 $y = x-1$,得 $t = 4-1 = 3$.

(2) 由题意知

$$y_1 = \begin{cases} x+2 & (x \leqslant 1) \\ -x-2 & (x > 1) \end{cases}, \quad y_2 = \begin{cases} -\frac{1}{2}x-2 & (x \leqslant -1) \\ \frac{1}{2}x+2 & (x > -1) \end{cases}.$$

① $\begin{cases} y = x+2 \ (x \leqslant 1) \\ y = -\dfrac{1}{2}x - 2 \ (x \leqslant -1) \end{cases}$，解得 $\begin{cases} x = -\dfrac{8}{3} \\ y = -\dfrac{2}{3} \end{cases}$，即交点坐标为 $\left(-\dfrac{8}{3}, -\dfrac{2}{3}\right)$.

② $\begin{cases} y = x+2 \ (x \leqslant 1) \\ y = \dfrac{1}{2}x + 2 \ (x > -1) \end{cases}$，解得 $\begin{cases} x = 0 \\ y = 2 \end{cases}$，即交点坐标为 $(0, 2)$.

③ $\begin{cases} y = -x - 2 \ (x > 1) \\ y = -\dfrac{1}{2}x - 2 \ (x \leqslant -1) \end{cases}$，无解.

④ $\begin{cases} y = -x - 2 \ (x > 1) \\ y = \dfrac{1}{2}x + 2 \ (x > -1) \end{cases}$，无解.

综上所述，函数 y_1 和函数 y_2 的图像交点坐标为 $\left(-\dfrac{8}{3}, -\dfrac{2}{3}\right)$、$(0, 2)$.

(3) 由题意知

$$y_1 = \begin{cases} 2x + 2 \ (x \leqslant 1) \\ -2x - 2 \ (x > 1) \end{cases}, \quad y_2 = \begin{cases} \dfrac{1}{2}x - 1 \ (x \leqslant m) \\ -\dfrac{1}{2}x + 1 \ (x > m) \end{cases}.$$

① 当 $-3 \leqslant x \leqslant 1$ 时，$y_1 = 2x + 2$，y_1 随 x 的增大而增大，$-4 \leqslant y_1 \leqslant 4$；

当 $1 < x \leqslant 3$ 时，$y_1 = -2x - 2$，y_1 随 x 的增大而减小，$-8 \leqslant y_1 < -4$.

$\therefore$ 当 $-3 \leqslant x \leqslant 3$ 时，$-8 \leqslant y_1 \leqslant 4$.

② 由 $\begin{cases} y = 2x + 2 \ (x \leqslant 1) \\ y = \dfrac{1}{2}x - 1 \ (x \leqslant m) \end{cases}$ 解得 $\begin{cases} x = -2 \\ y = -2 \end{cases}$；

由 $\begin{cases} y = 2x + 2 \ (x \leqslant 1) \\ y = -\dfrac{1}{2}x + 1 \ (x > m) \end{cases}$ 解得 $\begin{cases} x = -\dfrac{2}{5} \\ y = \dfrac{6}{5} \end{cases}$；

$\begin{cases} y = -2x - 2 \ (x > 1) \\ y = \dfrac{1}{2}x - 1 \ (x \leqslant m) \end{cases}$ 无解；

$\begin{cases} y = -2x - 2 \ (x > 1) \\ y = -\dfrac{1}{2}x + 1 \ (x > m) \end{cases}$ 无解.

∵函数 y_1 和 y_2 有且仅有两个交点,即$(-2,-2)$、$\left(-\dfrac{2}{5},\dfrac{6}{5}\right)$,

∴$-2\leqslant m<-\dfrac{2}{5}$.

思路点拨

(1) 根据定义可直接写出"2 变函数"解析式,将 $(4,t)$ 代入对应的解析式中即可求出 t.

(2) 根据定义写出 y_1、y_2 的解析式,然后将 y_1 的两段解析式分别与 y_2 的两段解析式联立成方程组进行求解即可得交点坐标.

(3) 首先根据定义写出 y_1、y_2 的解析式.① 当 $-3\leqslant x\leqslant 1$ 时,根据 $y_1=2x+2$ 得到 $-4\leqslant y_1\leqslant 4$;当 $1<x\leqslant 3$ 时,根据 $y_1=-2x-2$ 可得 $-8\leqslant y_1\leqslant -4$.两个取值范围合并即可得到 $-3\leqslant x\leqslant 3$ 时 y_1 的取值范围.

② 将 y_1 的两段解析式分别与 y_2 的两段解析式联立成方程组进行求解,恰好可得两组"可能解",而由题意知函数 y_1 和 y_2 的图像有且仅有两个交点,则 m 的取值必须确保所得的两组"可能解"为有效解,由此即可确定 m 的取值范围.

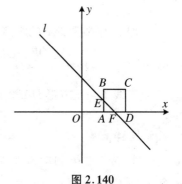

图 2.140

85. (1) ∵$A(2,0)$,$D(4,0)$,

∴$AD=2$.

∵四边形 $ABCD$ 是正方形,

∴$AD=CD=BC=AB=2$,

∴$B(2,2)$,$C(4,2)$.

当 $x=2$ 时,$y=1$;当 $y=0$ 时,$x=3$.

∴直线 l 与 AD 交于 $F(3,0)$,与 AB 交于 $E(2,1)$,如图 2.140 所示,

∴直线 $y=-x+3$ 与正方形 $ABCD$ 相交.

(2) ∵直线 $y=2x+a$ 与正方形 $ABCD$ 相切,

∴直线 $y=2x+a$ 经过点 B 或 D.

当直线经过点 B 时,有 $0=4\times 2+a$,解得 $a=-8$;

当直线经过点 D 时,有 $2=2\times 2+a$,解得 $a=-2$.

∴a 的值为 -8 或 -2.

(3) 如图 2.141 所示,当直线经过点 A 时,有 $0=-2\sqrt{3}+b$,解得 $b=2\sqrt{3}$.

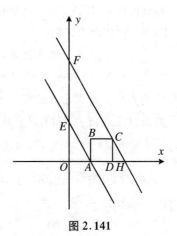

图 2.141

∴ 此时直线 l 的解析式为 $y = -\sqrt{3}x + 2\sqrt{3}$,且与 y 轴交于点 E,

∴ $OE = 2\sqrt{3}$,

∴ $AE = \sqrt{OE^2 + OA^2} = \sqrt{12+4} = 4$,

∴ 原点 O 到直线 l 的距离为

$$d_{\min} = \frac{OA \times OE}{AE} = \sqrt{3}.$$

当直线经过点 C 时,有 $2 = -4\sqrt{3} + b$,解得 $b = 2 + 4\sqrt{3}$.

∴ 此时直线 l 的解析式为 $y = -\sqrt{3}x + 2 + 4\sqrt{3}$,且与 y 轴、x 轴分别交于点 F、H,

∴ $OF = 2 + 4\sqrt{3}$,$OH = \dfrac{2\sqrt{3} + 12}{3}$,

∴ $FH = \sqrt{OF^2 + OH^2} = \sqrt{(2+4\sqrt{3})^2 + \left(\dfrac{2\sqrt{3}+12}{3}\right)^2} = \dfrac{4\sqrt{3}+24}{3}$.

∴ 原点 O 到直线 l 的距离为

$$d_{\max} = \frac{OF \times OH}{FH} = 1 + 2\sqrt{3}.$$

∴ 直线 l 与正方形 $DABC$ 相交时 $\sqrt{3} < d < 1 + 2\sqrt{3}$.

思路点拨

(1) 令 $y = 0$,判断出直线 $y = -x + 3$ 与 AD 相交;令 $x = 2$,判断出直线 $y = -x + 3$ 与 AB 相交.

(2) 直线 $y = 2x + a$ 与正方形 $ABCD$ 相切,只能是刚好经过点 B 或 D,分别将 B、D 两点的坐标代入 $y = 2x + a$ 即可求出 a 的值.

(3) 考虑两个极端位置,即直线 l 刚好过点 A 时为 "最近"位置,刚好过点 C 时为 "最远" 位置.分别代入 A、C 两点的坐标求出 l 的解析式以及与坐标轴的交点,利用面积法求出原点 O 到直线 l 的距离 $d_{\min}$ 和 $d_{\max}$,要使直线 l 与正方形相交,则 $d_{\min} < d < d_{\max}$.

86. (1) 当 $a = 2$,$b = 1$ 时,$x' = 2 \times 1 + 1 \times 2 = 4$,$y' = 2 \times 1 - 1 \times 2 = 0$.

∴ $\varphi(1, 2) = (4, 0)$.

(2) ∵ $\varphi(-3, -1) = (3, 1)$,

∴ $\begin{cases} -3a-b=3 \\ -3a+b=1 \end{cases}$,解得 $\begin{cases} a=-\dfrac{2}{3} \\ b=-1 \end{cases}$.

(3) ∵点 $P(x,y)$ 在直线 $y=2x$ 上,

∴ $P(x,2x)$.

∵点 $P(x,y)$ 经过变换 φ 得到的对应点 $P'(x',y')$ 与点 P 重合,

∴ $\varphi(x,2x)=(x,2x)$.

∴ $\begin{cases} x=ax+2bx \\ 2x=ax-2bx \end{cases}$,整理得 $\begin{cases} (1-a-2b)x=0 \\ (2-a+2b)x=0 \end{cases}$.

∵ x 为任意的实数,

∴ $\begin{cases} 1-a-2b=0 \\ 2-a+2b=0 \end{cases}$,解得 $\begin{cases} a=\dfrac{3}{2} \\ b=-\dfrac{1}{4} \end{cases}$.

> **思路点拨**
>
> (1) 根据定义直接计算.
> (2) 将两点的坐标代入所给的变换式中,解方程组.
> (3) 由于点 P 在直线 $y=2x$ 上,因此点 P 的坐标表示为 $(x,2x)$.若点 P 与点 P' 重合,则它们的坐标完全一样.将两点的坐标代入变换式,再将所有含 x 的项移到等式一边并按 x 合并同类项.由于 x 为任意值,因此等式要恒成立就必然与 x 无关,换言之,就是 x 的系数(合并之后)必须为 0,得到关于 a、b 的方程组,解之即得答案.

87.(1) 如图 2.142 所示,连接点 C、Q,过点 Q 作 $QD \perp PC$ 于点 D.

由题意知 $PC=PQ$ 且 $\angle CPQ=60°$,则 $\triangle PCQ$ 为等边三角形.

∵ $P(a,b)$,

∴ $OC=|a|$,$PC=|b|$,

∴ $CD=\dfrac{1}{2}PC=\dfrac{1}{2}|b|$,$DQ=\dfrac{\sqrt{3}}{2}PC=\dfrac{\sqrt{3}}{2}|b|$,

∴ $Q\left(a+\dfrac{\sqrt{3}}{2}b,\dfrac{1}{2}b\right)$.

设 $M(x,y)$,则点 N 的坐标为 $\left(x+\dfrac{\sqrt{3}}{2}y,\dfrac{1}{2}y\right)$.

∵ $N(6,-\sqrt{3})$,

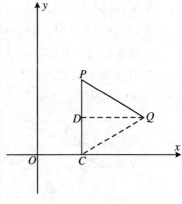

图 2.142

∴ $\begin{cases} x + \frac{\sqrt{3}}{2}y = 6 \\ \frac{1}{2}y = -\sqrt{3} \end{cases}$,解得 $\begin{cases} x = 9 \\ y = -2\sqrt{3} \end{cases}$,即 $M(9, -2\sqrt{3})$.

(2)∵点 $A(2, m)$ 是函数 $y = \frac{\sqrt{3}}{2}x$ 图像上的一点,

∴$m = \sqrt{3}$,即 $A(2, \sqrt{3})$,

∴$2 + \frac{\sqrt{3}}{2} \times \sqrt{3} = \frac{7}{2}$, $\frac{1}{2} \times \sqrt{3} = \frac{\sqrt{3}}{2}$,即 $B\left(\frac{7}{2}, \frac{\sqrt{3}}{2}\right)$.

设直线 OB 的解析式为 $y = kx$,将 $B\left(\frac{7}{2}, \frac{\sqrt{3}}{2}\right)$ 代入,解得 $k = \frac{\sqrt{3}}{7}$.

∴直线 OB 的解析式为 $y = \frac{\sqrt{3}}{7}x$.

思路点拨

本题考查一次函数与几何的综合.读懂题目中"T 变换"的定义是解答本题的关键.

(1)连接点 C、Q,过点 Q 作 $QD \perp PC$ 于点 D,易知 △PCQ 是等边三角形.根据等边三角形的性质算出 DQ、CD 的长度,然后可得点 Q 的坐标.注意,这里得出的坐标具有一般性,即任意点(不在 x 轴上)经过 T 变换之后对应的点的坐标.

(2)先求出点 A 的坐标,再根据(1)中的结论算出点 B 的坐标,然后求出直线 OB 的解析式.

88.(1) M 不是和谐点,N 是和谐点.

∵$M(1, 2)$,

∴$1 \times 2 = 2, 2 \times (1 + 2) = 6$,

∴周长与面积不相等,

∴M 不是和谐点.

∵$N(4, 4)$,

∴$4 \times 4 = 16, 2 \times (4 + 4) = 16$,

∴周长与面积相等,

∴N 是和谐点.

(2)∵$P(a, 3)$ 在直线 $y = -x + b$ 上,

∴$b = a + 3$.

∵$P(a, 3)$ 是和谐点,

$\therefore 3\times|a|=2\times(|a|+3)$.

① 当 $a>0$ 时，$3a=2(a+3)$，解得 $a=6$.

$\therefore P(6,3)$.

将 $P(6,3)$ 代入 $y=-x+b$，得 $b=9$.

② 当 $a<0$ 时，$-3a=2(-a+3)$，解得 $a=-6$.

$\therefore P(-6,3)$.

将 $P(-6,3)$ 代入 $y=-x+b$，得 $b=-3$.

$\therefore a=6,b=9$ 或 $a=-6,b=-3$.

(3) 设直线 $y=2x+12$ 上的和谐点 P 坐标为 $(a,2a+12)$.

① 当点 P 在第一象限时，$\begin{cases}a>0\\2a+12>0\end{cases}$，解得 $a>0$.

由 $a(2a+12)=2(a+2a+12)$ 解得 $a=\dfrac{-3+\sqrt{57}}{2}$ 或 $a=\dfrac{-3-\sqrt{57}}{2}$（舍）.

$\therefore P\left(\dfrac{-3+\sqrt{57}}{2},9+\sqrt{57}\right)$.

② 当点 P 在第二象限时，$\begin{cases}a<0\\2a+12>0\end{cases}$，解得 $-6<a<0$.

由 $2(2a+12-a)=-a(2a+12)$ 解得 $a=-3$ 或 -4.

$\therefore P(-3,6)$ 或 $P(-4,4)$.

③ 当点 P 在第三象限时，$\begin{cases}a<0\\2a+12<0\end{cases}$，解得 $a<-6$.

由 $a(2a+12)=-2(a+2a+12)$ 解得 $a=\dfrac{-9-\sqrt{33}}{2}$ 或 $a=\dfrac{-9+\sqrt{33}}{2}$（舍）.

$\therefore P\left(\dfrac{-9-\sqrt{33}}{2},3-\sqrt{33}\right)$.

④ 直线 $y=2x+12$ 不经过第四象限，因此不用考虑.

综上所述，满足条件的点 P 的坐标为 $\left(\dfrac{-3+\sqrt{57}}{2},9+\sqrt{57}\right)$、$(-3,6)$、$(-4,4)$ 或 $\left(\dfrac{-9-\sqrt{33}}{2},3-\sqrt{33}\right)$.

思路点拨

(1) 根据 M、N 两点的坐标计算并验证矩形的周长与面积是否相等即可判断.

(2) 将点 P 的坐标代入直线的解析式得到关于 a 与 b 的方程,再根据 P 是和谐点列出方程,消去 b 得到关于 a 的带绝对值符号的方程.根据 a 的正负进行分类讨论,解出 a 的值,也就对应地得到 b 的值.

(3) 在直线 $y = 2x + 12$ 上取一点 P,并设出其坐标,由于直线 $y = 2x + 12$ 经过第一、二、三象限,因此分 3 种情况讨论,对每一种情况根据和谐点的定义列出方程求解.

89. (1) $\because \dfrac{1}{4} + \dfrac{3}{4} = 1$,

$\therefore$ 点 D 是长方形 $ABCO$ 的长宽点.

$\because \left(4 - \dfrac{10}{3}\right) + \left(2 - \dfrac{5}{3}\right) = 1$,

$\therefore$ 点 F 是长方形 $ABCO$ 的长宽点.

点 E 为长方形 $ABCO$ 的中心,不是长宽点.

(2) $\because G\left(a, \dfrac{3}{5}\right)$ 为矩形 $ABCO$ 的长宽点,

$\therefore a + \dfrac{3}{5} = \dfrac{1}{2} OA$ 或 $(4 - a) + \dfrac{3}{5} = \dfrac{1}{2} OA$,解得 $a = \dfrac{2}{5}$ 或 $\dfrac{18}{5}$.

(3) 由题意可知,矩形 $ABCO$ 的长宽点只能在线段 RM、QE、DE、MK(不包括端点)上,如图 2.143 所示,其中 $M(0,1)$、$R(1,2)$、$Q(3,2)$、$E(4,1)$、$D(3,0)$、$K(1,0)$.

当 $x = 2$ 时,$y = k(x - 2) - 2 = -2$.

$\therefore$ 一次函数 $y = k(x - 2) - 2 (k \neq 0)$ 的图像经过定点 $F(2, -2)$.

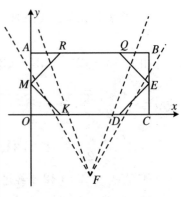

图 2.143

观察图像可知,当直线与线段 MR、EQ 有交点时,一次函数 $y = k(x - 2) - 2 (k \neq 0)$ 的图像上存在长宽点.下面考虑临界情况:

当一次函数 $y = k(x - 2) - 2 (k \neq 0)$ 的图像经过点 M 时,$k = -\dfrac{3}{2}$;

当一次函数 $y = k(x - 2) - 2 (k \neq 0)$ 的图像经过点 R 时,$k = -4$;

当一次函数 $y = k(x - 2) - 2 (k \neq 0)$ 的图像经过点 Q

时，$k=4$；

当一次函数 $y=k(x-2)-2(k\neq0)$ 的图像经过点 E 时，$k=\dfrac{3}{2}$.

综上所述，k 的取值范围为 $-4<k<-\dfrac{3}{2}$ 或 $\dfrac{3}{2}<x<4$.

思路点拨

根据"长宽点"的定义，不难推出其坐标 (x,y) 的特征：

① 若 $\begin{cases}0<x<1\\0<y<1\end{cases}$，则 $x+y=1$；

② 若 $\begin{cases}0<x<1\\1<y<2\end{cases}$，则 $x+(2-y)=1$；

③ 若 $\begin{cases}3<x<4\\0<y<1\end{cases}$，则 $(4-x)+y=1$；

④ 若 $\begin{cases}3<x<4\\1<y<2\end{cases}$，则 $(4-x)+(2-y)=1$.

当 $1\leqslant x\leqslant 3$ 或 $y=1$ 时，(x,y) 不可能是长宽点.

据此规律，(1)、(2)问迎刃而解.

对于(3)问，由以上分析可知，长度点只能在以下方程所确定的 4 条线段上(不包括端点)：$x+y=1(0<x<1)$，$x+(2-y)=1(0<x<1)$，$(4-x)+y=1(3<x<4)$，$(4-x)+(2-y)=1(3<x<4)$. 同时，直线 $y=k(x-2)-2(k\neq0)$ 经过定点 $(2,-2)$，因此，只要保证直线 $y=k(x-2)-2(k\neq0)$ 绕定点 $(2,-2)$ 转动的过程中与 4 条线段有交点即可，利用数形结合的思想不难得出答案.

90. (1) 设 $E(2,n)$，则 $2+\dfrac{2}{n}=\dfrac{4}{n}$，得 $n=1$.

设 $F(m,3)$，则 $m+\dfrac{m}{3}=\dfrac{m^2}{3}$，得 $m=4$.

(2) 设 $P(x,y)$ 是完美点，且 x、y 均为正实数，则 $x+\dfrac{x}{y}=\dfrac{x^2}{y}$，整理得 $y=x-1$.

∴ 完美点 P 在定直线 $y=x-1$ 上.

(3) 由(2)可知点 B、C 均在直线 $y=x-1$ 上，即直线 BC 的解析式为 $y=x-1$.

∵ 点 B 在直线 AM 上,

∴ B 为直线 $y = x - 1$ 与 $y = -x + 5$ 的交点.

由 $\begin{cases} y = -x + 5 \\ y = x - 1 \end{cases}$ 解得 $\begin{cases} x = 3 \\ y = 2 \end{cases}$,即 $B(3, 2)$.

∵ $A(0, 5)$,

∴ $AB = 3\sqrt{2}$.

∵ 直线 $y = x - 1$ 与 $y = -x + 5$ 的斜率之积为 -1,

∴ $\angle MBC = 90°$.

∵ $AM = 4\sqrt{2}$,

∴ $BM = AM - AB = \sqrt{2}$.

又 $CM = \sqrt{3}$,

∴ $BC = \sqrt{CM^2 - BM^2} = 1$,

∴ $S_{\triangle MBC} = \dfrac{1}{2} BC \times BM = \dfrac{1}{2} \times 1 \times \sqrt{2} = \dfrac{\sqrt{2}}{2}$.

思路点拨

(1) 直接设 $E(2, n)$、$F(m, 3)$,根据"完美点"的定义列出方程求解即可.

(2) 设 $P(x, y)$,根据"完美点"的定义列出 x 与 y 的等式,化简整理即可得到定直线的解析式.

(3) 根据(2)中的结论可知直线 BC 的解析式为 $y = x - 1$,而点 B 又在直线 AM 上,于是联立方程组解出点 B 的坐标,利用两点间的距离公式可求出 AB 的长度,而 AM 的长度已知,从而 BM 的长度可以顺势算出,注意到直线 AM 与 BC 斜率之积为 -1,即这两条直线是相互垂直的,于是 $\angle MBC = 90°$,然后利用勾股定理求得 BC 的长度,$\triangle MBC$ 的面积也就迎刃而解了.

91. (1) ∵ $|2-1| = |3-2|$,$|-1-2| \neq |5-3|$,$|3-2| = |2-3|$,

∴ 与点 A 互为正方形点的坐标是 $(1, 2)$、$(3, 2)$.

(2) 设 $C(0, t)$.

∵ C 为 $B(1, 2)$ 的正方形点,

∴ $|0-1| = |t-2|$,解得 $t = 1$ 或 $t = 3$.

∴ 点 C 的坐标为 $(0, 1)$ 或 $(0, 3)$.

设直线 BC 的表达式为 $y = kx + b$.

① 点 C 的坐标为 $(0, 1)$.

由 $\begin{cases} b=1 \\ k+b=2 \end{cases}$ 解得 $\begin{cases} k=1 \\ b=1 \end{cases}$.

∴ $y=x+1$.

② 点 C 的坐标为 $(0,3)$.

由 $\begin{cases} b=3 \\ k+b=2 \end{cases}$ 解得 $\begin{cases} k=-1 \\ b=3 \end{cases}$.

∴ $y=-x+3$.

∴ 直线 BC 的解析式为 $y=x+1$ 或 $y=-x+3$.

(3) ∵ N 是线段 OD(含端点)上一动点,点 D 的坐标为 $(-1,0)$,

∴ 设 $N(n,0)$,则 $-1 \leqslant n \leqslant 0$.

∵ 点 M 的坐标为 $(2,m)$,点 M、N 互为正方形点,

∴ $|n-2|=|m-0|=|m|$.

∵ $-1 \leqslant n \leqslant 0$.

∴ $-3 \leqslant n-2 \leqslant -2$,

∴ $2 \leqslant |n-2| \leqslant 3$,

∴ $2 \leqslant |m| \leqslant 3$,

∴ $2 \leqslant m \leqslant 3$ 或 $-3 \leqslant m \leqslant -2$.

思路点拨

(1) 根据定义进行判断.

(2) 设出点 C 的坐标,根据定义列方程解出点 C 的坐标,然后用待定系数法求出直线 BC 的解析式.

(3) 由于点 N 在 OD 上,因此设 $N(n,0)$,则 $-1 \leqslant n \leqslant 0$.根据定义列出 m、n 的等量关系 $|n-2|=|m|$,而 $|n-2|$ 的取值范围可以根据 n 的取值范围求出,从而可知 $|m|$ 的取值范围,进而求出 m 的取值范围.

92. (1) 点 $A(2,-1)$ 是线段 MN 的疏远点.

∵ $M(2,-3)$,$N(6,-3)$,$A(2,-1)$,

∴ 点 A 到直线 MN 的距离为 $-1-(-3)=2>1$,

∴ 点 $A(2,-1)$ 是线段 MN 的疏远点.

(2) ∵ 点 $P(a,b)$ 是线段 MN 的疏远点,$M(2,-3)$,$N(6,-3)$,

∴ $|b-(-3)| \geqslant 1$,得 $b \geqslant -2$ 或 $b \leqslant -4$.

∵ 点 P 在直线 $y=-x+1$ 上,

∴ $b=-a+1$,

∴ $-a+1 \geqslant -2$ 或 $-a+1 \leqslant -4$,

∴ $a \leq 3$ 或 $a \geq 5$.

(3) ∵ $M(2,-3), N(6,-3)$,

∴ $MN = 6 - 2 = 4$,

∴ $S_{\triangle MNP} = \frac{1}{2} \times 4 \times |b-(-3)| = 2|-a+1+3| =$

$2|a-4| = \begin{cases} 8-2a & (a \leq 3) \\ 2a-8 & (a \geq 5) \end{cases}$,

∴ 当 $a = 3$ 或 $a = 5$ 时, $S_{\triangle MNP}$ 取得最小值 2.

思路点拨

(1) 计算点 A 到直线 MN 的距离即可判断.

(2) 由于点 P 是"疏远点",故点 P 到直线 MN 的距离大于等于 1, 列不等式解出 b 的取值范围,而 $b = -a + 1$,从而解出 a 的取值范围.

(3) 算出 MN 的长度作为底,点 P 到 MN 的距离作为高,列出面积表达式,根据 a 的取值范围写成分段函数形式,由函数的增减性可求得最小值.

93. (1) 将 $\begin{cases} y = -x + 3m - 1 \\ y = x + m - 1 \end{cases}$ 消去 m 可得 $y = 2x - 1$.

∴ $l_1: y = -x + 3m - 1$ 与 $l_2: y = x + m - 1$ 的思美线 l 的解析式为 $y = 2x - 1$.

(2) 由 $\begin{cases} y = x + 2 \\ y = -x \end{cases}$ 解得 $\begin{cases} x = -1 \\ y = 1 \end{cases}$.

由题意知,点 $(-1,1)$ 在 $l_1: y = 2x + b_1$ 与 $l_2: y = -2x + b_2$ 上.

∴ $b_1 = 3, b_2 = -1$,

∴ $l_1: y = 2x + 3, l_2: y = -2x - 1$.

(3) ① ∵ $k_1 + b_1 = 0, 3k_2 + b_2 = 2$,

∴ 直线 $l_1: y = k_1 x + b_1$ 与 $l_2: y = k_2 x + b_2$ 分别经过点 $A(1,0)$、$B(3,2)$.

② 如图 2.144 所示, $A(1,0), B(3,2)$, 作 $BH \perp x$ 轴于点 H, $HM \perp AB$ 于点 M.

∴ $H(3,0), BH = 2, OH = 3$,

∴ $AH = OH - OA = 3 - 1 = 2$,

∴ $AB = 2\sqrt{2}, HM = \sqrt{2}$,

∴ $S_{\triangle HAB} = \frac{1}{2} \times 2\sqrt{2} \times \sqrt{2} = 2$.

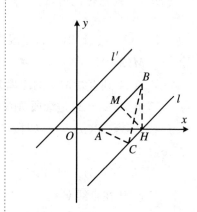

图 2.144

∵ $S_{\triangle ABC} = 2$,

∴ $l \parallel AB$.

∵ l 为 l_1、l_2 的思美线,

∴ l 必过 l_1、l_2 的交点 C.

∵ $l \parallel AB$,

∴ 点 H 在直线 l 上.

∵ 由点 A、B 的坐标易知直线 AB 的解析式为 $y = x - 1$,

∴ 直线 l 的解析式为 $y = x - 3$.

由对称性可知,直线 l 关于直线 AB 对称的直线 $l':y = x + 1$ 也满足条件.

∴ l_1、l_2 的思美线 l 的解析式为 $y = x - 3$ 或 $y = x + 1$.

(1) 联立两条直线的解析式,消去 m 后整理即得思美线的解析式.

(2) 由 $\begin{cases} y = x + 2 \\ y = -x \end{cases}$ 解出交点的坐标,再将坐标分别代入 l_1、l_2 的解析式求出截距.

(3) 由于 $k_1 + b_1 = 0, 3k_2 + b_2 = 2$,对照解析式形式可得定点 A、B 的坐标;作 $BH \perp x$ 轴于点 H,可算得 $S_{\triangle HAB} = 2 = S_{\triangle ABC}$,又由于 $l \parallel AB$,说明过点 H 且平行于 AB 的直线就是思美线 l. 根据对称性, l 关于直线 AB 对称的直线 l' 也符合要求.

94. (1) ∵ $P(1, \sqrt{3}), Q(4, \sqrt{3})$,

∴ $PQ \parallel x$ 轴,

∴ 直线 PQ 的观察线为直线 $y = 0$ 或 $y = 2\sqrt{3}$.

∵ $A(1, 0), B\left(\dfrac{5}{2}, 2\sqrt{3}\right)$,

∴ 点 A 在直线 $y = 0$ 上,点 B 在直线 $y = 2\sqrt{3}$ 上,即点 A、B 是直线 PQ 的观察线上的点.

(2) 设直线 $l: y = \dfrac{\sqrt{3}}{3}x$ 下方的观察线 l_1 交 y 轴于点 D、交 x 轴于点 E,作 $OF \perp DE$ 于点 F,如图 2.145 所示,则 $l_1 \parallel l, OF = \sqrt{3}$.

设 l_1 的解析式为 $y = \dfrac{\sqrt{3}}{3}x + b$.

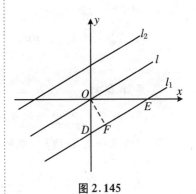

图 2.145

$\therefore D(0,b), E(-\sqrt{3}b, 0), DE = -2b.$

$\because OF \times DE = OD \times OE,$

$\therefore \sqrt{3} \times (-2b) = (-b) \times (-\sqrt{3}b),$ 得 $b = -2,$

$\therefore$ 观察线 l_1 的解析式为 $y = \dfrac{\sqrt{3}}{3}x - 2.$

同理，可求得 l 上方的观察线 l_2 的解析式为 $y = \dfrac{\sqrt{3}}{3}x + 2.$

综上所述，直线 $l: y = \dfrac{\sqrt{3}}{3}x$ 的观察线的解析式为

$y = \dfrac{\sqrt{3}}{3}x - 2$ 或 $y = \dfrac{\sqrt{3}}{3}x + 2.$

（3）由"最佳观察点"的定义可知 MN 的最佳观察点到 M、N 两点的距离相等. 设点 E 是 MN 的 y 轴正半轴上的一个最佳观察点，另一个最佳观察点为 F, EF 与 MN 互相垂直平分. 设 EF 交 MN 于点 H, 则四边形 $MENF$ 为菱形.

$\therefore EH = FH = \sqrt{3}, MH = NH = \dfrac{1}{2}MN = 3,$

$\therefore \dfrac{EH}{MH} = \dfrac{\sqrt{3}}{3},$

$\therefore \angle HME = 30°,$

$\therefore ME = 2EH = 2\sqrt{3},$

$\therefore$ 菱形 $MENF$ 的周长为 $4ME = 8\sqrt{3}.$

作 $NG \perp y$ 轴于点 G, 如图 2.146 所示.

$\therefore NG = \dfrac{1}{2}MN = 3, MG = \sqrt{3}NG = 3\sqrt{3},$

$\therefore OG = MG - OM = 3\sqrt{3} - 1.$

$\because$ 点 N 在第二象限，

$\therefore N(-3, 3\sqrt{3} - 1).$

$\because MN = 6, EF = 2\sqrt{3},$

$\therefore S_{\text{菱}MENF} = \dfrac{1}{2}MN \times EF = \dfrac{1}{2} \times 6 \times 2\sqrt{3} = 6\sqrt{3}.$

（1）由于点 P、Q 的纵坐标均为 $\sqrt{3}$, 因此纵坐标为 0 或 $2\sqrt{3}$ 的点一定在 PQ 的观察线上.

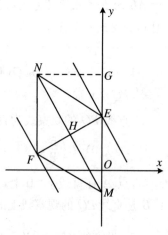

图 2.146

(2) 直线 $l: y = \frac{\sqrt{3}}{3}x$ 的观察线一定与 l 平行,因此可以设其下方的观察线 l_1 的解析式为 $y = \frac{\sqrt{3}}{3}x + b$,再根据 l 与 l_1 的距离为 $\sqrt{3}$ 求出 b 值.同理,求出 l 上方的观察线 l_2 的解析式.

(3) 显然,最佳观察点为 MN 的垂直平分线与直线 MN 的观察线的交点.设 y 轴正半轴上的一个最佳观察点为点 E,另一个最佳观察点为点 F,易知四边形 $MENF$ 为菱形,EF 与 MN 相互垂直平分.由 $MN = 6$,点 E 到 MN 的距离为 $\sqrt{3}$ 可以推出 $\angle NME = 30°$.作 $NG \perp y$ 轴于点 G,可直接算出 NG、GM 的长度,然后点 N 的坐标可知,菱形 $MENF$ 的周长和面积也自然得出.

95. (1) 不存在.

如图 2.147 所示,若直线 AD 平分 $\triangle AOB$ 的面积,则 $S_{\triangle AOD} = S_{\triangle ABD}$,$OD = BD$.

$\because A(4,3),B(4,-3)$,

$\therefore OA = OB = 5, AB = 6$,

$\therefore OA \neq AB$,

$\therefore OA + OD \neq AB + BD$,

$\therefore$ 不存在满足要求的直线 l.

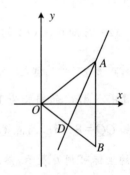

图 2.147

(2) 设直线 OA 的解析式为 $y = kx(k \neq 0)$.

$\because A(4,3)$,

$\therefore 4k = 3$,得 $k = \frac{3}{4}$,

$\therefore$ 直线 OA 的解析式为 $y = \frac{3}{4}x$.

同理,直线 OB 的解析式为 $y = -\frac{3}{4}x$.

设点 $P(4t, 3t)$,则 $OP = 5t$,

$\because$ 直线 PQ 为 $\triangle AOB$ 的等周线,如图 2.148 所示,

$\therefore OP + OQ = \frac{1}{2}(OA + OB + AB) = 8$,

$\therefore OQ = 8 - 5t$,

$\therefore Q\left(\frac{32}{5} - 4t, -\frac{24}{5} + 3t\right)$,

$\therefore |y_P - y_Q| = \frac{24}{5}$.

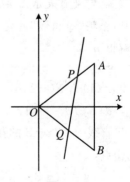

图 2.148

(3) 设 $N(4,n)$，则 $NB = n - (-3) = n + 3$.

∵ 直线 MN 为 $\triangle AOB$ 的等周线，如图 2.149 所示，

∴ $MB = 8 - (n + 3) = 5 - n$,

∴ $OM = OB - MB = n$.

设 $M\left(\dfrac{4}{5}n, -\dfrac{3}{5}n\right)$.

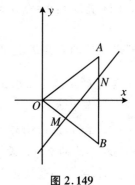

图 2.149

∵ $S_{\triangle AOB} = \dfrac{1}{2} \times 6 \times 4 = 12$，直线 MN 为 $\triangle AOB$ 的等积线，

∴ $S_{\triangle MNB} = 6$,

∴ $\dfrac{1}{2}(n+3)\left(4 - \dfrac{4}{5}n\right) = 6$，解得 $n = 0$ 或 $n = 2$,

∴ $OM = 0$ 或 $OM = 2$.

思路点拨

(1) 若直线 AD 为等积线且与 OB 交于点 D，则 $OD = BD$，但直线 AD 并不满足等周线的要求，因此不存在满足要求的直线.

(2) 易知直线 OA 的解析式为 $y = \dfrac{3}{4}x$，直线 OB 的解析式为 $y = -\dfrac{3}{4}x$，于是可设 $P(4t, 3t)$，则 $OP = 5t$. 可算出 $\triangle ABC$ 的周长为 16. 根据直线 PQ 为等周线，可推知 $OQ = 8 - 5t$，而点 Q 在直线 $y = -\dfrac{3}{4}x$ 上，于是点 Q 的坐标可用 t 表示，然后即可求出点 P、Q 的纵坐标之差.

(3) 设 $N(4, n)$，用 n 表示出 NB 的长度，根据"等周线"的定义可表示出 MB 的长度，然后表示出点 M 的坐标，根据"等积线"的定义可知 $S_{\triangle BMN} = 6$，于是列出方程解出 n.

96. (1) ∵ $S(-1, 6)$，$T(-2, 3)$,

∴ $d(S, T) = |-1 - (-2)| + |6 - 3| = 4$.

∵ 直线 $y = 2x + 3$ 的互助直线是 $y = 3x + 2$，H 是两直线的交点，

∴ 由 $\begin{cases} y = 2x + 3 \\ y = 3x + 2 \end{cases}$ 解得 $\begin{cases} x = 1 \\ y = 5 \end{cases}$，即 $H(1, 5)$.

(2) ∵ $M(m, n)$ 是直线 $y = ax + b$ 上的任意一点，

∴ $am + b = n$ ①.

∴$N(3m, 2m-3n)$是直线 $y = ax+b$ 的互助直线上的一点,

∴$N(3m, 2m-3n)$在直线 $y = bx+a$ 上,

∴$3bm + a = 2m - 3n$ ②.

将①代入②,得 $3bm + a = 2m - 3(am+b)$,整理得
$$(3b + 3a - 2)m = -a - 3b.$$

∵对于任意一点 $M(m, n)$,上式均成立,

∴$\begin{cases} 3b + 3a - 2 = 0 \\ -a - 3b = 0 \end{cases}$,解得 $\begin{cases} a = 1 \\ b = -\dfrac{1}{3} \end{cases}$,

∴$y = x - \dfrac{1}{3}$.

设 $Q(x, y)$ 是直线 $y = x - \dfrac{1}{3}$ 上的动点,

∴$Q\left(x, x - \dfrac{1}{3}\right)$,

∴$d(L, Q) = |5 - x| + \left| -\dfrac{1}{3} - \left(x - \dfrac{1}{3}\right) \right| = |x| + |x - 5|$.

∵当 $0 \leqslant x \leqslant 5$ 时,$|x| + |x - 5|$ 取得最小值 5,

∴点 $L\left(5, -\dfrac{1}{3}\right)$ 到直线 $y = x - \dfrac{1}{3}$ 的直角距离为 5.

思路点拨

(1) 直接根据定义计算 $d(S, T)$ 的值;联立两直线解析式,解方程组求点 H 的坐标.

(2) 将 M、N 两点的坐标分别代入对应的一次函数解析式,得到两个方程,消去字母 n 并把含 m 的项合并.由题意可知 m 的值是任意的,则 m 的系数必为 0,由此得到两个关于 a、b 的方程,联立解出 a、b 的值,即可得一次函数解析式.设 Q 为直线上一点,表示出 $d(L, Q)$ 并求出其最小值.

97. (1) $|0 - 3| + |0 + 4| = 7$.

(2) ∵$d(O, P) = 2$,

∴$|x| + |y| = 2$.

画图,如图 2.150 所示.

(3) 设 Q 为直线 $y = x + 4$ 上任意一点,则 $Q(x, x+4)$.

∵$P(a, -2)$,

∴$d(P, Q) = |a - x| + |-2 - x - 4| = |x - a| + |x + 6|$.

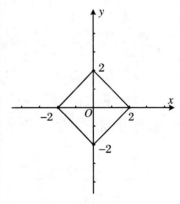

图 2.150

① 若 $a \leqslant -6$：

当 $a \leqslant x \leqslant -6$ 时，$d(P,Q)$ 取得最小值 $x-a-x-6 = -a-6$.

∵ $P(a,-2)$ 到直线 $y=x+4$ 的转角距离为 10，

∴ $-a-6=10$，得 $a=-16$.

② 若 $a \geqslant -6$：

当 $-6 \leqslant x \leqslant a$ 时，$d(P,Q)$ 取得最小值 $a-x+x+6 = a+6$.

∵ $P(a,-2)$ 到直线 $y=x+4$ 的转角距离为 10，

∴ $a+6=10$，得 $a=4$.

综上所述，a 的值为 4 或 -16.

思路点拨

(1) 直接计算出结果.

(2) 根据定义得出 $d(P,Q)=|x|+|y|=2$. 画图时将这个方程看作 4 个分段一次函数：$y=x+2(-2 \leqslant x \leqslant 0)$，$y=-x+2(0 \leqslant x \leqslant 2)$，$y=x-2(0 \leqslant x \leqslant 2)$，$y=-x-2(-2 \leqslant x \leqslant 0)$.

(3) 在直线 $y=x+4$ 上任取一点 $Q(x,x+4)$，根据"转角距离"的定义得出 $d(P,Q)=|x-a|+|x+6|$. 该式的几何含义是数轴上某一点 x 到 a 和 -6 的距离之和. 显然，x 在 -6 和 a 之间（包括 -6 和 a）时，$d(P,Q)$ 取最小值，去绝对值符号算出最小值表达式，这个最小值就是点 P 到直线 $y=x+4$ 的转角距离 10，列方程即可算出 a 的值.

98. (1) ∵ $\langle 2x \rangle = 5$，

∴ $5-\dfrac{1}{2} \leqslant 2x < 5+\dfrac{1}{2}$，解得 $\dfrac{9}{4} \leqslant x < \dfrac{11}{4}$.

(2) ∵ $E(a,2)$，$F(3,3)$，$D(E,F)=2$，

∴ $|a-3|+|2-3|=2$，解得 $a=4$ 或 $a=2$.

(3) ∵ $\langle m \rangle = \dfrac{3m}{2}$，

∴ $\dfrac{3m}{2}-\dfrac{1}{2} \leqslant m < \dfrac{3m}{2}+\dfrac{1}{2}$，解得 $-1 < m \leqslant 1$，

∴ $-\dfrac{3}{2} \leqslant \dfrac{3m}{2} \leqslant \dfrac{3}{2}$.

∵ $\dfrac{3m}{2}$ 为整数，

∴ $\dfrac{3m}{2}$ 的最大值为1,

∴ m 的最大值为 $\dfrac{2}{3}$,

∴ $M(2,1)$.

在直线 $y=x+1$ 上任取一点 $N(x,x+1)$,则

$D(M,N)=|x-2|+|x+1-1|=|x-2|+|x|$.

当 $x<0$ 时,$|x-2|+|x|=-2x+2>2$;

当 $0\leqslant x\leqslant 2$ 时,$|x-2|+|x|=2$;

当 $x>2$ 时,$|x-2|+|x|=2x-2>2$.

∴ $D(M,N)$ 的最小值为2,

∴ 点 M 到直线 $y=x+1$ 的折线距离为2.

思路点拨

(1) 根据材料1列出不等式组,解之即可.

(2) 根据材料2列出绝对值方程,解之即可.

(3) 先根据材料1列出关于 m 的不等式组,解出 m 的取值范围,进而得出 $\dfrac{3m}{2}$ 的取值范围,同时注意到 $\dfrac{3}{2}m$ 必须是整数,然后得出 m 的最大值,从而确定点 M 的坐标.在直线 $y=x+1$ 上任取一点 $N(x,y)$,由材料2可得 $D(M,N)$ 表达式,通过分类讨论算出 $D(M,N)$ 的最小值,即为点 M 到直线 $y=x+1$ 的折线距离.

99. (1) ① ∵ $\left|-\dfrac{1}{2}-0\right|=\dfrac{1}{2}$,$|0-3|=3$,

∴ $\dfrac{1}{2}<3$,

∴ 点 A 与点 B 的非常距离为3.

② 设点 B 的坐标为 $(0,y)$.

∵ $\left|-\dfrac{1}{2}-0\right|=\dfrac{1}{2}\neq 2$,

∴ $|0-y|=2$,解得 $y=2$ 或 $y=-2$,

∴ 点 B 的坐标是 $(0,2)$ 或 $(0,-2)$.

③ 设点 B 的坐标为 $(0,y)$,则

$\left|-\dfrac{1}{2}-0\right|=\dfrac{1}{2}$, $|0-y|=|y|$.

当 $\dfrac{1}{2}\geqslant|y|$ 时,点 A 与点 B 的非常距离为 $\dfrac{1}{2}$;

当 $\dfrac{1}{2}<|y|$ 时,点 A 与点 B 的非常距离为 $|y|$.

∴ 点 A 与点 B 的非常距离的最小值为 $\frac{1}{2}$.

(2) 由"非常距离"的定义可知:两点的横坐标之差的绝对值与纵坐标之差的绝对值相等时,其非常距离最小.

∵ 点 C 是直线 $y = -\frac{4}{3}x + 3$ 上的一个动点,

∴ 设 $C\left(m, -\frac{4}{3}m + 3\right)$.

∵ $D(0,1)$,

∴ 令 $|m - 0| = \left|-\frac{4}{3}m + 3 - 1\right|$,解得 $m = \frac{6}{7}$ 或 $m = 6$,

∴ $|m - 0| = \frac{6}{7}$ 或 $|m - 0| = 6$.

∵ $\frac{6}{7} < 6$,

∴ 点 C 与点 D 的非常距离的最小值为 $\frac{6}{7}$,

此时,点 C 的坐标为 $\left(\frac{6}{7}, \frac{13}{7}\right)$.

思路点拨

(1) 根据"非常距离"的定义进行计算.

(2) 设点 C 的横坐标为未知数,纵坐标根据直线的解析式用横坐标表示. C、D 两点的非常距离最小时,有 $|x_C - x_D| = |y_C - y_D|$,据此列出方程,解出点 C 的横坐标,从而得出非常距离的最小值及点 C 的纵坐标.

100. (1) 如图 2.151 所示,作 $P_1A \perp l_1$ 于点 A,$P_2B \perp l_2$ 于点 B.

∵ $P_1(4,0), P_2(0,3)$,

∴ $OP_1 = 4, OP_2 = 3$.

∵ $l_1: y = x$ 的斜率为 1,$l_2: y = \sqrt{3}x$ 的斜率为 $\sqrt{3}$,

∴ $\angle P_1OA = 45°, \angle P_2OB = 30°$,

∴ $P_1A = \frac{\sqrt{2}}{2}OP_1 = 2\sqrt{2}$,$P_2B = \frac{1}{2}OP_2 = \frac{3}{2}$,

∴ $d(P_1, l_1) = P_1A = 2\sqrt{2}$,$d(P_2, l_2) = P_2B = \frac{3}{2}$.

∵ l_1 与 l_2 相交,

∴ $d(l_1, l_2) = 0$,

∴ $d(P_1, P_2 | l_1, l_2) = d(P_1, l_1) + d(l_1, l_2) +$

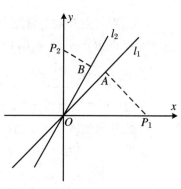

图 2.151

$d(P_2,l_2) = 2\sqrt{2} + 0 + \dfrac{3}{2} = 2\sqrt{2} + \dfrac{3}{2}.$

(2) ① 如图 2.152 所示,作 $P_1A \perp l_3$ 于点 A,作 $P_2B \perp l_3$ 于点 B,连接点 P_1、P_2 交 l_3 于点 M.

$\therefore d(P_1,P_2 | l_3,l_3) = d(P_1,l_3) + d(l_3,l_3) + d(P_2,l_3) = P_1A + P_2B.$

$\because P_1A \leqslant P_1M, P_2B \leqslant P_2M,$

$\therefore P_1A + P_2B \leqslant P_1M + P_2M = P_1P_2,$

$\therefore$ 当且仅当 $P_1P_2 \perp l_3$ 时, $P_1A + P_2B$ 取得最大值

$P_1P_2 = \sqrt{OP_1^2 + OP_2^2} = \sqrt{3^2 + 4^2} = 5,$

即 $d(P_1,P_2 | l_3,l_3)$ 的最大值为 5.

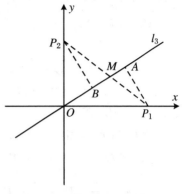

图 2.152

② 如图 2.153 所示,设直线 l_4 交 y 轴于点 C.

$\because b = -2,$

$\therefore C(0,-2).$

连接点 P_1、C 并延长至点 P_1',使 $P_1C = P_1'C$,作 $P_1E \perp l_4$ 于点 E,$P_1'F \perp l_4$ 于点 F,$P_1'H \perp y$ 轴于点 H,$P_2N \perp l_4$ 于点 N,连接点 P_1'、P_2.

易证 $\triangle P_1EC \cong \triangle P_1'FC, \triangle P_1OC \cong \triangle P_1'HC.$

$\therefore P_1'F = P_1E, P_1'H = P_1O = 4, HC = OC = 2,$

$\therefore P_1'(-4,-4).$

$\therefore d(P_1,P_2 | l_4,l_4) = P_1E + 0 + P_2N = P_1'F + P_2N \leqslant P_1'P_2 = \sqrt{(3+4)^2 + (0+4)^2} = \sqrt{65},$ 当且仅当 $l_4 \perp P_1'P_2$ 时 $d(P_1,P_2 | l_4,l_4)$ 取得最大值 $\sqrt{65}$.

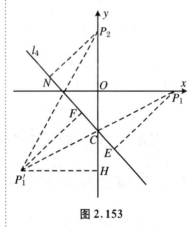

图 2.153

由 $P_1'(-4,-4)$、$P_2(0,3)$ 得直线 P_2P_1' 的解析式为 $y = \dfrac{7}{4}x + 3,$

$\therefore$ 当 $l_4 \perp P_1'P_2$ 时, $k \times \dfrac{7}{4} = -1,$ 得 $k = -\dfrac{4}{7}.$

③ 如图 2.154 所示,作 $P_1A \perp l_3$ 于点 A, $P_2B \perp l_5$ 于点 B,把线段 OP_1 绕点 O 逆时针旋转 $30°$ 得到 OP_1',作 $P_1'C \perp l_5$ 于点 C,作 $P_1'H \perp x$ 轴于点 H,

易证 $\triangle P_1'CO \cong \triangle P_1AO.$

$\therefore P_1'C = P_1A.$

$\because P_1'H = \dfrac{1}{2}OP_1' = \dfrac{1}{2}OP_1 = 2, OH = \dfrac{\sqrt{3}}{2}OP_1' = \dfrac{\sqrt{3}}{2}OP_1 = 2\sqrt{3},$

$\therefore P_1'(2\sqrt{3},2),$

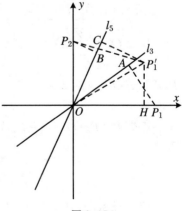

图 2.154

$\therefore d(P_1,P_2 | l_3,l_5) = P_1A + P_2B = P_1'C + P_2B \leqslant P_2P_1' = \sqrt{(2\sqrt{3}-0)^2 + (2-3)^2} = \sqrt{13}.$

(3) $\because k = 1,$

$\therefore l_3 : y = x, l_4 : y = x + b.$

① 当 $b > 3$ 时,设直线 l_4 与 x 轴、y 轴分别交于 E、D 两点,作 $P_1A \perp l_3$ 于点 A,$P_2B \perp l_4$ 于点 B,$OC \perp l_4$ 于点 C,如图 2.155 所示.

$\because l_3$ 和 l_4 的斜率均为 1,

$\therefore \angle ODE = \angle P_1OA = 45°,$

$\therefore OC = \frac{\sqrt{2}}{2}OD = \frac{\sqrt{2}}{2}b, P_2B = \frac{\sqrt{2}}{2}P_2D = \frac{\sqrt{2}}{2}(b-3),$

$P_1A = \frac{\sqrt{2}}{2}OP_2 = 2\sqrt{2},$

$\therefore d(P_1, P_2 | l_3, l_4) = P_1A + OC + P_2B = \sqrt{2}b + \frac{\sqrt{2}}{2}.$

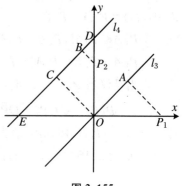

图 2.155

② 当 $0 \leqslant b \leqslant 3$ 时,设直线 l_4 与 x 轴、y 轴分别交于 E、D 两点,作 $P_1A \perp l_3$ 于点 A,$P_2B \perp l_4$ 于点 B,$OC \perp l_4$ 于点 C,如图 2.156 所示.

易知 $OC = \frac{\sqrt{2}}{2}OD = \frac{\sqrt{2}}{2}b, BP_2 = \frac{\sqrt{2}}{2}P_2D = \frac{\sqrt{2}}{2}(3-b),$

$P_1A = \frac{\sqrt{2}}{2}OP_1 = 2\sqrt{2}.$

$\therefore d(P_1, P_2 | l_3, l_4) = P_1A + OC + P_2B = \frac{7\sqrt{2}}{2}.$

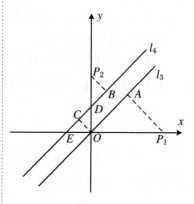

图 2.156

③ 当 $b < 0$ 时,设直线 l_4 与 x 轴、y 轴分别交于 E、D 两点,作 $P_1A \perp l_3$ 于点 A,$P_2B \perp l_4$ 于点 B,$OC \perp l_4$ 于点 C,如图 2.157 所示.

易知 $OC = \frac{\sqrt{2}}{2}OD = -\frac{\sqrt{2}}{2}b, BP_2 = \frac{\sqrt{2}}{2}P_2D = \frac{\sqrt{2}}{2}(3-b),$

$P_1A = \frac{\sqrt{2}}{2}OP_1 = 2\sqrt{2}.$

$\therefore d(P_1, P_2 | l_3, l_4) = P_1A + OC + P_2B = \frac{7\sqrt{2}}{2} - \sqrt{2}b.$

综上所述,$d(P_1, P_2 | l_3, l_4) = \begin{cases} \sqrt{2}b + \frac{\sqrt{2}}{2} & (b > 3) \\ \frac{7\sqrt{2}}{2} & (0 \leqslant b \leqslant 3) \\ \frac{7\sqrt{2}}{2} - \sqrt{2}b & (b < 0) \end{cases}.$

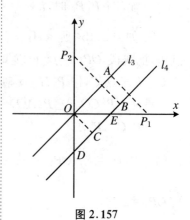

图 2.157

思路点拨

正确理解几种"距离"的定义及对应的符号表示,这是解答本题的前提.

(1) l_1 与 l_2 均为特殊直线,与坐标轴的交角为特殊角.分别作点 P_1 到 l_1 的垂线段 P_1A、点 P_2 到 l_2 的垂线段 P_2B,算出 P_1A 和 P_2B 的长度,结合定义不难得出答案.

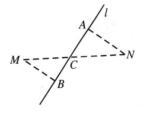

图 2.158

(2) 此问以3个小问的形式考查一类重要的最值问题:如图 2.158 所示,点 M 与点 N 在直线 l 的两侧,$MB \perp l$ 于点 B,$NA \perp l$ 于点 A,则 $MN \geqslant MB + NA$. 这里用到的知识点就是"直角三角形的斜边大于直角边"($MC > MB$,$NC > NA$). MN 为定值,则可求 $MB + NA$ 的最大值;MB 为定值,则可求 $MN - NA$ 的最小值.
①小问利用这一理论可迎刃而解.②小问中,l_4 与 y 轴的交点(不妨设为点 C)是已知的,而 P_1、P_2 在 l_4 的同侧,因此要先作点 P_1 关于点 C 的中心对称点 P_1',然后对 P_1'、P_2 及 l_4 使用该最值理论解决问题.③小问涉及两条直线,但两条直线的夹角是 $30°$,因此先将点 P_1 绕原点旋转 $30°$ 得到 P_1',然后对 P_1'、P_2、l_5 使用该最值理论解决问题.

(3) 分3种情况讨论:$b > 3$,$0 \leqslant b \leqslant 3$,$b < 0$. 对于每一种情况,画出相应的图像,结合定义进行计算.

第三部分　四边形100题

1. 如图 3.1 所示,平行四边形 ABCD 中,AE 平分 ∠BAD 交 BC 于点 E,EF⊥AE 交 CD 于点 F,点 G 为 BA 延长线上一点,满足 AG = CF. 若 DF = 3, BC = 7, AE = $\sqrt{10}$,连接点 G、F. 求 GF.

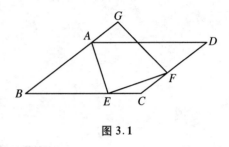

图 3.1

2. 如图 3.2 所示,已知平行四边形 ABCD,∠BAD = 60°,点 E 为线段 AD 上一点,连接点 C、E,AC 平分 ∠BCE,连接点 B、E 并延长与 CD 的延长线交于点 F,连接点 A、F. 已知 AB = 8, BC = 12,求 $S_{\triangle AEF}$.

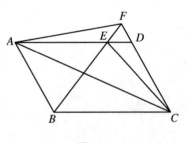

图 3.2

3. 如图 3.3 所示,平行四边形 ABCD 中,点 E、F 分别是 BC、CD 的中点,$\angle EAF = 60°$,$AE = 3$,$AF = 6$,求 AD、$S_{\square ABCD}$.

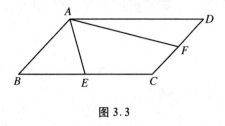

图 3.3

4. 如图 3.4 所示,已知平行四边形 ABCD,对角线 AC、BD 交于点 O,$BD = 2\sqrt{3}$,$AB \perp AC$,$\angle ACB = \angle BDC$,求 $S_{\square ABCD}$.

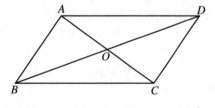

图 3.4

5. 如图3.5所示,已知平行四边形 $ABCD$,$\angle BAD = 60°$,对角线 AC、BD 交于点 O,点 E 在 AD 上,$AB = 4$,若 $\triangle EOD$ 的周长比四边形 $ABOE$ 的周长大 2,求 OE.

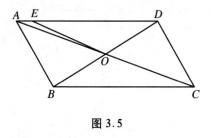

图 3.5

6. 如图3.6所示,已知平行四边形 $ABCD$,点 E 为 AD 的中点,$\angle BAC = \angle BEC = 90°$,$AC$、$BE$ 交于点 F,连接点 D、F,求 $\sin\angle DFE$.

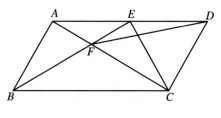

图 3.6

7. 如图 3.7 所示,已知平行四边形 $ABCD$,$\angle B$ 为锐角,$AE\perp BC$ 于点 E,$AE=AD$,DF 平分 $\angle ADC$ 交线段 AE 于点 F. 若 $\dfrac{EF}{BE}=\dfrac{3}{4}$,求 $\dfrac{S_{\triangle ADF}}{S_{\square FECD}}$.

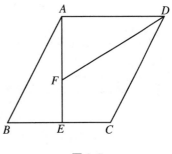

图 3.7

8. 如图 3.8 所示,已知平行四边形 $ABCD$,$BE\perp AD$ 于点 E,AC 交 BE 于点 F,点 G 在线段 AC 上,$BE=CG$,分别连接点 E 与 G、B 与 G,$\angle AFB=2\angle GBC$,$EG=15$,$AD=33$,求 AE.

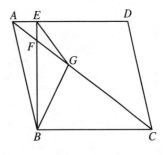

图 3.8

9. 如图 3.9 所示,已知平行四边形 ABCD,点 N 在 AD 上,∠DCN = 45°,AM⊥AB 交 CN 于点 M,$\tan\angle ABM = \dfrac{1}{3}$,$\dfrac{DN}{MC} = \dfrac{3\sqrt{5}}{8}$,$MN = \sqrt{2}$,求 AD.

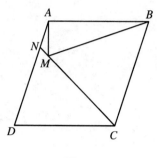

图 3.9

10. 如图 3.10 所示,已知平行四边形 ABCD,点 E、F 分别在边 AB、AD 上,将△AEF 沿 EF 翻折,点 A 恰好落在边 BC 上的点 G 处.若∠A = 45°,$AB = 6\sqrt{2}$,$BE = \sqrt{2}$,求 AF.

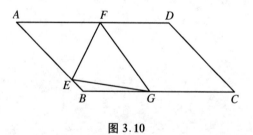

图 3.10

11. 如图 3.11 所示,在平行四边形 $ABCD$ 中,点 E 在对角线 BD 上,点 F 在 AD 上,$EF = AB$,$\angle AFE = \angle ABD$.

(1) 如图(a)所示,连接点 A 与 E、C 与 E,求证:$S_{\triangle AED} = S_{\triangle CED}$.

(2) 如图(b)所示,当 $\angle ABC = 60°$,$AB = 5$,$BE = 3$ 时,求 $S_{\square ABCD}$.

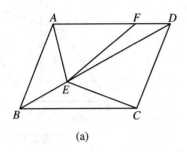
(a)

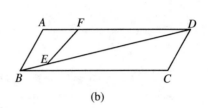
(b)

图 3.11

12. 如图 3.12 所示,已知平行四边形 $ABCD$,$\angle D$ 为锐角,点 E、F 分别是线段 AB、AD 上的动点,连接点 C 与 E、C 与 F,满足 $\angle ECF = \angle B$,连接点 E 与 F、A 与 C.

(1) 如图(a)所示,求证:$\triangle EFC \backsim \triangle ACD$.

(2) 如图(b)所示,已知 $\angle D = 45°$,$AC \perp EF$,$EG \perp BC$ 于点 G,$\dfrac{CE}{AD} = \dfrac{3}{4}$,求 $\dfrac{AE}{GC}$.

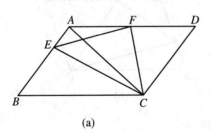
(a)

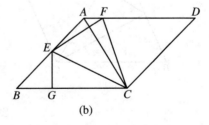
(b)

图 3.12

13. 如图 3.13 所示,已知平行四边形 $ABCD$,$\angle B$ 为锐角,$\dfrac{AD}{AB}=\dfrac{2}{3}$,$AE\perp BC$ 于点 E,点 F 在线段 AB 上,$BF=BC$. 若 $EF\perp DF$,求:

(1) $\dfrac{\tan\angle AEF}{\tan\angle FAE}$;

(2) $\tan^2\angle FAE$.

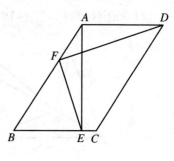

图 3.13

14. 如图 3.14 所示,已知平行四边形 $ABCD$,点 E、F 分别在 AD、AB 上,$AE=AF$,$FE\perp EC$,连接点 F、C.

(1) 如图(a)所示,求证:① $ED=CD$;② $\dfrac{S_{\triangle AEF}+S_{\triangle BFC}}{S_{\triangle EDC}}$ 为定值.

(2) 如图(b)所示,若 $\dfrac{S_{\triangle EFC}}{S_{\square ABCD}}=\dfrac{3}{8}$,求 $\dfrac{BF}{AF}$.

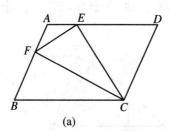

(a)

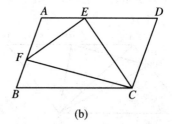

(b)

图 3.14

15. 如图 3.15 所示,已知平行四边形 ABCD,点 E 为内部一点,∠AED = ∠BEC = 90°,∠DEC = 45°.

(1) 如图(a)所示.

① 求 $\dfrac{AB}{BC}$.

② 求证:∠BAE = ∠BCE.

(2) 如图(b)所示,若 $\tan\angle ABE = \dfrac{1}{5}$,求 $\dfrac{S_{\triangle AED}}{S_{\triangle BEC}}$.

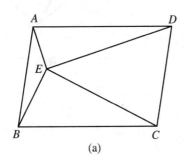
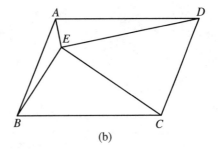

图 3.15

16. 如图 3.16 所示,已知四边形 ABCD 为菱形,∠DAB 为锐角,DE⊥DC 交 AC 于点 E,点 F 在 AD 的延长线上,DF = DE. 若 DF = 1,AD = 3,求 EF.

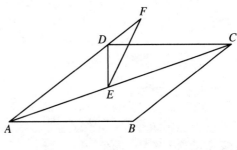

图 3.16

17. 如图3.17所示,在菱形 $ABCD$ 中,点 E 在对角线 AC 上,点 F 在 BC 上,$\angle DEC = 60°$,$\angle ADE = 2\angle FEC$,$CE = 8$,$CF = 2$,求 AE.

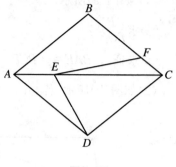

图 3.17

18. 如图3.18所示,四边形 $ABCD$ 为菱形,$\angle A = 45°$,点 E 在边 DC 上,点 F 在 CB 的延长线上,满足 $\angle BED = \angle ADF$.若 $EC = \sqrt{2}$,$FD = 5\sqrt{2}$,求 $S_{菱ABCD}$.

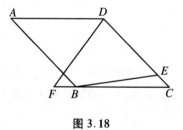

图 3.18

19. 如图 3.19 所示,已知菱形 ABCD,$DE \perp BC$ 于点 E 交 AC 于点 F,$DE = CE$. 若 $FC = 2\sqrt{2}$,求 $S_{四AFEB}$.

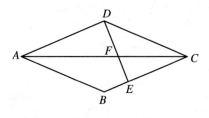

图 3.19

20. 如图 3.20 所示,已知菱形 ABCD,点 E、F 分别是 BC、DC 的中点,$\angle B = 2\angle EAF = 2\alpha$,求 $\tan \alpha$.

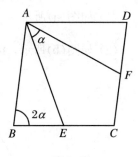

图 3.20

21. 如图3.21所示,已知菱形 $ABCD$,$\angle A = 60°$,点 E 在 AB 上,$BE = 2AE$,直线 PQ 垂直平分 DE 交 DE 于点 M、交 AD 于点 P、交 BC 于点 Q,求 $\dfrac{DP}{DQ}$.

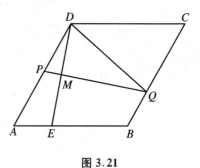

图 3.21

22. 如图3.22所示,已知菱形 $ABCD$,点 E、F 分别在 BC、CD 上,连接点 A 与 E、A 与 F,$EG \parallel AB$ 交 AF 于点 G.

(1) 如图(a)所示,$\angle B = 60°$,$AE \perp AF$,$BE = 4$,$EG = 13$,求 AB.

(2) 如图(b)所示,$AB \perp BC$,$\angle EAF = 60°$,连接点 E、F,$BE = 3$,$EG = \dfrac{14\sqrt{3}}{3}$,求 $S_{\triangle AEF}$.

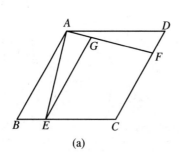
(a)

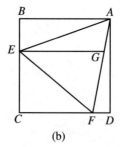
(b)

图 3.22

23. 如图 3.23 所示,已知菱形 $ABCD$,$60°<\angle ABC<90°$,$AE\perp BC$ 于点 E、交 BD 于点 M,点 G 为 CB 延长线上一点,满足 $GE=CE$,$GF\perp AB$ 交 AB 的延长线于点 H、交 AE 的延长线于点 F.

(1) 如图(a)所示,探究 AE、EF、GF 三者之间的数量关系.

(2) 如图(b)所示,若 $\sin\angle G=\dfrac{7}{25}$,求 $\tan\angle ABD$.

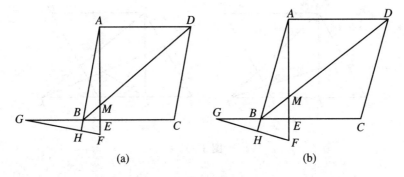

图 3.23

24. 如图 3.24 所示,已知菱形 $ABCD$,$\angle B=60°$,点 E、F 分别是 BC、AD 上的动点,点 G 在 EA 的延长线上,满足 $\dfrac{FD}{BE}=\dfrac{AG}{AE}=\dfrac{1}{2}$.

(1) 如图(a)所示,求证:FG 为定值.

(2) 如图(b)所示,若 $\angle G=45°$,求 $\dfrac{AG}{FD}$.

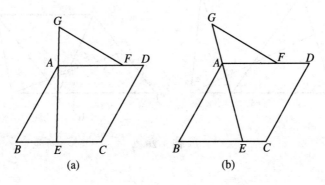

图 3.24

25. 如图 3.25 所示,已知菱形 $ABCD$,$\angle D = 60°$,点 G 是线段 AB 上异于端点的一动点,点 F 在 BC 的延长线上,满足 $AF = GF$,$AE \perp BC$ 于点 E.

(1) 如图(a)所示,探究线段 BG、BE、EF 三者之间的数量关系.

(2) 如图(b)所示,线段 GF 上有一点 P,连接点 E、P,若 $EP = 3\sqrt{3}$,且 EP 恰好平分 $\triangle BGF$ 的周长,已知 $S_{\triangle ABF} = 40\sqrt{3}$,求 AG.

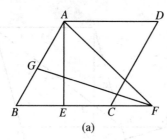 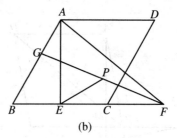

(a) (b)

图 3.25

26. 如图 3.26 所示,已知四边形 $ABCD$ 为菱形,点 E 在线段 AB 上,点 F 在 BC 的延长线上,$AE = CF$,AC、EF 交于点 G,连接点 D、F.

(1) 如图(a)所示,求证:G 为 EF 的中点.

(2) 如图(b)所示,若 $\angle AGE = 45°$,求证:$S_{\triangle CFD} = \dfrac{1}{8}EF^2$.

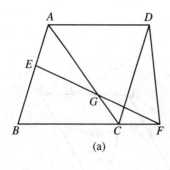 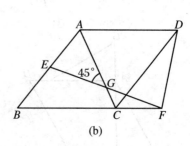

(a) (b)

图 3.26

27. 如图 3.27 所示,已知菱形 $ABCD$,$\angle B = 60°$,动点 P 在 $\triangle ADC$ 内部且在 $\triangle ABC$ 的外接圆上.

(1) 如图(a)所示,点 M 为 AC 的中点,连接点 D、P,求证:$\dfrac{PM}{DP}$ 为定值.

(2) 如图(b)所示,连接点 A 与 P、B 与 P,点 E、F 分别在 AP、BP 上,满足 $BF = AE$,$\angle AFE = 30°$.求证:$AF^2 + EF^2$ 为定值.

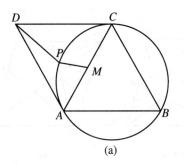
(a)

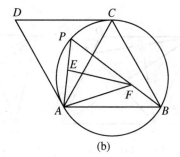
(b)

图 3.27

28. 如图 3.28 所示,已知菱形 $ABCD$,$\angle D = 60°$,点 E 在 AB 的延长线上,点 F 在 AC 的延长线上,$AE = CF$,G 为 AC 的中点,$GM \perp BC$ 交 BC 于点 H、交 EF 于点 M.

(1) 如图(a)所示,若 $BE = 2$,$GM = 3\sqrt{3}$,求 AB.

(2) 如图(b)所示,若 $\angle GME = 75°$,求 $\dfrac{BE}{AB}$.

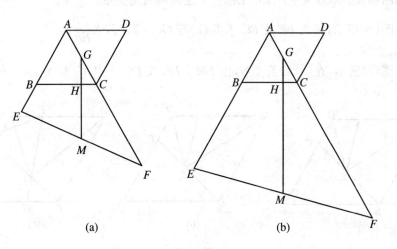

图 3.28

29. 如图 3.29 所示,已知菱形 $ABCD$,$\angle D$ 为钝角,点 E 在 CD 上,$BE = BC$,连接点 A、E,点 F 为 AE 的中点,连接点 B 与 F、A 与 C.

(1) 如图(a)所示,求证:$\dfrac{BF}{AC}$ 为定值.

(2) 如图(b)所示,若点 E 为 CD 的中点,求 $\cos\angle CAE$.

(3) 如图(c)所示,若 $\sin\angle CAE = \dfrac{1}{3}$,$S_{\triangle ABE} = 3\sqrt{2}$,求 AC.

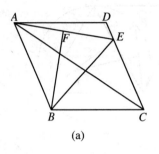
(a)

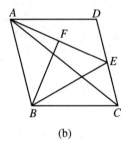
(b)

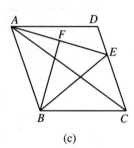
(c)

图 3.29

30. 如图 3.30 所示,四边形 $ABCD$ 为菱形,$\angle C = 60°$,点 P 为 DC 上异于端点的一动点,连接点 B、P,点 E 在 BP 上,满足 $AB = AE$,点 F 在 AD 上,连接点 E 与 F、D 与 E,DE 平分 $\angle FEP$.

(1) 如图(a)所示,探究 EF、EP、DE 三者之间的数量关系.

(2) 如图(b)所示,延长 FE 交 BC 于点 G,若 $GC = 2BG$,求 $\dfrac{EP}{EF}$.

(3) 如图(c)所示,在(2)的条件下,作 $FM \perp DE$ 交 DC 于点 M.若 $S_{\triangle DFM} = \dfrac{7\sqrt{3}}{2}$,求 FG.

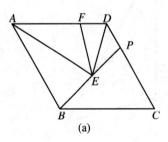
(a)

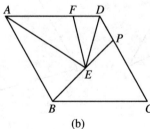
(b)

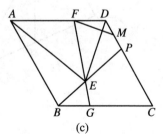
(c)

图 3.30

31. 如图3.31所示,已知矩形 $ABCD$,点 E 为 AD 的中点,点 F 在 AB 上,$AE=AF$,连接点 C、F,$EG \perp CF$ 于点 G,连接点 A、G. 若 $AB=5$,$AD=6$,求 AG.

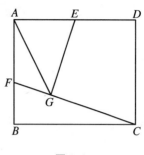

图 3.31

32. 如图3.32所示,已知矩形 $ABCD$,$BF \perp AC$ 于点 F,BF 的延长线交 AD 于点 E. 若 $EF=ED$,$BC=2$,求 AE.

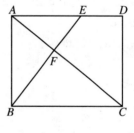

图 3.32

33. 如图 3.33 所示,已知矩形 $ABCD$,点 G、F 分别在 BC、DC 上,$AC \perp DG$ 交于点 H,BF、DG 交于点 E,BF、AC 交于点 P. 若 $BE = EF = DF$,$AC = 12$,求 CF.

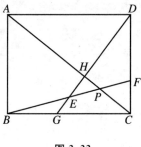

图 3.33

34. 如图 3.34 所示,已知矩形 $ABCD$,点 E、F 分别在线段 AD、DC 上,连接点 B 与 E、B 与 F、C 与 E,$AB = AE$,$\angle BFE = 2\angle FED$,$BF \perp CE$ 于点 G. 若 $EF + CE = 9$,$S_{四BCFE} = 27$,求 AB.

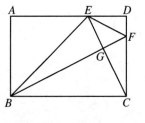

图 3.34

35. 如图 3.35 所示,已知矩形 $ABCD$,点 E 在 CD 上,点 F 在 AD 上,$\angle DEF = \angle BEF$,$EF = BE$.若 $DE = 15$,$BC = 24$,求 $\tan\angle ABF$.

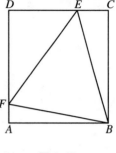

图 3.35

36. 如图 3.36 所示,已知矩形 $ABCD$,$AD > AB$,点 F 在 AD 上,点 E 在 BF 上.设 $\angle DBC = \alpha$,$\angle DEF = \beta$,若 $\alpha + \beta = 90°$,$S_{\triangle ABE} = \dfrac{1}{5}BE^2$,求 $\tan\alpha$.

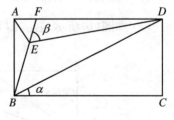

图 3.36

37. 如图 3.37 所示,已知矩形 $ABCD$,E 为 AD 的中点,$AB=4$,$BC=6$,点 F、G 分别是边 AB、CD 上的动点,且 $AF=CG$,连接点 C 与 E、F 与 G 交于点 O. 若 $\angle EOF=45°$,求 $\dfrac{OG}{OF}$.

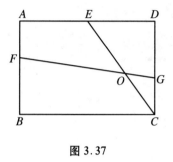

图 3.37

38. 如图 3.38 所示,已知矩形 $ABCD$,点 F 在 CD 上,$\dfrac{DF}{CF}=\dfrac{1}{2}$,点 E 在 AD 上,BF 平分 $\angle EBC$,CE 交 BF 于点 G.

(1) 如图 (a) 所示,若 $DF=1$,$\angle EFB=45°$,求 EG.

(2) 如图 (b) 所示,若 $\angle EFB=30°$,求 $\dfrac{GF}{BG}$.

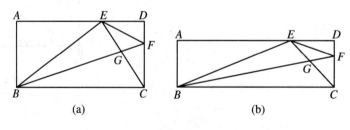

图 3.38

39. 如图 3.39 所示,已知矩形 $ABCD$,点 E、F 分别在 AD、CD 上,且 $BF=EF$,G 为 BE 的中点,$GF=BE$.若 $S_{\triangle ABE}=S_{\triangle BCF}$,求 $\dfrac{S_{\triangle ABE}}{S_{\triangle DEF}}$.

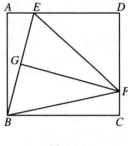

图 3.39

40. 如图 3.40 所示,已知矩形 $ABCD$,点 E 在 BC 上,$AE=CE$,点 F 在对角线 AC 上,$\angle AFE=45°$,FE 的延长线交 AB 的延长线于点 G.

(1) 如图(a)所示,求证:$AG=AE$.

(2) 如图(b)所示,若 $BG=1$,$FC=\sqrt{10}$,求 AB.

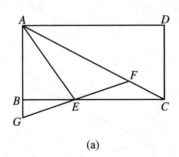

(a)

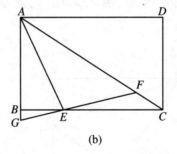

(b)

图 3.40

41. 如图 3.41 所示,已知矩形 $ABCD$,$BC=\sqrt{2}AB$,DE 平分 $\angle ADC$ 交 BC 于点 E,连接点 A、E,点 F 在 ED 上,$DF=DC$,连接点 A 与 F、C 与 F,DG 平分 $\angle ADF$ 交 AF 于点 G.

(1) 求证:$AF \perp DF$.

(2) 若 $S_{\triangle EFC}=2$,求 DG.

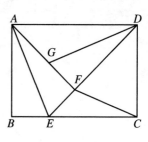

图 3.41

42. 如图 3.42(a) 所示,在矩形 $ABCD$ 中,点 E、F 分别在 BC、DC 上,$\angle BAE=\alpha$,$EF \perp AE$,E 为 BC 的中点.

(1) 求证:$\angle AFD=2\alpha$.

(2) 探究 $\tan\alpha$ 与 $\tan 2\alpha$ 两者之间的数量关系.

如图 3.42(b) 所示,在 Rt$\triangle ABC$ 中,$\angle C=90°$,点 D 在 AC 上,$\dfrac{AD}{DC}=\dfrac{1}{2}$,$AB$ 平分 $\angle CAE$,$\angle DBC=2\angle CAB=2\beta$,$DE \perp AE$ 交 AB 于点 F.

(3) 求 $\dfrac{AF}{BF}$ 和 $\tan\beta$.

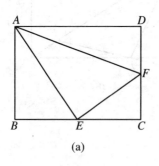 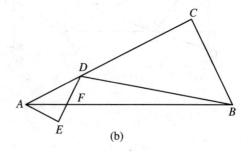

图 3.42

43. 如图 3.43 所示,已知矩形 $ABCD$,点 E 在 DC 上,连接点 A、E,将 $\triangle ADE$ 沿 AE 翻折,点 D 的对应点 F 恰好落在 BC 上,连接点 A、F 交 BD 于点 M.

(1) 如图(a)所示,若 $\tan\angle DBC = \dfrac{1}{2}$,求 $\angle AFB$.

(2) 如图(b)所示,点 G 在 AD 上,$GD = FC$,连接点 E、G 交 BD 于点 N.求证:$EG \perp BD$.

(3) 如图(c)所示,在(2)的条件下,若 $EF \parallel BD$,$MN = 2$,求 BD.

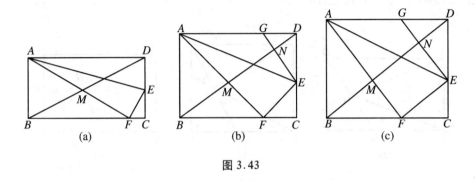

图 3.43

44. 如图 3.44 所示,已知矩形 $ABCD$,$BC = 2AB$,点 E、F 分别在 BC、CD 上,$AE \perp EF$,点 C 关于 EF 的对称点 G 在 AD 上.

(1) 如图(a)所示,求 $\tan\angle AGE$.

(2) 如图(b)所示,$\angle AEF$ 的平分线交 FG 的延长线于点 Q、交 AD 于点 P.

① 求 $\tan\angle QEG$.

② 若 $AB = 6$,求 $S_{\triangle QPG}$.

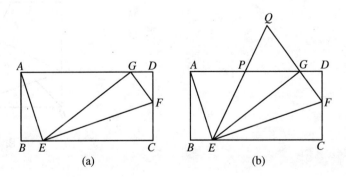

图 3.44

45. 如图 3.45 所示,已知矩形 $ABCD$,点 E 为 BC 边上一动点,连接点 D、E,G 为 DE 的中点,连接 AG、BG.

(1) 如图(a)所示,求证:$AG = BG$.

(2) 如图(b)所示,延长 BG 与 CD 交于点 F,若 $DG^2 = BG \times GF$,求证:$\angle AGB + 2\angle DEC = 180°$.

(3) 如图(c)所示,在(2)的条件下,点 C 关于 DE 的对称点为点 M,$MH \perp AG$ 于点 H. 若 $EC = 1$,$MH = \dfrac{3\sqrt{2}}{4}$,求 $\tan \angle DGF$.

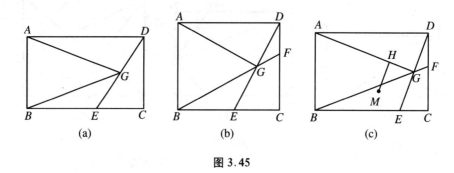

图 3.45

46. 如图 3.46 所示,在边长为 $6\sqrt{2}$ 的正方形 $ABCD$ 中,点 E 是 AB 上一点,点 G 是 AD 的延长线上一点,$BE = DG$,连接点 E、G,$CF \perp EG$ 交 EG 于点 H、交 AD 于点 F,连接点 C 与 E、B 与 H.若 $BH = 8$,求 FG.

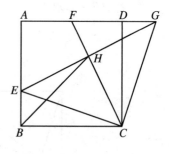

图 3.46

47. 如图 3.47 所示,已知正方形 $ABCD$,点 E 在 AB 上,CE 交 BD 于点 G,$EF \parallel BC$ 交 BD 于点 F,H 为 FD 的中点,连接点 A、H. 若 $AH = \sqrt{2}, EG = \dfrac{4}{7}$,求 $S_{四AEFH}$.

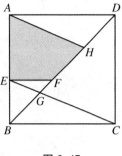

图 3.47

48. 如图 3.48 所示,已知正方形 $ABCD$ 内接于 $\odot O$,点 P 在劣弧 $\overset{\frown}{AB}$ 上,连接点 D、P 交 AC 于点 Q. 若 $QP = QO$,$S_{正ABCD} = 3$,求 $QC \times QA$.

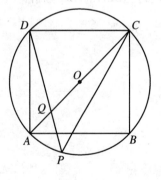

图 3.48

49. 如图 3.49 所示，已知正方形 $ABCD$ 的边长为 $2\sqrt{5}$，点 E 在 BC 的延长线上，且 $BC = 2CE$，连接点 D、E。现将 $\triangle DCE$ 绕点 C 逆时针旋转，使得点 E 的对应点 F 恰好落在线段 DE 上，点 D 的对应点为 G，连接点 A、G，求 AG。

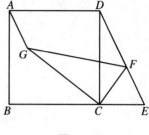

图 3.49

50. 如图 3.50 所示，已知正方形 $ABCD$ 的边长为 15，点 E 为 CD 上一点，连接点 B、E，现将 $\triangle BCE$ 沿 BE 翻折得到 $\triangle BFE$，连接点 A 与 F、D 与 F。若 $\angle EDF = \angle DAF = \alpha$，$\tan\alpha = \dfrac{1}{2}$，求 CE。

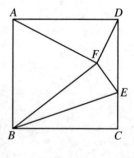

图 3.50

51. 如图 3.51 所示,已知点 O 为正方形 $ABCD$ 的中心,点 G 在 BC 的延长线上,AG 交 OD 于点 E,OG 交 CD 于点 F. 若 $AO \parallel EF$,$OF = \sqrt{5}$,求 $S_{正ABCD}$.

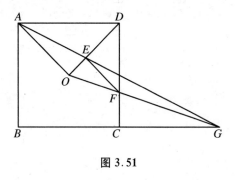

图 3.51

52. 如图 3.52 所示,已知正方形 $ABCD$,点 G 在 $ABCD$ 内部,且在以 BC 为直径的半圆上,在 GB 的延长线上取点 E,使得 $BE = CG$,在 GC 的延长线上取点 F,使得 $CF = BG$,连接点 A 与 E、D 与 F. 设 $\angle GBC = \alpha$,当 $\dfrac{S_{\triangle ABE} + S_{\triangle DCF}}{S_{正ABCD}} = \dfrac{12}{25}$,求 $\tan \alpha$.

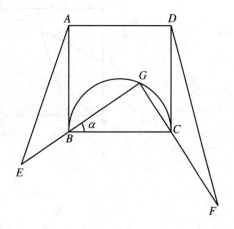

图 3.52

53. 如图 3.53 所示,正方形 ABCD 中,点 E 在 BC 的延长线上,点 F 在线段 DC 上,满足 $\angle AFC = 3\angle E$,$\dfrac{AF}{AE} = \dfrac{4}{5}$,求 $\cos \angle E$.

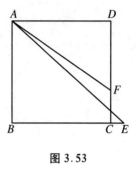

图 3.53

54. 如图 3.54 所示,已知正方形 ABCD,点 E 为 AB 的中点,点 F、G 分别在 BC、ED 上,$\angle EGF = 45°$.

(1) 如图(a)所示,若 $\dfrac{GD}{EG} = \dfrac{2}{3}$,求 $\dfrac{BF}{FC}$.

(2) 如图(b)所示,若 F 为 BC 的中点,GF 交 AC 于点 M,求 $\dfrac{FC}{MG}$.

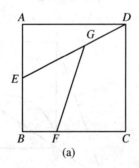 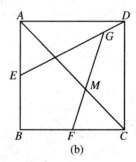

(a)   (b)

图 3.54

55. 如图 3.55 所示,已知正方形 ABCD,点 E 在 AD 上,AE=3,点 F 为 CD 的中点,连接点 B 与 E、B 与 F,BF 平分∠EBC.

(1) 如图(a)所示,求正方形边长.

(2) 如图(b)所示,CG∥BE 交 BF 的延长线于点 G,连接点 D、G.

① 求∠BGD.

② 求 $S_{四BEDG}$.

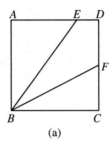
(a)

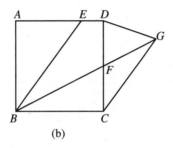
(b)

图 3.55

56. 如图 3.56 所示,已知正方形 ABCD,点 E 在 BC 的延长线上,AE 交 BD 于点 P、交 DC 于点 Q.

(1) 如图(a)所示,已知∠DEB=75°,连接点 D、E,求证:$S_{\triangle DCE}=\dfrac{1}{8}DE^2$.

(2) 如图(b)所示,已知 AP=QE,求 $\tan\angle E$.

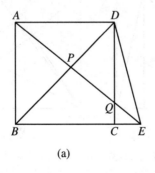
(a)

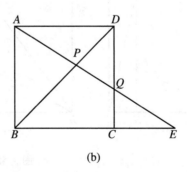
(b)

图 3.56

57. 如图 3.57 所示,已知正方形 $ABCD$ 边长为 1,以点 A 为圆心、AB 为半径的弧与以 DC 为直径的半圆交于点 E,连接点 D、E 并延长交 BC 于点 F,连接点 B、E 并延长交 DC 于点 G. 求:

(1) $\dfrac{CG}{DG}$;

(2) $S_{四EGCF}$.

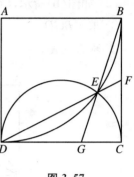

图 3.57

58. 如图 3.58 所示,已知正方形 $ABCD$,点 M 为 AD 上异于端点的一动点,$MN \perp BC$ 于点 N,连接点 C、M,点 E 为线段 MN 上一点,满足 $\angle EBC = 2\angle CMN$.

(1) 如图(a)所示,求证:$\triangle BEN$ 的周长为定值.

(2) 如图(b)所示,连接点 B、M,若 $BN = 2CN$,求 $\tan\angle MBE$.

(3) 在满足(2)的条件下,将 $\triangle BEN$ 沿 BE 翻折得到 $\triangle BEP$,连接点 A、P,如图(c)所示,求 $\tan\angle BAP$.

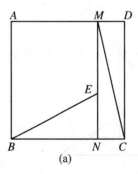
(a)

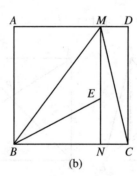
(b)

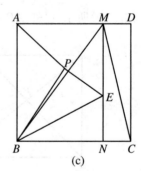
(c)

图 3.58

59. 如图 3.59 所示,已知正方形 $ABCD$,点 O 为 BD 的中点,点 E 为 BC 的延长线上一动点,AE 交 CD 于点 F,OF 的延长线交 ED 于点 G.

(1) 如图(a)所示,求证:$S_{正ABCD} = DF \times BE$.

(2) 如图(a)所示,求证:$\angle DGO = 45°$.

(3) 如图(b)所示,若 $\dfrac{BC}{OG} = \dfrac{\sqrt{10}}{3}$,$BC > CE$,求 $\tan\angle CDE$.

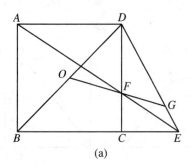
(a)

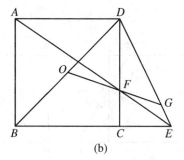
(b)

图 3.59

60. 如图 3.60 所示,已知正方形 $ABCD$,点 E 为线段 BC 上异于端点的一动点,连接点 A、E,$DF \perp AE$ 于点 G、交 AB 于点 F.

(1) 如图(a)所示,$BH \perp AE$ 于点 H,连接点 C 与 G、D 与 H 交于点 P,探究线段 CG、DH 之间的数量关系与位置关系.

(2) 如图(b)所示,在(1)的条件下,若 $AG = 1$,$S_{四ABHD} = 6$,求 CG.

(3) 如图(c)所示,点 M 为 GD 上一点,$AG = MG$,连接点 C、M,N 为 CM 的中点.若 $DN = 3$,$CM = 2\sqrt{5}$,求 AG.

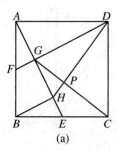
(a)

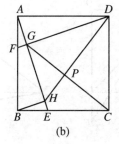
(b)

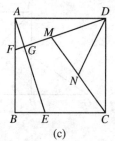
(c)

图 3.60

61. 如图3.61所示,已知正方形 $ABCD$,点 P 为 CD 边上异于端点的一动点,连接点 B、P,过点 P 作 BP 的垂线交 AD 于点 E、交 BC 的延长线于点 F.

(1) 如图(a)所示,探究线段 ED、CF、PC 三者之间的数量关系.

(2) 如图(b)所示,连接点 A、P,若 $\dfrac{ED}{CF}=\dfrac{1}{3}$,求 $\tan\angle APE$.

(3) 如图(c)所示,连接点 B、E,PQ 平分 $\angle BPF$ 交 BF 于点 Q,若 $\dfrac{CQ}{BQ}=\dfrac{1}{5}$,$DP>CP$,求 $\tan\angle EBP$.

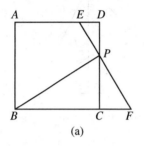 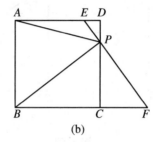 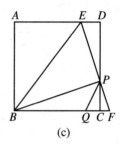

(a)　　　　　(b)　　　　　(c)

图 3.61

62. 如图3.62所示,已知正方形 $ABCD$,点 E 在对角线 AC 上,点 F 在 DC 的延长线上,连接点 E、F,$EG\perp EF$ 交 CB 的延长线于点 G.

(1) 如图(a)所示,探究线段 EC、CF、GC 三者之间的数量关系.

(2) 如图(b)所示,GF、EC 的延长线交于点 P.若 $AB=4$,$AE=\sqrt{2}$,$CF=1$,求:

① $\tan\angle FEP$;

② CP.

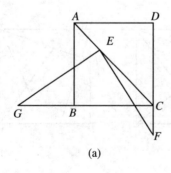 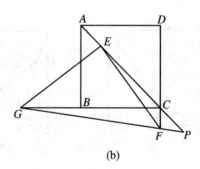

(a)　　　　　　(b)

图 3.62

63. 如图 3.63 所示,在正方形 $ABCD$ 中,点 E 在 AD 上,点 F 在 BC 上,点 Q 在 AB 上,$DQ \perp EF$ 于点 P.

(1) 如图(a)所示,求证:$BF - AE = AQ$.

(2) 如图(b)所示,$CE \perp DQ$ 于点 P,点 Q 为 AB 的中点,连接点 B、P. 求证:$\triangle BCP$ 为等腰三角形.

(3) 如图(c)所示,$CG \perp DQ$ 于点 G,连接点 Q 与 F、A 与 G,若 $AE = 1$,$\angle AQD = \angle FQD$,$\angle AGC = 135°$,求 BF.

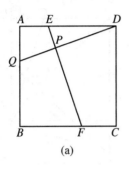
(a)
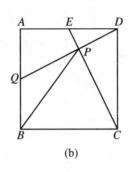
(b)
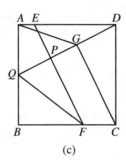
(c)

图 3.63

64. 如图 3.64 所示,已知正方形 $ABCD$,点 E、F 分别在 CD、DA 的延长线上,BE 交 AD 于点 P,$FG \perp BE$ 于点 G 交 AB 于点 H,FG 的延长线交 CD 于点 K.

(1) 如图(a)所示,求证:$BP = HK$.

(2) 如图(b)所示,连接点 F、B,若 P 为 AD 的中点,$\angle EFB = \angle FBC$,求 $\tan\angle FEC$.

(3) 在(2)的条件下,求证:$FH^2 + FK^2 = 2BH^2$.

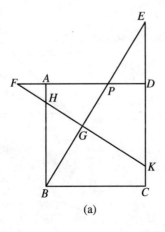
(a)
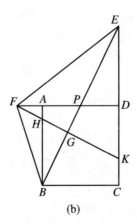
(b)

图 3.64

65. 如图 3.65 所示,已知正方形 $ABCD$,点 E 在 AB 的延长线上,点 G 在线段 AD 上,$BE = DG$,连接点 C 与 E、C 与 G.

(1) 如图(a)所示,求证:$CE = CG$ 且 $CE \perp CG$.

(2) 如图(b)所示,点 F 在 AD 的延长线上,满足 $\angle ECF = 135°$,点 H 在 EF 上,满足 $\angle GCD = \angle HCG$,连接点 A、H,求证:$EF = 2AH$.

(3) 如图(c)所示,在(2)的条件下,若 $\dfrac{GD}{CH} = \dfrac{4}{5}$,求 $\tan\angle HAG$.

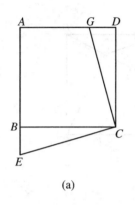
(a)

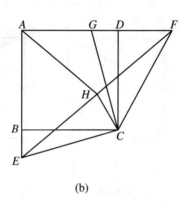
(b)

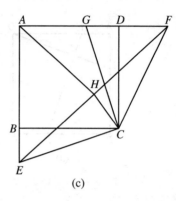
(c)

图 3.65

66. 如图 3.66 所示,已知四边形 $ABCD$,$AB = AC = AD$,$\angle BAC = 90°$,$S_{四ABCD} = 4$,求 BD.

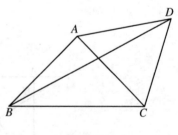

图 3.66

67. 如图 3.67 所示,已知四边形 $ABCD$,$AB = AC$,BD 交 AC 于点 E,点 F 在 BD 上且 $BF = CD$,$\angle BAF = 2\angle DBC$,$\angle AEB + \angle BCD = 180°$.

(1) 如图(a)所示,探究线段 AB、AF、BC 三者之间的数量关系.

(2) 如图(b)所示,若 E 为 AC 的中点,求:

① $\cos\angle BDC$;

② $\dfrac{EF}{BF}$.

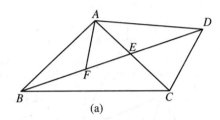 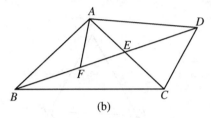

图 3.67

68. 如图 3.68 所示,已知四边形 $ABCD$,$\angle BCD + \angle ADC = 120°$,$BC = AD$.

(1) 如图(a)所示,M、N 分别是 AB、CD 的中点,连接点 M、N,求 $\dfrac{MN}{BC}$.

(2) 如图(b)所示,连接点 A、C,若 $\angle BAC = 30°$,探究线段 AB、AC、CD 三者之间的数量关系.

(3) 如图(c)所示,在(2)的条件下,取 CD 的中点 N,连接点 A、N,若 $\dfrac{AN}{AB} = \dfrac{3}{5}$,求 $\dfrac{AC}{CD}$.

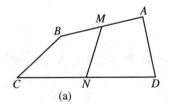 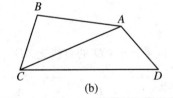 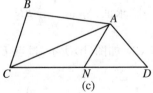

图 3.68

69. 如图 3.69 所示,已知四边形 $ABDC$,$\angle A = 60°$,$AB = AC$,$BD = CD$,$\angle BDC = 120°$,点 E、F 分别在 AB、AC 上,DF 交 BC 于点 N,$\angle EDF = 60°$,连接点 E、F.

(1) 如图(a)所示,探究:

① 线段 FC、BE、EF 三者之间的数量关系;

② $\dfrac{NC}{AE}$ 是否为定值.

(2) 如图(b)所示,若 $\dfrac{EF}{AB} = \dfrac{7}{10}$,$AF > CF$,求 $\dfrac{CF}{AF}$.

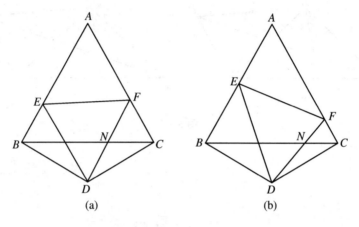

图 3.69

70. 如图 3.70 所示,已知四边形 $ABCD$,$AB = AD$,$AD \parallel BC$,$CF \perp AB$ 于点 F,交 BD 于点 E,连接点 A、E,$\angle BDC = 45°$.设 $\angle ABD = \alpha$.

(1) 如图(a)所示.

① 若 $\dfrac{BE}{ED} = \dfrac{m}{n}$,求 $\tan \alpha$(用含有 m、n 的代数式表示).

② 求证:$S_{\triangle AED} = \dfrac{1}{4}ED^2$.

(2) 如图(b)所示,过点 E 且平行于 CD 的直线交 AD 于点 M、交 BC 于点 N,求 $\dfrac{S_{\triangle AEM}}{S_{\triangle CEN}}$.

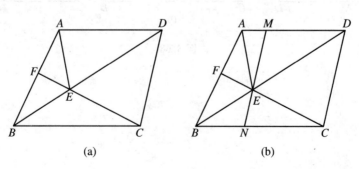

图 3.70

71. 如图 3.71 所示,已知四边形 ABCD 为圆的内接四边形,AB 为圆的直径,AD、BC 的延长线交于点 E,设 $\angle E = \alpha$,若 $\dfrac{S_{\triangle DCE}}{S_{\triangle ABE}} = \dfrac{1}{n}(n>1)$,求 $\cos \alpha$(用含有 n 的代数式表示).

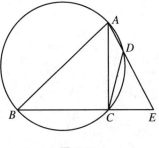

图 3.71

72. 如图 3.72 所示,已知四边形 ABCD 为圆的内接四边形,$AB = AC$,$\angle BAD = 60°$,$BC = 6$,$\dfrac{AD}{AB} = \dfrac{2}{3}$,求 CD.

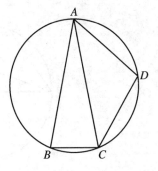

图 3.72

73. 如图 3.73 所示,已知四边形 $ABCD$ 内接于 $\odot O$, BC 为圆的直径, AD、BC 交于点 E, $AC = AD$. 若 $\dfrac{S_{\triangle ABD}}{S_{\triangle ADC}} = \dfrac{1}{5}$, 求 $\cos \angle ADC$.

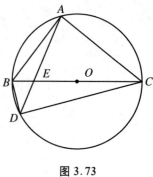

图 3.73

74. 如图 3.74 所示,已知四边形 $ABCD$ 内接于 $\odot O$, BC 为 $\odot O$ 的直径, AC、BD 交于点 E.

(1) 如图(a)所示,若 AC 平分 $\angle BCD$, E 为 AC 的中点, $BC = 3$, 求 AD.

(2) 如图(b)所示,若 A 为 $\overset{\frown}{BC}$ 的中点, $\dfrac{AD}{CE} = \dfrac{\sqrt{6}}{3}$, 求证:点 E 为线段 AC 的黄金分割点.

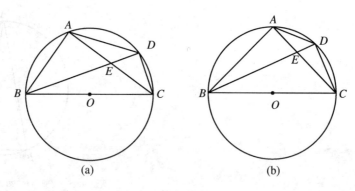

(a)   (b)

图 3.74

75. 如图 3.75 所示,已知△AEF 为等边三角形,点 C 在 EF 上,CF = 2EC,点 G 是线段 AC 上异于端点的动点,过点 G 的直线交 AE、AF 分别于点 B、D,四边形 GCFD 为圆的内接四边形.

(1) 如图(a)所示,求证:

① $\dfrac{AD}{AB}$ 为定值;

② $\dfrac{BG}{GD}$ 为定值.

(2) 如图(b)所示,在(1)的条件下,连接点 B 与 C、C 与 D,若四边形 ABCD 为圆的内接四边形,CE = 8,求 BE.

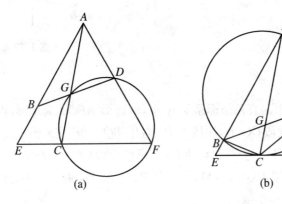

图 3.75

76. 如图 3.76 所示,在平面直角坐标系 xOy 中,直线 $y = -\dfrac{5}{12}x + b$ 交 x 轴正半轴于点 M、交 y 轴正半轴于点 N,正方形 ABCO 的边长为 2,点 A 在线段 OM 上,点 C 在线段 ON 上. 现将正方形 ABCO 绕点 B 逆时针旋转,得到正方形 FEDB,若 AO 的对应边 FE 恰好可以落在直线 MN 上,求 b.

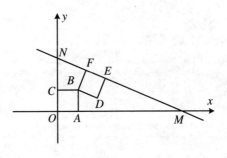

图 3.76

77. 如图 3.77 所示,在平面直角坐标系 xOy 中,四边形 $ABCD$ 的顶点分别为 $A(-4,0)$、$B(-2,-1)$、$C(3,0)$、$D(0,3)$,当过点 B 的直线 l 将四边形 $ABCD$ 分成面积相等的两部分时,求直线 l 的解析式.

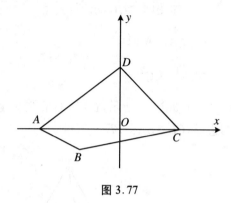

图 3.77

78. 如图 3.78 所示,在平面直角坐标系 xOy 中,四边形 $ABCO$ 为矩形,点 A、C 分别在 x、y 轴的正半轴上,点 P 在线段 OC 上,连接点 P、B,作 $BQ \perp BP$ 交 x 轴于点 Q.

(1) 如图(a)所示,当点 P 不与点 O、C 重合时,求证:$\triangle BCP \sim \triangle BAQ$.

(2) 如图(b)所示,若 $A(2,0)$,$C(0,4)$,连接点 P、Q,取 PQ 的中点 M,连接点 A、M,作 $MN \perp x$ 轴于点 N,求 AM 的最小值.

(3) 在(2)的条件下,当点 P 从点 C 运动到点 O 时,求线段 MN 扫过的面积.

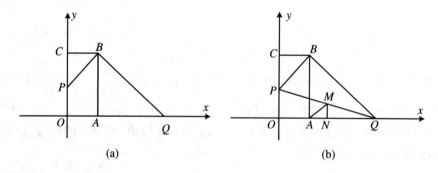

图 3.78

79. 如图 3.79 所示,在平面直角坐标系 xOy 中,四边形 $ABCO$ 为正方形,点 A 在 y 轴正半轴上,点 C 在 x 轴正半轴上,点 D 为正方形 $ABCO$ 的对称中心,四边形 $DEFG$ 为正方形.

(1) 如图(a)所示,连接点 A 与 E、O 与 G,探究线段 AE、OG 之间的数量关系以及直线 AE、OG 之间的位置关系.

(2) 如图(b)所示,连接点 A 与 E、O 与 F、C 与 G. 若 $AE=\sqrt{2}$,$FG=1$,$OF=\sqrt{5}$,求:

① $\tan\angle OFG$;

② 直线 CG 的解析式.

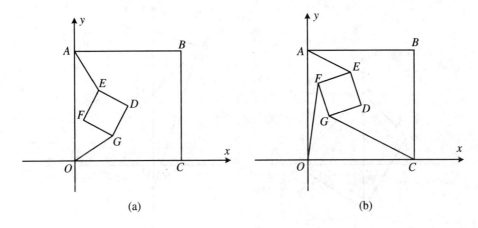

图 3.79

80. 如图 3.80 所示,在平面直角坐标系 xOy 中,四边形 $ABPQ$ 的顶点 $A(0,3)$,$B(3,0)$,点 P 在 y 轴负半轴上运动,连接点 B、P,$PQ \perp PB$ 交直线 $y = x + 3$ 于点 Q.

(1) 如图(a)所示,设点 P 的纵坐标为 t,四边形 $ABPQ$ 的面积为 S,求 S 与 t 之间的函数关系式.

(2) 如图(b)所示,PQ 交 x 轴于点 D,PQ、BA 的延长线交于点 E,$EF \perp EP$ 交 y 轴于点 F.若 $\dfrac{EF}{ED} = \dfrac{2}{5}$,求直线 BP 的解析式.

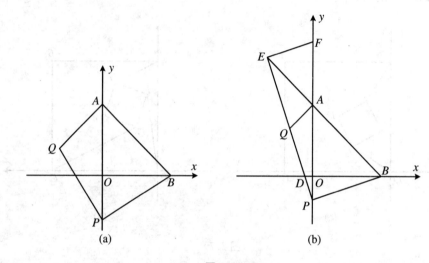

图 3.80

81. 如图 3.81 所示,在平面直角坐标系 xOy 中,四边形 $ABCD$、$DEFG$ 都是正方形,边长分别为 m、$n(m<n)$,O 为 AD 的中点,点 A、D、E 都在 y 轴上.若二次函数 $y=ax^2(a>0)$ 的图像过 C、F 两点,求 $\dfrac{n}{m}$.

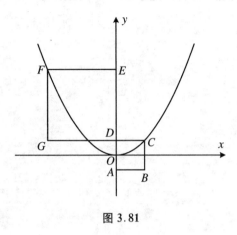

图 3.81

82. 如图 3.82 所示,在平面直角坐标系 xOy 中,抛物线 $y=a(x-3)(x+4)(a<0)$ 交 x 轴于点 A、B(点 A 在点 B 左侧),交 y 轴于点 C,点 D 在第二象限的抛物线上,连接点 B 与 D、O 与 D,BD 交 y 轴于点 E.若 y 轴平分四边形 $DCBO$ 的面积,$S_{\triangle DCB}=\dfrac{27}{4}$,求抛物线的解析式.

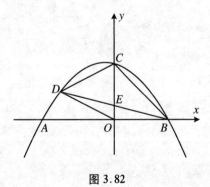

图 3.82

83. 如图 3.83 所示,在平面直角坐标系 xOy 中,抛物线 $y=(x-1)(x+3)$ 交 x 轴于点 A、B(点 A 在点 B 左侧),交 y 轴于点 C,$CD \parallel x$ 轴交抛物线于点 D,连接点 A 与 D、B 与 D,点 E 为线段 BD 上异于端点的一动点,$EF \parallel x$ 轴交 AD 于点 F,$FG \perp x$ 轴于点 G,$EH \perp x$ 轴于点 H. 若四边形 $EFGH$ 为正方形,求 $S_{\triangle FDE}$.

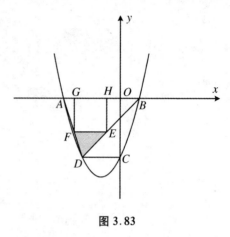

图 3.83

84. 如图 3.84 所示,在平面直角坐标系 xOy 中,抛物线 $y=(x+1)\left(x-\dfrac{2}{3}\right)$ 交 x 轴于点 A、B(点 A 在点 B 左侧),点 D 在第一象限的抛物线上,点 C 在第一象限,连接点 B 与 D、C 与 D、B 与 C. 在四边形 $ABCD$ 中,$BC \parallel AD$,$DC \parallel y$ 轴,BD 平分 $\angle ADC$,求直线 AD 的解析式.

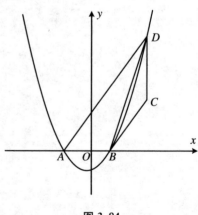

图 3.84

85. 如图 3.85 所示,在平面直角坐标系 xOy 中,抛物线 $y=-\dfrac{2}{3}(x+1)(x-3)$ 交 x 轴于点 A、B(点 A 在点 B 左侧),交 y 轴于点 M,四边形 ABCD 为矩形,点 M 在边 CD 上,点 E 为线段 AB 的中点,连接点 D、E 交 y 轴于点 H,连接点 C、H,点 G 为 CH 的中点,连接点 B、G,点 F 为 BG 的中点,连接点 E、F.

(1) 求证:DE ∥ BG.

(2) 求四边形 EFGH 的面积.

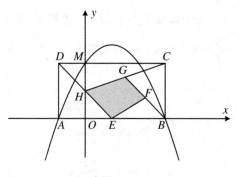

图 3.85

86. 如图 3.86 所示,在平面直角坐标系 xOy 中,正方形 ABCD 的顶点 A、B 分别在 y 轴、x 轴的正半轴上,点 D、C 分别在反比例函数 $y=\dfrac{m}{x}(m>0,x>0)$ 和 $y=\dfrac{n}{x}(n>0,x>0)$ 的图像上,$m>n$. 已知 $AB=\sqrt{5}$,当 $S_{\triangle AOB}=\dfrac{1}{5}S_{正ABCD}$ 时,求 $m-n$ 的值.

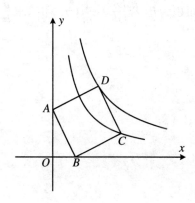

图 3.86

87. (1) 如图 3.87(a)所示,在平面直角坐标系 xOy 中,直线 l 交 x 轴正半轴于点 E、交 y 轴正半轴于点 F,反比例函数 $y = \dfrac{k}{x}(k>0,x>0)$ 的图像与直线 l 交于点 A、B,求证: $AF = BE$.

(2) 如图 3.87(b)所示,在平面直角坐标系 xOy 中,直线 l 与反比例函数 $y = \dfrac{n}{x}(n>0,x>0)$ 的图像交于点 A、B,四边形 $OACB$ 为平行四边形,且 $OA \perp AB$,点 C 在反比例函数 $y = \dfrac{m}{x}(m>0,x>0)$ 的图像上. 若 $A(a,b)$,求 m(用含有 a、b 的代数式表示).

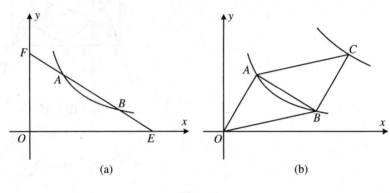

图 3.87

88. 如图 3.88 所示,在平面直角坐标系 xOy 中,四边形 $OABC$ 为矩形,点 A 在 y 轴正半轴上,点 C 在 x 轴正半轴上,反比例函数 $y = \dfrac{k}{x}(k>0,x>0)$ 的图像交 AB 于点 E、交 BC 于点 F,EF 的延长线交 x 轴于点 D,连接点 O 与 E、O 与 F. 记 $\triangle BEF$ 的面积为 a,$\triangle OEF$ 的面积为 b,若 $\dfrac{DF}{DE} = \dfrac{1}{m}(m>1)$,求 $\dfrac{a}{b}$(用含有 m 的代数式表示).

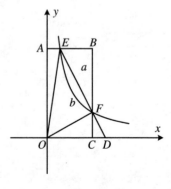

图 3.88

89. 如图 3.89 所示,在平面直角坐标系 xOy 中,矩形 $OABC$ 的对角线 BO 交反比例函数 $y = \dfrac{k}{x}(k>0, x>0)$ 的图像于点 D,直线 AD 平分 $\angle OAB$ 交 x 轴于点 G,反比例函数 $y = \dfrac{k}{x}$ 的图像交 AB 于点 E、交 BC 于点 F,点 A 在 y 轴正半轴上,点 C 在 x 轴正半轴上,$AB = 2AO$,连接点 O 与 E、O 与 F、E 与 F。若 $S_{\triangle OEF} = \dfrac{80}{9}$,求点 D 的坐标.

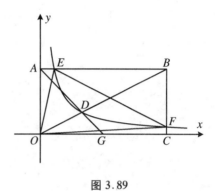

图 3.89

90. 如图 3.90 所示,已知平行四边形 $ABCD$,点 E、F 分别在 AD、CD 上,记 $\triangle BEF$ 的面积为 S,$\triangle EDF$ 的面积为 a,$\triangle BCF$ 的面积为 b,$\triangle ABE$ 的面积为 c.

(1) 如图(a)所示,求证:$S = \sqrt{(a+b+c)^2 - 4bc}$.

(2) 如图(b)所示,若四边形 $ABCD$ 为矩形,$\triangle BEF$ 为等边三角形,求证:$a = b + c$.

(3) 如图(c)所示,在平面直角坐标系 xOy 中,点 A 在反比例函数 $y = \dfrac{2}{x}(x<0)$ 的图像上,点 B 在反比例函数 $y = \dfrac{-4}{x}(x>0)$ 的图像上,$\triangle AOB$ 为等边三角形,求 $\triangle AOB$ 的边长.

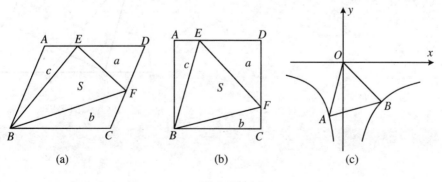

(a) (b) (c)

图 3.90

91. 如图 3.91 所示,已知四边形 $ABCD$ 为平行四边形,$\tan\angle B = \dfrac{4}{3}$,对角线 $AC \perp AB$,过 A、C 两点的圆交 AB、AD 分别于点 E、F,EF、AC 交于点 G,求 $\dfrac{AG}{GC}$ 的最大值.

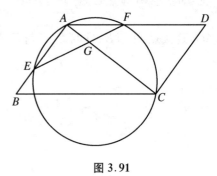

图 3.91

92. 如图 3.92 所示,已知平行四边形 $ABCD$,$AB = 2$,$\angle B = \alpha = 80°$,点 E 为 BC 边上一点,连接点 A、E,将 $\triangle ABE$ 沿 AE 折叠,点 B 恰好落在 AD 边上的点 F 处,点 M 为 BC 边上的动点,连接点 A、M,将线段 AM 绕点 M 顺时针旋转 α,得到线段 MN,连接点 F、N,求 FN 的最小值.

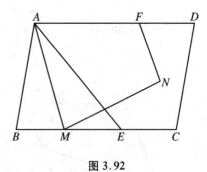

图 3.92

93. 如图 3.93 所示,已知正方形 $ABCD$,点 E 为对角线 AC 上的动点,$EC < \dfrac{\sqrt{2}}{2}AB$,连接点 B、E,将线段 BE 绕点 E 顺时针旋转 $90°$ 并扩大到原来的两倍,得到线段 EF,EF 交 AD 于点 P,连接点 B 与 F、D 与 F.若正方形的边长为 2,求 $\angle BFD$ 最大时 CE 的长.

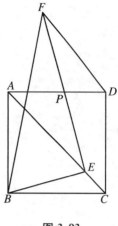

图 3.93

94. 如图 3.94 所示,已知正方形 $ABCD$,点 E 为 BC 延长线上的动点,连接点 A 与 E、D 与 E,求 $\dfrac{DE}{AE}$ 的最小值.

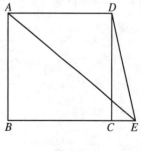

图 3.94

95. 如图 3.95 所示，已知正方形 $ABCD$，边长为 2，点 E、F 分别是 BC、CD 上．

(1) 如图(a)所示，若 E、F 为动点，满足 $BE = CF$，求 $AE + AF$ 的最小值．

(2) 如图(b)所示，若 E、F 分别是 BC、CD 的中点，点 M 为对角线 AC 上的动点，且 $MN \perp BC$ 于点 N，连接点 M 与 E，N 与 F，求 $ME + \sqrt{2}NF$ 的最小值．

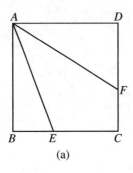
(a)

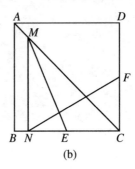
(b)

图 3.95

96. 如图 3.96 所示，正方形 $ABCD$ 中，点 E、F 分别是线段 AD、BC 上的动点，满足 $\dfrac{CF}{AE} = \sqrt{3} + 1$，连接点 E、F，以 EF 为边在其右侧作等边 $\triangle EFG$，连接点 D、G．若 $AB = 4$，求 DG 的最小值 $\left(\sin 15° = \dfrac{\sqrt{6} - \sqrt{2}}{4}\right)$．

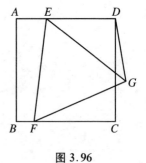

图 3.96

97. 如图 3.97 所示，已知四边形 ABCD 为矩形，点 M 为 AD 的中点，点 E、F 分别是线段 BC、CD 上的动点，满足 $BE = 2DF$，连接点 M 与 E，A 与 F. 若 $AD = 2AB = 4$，求 $AF + \frac{1}{2}ME$ 的最小值.

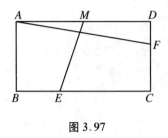

图 3.97

98. 如图 3.98 所示，在矩形 ABCD 中，$AB = 5, BC = 9$，点 E 在 DC 上，$CE = 2$，点 P、Q 分别是 BC、AD 上的动点，满足 $\angle PEQ = 60°$，求 $S_{\triangle PEQ}$ 的最小值.

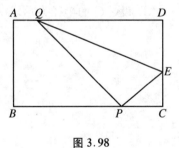

图 3.98

99. 如图 3.99 所示,已知四边形 ABCD 内接于半⊙O,BC 为直径,BD 平分∠ABC.若 BC = 4,求四边形 ABCD 周长 L 的最大值.

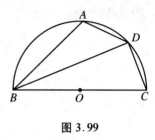

图 3.99

100. 如图 3.100 所示,已知四边形 ABCD 内接于⊙O,点 E 在弦 AB 上,四边形 EBCD 为菱形.

(1) 求证:∠BAD = 2∠ABD.

(2) 求证:$BD^2 = AD^2 + AD \times AB$.

(3) 设⊙O 的半径为 r,求 AB × DE 的最大值(用含有 r 的代数式表示).

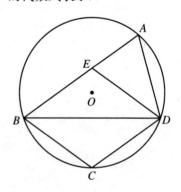

图 3.100

第四部分 四边形100题解析

1. 设 $\angle B = 2\alpha$,则 $\angle BAD = \angle BCD = 180° - 2\alpha$.

∵ AE 平分 $\angle BAD$,

∴ $\angle BAE = 90° - \alpha$,

∴ $\angle BEA = 90° - \alpha$,

∴ $AE \perp EF$,

∴ $\angle CEF = \angle CFE = \alpha$,

∴ $AB = BE = CD$,$CE = CF$,

∴ $DF + CF = BC - EC$,

∴ $CE = CF = \dfrac{BC - DF}{2} = 2$,

∴ $AB = BE = CD = 5$.

连接点 A、C,作 $AH \perp BC$ 于点 H,如图 4.1 所示.

∵ $AG \parallel CF$,$AG = CF$,

∴ 四边形 $ACFG$ 为平行四边形,

∴ $AC = GF$.

设 $HE = x$,则 $BH = 5 - x$,$HC = 2 + x$.

∵ $AH^2 = AB^2 - BH^2 = AE^2 - HE^2$,

∴ $25 - (5 - x)^2 = 10 - x^2$,得 $x = 1$,

∴ $CH = 3$,$BH = 4$,

∴ $AH = 3$,

∴ $AC = GF = 3\sqrt{2}$.

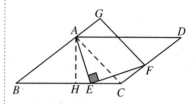

图 4.1

> **思路点拨**
>
> "双平出等腰"是中考高频考点.以本题为例,$AD \parallel BC$,AE 平分 $\angle BAD$,得到 $AB = BE = 5$,再由 $\angle CEF = \angle CFE$ 可知 $CE = CF$,推出 $DF + CF = BC - EC$,从而得 $CE = CF = 2$.本题欲求 GF,由于 GF 与已知线段均错位,直接求解比较困难,我们就要将其转化为利于求解的线段.连接点 A、C,我们发现四边形 $ACFG$ 为平行四边形,得到 $AC = GF$,由于 AC 与 AB、AE、BE、EC 均有关联,这样便于求解.作 $AH \perp BC$ 于点 H,利用勾股定理求出 $HE = 1$,从而得 $CH = 3$,$AH = 3$,最终解得 $GF = 3\sqrt{2}$.

2. 作 $CG \perp AD$ 交 AD 的延长线于点 G,如图 4.2 所示.

∵ $AD \parallel BC$,

∴ $\angle ACB = \angle CAE$.

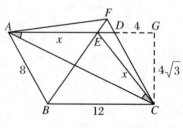

图 4.2

∵ ∠ACB = ∠ACE,
∴ ∠CAE = ∠ACE,
∴ AE = CE.
∵ ∠CDG = ∠BAD = 60°, AB = CD = 8,
∴ DG = 4, CG = 4√3.
设 AE = CE = x, 则 EG = 16 - x.
在 Rt△ECG 中, $x^2 = (16-x)^2 + 48$, 得 $x = \frac{19}{2}$.
∴ $ED = \frac{5}{2}$,
∴ $S_{\triangle CDE} = \frac{1}{2} CG \times ED = 5\sqrt{3}$.

连接点 B、D, 如图 4.3 所示.
∵ CF // AB,
∴ $S_{\triangle AEF} = S_{\triangle BDE}$.
∵ ED // BC,
∴ $S_{\triangle BDE} = S_{\triangle CDE}$,
∴ $S_{\triangle AEF} = S_{\triangle CDE} = 5\sqrt{3}$.

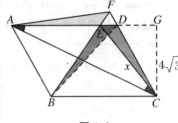

图 4.3

思路点拨

(1) "双平出等腰". 确定题目条件中的相关线段的数量关系是解决本题的基础, 结合勾股定理求解 AE, 继而求得 $S_{\triangle CDE}$.

(2) 利用平行线通过等积变换得到 $S_{\triangle AEF} = S_{\triangle CDE}$.

3. 延长 AE、DC 交于点 H, 如图 4.4 所示.
∵ 易证△ABE≌△HCE,
∴ EH = AE = 3,
∴ AH = AF = 6.
∵ ∠EAF = 60°,
∴ △AHF 为等边三角形,
∴ HF = 6,
∴ HC = AB = CD = 2CF = 4.
作 BG⊥AE 于点 G.
∵ ∠BAE = ∠H = 60°,
∴ AG = 2, BG = 2√3,
∴ EG = AE - AG = 1,
∴ $BE = \sqrt{BG^2 + EG^2} = \sqrt{13}$,

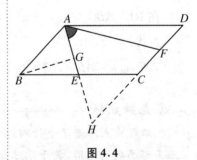

图 4.4

∴ $AD = BC = 2BE = 2\sqrt{13}$,

∴ $\dfrac{DF}{HF} = \dfrac{1}{3}$,

∴ $S_{\triangle AHD} = \dfrac{4}{3} S_{\triangle AHF} = \dfrac{4}{3} \times \dfrac{\sqrt{3}}{4} AF^2 = 12\sqrt{3}$.

∴ $S_{\Box ABCD} = S_{\triangle ABE} + S_{四AECD} = S_{\triangle EHC} + S_{四AECD} = S_{\triangle AHD} = 12\sqrt{3}$.

思路点拨

"遇中点,线倍长",尤其是在出现平行线的时候. 这是中考高频考点. 本题倍长 AE 后,将分散的线段集中,并且出现等边三角形,这样利于求解 AD. 通过等积变换将 $S_{\Box ABCD}$ 转化为 $S_{\triangle AHD}$,较为简洁明了. 当然,也可以在 $\triangle ABE$ 中利用等积法求解 BE 边上的高.

4. ∵ $AB \parallel CD$(图 4.5),

∴ $\angle BDC = \angle ABO = \angle ACB$.

∵ $AB \perp AC$,

∴ $\tan \angle ABO = \dfrac{AO}{AB}$,$\tan \angle ACB = \dfrac{AB}{AC}$.

∵ 四边形 $ABCD$ 为平行四边形,

∴ $AO = OC$,$BO = DO = \dfrac{1}{2} BD = \sqrt{3}$.

设 $AO = OC = x$

∴ $\dfrac{x}{AB} = \dfrac{AB}{2x}$,得 $AB^2 = 2x^2$.

在 Rt$\triangle ABO$ 中,$2x^2 + x^2 = 3$,得 $x = 1$,

∴ $AB = \sqrt{2}$,$AC = 2$,

∴ $S_{\Box ABCD} = AB \times AC = 2\sqrt{2}$.

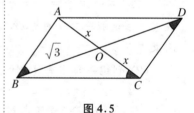

图 4.5

思路点拨

本题重点考查了平行四边形的性质、三角形相似及三角形函数的运用,属于基础题型,难度不大. 关键一步是 $\tan \angle ABO = \tan \angle ACB$(或者子母型相似),结合勾股定理建立方程即可求解.

5. 作 $OF \parallel AB$ 交 AD 于点 F,如图 4.6 所示.

据题意,有

$OD + OE + ED - (AB + OB + OE + AE) = 2$.

∵ OD = OB, AB = 4,
∴ ED = AE + 6,
∴ AD = 2AE + 6.
∵ OF 为 △ABD 的中位线,
∴ $OF = \frac{1}{2}AB = 2$, $AF = FD = \frac{1}{2}AD = AE + 3$,
∴ EF = AF − AE = 3.
作 OG⊥AD 于点 G.
∵ OF ∥ AB, ∠BAD = 60°,
∴ ∠OFG = 60°,
∴ FG = OFcos60° = 1, OG = OFsin60° = $\sqrt{3}$,
∴ EG = EF + FG = 4,
∴ $OE = \sqrt{OG^2 + EG^2} = \sqrt{19}$.

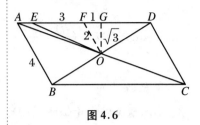

图 4.6

思路点拨

本题综合考查了平行四边形的性质、中位线的运用及勾股定理.首先平行四边形的对角线相互平分,那么就存在中点,有中点就要尝试中位线,目的是将几何元素转化到便于解决问题的轨道上.以本题为例,构造中位线的目的是将60°角和 AB 的一半转化到△OFG 中,结合题意,不难得到 EF = 3,最后利用勾股定理解决问题.

6. 延长 BE 与 CD 交于点 G,如图 4.7 所示.
∵ AE = ED, AB ∥ CG,
∴ AB = DG = DC, BE = EG,
∴ CE 垂直平分 BG,
∴ BC = GC.
∵ AB⊥AC, AB ∥ CD,
∴ AC⊥CD,
∴ CE 为 Rt△ACD 斜边上的中线,
∴ $AE = ED = CE = \frac{1}{2}AD = \frac{1}{2}CG = CD$,
∴ △EDC 为等边三角形,
∴ ∠G = ∠GBC = ∠ACB = 30°.
作 DH⊥EG 于点 H.
令 AE = ED = CD = 2,
则 HD = 1, GC = 4.

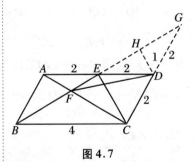

图 4.7

∴ $FC = GC\tan 30° = \frac{4}{\sqrt{3}}$,

$$\therefore FD = \sqrt{FC^2 + CD^2} = \sqrt{\frac{28}{3}},$$

$$\therefore \sin\angle DFE = \frac{HD}{FD} = \frac{\sqrt{21}}{14}.$$

思路点拨

本题关键在于证明△EDC为等边三角形,必须要充分利用平行四边形的性质、中位线等知识来判定.得到这个结论以后,计算并不复杂,相关线段的数量关系一目了然,最后计算角度的正弦值就比较简单了.

7. 作 $AP \perp DF$ 交 DC 于点 Q,交 BC 的延长线于点 P,如图4.8所示.

∵在△ADQ中,DF平分∠ADC,DF⊥AQ,

∴AD = QD.

∵AD∥CP,

∴CP = CQ.

∵易证△ADF≅△EAP(ASA),

∴AF = EP.

设 EF = 3,则 BE = 4.

设 EC = x,则 AD = AE = DQ = x + 4.

∴AF = EP = x + 1,

∴CP = CQ = 1,

∴AB = CD = x + 5.

在 Rt△ABE 中,$(x+5)^2 = 16 + (x+4)^2$,得 $x = \frac{7}{2}$.

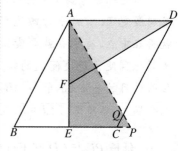

图4.8

连接点 D、E,作 $DG \perp BC$ 交 BC 的延长线于点 G,如图4.9所示,则四边形 $AEGD$ 为正方形.

$\because S_{\triangle DEF} = \frac{1}{2} AD \times EF, S_{\triangle DCE} = \frac{1}{2} DG \times CE = \frac{1}{2} AD \times CE,$

$\therefore S_{四FECD} = \frac{1}{2} AD(EF + EC).$

$\because S_{\triangle ADF} = \frac{1}{2} AF \times AD,$

$\therefore \frac{S_{\triangle ADF}}{S_{四FECD}} = \frac{AF}{EF + EC} = \frac{x+1}{3+x} = \frac{9}{13}.$

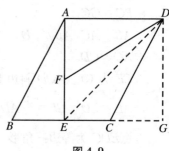

图4.9

思路点拨

本题是角平分线模型和十字架模型的综合运用.这两个模型是中考的高频考点.首先作角平分线的垂线可得等腰三角形,继而由十字架模型可知存在全等三角形,于是线段之间的数量关系——凸显,为解决问题打下了坚实的基础.再由勾股定理解得 $EC = \dfrac{7}{2}$,最终分析得出所求面积比.

8. 过点 G 作 $MN \perp BC$ 交 BC 于点 N、交 AD 于点 M,在线段 BC 上取点 P,使得 $BN = NP$,连接 GP,如图 4.10 所示.

易证四边形 $EBNM$ 为矩形.

设 $\angle GBC = \alpha$,则 $\angle EBG = 90° - \alpha$,$\angle AFB = 2\alpha$.

$\therefore \angle FCB = \angle AFB - \angle FBC = 2\alpha - 90°$.

$\because \angle GPB = \angle GBC = \alpha$,

$\therefore \angle CGP = 90° - \alpha$,

$\therefore \angle EBG = \angle CGP$,

$\therefore \triangle EBG \cong \triangle CGP$(SAS),

$\therefore EG = PC = 15$,$\angle BEG = \angle GCP$,

$\therefore BP = BC - PC = 18$,

$\therefore BN = NP = EM = 9$,

$\therefore MG = \sqrt{EG^2 - EM^2} = 12$.

$\because BE \parallel GM$,$AD \parallel BC$,

$\therefore \angle BEG = \angle EGM = \angle GCP = \angle GAM$,

$\therefore \cot \angle GAM = \cot \angle EGM = \dfrac{4}{3}$,

$\therefore AM = MG \cot \angle GAM = 16$,

$\therefore AE = AM - EM = 7$.

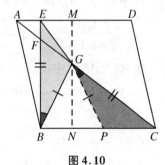

图 4.10

思路点拨

本题综合性较强,难度较大,对于全等、相似的考查要求较高.构造全等三角形是解决本题至关重要的一环,其中导角是关键,没有角度相等的条件,一切无从谈起.只有解决 $\triangle EBG \cong \triangle CGP$ 这一问题,相关线段的数量关系才会凸显出来.接下来,利用平行线的性质解决 $\cot \angle GAM$.到此,总算是柳暗花明.

9. 延长 AM 交 DC 于点 E，延长 CN、BA 交于点 F，作 $NG \perp AE$ 于点 G，如图 4.11 所示．

∵ $\angle DCN = 45°$，$AM \perp AB$，$BF /\!/ DC$，

∴ $\triangle MEC$、$\triangle MAF$ 均为等腰直角三角形，

∴ $AM = AF$．

∵ $\tan\angle ABM = \dfrac{AM}{AB} = \dfrac{1}{3}$，

∴ $AM = AF = \dfrac{1}{3}AB = \dfrac{1}{3}DC$．

∵ $AF /\!/ DC$，

∴ $\dfrac{AF}{DC} = \dfrac{AN}{DC} = \dfrac{1}{3}$．

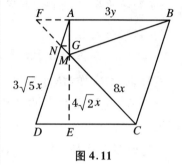

图 4.11

设 $DN = 3\sqrt{5}x$，$AB = 3y$，则 $MC = 8x$，$AM = y$．

∴ $AN = \sqrt{5}x$，$ME = EC = 4\sqrt{2}x$．

∵ $NG /\!/ DE$，

∴ $\dfrac{AN}{DN} = \dfrac{AG}{GE} = \dfrac{1}{3}$．

∵ $\triangle NGM$ 为等腰直角三角形，$MN = \sqrt{2}$，

∴ $GM = NG = 1$，

∴ $AG = y - 1$，$GE = 4\sqrt{2}x + 1$，

∴ $\dfrac{y-1}{4\sqrt{2}x+1} = \dfrac{1}{3}$，得 $x = \dfrac{3y-4}{4\sqrt{2}}$．

在 Rt$\triangle ANG$ 中，$5x^2 = (y-1)^2 + 1$．

∴ $(y-4)(13y-4) = 0$．

∵ $y > 1$，

∴ $y = 4$，$x = \sqrt{2}$，

∴ $AD = 4\sqrt{5}x = 4\sqrt{10}$．

思路点拨

本题重点考查了平行四边形的性质、平行线分线段成比例定理及勾股定理，综合性较强，计算量稍大．在平行四边形的背景下，往往要利用平行线分线段成比例定理，要将关键线段之间的比例关系搞清楚，为计算最后结果夯实基础．以本题为例，$\dfrac{AN}{DN} = \dfrac{AG}{GE} = \dfrac{1}{3}$ 是非常关键的结论，有了这个结论，关键线段之间的数量关系就凸显出来了，结合勾股定理建立方程组即可解决问题．

10. 过点 E 作 BC 的垂线,交 AD 于点 M,交 BC 的反向延长线于点 N,如图 4.12 所示.

∵ $\angle A = 45°$,$AD \parallel BC$,

∴ $\triangle AME$、$\triangle BEN$ 均为等腰直角三角形.

∵ $AB = 6\sqrt{2}$,$BE = \sqrt{2}$,

∴ $AM = ME = 5$,$EN = BN = 1$,$AE = EG = 5\sqrt{2}$.

在 $Rt\triangle ENG$ 中,$EG^2 = EN^2 + NG^2$.

∴ $NG = 7$,$BG = 6$.

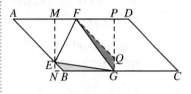

图 4.12

作 $GP \perp BC$ 交 AD 于点 P,在线段 PG 上取点 Q,使得 $PF = PQ$.

易知四边形 $MNGP$ 为矩形,$\triangle PFQ$ 为等腰直角三角形.

∵ $\angle A = \angle EGF = 45°$,

∴ $\angle EGB + \angle FGQ = 45°$,

∵ $\angle EBN = \angle EGB + \angle BEG = 45°$,

∴ $\angle BEG = \angle FGQ$.

∵ $\angle EBG = \angle GQF = 135°$,

∴ $\triangle EBG \sim \triangle GQF$,

∴ $\dfrac{EB}{BG} = \dfrac{GQ}{FQ} = \dfrac{1}{3\sqrt{2}}$,

∴ $FQ = \sqrt{2}PQ = 3\sqrt{2}GQ$,

∴ $PQ = PF = 3GQ$.

∵ $PG = MN = 6$,

∴ $PQ = PF = \dfrac{3}{4}PG = \dfrac{9}{2}$.

∵ $MP = NG = 7$,

∴ $MF = MP - PF = \dfrac{5}{2}$,

∴ $AF = AM + MF = \dfrac{15}{2}$.

思路点拨

本题重点考查了对称变换的性质、平行四边形的性质、相似三角形的构造等知识点.

首先,要求解 BG 的长,这是必要的一步.然后根据翻折的性质可知 $\angle EGF = 45°$,那么只要构造矩形,矩形中 $45°$ 角模型就凸显出来了.对于这个模型,处理的办法有很多,其中构造燕尾形相似是相对简洁的一种办法.

11. (1) **解法1** 作 $EG \perp AD$ 于点 G，作 $CH \perp BD$ 于点 H，如图4.13所示.

∵易证 $\triangle EGF \cong \triangle CHD$（AAS），

∴ $EG = CH$.

∵易证 $\triangle EGD \cong \triangle CHB$（AAS），

∴ $ED = BC = AD$.

∵ $S_{\triangle AED} = \dfrac{1}{2} EG \times AD$，$S_{\triangle CED} = \dfrac{1}{2} CH \times ED$，

∴ $S_{\triangle AED} = S_{\triangle CED}$.

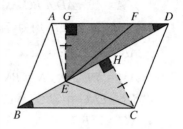

图4.13

解法2 延长 DB 至点 G，使得 $GB = FD$，如图4.14所示.

∵易证 $\triangle AGB \cong \triangle EDF$（SAS），

∴ $AG = ED$，$\angle AGB = \angle EDF$，

∴ $AG = AD = ED$.

作 $CM \perp BD$ 于点 M，作 $EN \perp AD$，如图4.15所示.

∵易证 $\triangle END \cong \triangle CMB$（AAS），

∴ $EN = CM$.

∵ $S_{\triangle AED} = \dfrac{1}{2} AD \times EN$，$S_{\triangle CED} = \dfrac{1}{2} ED \times CM$，

∴ $S_{\triangle AED} = S_{\triangle CED}$.

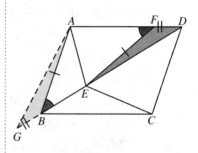

图4.14

(2) 设 $AD = BC = ED = x$，则 $BD = 3 + x$.

作 $DP \perp BC$ 交 BC 延长线于点 P，如图4.16所示.

∵ $AB = CD = 5$，$\angle ABC = \angle DCP = 60°$，

∴ $CP = \dfrac{5}{2}$，$DP = \dfrac{5\sqrt{3}}{2}$.

在 $Rt\triangle DBP$ 中，由勾股定理有

$$(x+3)^2 = \left(x + \dfrac{5}{2}\right)^2 + \dfrac{75}{4},$$

得 $x = 16$.

∴ $S_{\square ABCD} = DP \times BC = 40\sqrt{3}$.

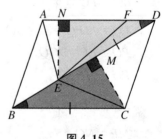

图4.15

思路点拨

(1) 第一问主要考查平行四边形的性质及全等知识的综合运用. 证明两个三角形面积相等的途径有多种，如证明两个三角形全等. 本题中，需要证明的两个三角形明显不满足全等条件. 那么我们可以尝试证明某一条边以及该边上的高相等. 结合已知条件，不难发现 $\triangle EGF \cong \triangle CHD$，继而有 $\triangle EGD \cong \triangle CHB$，从而得 $S_{\triangle AED} = S_{\triangle CED}$. 第二种解法中，利用截长补短的办法证明

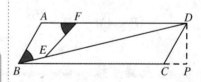

图4.16

$AG=AD=ED$,再由 $\triangle END \cong \triangle CMB$ 得到 $EN=CM$,从而得 $S_{\triangle AED}=S_{\triangle CED}$.

(2) 第二问相对就简单了,只需求出 BC 即可.利用勾股定理轻松解决.

12. (1) ∵ 四边形 $ABCD$ 为平行四边形,如图 4.17 所示,

∴ $\angle B = \angle D = \angle ECF$, $\angle B + \angle EAF = 180°$,

∴ $\angle ECF + \angle EAF = 180°$,

∴ 四边形 $AECF$ 为圆的内接四边形,

∴ $\angle CEF = \angle CAF$,

∴ $\triangle EFC \sim \triangle ACD$.

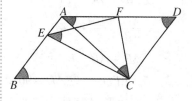

图 4.17

(2) 延长 GE、DA 交于点 N,作 $CM \perp AD$ 于点 M,如图 4.18 所示.

∵ 易证四边形 $NGCM$ 为矩形,

∴ $MN = CG$.

∵ 易证 $\angle NFE = \angle MCA$,

∴ $\triangle NFE \sim \triangle MCA$,

∴ $\dfrac{NE}{MA} = \dfrac{EF}{AC}$,

∵ 由(1)可知 $\triangle EFC \sim \triangle ACD$,

∴ $\dfrac{EF}{AC} = \dfrac{EC}{AD} = \dfrac{3}{4}$,

∴ $\dfrac{NE}{MA} = \dfrac{3}{4}$.

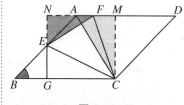

图 4.18

∵ $\angle D = \angle B = 45°$,

∴ $\triangle ANE$ 为等腰直角三角形,

∴ $NE = NA$.

设 $NE = NA = 3$,则 $AE = 3\sqrt{2}$, $AM = 4$.

∴ $NM = GC = 7$,

∴ $\dfrac{AE}{GC} = \dfrac{3\sqrt{2}}{7}$.

 思路点拨

(1) 第一问相对简单,由平行四边形对角互补可知四边形 $AECF$ 为圆的内接四边形,进而判定 $\triangle EFC \sim \triangle ACD$.

(2) 第二问的关键在于判定△NFE∽△MCA，这是一个比较典型的矩形中的十字架模型，结合第一问的结论推出 $\dfrac{NE}{MA}=\dfrac{3}{4}$，到此问题基本解决．

13．(1) 延长 DF、CB 交于点 H，连接点 E、D，如图4.19所示．

设 $AD=BC=BF=2$．

∵ $\dfrac{AD}{AB}=\dfrac{2}{3}$，得 $AB=3$，

∴ $AF=AB-BF=1$．

∵ $\angle EFD=\angle EAD=90°$，

∴ 四边形 $AFED$ 为圆的内接四边形，

∴ $\angle EAF=\angle EDF$，$\angle FDA=\angle FEA$．

∵ $AD\parallel HC$，

∴ $\angle FDA=\angle H$，

∴ $\angle H=\angle FEA$，

∴ $\tan\angle AEF=\tan\angle H=\dfrac{EF}{HF}$．

又 $\tan\angle FAE=\tan\angle FDE=\dfrac{EF}{FD}$，

∴ $\dfrac{\tan\angle AEF}{\tan\angle FAE}=\dfrac{FD}{HF}$．

∴ $\dfrac{AF}{BF}=\dfrac{DF}{HF}=\dfrac{1}{2}$，

∴ $\dfrac{\tan\angle AEF}{\tan\angle FAE}=\dfrac{1}{2}$．

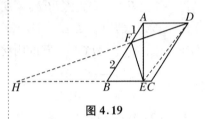

图 4.19

(2) 过点 F 作 BC 的垂线交 DA 的延长线于点 M，交 BC 于点 N，如图 4.20 所示．

∵ 易知四边形 $MNEA$ 为矩形，

∴ $NE=MA$．

∵ $AM\parallel BN$，

∴ $\dfrac{MF}{FN}=\dfrac{AF}{BF}=\dfrac{1}{2}$．

∵ 易证△DMF∽△FNE，

∴ $\dfrac{MF}{MD}=\dfrac{NE}{FN}$．

设 $NE=AM=x$，$MF=y$，则 $FN=2y$．

∴ $\dfrac{y}{x+2}=\dfrac{x}{2y}$，得 $y^2=\dfrac{1}{2}x(x+2)$．

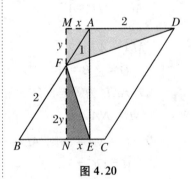

图 4.20

∵ 在 Rt△AMF 中，$x^2 + y^2 = 1$，

∴ $x^2 + \dfrac{1}{2}x(x+2) = 1$，解得 $x = \dfrac{\sqrt{7}-1}{3}$（负值舍去）．

∵ $\tan\angle FDM = \tan\angle AEF = \dfrac{y}{x+2}$，

∴ $\tan^2\angle AEF = \dfrac{y^2}{(x+2)^2} = \dfrac{x}{2(x+2)}$．

∵ $\dfrac{\tan\angle AEF}{\tan\angle FAE} = \dfrac{1}{2}$，

∴ $\tan^2\angle FAE = 4\tan^2\angle AEF = \dfrac{2x}{x+2} = \dfrac{2\sqrt{7}-4}{3}$．

思路点拨

本题的综合性较强，有一定的难度，计算量稍大．

（1）第一问显然需要将所求问题转化，因为两个所求的角的正切均不便求解，如果分别求出正切值再计算，则计算量太大．如果利用平行线与四点共圆将两个角度都转化到直角三角形中，那么问题就简单多了．

（2）在第一问的基础上，只需要解得 $\tan^2\angle AEF$ 即可，因为 $\angle AEF = \angle ADF$，$\angle ADF$ 在 Rt△MFD 中，相对方便计算．处理直角常见的方法是构造一线三直角，利用相似建立线段比例关系，再利用勾股定理联立方程解决问题．

14.（1）① ∵ $AE = AF$，

∴ $\angle AEF = \angle AFE$．

设 $\angle AEF = \angle AFE = \alpha$，则 $\angle FAE = 180° - 2\alpha$，如图4.21所示．

∵ $AB \parallel CD$，

∴ $\angle D = 180° - \angle FAE = 2\alpha$．

∵ $EF \perp EC$，

∴ $\angle CED = 90° - \alpha$，

∴ $\angle ECD = 180° - \angle D - \angle CED = 90° - \alpha$，

∴ $\angle CED = \angle ECD$，

∴ $ED = CD$．

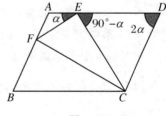

图 4.21

② 过点 F 作 BC 的垂线交 BC 于点 N、交 AD 于点 M，作 $CG \perp AD$ 于点 G，如图4.22所示．

设 $AE = AF = a$，$ED = CD = b$，则 $BF = b - a$，$BC = AD = a + b$．

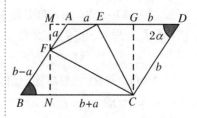

图 4.22

∵ 四边形 ABCD 为平行四边形,

∴ ∠B = ∠D = ∠BAM = 2α.

∵ $S_{\triangle BFC} = \frac{1}{2}BC \times FN = \frac{1}{2}(a+b)(b-a)\sin 2α$,

$S_{\triangle AEF} = \frac{1}{2}AE \times MF = \frac{1}{2}a \times a\sin 2α$,

∴ $S_{\triangle AEF} + S_{\triangle BFC} = \frac{1}{2}b^2\sin 2α$.

∵ $S_{\triangle EDC} = \frac{1}{2}ED \times CG = \frac{1}{2}b \times b\sin 2α = \frac{1}{2}b^2\sin 2α$,

∴ $\frac{S_{\triangle AEF} + S_{\triangle BFC}}{S_{\triangle EDC}} = 1$.

(2) 设 $S_{\triangle EFC} = 3$, 则 $S_{▱ABCD} = 8$.

∴ $S_{\triangle CFD} = \frac{5}{2}$,

∴ $\frac{S_{\triangle CFD}}{S_{▱ABCD}} = \frac{5}{16}$.

∵ $S_{\triangle CFD} = \frac{1}{2}ED \times CG, S_{▱ABCD} = BC \times CG$,

∴ $\frac{S_{\triangle CFD}}{S_{▱ABCD}} = \frac{ED}{2BC} = \frac{b}{2(a+b)} = \frac{5}{16}$, 得 $\frac{a}{b} = \frac{3}{5}$,

∴ $\frac{BF}{AF} = \frac{b-a}{a} = \frac{2}{3}$.

思路点拨

(1) 第一问相对比较简单,欲证两边相等,即证角度相等,这是比较常规的解题思路.

(2) 第二问根据第一问的结论设平行四边形的边长,利用面积公式求解即可.

(3) 第三问在第二问的基础上首先解得 $\frac{a}{b} = \frac{3}{5}$, 继而得 $\frac{BF}{AF} = \frac{b-a}{a} = \frac{2}{3}$.

15. (1) ① 取 AD 的中点 M, 取 BC 的中点 N, 连接点 E 与 M、E 与 N, 如图 4.23 所示.

易证四边形 ABNM 为平行四边形.

∵ AM 为 Rt△ADE 斜边上的中线,

∴ ∠ADE = ∠MED.

同理, ∠ECB = ∠NEC.

设 ∠ADE = ∠MED = α, ∠ECB = ∠NEC = β.

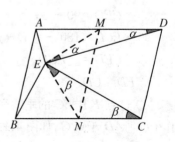

图 4.23

∵ ∠DEC = 45°,
∴ ∠EDC + ∠ECD = 135°.
∵ α + ∠EDC + β + ∠ECD = 180°,
∴ α + β = 45°,
∴ ∠MEN = α + β + ∠DEC = 90°.
又 $EM = \frac{1}{2}AD$, $EM = \frac{1}{2}BC$, $AD = BC$,
∴ EM = EN,
∴ △MEN 为等腰直角三角形,
∴ $\frac{MN}{EN} = \frac{AB}{\frac{1}{2}BC} = \sqrt{2}$,
∴ $\frac{AB}{BC} = \frac{\sqrt{2}}{2}$.

② 过点 E 作 AD 的平行线,过点 D 作 AE 的平行线,两直线交于点 F,连接点 C、F,如图 4.24 所示.
∵ 易证四边形 AEFD 为平行四边形,
∴ EF = AD = BC, AE = DF.
∵ AD // EF, AD // BC,
∴ EF // BC,
∴ 四边形 BEFC 为平行四边形,
∴ BE = CF.
∵ AE // DF, BE // CF,
∴ ∠AEB = ∠DFC,
∴ △ABE ≌ △DCF(SAS),
∴ ∠CDF = ∠BAE.
∵ DF // AE, AE ⊥ ED,
∴ DF ⊥ ED.
同理,CF ⊥ EC.
∴ 四边形 ECFD 为圆的内接四边形,
∴ ∠CDF = ∠CEF.
∵ EF // BC,
∴ ∠CEF = ∠BCE,
∴ ∠BAE = ∠BCE.

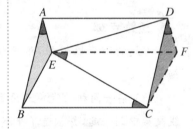

图 4.24

(2) 作 EQ ⊥ DC 于点 Q,在 DC 的延长线上取点 P,使得 EQ = PQ,如图 4.25 所示.
∵ 由(1)可知 ∠ABE = ∠DCF = ∠DEF = ∠ADE,
∠EAD = ∠ECD,
∴ ∠CEQ = ∠ADE.

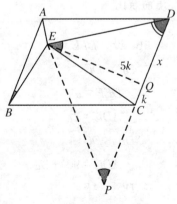

图 4.25

设 $CQ = k$,$DQ = x$,则 $EQ = PQ = 5k$.

易证 $\triangle ECD \backsim \triangle PED$,

$\therefore ED^2 = CD \times DP = DQ^2 + EQ^2$,

$\therefore 25k^2 + x^2 = (x+k)(x+5k)$,得 $x = \dfrac{10}{3}k$,

$\therefore \tan \angle QED = \dfrac{2}{3}$.

$\therefore$ 由(1)可知 $\angle EDC = \angle EBC$,

$\therefore \angle QED = \angle ECB$.

设 $AE = 1$,$BE = 2a$,则 $ED = 5$,$CE = 3a$.

$\therefore 4a^2 + 9a^2 = 1 + 25$,得 $a^2 = 2$,

$\therefore \dfrac{S_{\triangle AED}}{S_{\triangle BEC}} = \dfrac{5}{6a^2} = \dfrac{5}{12}$.

思路点拨

本题的综合性较强,难度较大,这是一道经典的压轴题.

(1)第一问利用直角三角形斜边上的中线将分散的线段集中到一起,并构造了平行四边形.

(2)第二问通过平移构造四点共圆,将分散的角度有效集中.

(3)第三问在前两问的基础上定量计算,充分利用 $45°$ 以及相关角度之间的等量关系,首先解得 $\dfrac{BE}{EC}$,进而解决面积比.

16. 设 $\angle DFE = \alpha$.

$\because DF = DE$,

$\therefore \angle DEF = \alpha$,

$\therefore \angle ADE = 2\alpha$.

$\because DE \perp DC$,

$\therefore \angle ADC = 90° + 2\alpha$.

$\because DC \parallel AB$,

$\therefore \angle DAB = 90° - 2\alpha$.

$\because$ 四边形 $ABCD$ 为菱形,

$\therefore \angle DAC = \angle BAC = 45° - \alpha$,

$\therefore \angle FEC = \angle F + \angle DAC = 45°$.

∵ $DF = DE = 1$, $AD = DC = 3$,

∴ $\tan\angle DAC = \tan\angle DCA = \dfrac{1}{3}$.

作 $FG \perp AC$ 于点 G, 如图 4.26 所示.

∴ △FEG 为等腰直角三角形.

∵ $AF = 4$,

∴ $GG = \dfrac{4}{\sqrt{10}}$,

∴ $FE = \sqrt{2}FG = \dfrac{4\sqrt{5}}{5}$.

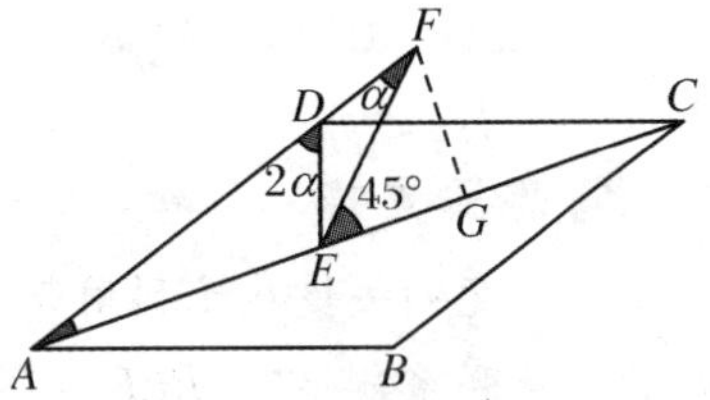

图 4.26

思路点拨

本题的关键在于巧妙地利用 $\angle FEC = 45°$, 从而大大简化运算, 否则特别烦琐. 本题虽然没有明确地给出角度条件, 但是有等腰、平行及角平分线等条件, 我们充分利用这些条件, 不难得出 $\angle FEC = 45°$ 这一重要结论. 接下来的计算较为简单.

17. 连接点 B、E, 作 $DG \perp AC$ 于点 G, 如图 4.27 所示.

设 $\angle FEC = \alpha$, 则 $\angle ADE = 2\alpha$.

∵ $\angle DEC = 60°$,

∴ $\angle EAD = 60° - 2\alpha$.

∵ $BC \parallel AD$,

∴ $\angle BCE = 60° - 2\alpha$,

∴ $\angle BFE = 60° - \alpha$.

∵ 由菱形的对称性可知 $BE = DE$, $\angle BEC = 60°$,

∴ $\angle BEF = 60° - \alpha$,

∴ $\angle BEF = \angle BFE$,

∴ $BE = BF = DE$.

设 $BE = BF = DE = x$, 则 $DC = BC = x + 2$.

∵ $\angle DEC = 60°$,

∴ $EG = \dfrac{1}{2}x$, $DG = \dfrac{\sqrt{3}}{2}x$,

∴ $GC = 8 - \dfrac{1}{2}x$.

∵ 在 Rt△DGC 中, $\dfrac{3}{4}x^2 + \left(8 - \dfrac{1}{2}x\right)^2 = (x+2)^2$, 得 $x = 5$,

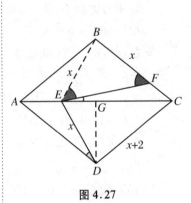

图 4.27

$$\therefore EG=\frac{5}{2},GC=\frac{11}{2}.$$

$\because AD=DC,BG\perp AC,$

$$\therefore AG=GC=\frac{11}{2},$$

$\therefore AE=AG-EG=3.$

思路点拨

本题的关键在于利用菱形的对称性,以及角度之间的内在联系,判定△BEF 为等腰三角形,继而解△DEC,得到 $DE=5$,再根据△ADC 为等腰三角形得到 $AG=GC=\frac{11}{2}$,最终解得 $AE=3$.

18. 作 $BM\perp DC$ 于点 M,作 $BN\perp AD$ 于点 N,如图 4.28 所示.

$\because \angle A=45°$,四边形 $ABCD$ 为菱形,

$\therefore \triangle ABN\cong\triangle CBM,$

$\therefore BN=BM.$

作 $FH\perp AD$ 于点 H.

$\because$ 易知四边形 $HFBN$ 为矩形,

$\therefore FH=BN=BM.$

$\because$ 在△FDH 与△BEM 中,有

$$\begin{cases}\angle HDF=\angle MEB\\ \angle FHD=\angle BME=90°,\\ FH=BM\end{cases}$$

$\therefore \triangle FDH\cong\triangle BEM$(AAS),

$\therefore FD=BE=5\sqrt{2}.$

作 $EG\perp BC$ 于点 G,如图 4.29 所示.

$\because$ 易知△EGC 为等腰直角三角形,

$\therefore EC=\sqrt{2},$

$\therefore EG=GC=1.$

$\because$ 在 Rt△BEG 中,$BG^2+EG^2=BE^2$,得 $BG=7$,

$\therefore BC=AB=8,$

$\therefore BN=4\sqrt{2},$

$\therefore S_{\text{菱}ABCD}=BC\times BN=32\sqrt{2}.$

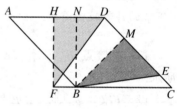

图 4.28

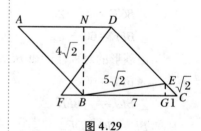

图 4.29

第四部分 四边形100题解析

> **思路点拨**
>
> 本题欲求菱形面积,由于$\angle A = 45°$已知,故求菱形边长即可.首先比较容易判定$BN = BM$,再结合题目条件判定$\triangle FDH \cong \triangle BEM$,那么$FD = BE$.此时,在$\triangle BEC$中,已知两边及其夹角,故解$\triangle BEC$即可求得菱形边长,最终解得菱形面积.

19. 连接点B、D交AC于点O,连接点B、F并延长交CD于点G,如图4.30所示.

$\because DE \perp BC, DE = CE$,

$\therefore \triangle DEC$为等腰直角三角形,

$\therefore \angle DCB = 45°$.

$\because$由菱形的对称性可知$\triangle ADF \cong \triangle ABF$,

$\therefore DF = BF$.

$\because DE \perp BC, AD // BC$,

$\therefore AD \perp DF$,

$\therefore AB \perp BG$,

$\therefore DC \perp BG$,$\triangle BFE$、$\triangle DFG$为等腰直角三角形,

$\therefore \triangle DFG \cong \triangle BFE$,

$\therefore GF = EF$,

$\therefore \triangle GFC \cong \triangle EFC$.

$\because AD // EC$,

$\therefore \triangle FEC \sim \triangle FDA$,

$\therefore \dfrac{S_{\triangle FEC}}{S_{\triangle FDA}} = \left(\dfrac{EC}{AD}\right)^2 = \left(\dfrac{EC}{DC}\right)^2 = \dfrac{1}{2}$,

$\therefore S_{\triangle ADF} = S_{\triangle ABF} = 2S_{\triangle FEC} = S_{四GFEC}$,

$\therefore S_{四AFEB} = S_{\triangle ABF} + S_{\triangle BFE} = S_{四GFEC} + S_{\triangle DGF} = S_{\triangle DEC}$.

$\because$易证$\triangle FCE \cong \triangle BDE$,

$\therefore FC = BD = 2DO$,

$\therefore S_{\triangle DFC} = \dfrac{1}{2}DO \times FC = \dfrac{1}{4}FC^2 = 2$.

$\therefore \dfrac{S_{\triangle FEC}}{S_{\triangle DFC}} = \dfrac{EF}{DF} = \dfrac{EF}{BF} = \dfrac{1}{\sqrt{2}}$,

$\therefore S_{\triangle EFC} = \sqrt{2}$,

$\therefore S_{四AFEB} = S_{\triangle DEC} = 2 + \sqrt{2}$.

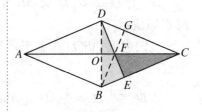

图4.30

本题要把握两个关键点:① $S_{四AFEB}=S_{\triangle DEC}$,这一点通过分割四边形 AFEB,并根据菱形的对称性、全等、相似等知识可以得到.② 在仅仅知道等腰直角三角形锐角平分线长度的条件下,如何简便计算 $S_{\triangle DEC}$?首先要明确 $S_{\triangle DFC}=\dfrac{1}{4}FC^2$,再由共高定理求出 $S_{\triangle DFC}=\sqrt{2}S_{\triangle EFC}$,于是问题得以解决.

20. 连接点 B、D 交 AE 于点 M、交 AF 于点 N,如图 4.31 所示.

∵ 四边形 ABCD 为菱形,点 E、F 分别是 BC、DC 的中点,

∴ $BE=\dfrac{1}{2}BC=\dfrac{1}{2}AD,\angle ABD=\angle ADB=\angle EAF=\alpha$,

∴ $\dfrac{BE}{AD}=\dfrac{BM}{MD}=\dfrac{1}{2}$,

∴ $BM=\dfrac{1}{3}BD$.

同理,$DN=\dfrac{1}{3}BD$.

∴ $BM=MN=DN$,

∴ $\triangle ABM\cong\triangle ADN$,

∴ $AM=AN$.

∵ 易证 $\triangle AMN\sim\triangle BAN$,

∴ $\angle ANB=\angle BAN$,

∴ $AB=NB$.

作 $AG\perp BD$ 于点 G,如图 4.32 所示.

∵ $AM=AN$,

∴ $MG=NG$.

设 $MG=NG=1$,则 $BM=2$.

∴ $AB=BN=4,BG=3$,

∴ $AG=\sqrt{AB^2-BG^2}=\sqrt{7}$,

∴ $\tan\alpha=\dfrac{AG}{BG}=\dfrac{\sqrt{7}}{3}$.

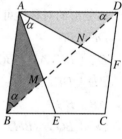

图 4.31

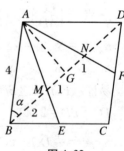

图 4.32

💡 思路点拨

本题重点考查了菱形的性质、全等三角形判定、相似三角形判定,这是一道经典小题.首先,比较容易判定△ABM≌△ADN,继而知△AMN为等腰三角形,易证△AMN∽△BAN,则 AB = NB.这样一来,图形中关键线段的数量关系就凸显出来了,利用勾股定理可轻松解得 AG,最终解出 tan α.

21. 连接点 E 与 Q、D 与 B 交于点 F,如图 4.33 所示.
∵ PQ 垂直平分 DE,
∴ EQ = DQ.

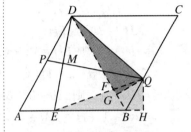

图 4.33

作 QG⊥DB 于点 G,作 QH⊥AB 交 AB 延长线于点 H.
∵ 易知∠GBQ = ∠HBQ = 60°,即 BQ 平分∠GBH,
∴ QB = QG,
∴ △DQG≌△EQH(HL),
∴ ∠GDQ = ∠HEQ,
∴ △FDQ∽△FEB(图 4.34),
∴ ∠DQF = ∠EBF = 60°,
∴ △DQE 为等边三角形.

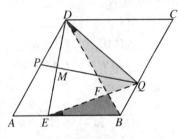

图 4.34

作 EN⊥AD 于点 N,如图 4.35 所示.
设 AE = 2,则 AB = AD = 6,AN = 1,NE = $\sqrt{3}$.
∴ DN = 5,DE = DQ = $2\sqrt{7}$.
∴ DM = ME = $\sqrt{7}$.
∵ △DPM∽△DEN,
∴ $\dfrac{DP}{DE} = \dfrac{DM}{DN} = \dfrac{DP}{DQ} = \dfrac{\sqrt{7}}{5}$.

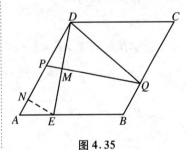

图 4.35

💡 思路点拨

本题的突破口在于证明△DQE 为等边三角形,这是关键的一步.再根据△DPM∽△DEN 得到 $\dfrac{DP}{DE} = \dfrac{DM}{DN} = \dfrac{DP}{DQ}$,解△DAE 得 DM,最终解决问题.

22. (1) 作 AH⊥EG 于点 H,作 EM⊥AB 于点 M,如图 4.36 所示.
∵ EG∥AB,

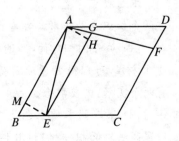

图 4.36

∴ 四边形 AHEM 为矩形,
∴ $AH = EM, AM = EH$.
∵ $\angle B = 60°, BE = 4$,
∴ $BM = 2, ME = AH = 2\sqrt{3}$.
∵ $AE \perp AF, AH \perp EG$,
∴ $\triangle AHG \sim \triangle EHA$,
∴ $AH^2 = HG \times EH$.
设 $HG = x$, 则 $EH = 13 - x$.
∴ $12 = x(13-x)$, 得 $(x-1)(x-12) = 0$.
若 $HG = 12$, 则 $AB = 3 < BE$, 与题设条件矛盾.
∴ $HG = 1, EH = AM = 12$,
∴ $AB = MB + AM = 14$.

(2) 在 AB 的延长线上取点 P, 使得 $\angle APE = 60°$, 如图 4.37 所示.

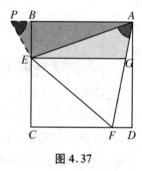

图 4.37

∵ $EG \parallel AB$,
∴ $\angle PAE = \angle GEA$.
∵ $\angle APE = \angle EAG = 60°$,
∴ $\triangle APE \sim \triangle EAG$,
∴ $\dfrac{AP}{AE} = \dfrac{AE}{EG}$, 得 $AE^2 = AP \times EG$.
∵ $AE^2 = AB^2 + BE^2$,
∴ $AB^2 + BE^2 = AP \times EG$.
∵ $BE = 3, \angle P = 60°$,
∴ $BP = \sqrt{3}$.
设 $AB = x$, 则 $AP = x + \sqrt{3}$.
∴ $x^2 + 9 = (x+\sqrt{3}) \times \dfrac{14\sqrt{3}}{3}$, 得 $x = 5\sqrt{3}$(负值舍去),
∴ $S_{\triangle AEF} = \dfrac{1}{2} EG \times AD = 35$.

本题重点考查了共边相似、宽高法求三角形面积, 这两个知识点是中考高频考点.

(1) 第一问相对简单, 通过构造矩形, 利用射影定理建立方程, 可以很方便地解得 AB. 需要注意的是, 方程有两个实根, 需要取舍.

(2) 第二问本质上也是求正方形边长, 但是需要利用宽高法求面积. 我们利用共边相似结合勾股定理建立方程, 即可解得正方形边长.

23.（1）探究结论：$AE = GF + EF$.

连接点 M、C，如图 4.38 所示.

∵四边形 $ABCD$ 为菱形，

∴$AB = BC$，BD 平分$\angle ABC$，

∴△$ABM \cong$ △CBM（SAS），

∴$\angle BAM = \angle BCM$，$AM = CM$.

∵$AE \perp BC$，$GF \perp AB$，

∴$\angle G + \angle GFA = \angle BAM + \angle GFA$，

∴$\angle G = \angle BAM = \angle BCM$.

∵$GE = CE$，$\angle GEF = \angle CEM$，

∴△$GEF \cong$ △CEM（ASA），

∴$EF = EM$，$GF = CM = AM$，

∴$AE = AM + ME = GF + EF$.

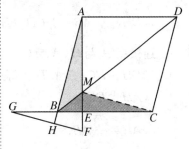

图 4.38

（2）$\sin\angle G = \dfrac{EF}{GF} = \dfrac{7}{25}$（图 4.39）.

设 $EF = ME = 7$，则 $GF = AM = 25$，$AE = 32$.

∴在 Rt△GFE 中，$GE = \sqrt{GF^2 - EF^2} = 24$，

∴$CE = GE = 24$.

设 $BE = x$，则 $AB = BC = 24 + x$.

在 Rt△ABE 中，$(24 + x)^2 = x^2 + 32^2$，得 $x = \dfrac{28}{3}$.

∵$\angle ABD = \angle MBE$，

∴$\tan\angle ABD = \tan\angle MBE = \dfrac{ME}{BE} = \dfrac{3}{4}$.

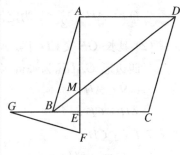

图 4.39

思路点拨

本题重点考查了菱形的性质、三角形全等判定及锐角三角函数.

（1）第一问是基础，也是破解本题的关键.利用菱形的对称性可以判定$\angle G = \angle BCM$，那么△$GEF \cong$ △CEM.这样一来，三条线段之间的数量关系就凸显出来了.

（2）第二问在第一问的基础上定量计算，难度不大，明确了第一问中的数量关系，结合勾股定理，即可解决问题.

24（1）作 $FH \parallel EG$ 交 CD 于点 H，如图 4.40 所示.

∵$FH \parallel EG$，$DH \parallel AB$，

∴$\angle FHD = \angle EAB$.

∵$\angle B = \angle D = 60°$，

∴△HDF∽△ABE，

∴ $\dfrac{FD}{BE} = \dfrac{DH}{AB} = \dfrac{FH}{EA} = \dfrac{1}{2}$，

∴ $DH = \dfrac{1}{2}AB = \dfrac{1}{2}CD$，$FH = \dfrac{1}{2}AE = AG$．

连接点A与H、A与C．

∵ $DH = HC$，△ACD为等边三角形，

∴ $AH \perp DC$，

∴ $AH = \dfrac{\sqrt{3}}{2}AB$．

∵ $FH \parallel AG$，

∴四边形GAHF为平行四边形，

∴ $FG = AH = \dfrac{\sqrt{3}}{2}AB$ 为定值．

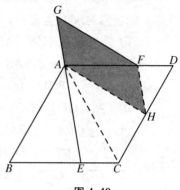

图4.40

(2)延长GF交CD于点N，如图4.41所示．

∵四边形GAHF为平行四边形，

∴ $GN \parallel AH$．

∵ $AH \perp CD$，

∴ $FN \perp CD$．

∵ $\angle G = \angle FHA = 45°$，

∴ $\angle HFN = 45°$，

∴△FNH为等腰直角三角形．

设 $DN = 1$．

∵ $\angle D = 60°$，

∴ $FD = 2$，$FN = HN = \sqrt{3}$，

∴ $FH = AG = \sqrt{6}$，

∴ $\dfrac{AG}{FD} = \dfrac{\sqrt{6}}{2}$．

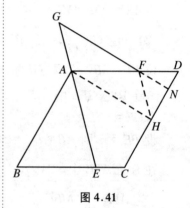

图4.41

思路点拨

本题重点考查了菱形的性质、中位线、平行四边形判定、三角形相似的判定以及解三角形，这是一道综合性较强的经典试题．

(1)第一问是本题的关键，我们利用平行线来转移几何元素，只要证明四边形GAHF为平行四边形，即可证明 $FG = AH = \dfrac{\sqrt{3}}{2}AB$ 为定值．

(2)第二问相对简单一点，解△FDH即可．

25．(1) 探究结论：$EF = BE + BG$．

连接点 A、C，作 $GM \parallel AC$ 交 BF 于点 M，如图 4.42 所示．

$\because$ 四边形 $ABCD$ 为菱形，$\angle D = 60°$，

$\therefore \triangle ABC$ 为等边三角形．

$\because AE \perp BC$，

$\therefore BE = CE$．

$\because GM \parallel AC$，

$\therefore \triangle GBM$ 为等边三角形．

设 $\angle AFG = 2\alpha$．

$\because AF = GF$，

$\therefore \angle FAG = \angle FGA = 90° - \alpha$，

$\therefore \angle FAC = 30° - \alpha$，$\angle MGF = 30° + \alpha$，

$\therefore \angle MFG = 30° - \alpha$．

$\because$ 在 $\triangle ACF$ 与 $\triangle FMG$ 中，有

$\begin{cases} \angle FAC = \angle GFM = 30° - \alpha \\ \angle ACF = \angle FMG = 120° \\ AF = FG \end{cases}$

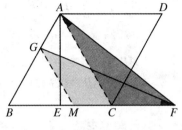

图 4.42

$\therefore \triangle ACF \cong \triangle FMG$（AAS），

$\therefore CF = MG = BG$，

$\therefore EF = EC + CF = BE + BG$．

(2) $\because EP$ 平分 $\triangle BGF$ 的周长，

$\therefore BG + BE + GP = EF + PF$．

$\because$ 由(1)可知 $EF = BE + BG$，

$\therefore GP = PF$．

作 $PQ \parallel BG$ 交 BF 于点 Q，如图 4.43 所示．

$\because$ 易知 PQ 为 $\triangle BGF$ 的中位线，

$\therefore PQ = \dfrac{1}{2}BG$，$BQ = FQ = \dfrac{1}{2}BF$．

$\because BE = EC$，$BG = CF$，

$\therefore BF = 2BE + CF = 2BE + BG$，

$\therefore BQ = BE + \dfrac{1}{2}BG$，

$\therefore EQ = BQ - BE = \dfrac{1}{2}BG = PQ$．

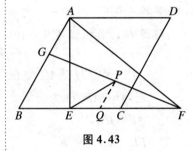

图 4.43

$\because PQ \parallel BG$，

$\therefore \angle PQF = \angle B = 60°$，

$\therefore PE = \sqrt{3}PQ = 3\sqrt{3}$，

∴ $PQ = 3$,

∴ $BG = CF = 2PQ = 6$.

设 $BE = x$,则 $AE = \sqrt{3}x$,$BF = 2x + 6$.

∵ $S_{\triangle ABF} = \dfrac{1}{2} AE \times BF = 40\sqrt{3}$,

∴ $\sqrt{3}x(x+3) = 40\sqrt{3}$,得 $x = 5$,

∴ $AB = 2BE = 10$,

∴ $AG = AB - BG = 4$.

思路点拨

本题综合考查了菱形的性质、全等三角形的构造与判定以及中位线的运用,这是一道综合性较强的经典试题.

(1)第一问是解决后续问题的钥匙. 由于三条线段比较分散,不方便判定它们之间的数量关系,我们尝试构造全等三角形将问题转化. 这是求解线段之间数量关系的常见方法.

(2)第二问在第一问的基础上有所拓展,关键是要判定点 P 为 GF 的中点. 有了中点信息,自然会想到中位线,结合第一问的结论,不难证明 $\triangle PEQ$ 是顶角为 $120°$ 的特殊等腰三角形,那么底边与腰之间的比值是确定的,继而解得 BG,再根据题目条件解得 BE,最终解得 AG.

26.(1)作 $EH \parallel AC$ 交 BC 于点 H,如图 4.44 所示.

∵ 四边形 $ABCD$ 为菱形,

∴ $AB = CB$.

∵ $EH \parallel AC$,

∴ $BE = BH$,

∴ $AE = HC$.

∵ $AE = CF$,

∴ $HC = CF$,

∴ CG 为 $\triangle EHF$ 的中位线,

∴ $EG = FG$,即 G 为 EF 的中点.

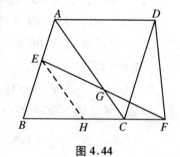

图 4.44

(2)过点 G 作 EF 的垂线交 AD 于点 P,连接点 E 与 P、F 与 P,如图 4.45 所示.

∵ $\angle AGE = 45°$,

∴ $\angle AGP = 45°$.

∵ $\angle EAG = \angle PAG$,

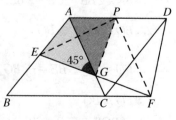

图 4.45

∴△AEG≌△APG(ASA),
∴AE = AP = CF.
∵AP∥CF,
∴四边形 APFC 为平行四边形,
∴AG∥PF,
∴∠PFE = ∠AGE = 45°.
∵PG 垂直平分 EF,
∴PE = PF,
∴△PEF 为等腰直角三角形.
连接 PC,如图 4.46 所示.
∵PD∥CF,
∴$S_{\triangle PCF} = S_{\triangle DCF}$.
∵CG∥PF,
∴$S_{\triangle PCF} = S_{\triangle PGF}$,
∴$S_{\triangle DCF} = S_{\triangle PGF} = \frac{1}{2}S_{\triangle PEF} = \frac{1}{8}EF^2$.

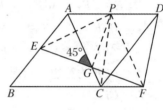

图 4.46

思路点拨

本题综合性较强,重点考查了菱形的性质、中位线的运用、平行四边形的判定以及等积变换,难度较大.

(1) 第一问相对简单,利用平行线构造中位线,将分散的线段有效集中,便于解决问题.

(2) 第二问比较复杂,出现 45°角,那么构造等腰直角三角形是解决此类问题的常见手段,同时利用菱形的对称性,不难判定四边形 APFC 为平行四边形,于是问题就转化为证明△DCF 与△PGF 的面积相等.到此,可以说是柳暗花明,因为利用平行线将面积问题两次转化不是很困难.

27. (1) 如图 4.47 所示,取△ABC 外心 O,连接点 A 与 O、C 与 O、P 与 O,则 AO = CO = PO;连接点 D 与 M、M 与 O.

由等边三角形的对称性可知 D、M、O 三点共线.
由等边三角形外心的性质可知∠AOC = 120°.
∴∠CAO = ∠ACO = 30°,
∴∠DAO = ∠DCO = 90°.
∵∠ADM = ∠CDM = 30°,
∴AO = PO = 2MO,DO = 2AO = 2PO,

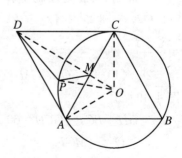

图 4.47

∴ $PO^2 = OM \times DO$,

∴ $\dfrac{OM}{OP} = \dfrac{OP}{DO}$,

∴ △OPM∽△ODP,

∴ $\dfrac{PM}{DP} = \dfrac{OP}{OD} = \dfrac{1}{2}$ 为定值.

(2) 连接点 E 与 C、F 与 C,如图 4.48 所示.

由圆周角定理得∠CAE = ∠CBF.

∵ $AE = BF$, $AC = BC$,

∴ △ACE≌△BCF(SAS),

∴ $CE = CF$, ∠ACE = ∠BCF.

∵ ∠BCF + ∠ACF = ∠ACB = 60°,

∴ ∠ACE + ∠ACF = ∠ECF = 60°,

∴ △ECF 为等边三角形,

∴ ∠CFE = 60°.

∵ ∠AFE = 30°,

∴ ∠AFC = 90°,

∴ $AF^2 + CF^2 = AF^2 + EF^2 = AC^2$ 为定值.

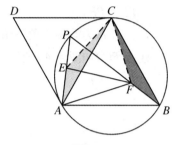

图 4.48

思路点拨

本题重点考查了菱形的性质、相似三角形的判定、全等三角形的判定.这些知识点是中考高频考点.

(1) 第一问要证明 $\dfrac{PM}{DP}$ 为定值,既然是比值,那么自然联想到相似三角形.我们利用等边三角形的外心将所求的线段转化到两个共角三角形中,构造子母型相似,从而解决问题.

(2) 第二问要证明两条线段的平方和为定值,自然联想到勾股定理.注意到∠AFE = 30°,我们只要构造出一个 60°角,勾股定理就发挥作用了.于是连接点 E 与 C、F 与 C,继而证明△ACE≌△BCF,解题的基本方向就有了.

28. (1) 作 EQ∥GM 交 CA 的延长线于点 Q,如图 4.49所示.

∵ GH⊥BC,∠GCH = 60°,

∴ ∠Q = ∠MGF = 30°.

∵ ∠BAC = 60°,

∴ ∠AEQ = 30°,

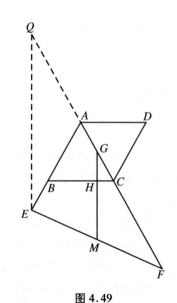

图 4.49

$\therefore AE = AQ = CF = \dfrac{EQ}{\sqrt{3}}$.

$\because AG = CG$,

$\therefore AQ + AG = CG + CF$, 即 G 为 FQ 的中点,

$\therefore GM$ 为 $\triangle FQE$ 的中位线,

$\therefore EQ = 2GM = 6\sqrt{3}$,

$\therefore AE = 6$,

$\therefore AB = AE - BE = 4$.

(2) 作 $EQ // GM$ 交 CA 的延长线于点 Q, 作 $MP \perp FQ$ 于点 P, 如图 4.50 所示.

$\because \angle GME = 75°, \angle MGF = 30°$,

$\therefore \angle F = 45°$,

$\therefore \triangle MPF$ 为等腰直角三角形.

令 $HC = 1$, 则 $GC = 2$.

$\therefore AB = AC = 4$.

设 $BE = x$, 则 $AE = CF = 4 + x$.

设 $MP = PF = y$, 则 $GM = 2y$,

$$PG = \sqrt{3}y = (x+4) - y + 2. \quad ①$$

由(1)可知

$$EQ = 2GM = 4y = \sqrt{3}(x+4). \quad ②$$

联立①、②,解得 $x = 4\sqrt{3}$.

$\therefore \dfrac{BE}{AB} = \sqrt{3}$.

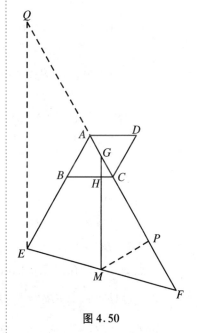

图 4.50

思路点拨

本题重点考查了菱形的性质、中位线的运用、解三角形等知识点,综合性较强.

(1) 第一问相对简单,出现了中点,可以尝试构造中位线以寻求图形内在的数量关系. 结合题意不难解决问题.

(2) 第二问依然要借助中位线, 建立二元一次方程组, 当然要建立在解 $\triangle GMF$ 的基础上.

29. (1) 作 $BO \perp AC$ 于点 O, 连接点 F、O, 如图 4.51 所示.

$\because$ 四边形 $ABCD$ 为菱形,

$\therefore AB = BC$, AC 平分 $\angle BCD$,

$\therefore AO = CO$.

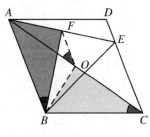

图 4.51

∵ $AF = FE$,

∴ OF 为 $\triangle ACE$ 的中位线,

∴ $OF \parallel CD$,

∴ $\angle FOA = \angle ACE = \angle BCO$.

∵ $AB = BC = BE$,点 F 为 AE 的中点,

∴ $\angle AFB = \angle AOB = 90°$,

∴ 四边形 $AFOB$ 为圆的内接四边形,

∴ $\angle FOA = \angle FBA$,

∴ $\angle ABF = \angle BCO$.

∵ 在 $\triangle ABF$ 与 $\triangle BCO$ 中,有

$$\begin{cases} \angle ABF = \angle BCO \\ \angle AFB = \angle BOC = 90° \\ AB = BC \end{cases}$$

∴ $\triangle ABF \cong \triangle BCO$(AAS),

∴ $BF = CO = \dfrac{1}{2} AC$,即 $\dfrac{BF}{AC} = \dfrac{1}{2}$ 为定值.

(2) 作 $BG \perp DC$ 于点 G,如图 4.52 所示.

∵ $BC = BE$,

∴ BG 平分 $\angle EBC$,$EG = CG$.

∵ $AB = BC = BE$,

∴ 点 A、E、C 在以点 B 圆心、AB 为半径的圆,

∴ $\angle CAE = \dfrac{1}{2} \angle EBC = \angle GBC$.

设 $CG = EG = 1$,则 $CE = DE = 2$.

∵ $BC = 4$,

∴ $BG = \sqrt{15}$,

∴ $\cos \angle CAE = \cos \angle GBC = \dfrac{\sqrt{15}}{4}$.

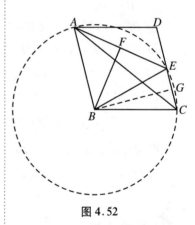

图 4.52

(3) 作 $CH \perp AE$ 交 AE 的延长线于点 H,如图 4.53 所示.

设 $CH = 2x$.

∵ $\sin \angle CAE = \dfrac{1}{3}$,

∴ $AC = 6x$,$BF = 3x$,

∴ $AH = 4\sqrt{2} x$.

∵ $DE \parallel AB$,

∴ $\angle DEA = \angle BAE = \angle CEH$,

∴ $\triangle ABF \sim \triangle ECH$,

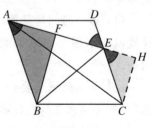

图 4.53

$\therefore \dfrac{EH}{AF} = \dfrac{CH}{BF} = \dfrac{2}{3}$,

$\therefore \dfrac{EH}{AH} = \dfrac{1}{4}$,

$\therefore AE = \dfrac{3}{4} AH = 3\sqrt{2}x$.

$\because S_{\triangle ABE} = \dfrac{1}{2} AE \times BF = 3\sqrt{2}$,

$\therefore \dfrac{1}{2} \times 3\sqrt{2}x \times 3x = 3\sqrt{2}$, 得 $x = \sqrt{\dfrac{2}{3}}$,

$\therefore AC = 6x = 2\sqrt{6}$.

思路点拨

本题重点考查了菱形的性质、全等、相似、四点共圆的判定、圆的定义等知识点,这是一道综合性较强的压轴题,有一定的难度.

(1) 第一问通过构造中位线,并利用四点共圆转移几何元素,以达到证明角度相等的目的,从而判定三角形全等.

(2) 第二问根据圆的定义以及圆心角与圆周角之间的关系可速解.

(3) 第三问相对复杂一点,在前二问的基础上,通过构造 $\triangle ABF \sim \triangle ECH$ 可以得到 $\dfrac{EH}{AF} = \dfrac{CH}{BF} = \dfrac{2}{3}$,再根据 F 是等腰 $\triangle ABE$ 底边的中点,可得 $\dfrac{EH}{AH} = \dfrac{1}{4}$,那么利用 $\triangle ABE$ 的面积可以建立方程,从而解决问题.

30 (1) 探究结论: $EF + EP = \sqrt{3} DE$.

连接点 B、D,如图 4.54 所示.

$\because AB = AE = AD$,

$\therefore$ 点 B、E、D 在以点 A 为圆心、AB 为半径的圆上,

$\therefore \angle DBE = \dfrac{1}{2} \angle EAD$,$\angle BDE = \dfrac{1}{2} \angle BAE$,

$\therefore \angle DEP = \angle DBE + \angle BDE = \dfrac{1}{2} \angle BAD = 30°$.

$\therefore \angle DEP = \angle FED = 30°$,

$\therefore \angle FEP = 60°$.

$\because \angle FDP = 120°$,

$\therefore$ 四边形 $FEPD$ 为圆的内接四边形,

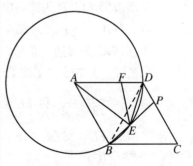

图 4.54

$\therefore FD = PD, \angle EPC = \angle EFD.$

延长 EP 至点 Q，使得 $PQ = FE$，连接点 D、Q，如图 4.55 所示.

$\therefore \angle EPC = \angle DPQ = \angle EFD,$

$\therefore \triangle FED \cong \triangle PQD(SAS),$

$\therefore DE = DQ,$

$\therefore \angle DEQ = \angle Q = 30°,$

$\therefore EQ = PQ + EP = EF + EP = \sqrt{3} DE.$

(2) 连接点 B、D，延长 EG 至点 S，使得 $ES = BE$，连接点 S、C，如图 4.56 所示.

$\because$ 由(1)可知 $\angle BES = \angle FEP = 60°,$

$\therefore \triangle BES$ 为等边三角形.

$\because$ 易证 $\triangle BDE \cong \triangle BCS(SAS),$

$\therefore DE = SC, \angle BSC = \angle BED = 150°,$

$\therefore SC \perp FS.$

作 $BH \perp ES$ 于点 H.

$\therefore BH // SC,$

$\therefore \dfrac{BH}{SC} = \dfrac{HG}{GS} = \dfrac{BG}{GC} = \dfrac{1}{2}.$

设 $HG = a$，则 $BE = ES = 6a, EG = 4a, EH = 3a.$

$\therefore BH = 3\sqrt{3}a,$

$\therefore SC = ED = 6\sqrt{3}a.$

连接点 E 与 C，P 与 G，如图 4.57 所示.

在 $Rt\triangle ESC$ 中，$ES = 6a, SC = 6\sqrt{3}a.$

$\therefore EC = 12a, \angle SEC = 60°,$

$\therefore \angle PEC = 60°.$

$\because$ 四边形 $EGCP$ 为圆的内接四边形，

$\therefore \angle PGC = \angle PEC = 60°,$

$\therefore \triangle PGC$ 为等边三角形.

$\because$ 易证 $\triangle EGP \sim \triangle EBC(AA, 图 4.58),$

$\therefore \dfrac{EG}{EP} = \dfrac{BE}{EC} = \dfrac{1}{2}$，得 $PE = 8a.$

$\because PE + FE = \sqrt{3} DE = 18a,$

$\therefore EF = 10a,$

$\therefore \dfrac{PE}{EF} = \dfrac{4}{5}.$

(3) 由(1)可知 $\angle DEP = 30°.$

由(2)可知 $\angle PEC = 60°.$

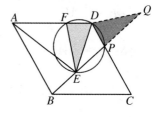

图 4.55

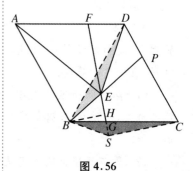

图 4.56

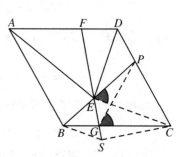

图 4.57

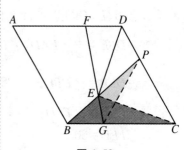

图 4.58

∵ $CE \perp DE$, $DC = 6\sqrt{7}a$.

∵ $FM \perp DE$,

∴ $CE \parallel FM$.

∵ $FD \parallel BC$,

∴ $\angle DFM = \angle ECB$.

∵ $\angle FDM = \angle CEB = 120°$,

∴ $\triangle FDM \sim \triangle CEB$,

∴ $\dfrac{DM}{FD} = \dfrac{BE}{CE} = \dfrac{1}{2}$,

∴ $DM = \dfrac{1}{2}DF = \dfrac{1}{2}DP$.

∵ $PC = GC = \dfrac{2}{3}DC$,

∴ $FD = PD = \dfrac{1}{3}DC$,

∴ $DM = \dfrac{1}{6}DC = \sqrt{7}a$.

作 $MK \perp AD$ 交 AD 的延长线于点 K,如图 4.59 所示.

∴ $KM = \dfrac{\sqrt{21}}{2}a$, $DF = 2\sqrt{7}a$,

∴ $S_{\triangle DFM} = \dfrac{7\sqrt{3}}{2}a^2 = \dfrac{7\sqrt{3}}{2}$,得 $a = 1$,

∴ $FG = 14a = 14$.

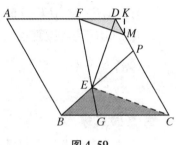

图 4.59

思路点拨

本题三问之间联系较大,知识点密集,综合性很强,难度较高.

(1) 第一问是典型的"一点三等长"模型和"对角互补邻边相等"模型.根据"一点三等长"模型可以迅速判定关键角之间的数量关系,而对于"对角互补、邻边相等"模型常见的处理办法之一就是旋转.

(2) 第二问起承上启下的作用,依然通过旋转来转化几何元素,从而解决问题.

(3) 第三问在前两问的基础上,利用相似、勾股定理建立方程,从而解决问题.

31. 延长 DA、CF 交于点 H,连接点 E、F,作 $AM \perp CH$ 于点 M,如图 4.60 所示.

∵ $AD = 6$, $AB = 5$, $AE = ED = AF = 3$,

∴ $BF = 2$.

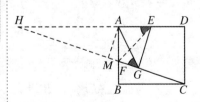

图 4.60

∵ AH ∥ BC,

∴ $\frac{BF}{AF} = \frac{BC}{AH} = \frac{2}{3}$,得 $AH = 9$.

∵ $\tan\angle H = \tan\angle FCB = \frac{BF}{BC} = \frac{1}{3}$,

∴ $AM = \frac{AH}{\sqrt{10}}$.

∵ $\angle FAE = \angle FGE = 90°$,

∴ 四边形 AFGE 为圆的内接四边形.

∵ $AE = AF$,

∴ △AEF 为等腰直角三角形,

∴ $\angle AGF = \angle AEF = 45°$,

∴ △AMG 为等腰直角三角形,

∴ $AG = \sqrt{2}\, AM = \frac{AH}{\sqrt{5}} = \frac{9\sqrt{5}}{5}$.

思路点拨

本题重点考查了平行线分线段成比例定理、四点共圆的判定、锐角的三角函数等知识点. 首先要能判定四边形 AFGE 为圆的内接四边形,继而判定 $\angle AGF = 45°$. 显然,直接求 AG 比较麻烦,那么我们转化思路,改求 AM. 在 Rt△AMH 中,AH 和 $\angle H$ 的正切值易求,那么 AM 可求,最终解决问题.

32. 连接点 C、E,如图 4.61 所示.

∵ 易证 Rt△EFC≌Rt△EDC(HL),

∴ $\angle ECF = \angle ECD$.

设 $\angle ECF = \angle ECD = \alpha$,则 $\angle ACD = 2\alpha$,$\angle BCE = 90° - \alpha$.

∵ AB ∥ CD,

∴ $\angle BAC = 2\alpha$.

∵ AC⊥BF,AB⊥BC,

∴ $\angle FBC = 2\alpha$,

∴ $\angle BEC = 90° - \alpha$,

∴ $BE = BC = AD = 2$.

设 $AE = x$,则 $EF = ED = 2 - x$.

∵ 易证 △AEF∽△BEA,

∴ $AE^2 = EF \times BE$,即 $x^2 = 2(2 - x)$,得 $x = \sqrt{5} - 1$.

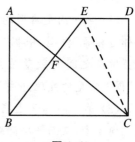

图 4.61

本题的关键在于判定 $BE=BC$.根据全等以及角度之间的内在联系,得到 $\angle BEC=\angle BCE=90°-\alpha$.有了这样的数量关系,依据射影定理(或相似)可速解.

33. 设 $\angle FBC=2\alpha$,则 $\angle BFC=90°-2\alpha$,如图 4.62 所示.

$\because EF=DF$,

$\therefore \angle HDC=\angle DEF=45°-\alpha$,

$\therefore \angle FCP=45°+\alpha$,$\angle FPC=45°+\alpha$,

$\therefore PF=FC$.

$\because AB\ /\!/\ FC$,

$\therefore AB=BP$.

设 $FC=PF=x$,$BE=EF=FD=y$,则 $AB=x+y$,$BP=2y-x$.

$\therefore x+y=2y-x$,得 $y=2x$,

$\therefore BF=4x$,$AB=3x$.

$\because BC^2+FC^2=BF^2$,

$\therefore BC=\sqrt{15}x$.

$\because AB^2+BC^2=AC^2$,

$\therefore 15x^2+9x^2=144$,得 $x=\sqrt{6}$,即 $FC=\sqrt{6}$.

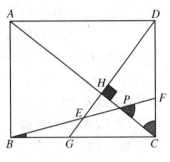

图 4.62

  本题的关键是根据已知条件判断 $\triangle FPC$ 与 $\triangle ABP$ 均为等腰三角形.有了这一步,线段之间的数量关系才能建立起来,再借助勾股定理即可轻松解题.首先要利用垂直与等腰的条件,推导出 $\angle FCP=\angle FPC$,这是最为关键的一步,接下来问题就变得简单了许多,一系列的数量关系都建立起来了,势如破竹.

34. 作 $FP\perp AB$ 于点 P,延长 BA、FE 交于点 H,如图 4.63 所示.

$\because AD\ /\!/\ PF$,

$\therefore \angle PFH=\angle AEH=\angle FED$.

$\because \angle BFE=2\angle FED$,

$\therefore PF$ 平分 $\angle HFB$.

$\because PF\perp BH$,

$\therefore HF=BF$.

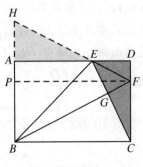

图 4.63

∵ $BF \perp CE$, $PF \perp FC$,

∴ $\angle PFG = \angle FCG$,

∴ $\angle HEA = \angle ECD$.

∵ $AB = AE$, $AB = DC$,

∴ $AE = DC$.

∵ 在△HEA 与△ECD 中,有

$$\begin{cases} \angle HEA = \angle ECD \\ AE = DC \\ \angle HAE = \angle EDC = 90° \end{cases},$$

∴ △HEA ≌ △ECD（ASA）,

∴ $HE = EC$.

∵ $EF + CE = 9$,

∴ $EF + HE = FH = BF = 9$.

∵ $BF \perp CE$,

∴ $S_{四BCFE} = \dfrac{1}{2} EC \times BF = 27$,

∴ $CE = HE = 6$,

∴ $EF = 3$.

∵ $HA \parallel DF$,

∴ $\dfrac{ED}{AE} = \dfrac{EF}{HE} = \dfrac{1}{2}$,

∴ $ED = \dfrac{1}{2} AE = \dfrac{1}{2} DC$,

∴ $AB = DC = \dfrac{12\sqrt{5}}{5}$.

思路点拨

本题的关键在于如何利用二倍角与线段和这两个条件."平行线遇角平分线必出等腰"是高频考点,延长 BA、FE 就会出现等腰.同时不难发现△HEA ≌ △ECD,那么就可以求解 BF 的长度,再由对角线相互垂直的四边形面积公式解得 HE、EF,然后根据平行线分线段成比例定理解得 $\dfrac{ED}{DC} = \dfrac{1}{2}$,最终解决问题.

35. 作 $BG \parallel FE$ 交 DC 的延长线于点 G,如图 4.64 所示.

设 $\angle DEF = \angle BEF = \alpha$,则 $\angle DEF = \angle G = \alpha$,$\angle BEF = \angle EBG = \alpha$.

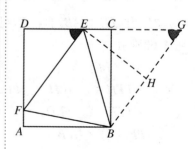

图 4.64

$\therefore \angle EBG = \angle G = \alpha$,

$\therefore EB = EG = EF$.

作 $EH \perp BG$ 于点 H.

$\because$ 易证 $\triangle DEF \cong \triangle HBE \cong \triangle HGE$,

$\therefore BH = HG = DE = 15$,

$\therefore BG = 30$,

$\therefore CG = \sqrt{BG^2 - BC^2} = 18$,

$\therefore \tan \alpha = \dfrac{BC}{CG} = \dfrac{DF}{DE} = \dfrac{4}{3}$,

$\therefore DF = 20$, $EF = EG = 25$,

$\therefore AF = 4$, $EC = 7$,

$\therefore AB = 22$,

$\therefore \tan \angle ABF = \dfrac{AF}{AB} = \dfrac{2}{11}$.

思路点拨

本题重点考查"双平出等腰"模型、全等、相似及三角函数,这是一道综合性较强的试题.首先由角平分线联想到平行线,即可构造等腰三角形,以寻求线段之间的数量关系,不难判定图形中三个三角形全等,结合勾股定理可求出 α 的三角函数值,那么 DF、EF 可求,继而 AF、EC、AB 可求,最终解决问题.

36. 作 $DG \perp BF$ 交 BF 的延长线于点 G,连接点 A、G,如图 4.65 所示.

$\because \angle BAD = \angle BGD = 90°$,

$\therefore$ 四边形 $AGDB$ 为圆的内接四边形,

$\therefore \angle GAD = \angle EBD$,$\angle AGB = \angle ADB = \angle DBC = \alpha$.

$\because \alpha + \beta = 90°$,

$\therefore \angle EDG = \alpha$,

$\therefore \angle ADG = \angle BDE$,

$\therefore \triangle AGD \sim \triangle BED$,

$\therefore \dfrac{AG}{BE} = \dfrac{GD}{ED} = \cos \alpha$,得 $AG = BE\cos \alpha$.

作 $AH \perp BF$ 于点 H,如图 4.66 所示.

$\therefore AH = AG\sin \alpha = BE\sin \alpha \cos \alpha$,

$\therefore S_{\triangle ABE} = \dfrac{1}{2} BE \times AH = \dfrac{1}{2} BE^2 \sin \alpha \cos \alpha$.

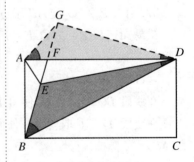

图 4.65

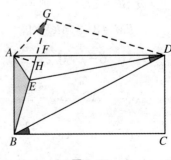

图 4.66

$\because S_{\triangle ABE} = \dfrac{1}{5}BE^2$,

$\therefore \sin\alpha\cos\alpha = \dfrac{2}{5}$.

设 $BC = 1, DC = x$,则 $BD = \sqrt{x^2+1}$.

$\therefore \sin\alpha\cos\alpha = \dfrac{DC}{BD} \times \dfrac{BC}{BD} = \dfrac{x}{x^2+1} = \dfrac{2}{5}$,化简得

$$(x-2)(2x-1) = 0.$$

$\because DC < BC = 1$,

$\therefore x = \dfrac{1}{2}$,

$\therefore \tan\alpha = \dfrac{DC}{BC} = \dfrac{1}{2}$.

思路点拨

本题着重对相似和三角函数的考查,有一定的难度.首先,利用四点共圆将题目中的条件有效集中,尤其要找到线段 BE、AH 之间的联系,这是解决问题的突破口.其次,要将角度的正弦值和余弦值转化为线段之间的比值关系.这样一来,方程就建立起来了.

37. 作 $CP \parallel FG$ 交 AB 于点 P,如图 4.67 所示.

$\because$ 易知 $\angle ECP = \angle EOF = 45°$,四边形 $FPCG$ 为平行四边形,

$\therefore GC = FP = AF$.

在线段 BC 上取点 N,使得 $PB = BN$,连接点 P、N.

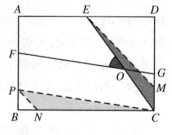

图 4.67

在线段 DC 上取点 M,使得 $DM = ED = 3$,连接点 E、M.

$\because$ 易证 $\triangle PNC \sim \triangle CME$,

$\therefore PN \times EM = NC \times MC$.

设 $BP = BN = x$,则 $NC = 6-x$, $PN = \sqrt{2}x$.

$\because EM = 3\sqrt{2}, MC = 1$,

$\therefore 6x = 6-x$,得 $x = \dfrac{6}{7}$,

$\therefore AP = AB - BP = \dfrac{22}{7}$,

$\therefore PF = AF = GC = \dfrac{11}{7}$.

延长 BA、CE 交于点 Q,如图 4.68 所示.

$\because AE = ED, AQ \parallel DC$,

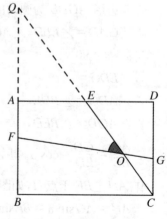

图 4.68

∴ $AQ = DC = 4$,
∴ $FQ = AF + AQ = \dfrac{39}{7}$,
∴ $\dfrac{OG}{OF} = \dfrac{GC}{FQ} = \dfrac{11}{39}$.

思路点拨

对于"错位角"的处理,通常采用平移的办法,将角度转化到矩形顶点处,便于利用"一线三等角"子母型相似或者燕尾相似的方法求解关键线段的值.本题的关键在于求线段 AF 的值.我们通过平移 FG 构造平行四边形,利用燕尾相似的方法解得 AF.接下来延长 BA、CE 交于点 Q,利用平行线分线段成比例定理求解即可.

38.(1)作 $EM \perp BF$ 交 BC 于点 M,延长 BF、AD 交于点 N,连接点 F、M,如图 4.69 所示.

∵ BF 平分 $\angle EBC$,$EM \perp BF$,
∴ $\triangle EBF \cong \triangle MBF$,
∴ $EF = FM$,$BE = BM$,$\angle EFB = \angle MFB = 45°$,
∴ $\triangle EFM$ 为等腰直角三角形.
∵ 易证 $\triangle EFD \cong \triangle FMC$,
∴ $MC = DF = 1$,$ED = FC = 2$.
∵ $AN \parallel BC$,
∴ $\angle NBC = \angle ENB = \angle EBN$,
∴ $EN = EB = BM$.
设 $DN = m$,则 $EN = m + 2$.
∴ $BC = BM + MC = m + 3$.
∴ $\dfrac{DN}{BC} = \dfrac{DF}{FC} = \dfrac{1}{2}$,
∴ $\dfrac{m}{m+3} = \dfrac{1}{2}$,得 $m = 3$,$CD = 3$,
∴ $\dfrac{EN}{BC} = \dfrac{EG}{GC} = \dfrac{5}{6}$,
∴ $EG = \dfrac{5}{11} EC$.
∵ $EC = \sqrt{CD^2 + ED^2} = \sqrt{13}$,
∴ $EG = \dfrac{5\sqrt{13}}{11}$.

(2)作 $EH \perp BF$ 交 BC 于点 H,如图 4.70 所示.
在 CD 的延长线上取点 M,使得 $\angle EMD = 60°$.

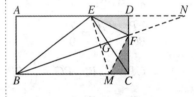

图 4.69

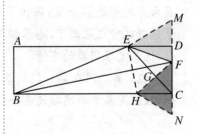

图 4.70

在 DC 的延长线上取点 N，使得 $\angle HNC = 60°$．

∵ 易证△$BEF \cong △BHF$，

∴ $\angle EFH = 60°$，$EF = HF$，

∴ △EFH 为等边三角形，

∴ 易证△$EFM \cong △FHN$．

设 $DF = 3$，$DN = x$，$DM = y$，则 $FC = 6$，$HN = 2x$，$EM = 2y$．

∴ $\begin{cases} 2x = 3 + y \\ 2y = 6 + x \end{cases}$，得 $\begin{cases} x = 4 \\ y = 5 \end{cases}$，

∴ $ED = 5\sqrt{3}$，$HC = 4\sqrt{3}$．

延长 BF、AD 交于点 P，如图 4.71 所示．

易知 $BE = BH = EP$．

设 $DP = a$，则 $BC = a + 9\sqrt{3}$．

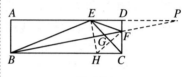

图 4.71

∴ $\dfrac{DP}{BC} = \dfrac{DF}{FC} = \dfrac{FP}{BF} = \dfrac{1}{2}$，

∴ $a = 9\sqrt{3}$，

∴ $\dfrac{EP}{BC} = \dfrac{GP}{BG} = \dfrac{7}{9}$，

∴ $GP = \dfrac{7}{16}BP$，$BG = \dfrac{9}{16}BP$．

设 $FP = b$，则 $BP = 3b$．

∴ $GF = GP - FP = \dfrac{5}{16}b$，$BG = \dfrac{27}{16}b$，

∴ $\dfrac{GF}{BG} = \dfrac{5}{27}$．

思路点拨

本题着重考查了"双平出等腰"、"一线三等角"、平行线分线段成比例定理等知识点，这是一道综合性较强的经典试题．

(1) 第一问相对简单，利用角平分线模型构造等腰直角三角形是第一步，迈出了这一步，"一线三直角"全等模型就呼之欲出了，再根据"双平出等腰"建立数量关系，这不是很困难的事情．

(2) 第二问在第一问的基础上有所拓展，计算量大一些，但是基本的思路还是一致的．

39. 过点 G 作 BC 的平行线交 AB 于点 M、交 DC 于点 N，如图 4.72 所示．

∵ $BF = EF$,G 为 BE 的中点,
∴ $FG \perp BE$.
∵ $GM \perp BM$,
∴ $\angle ABE = \angle NGF$.
∵ $GF = BE$,
∴ $\triangle ABE \cong \triangle NGF$(AAS).
设 $S_{\triangle ABE} = S_{\triangle BCF} = S_{\triangle GNF} = 4$.
∵ MG 为 $\triangle ABE$ 的中位线,
∴ $S_{\triangle BGM} = \dfrac{1}{4}S_{\triangle ABE} = 1$.
设 $S_{\triangle BEF} = 2x$,则 $S_{\triangle BGF} = S_{\triangle EGF} = x$,
∴ $S_{矩MBCN} = 2S_{矩MBCN} = 18 + 2x$,
∴ $S_{\triangle DEF} = S_{矩ABCD} - 2S_{\triangle ABE} - S_{\triangle BEF} = 10$,
∴ $\dfrac{S_{\triangle ABE}}{S_{\triangle DEF}} = \dfrac{2}{5}$.

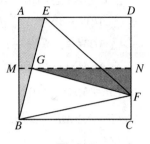

图 4.72

思路点拨

本题突破口在于 $\triangle ABE \cong \triangle NGF$,那么根据矩形中的三角形面积就可以建立起数量关系.由中位线可知 $S_{\triangle BGM} = \dfrac{1}{4}S_{\triangle ABE}$,再利用割补法计算矩形面积,最后计算出 $\triangle DEF$ 面积即可.

40.(1)∵ $AE = CE$,
∴ $\angle EAC = \angle ECA$.
设 $\angle EAC = \angle ECA = \alpha$,则 $\angle FEC = \angle BEG = 45° - \alpha$,$\angle AEB = 2\alpha$,如图 4.73 所示.
∴ $\angle AEG = 45° - \alpha + 2\alpha = 45° + \alpha$,$\angle AGE = 90° - (45° - \alpha) = 45° + \alpha$,
∴ $\angle AEG = \angle AGE$,
∴ $AG = AE$.

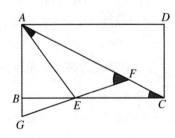

图 4.73

(2)作 $GH \perp AC$ 于点 H,作 $EM \perp GH$ 于点 M,连接点 A、M,如图 4.74 所示.
∵ 易证 $\triangle MGE$ 为等腰直角三角形,
∴ $GM = EM$,
∴ $\triangle AGM \cong \triangle AEM$(SSS),
∴ $\angle GAM = \angle EAM = \dfrac{1}{2}\angle GAE$.
∵ 易求 $\angle GAE = 90° - 2\alpha$,

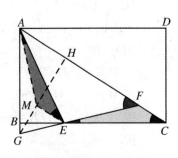

图 4.74

$\therefore \angle EAM = \angle CEF = 45° - \alpha$.

$\because \angle AEG = 45° + \alpha, \angle MEG = 45°$,

$\therefore \angle AEM = \angle ECF = \alpha$,

$\therefore \triangle AEM \cong \triangle ECF(ASA)$,

$\therefore CF = ME = \sqrt{10}$,

$\therefore GE = \sqrt{2}ME = 2\sqrt{5}$.

$\because BG = 1$,

$\therefore BE^2 = GE^2 - BG^2 = 19$.

设 $AB = x$,则 $AG = AE = x + 1$.

$\because BE^2 = AE^2 - AB^2$,

$\therefore 19 = (x+1)^2 - x^2$,得 $x = 9$,即 $AB = 9$.

思路点拨

(1) 第一问比较简单,"等角对等边"是证明等腰三角形的常规方法.

(2) 第二问着重考查了全等三角形的判定,利用第一问的结论,注意到 $AG = AE$,势必要构造两个三角形全等,继而建立 CF 与 GE 之间的数量关系,最后利用勾股定理解决问题.

41.(1) $\because DE$ 平分 $\angle ADC$,

$\therefore \angle ADE = \angle CDE = 45°$.

$\because \angle DCE = 90°$,

$\therefore \triangle CDE$ 为等腰直角三角形,

$\therefore DE = \sqrt{2}DC$.

$\because$ 四边形 $ABCD$ 为矩形,

$\therefore AB = DC, AD = BC$.

$\because BC = \sqrt{2}AB$,

$\therefore DE = AD = BC$,

$\therefore \angle DAE = \angle DEA = 67.5°$.

$\because AD \parallel BC$,

$\therefore \angle AEB = \angle DAE$,

$\therefore \angle AEB = \angle AEF = 67.5°$.

$\because BE = BC - EC, FE = DE - DF$,

$\therefore BE = FE$,

$\therefore \triangle ABE \cong \triangle AFE(SAS,图 4.75)$,

$\therefore \angle BAE = \angle FAE = 22.5°$,

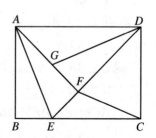

图 4.75

∴ ∠FAD = ∠ADF = 45°,
∴ ∠AFD = 90°, 即 AF⊥DF.
(2) ∵ DG 平分 ∠ADF,
∴ ∠ADG = 22.5°.
∵ DF = DC, ∠FDC = 45°,
∴ ∠DCF = 67.5°,
∴ ∠FCE = 22.5°,
∴ △ADG∽△ECF(AA,图4.76),
∴ $\dfrac{S_{\triangle ECF}}{S_{\triangle ADG}} = \left(\dfrac{EC}{AD}\right)^2 = \left(\dfrac{AB}{AD}\right)^2 = \dfrac{1}{2}$,
∴ $S_{\triangle ADG} = 4$.

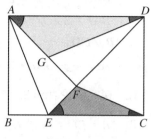

图 4.76

延长 DG 交 AE 于点 N,如图 4.77 所示.
∵ AD = DE, DG 平分 ∠ADF,
∴ DN 垂直平分 AF.
∵ 易证△DFG≌△AFE(ASA),
∴ DG = AE = 2AN,
∴ $S_{\triangle ADG} = \dfrac{1}{2}AN \times DG = \dfrac{1}{4}DG^2 = 4$,
∴ DG = 4.

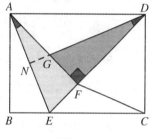

图 4.77

思路点拨

(1) 第一问比较简单,证明方法也较多.只需证明△ABE≌△AFE 即可.

(2) 第二问综合性较强,既有相似也有全等.在第一问的基础上,比较容易证明△ADG∽△ECF,那么根据相似三角形的相似比的平方等于面积比,就将问题转化为探究 DG 与 AN 之间的关系,只要判定 DG = AE = 2AN,问题即可解决.

42. (1) ∵ α + ∠AEB = 90°, ∠FEC + ∠AEB = 90°,
∴ ∠FEC = α.
∵ ∠ABE = ∠ECF = 90°,
∴ △ABE∽△ECF(图4.78),
∴ $\dfrac{AE}{EF} = \dfrac{AB}{EC}$.
∵ E 为 BC 的中点,
∴ BE = EC,
∴ $\dfrac{AE}{EF} = \dfrac{AB}{BE}$.

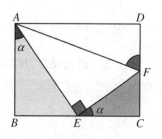

图 4.78

∵ ∠ABE = ∠AEF = 90°,

∴ △ABE ∽ △AEF,

∴ ∠BAE = ∠EAF = α,

∴ ∠BAF = 2α.

∵ AB ∥ CD,

∴ ∠AFD = ∠BAF = 2α.

(2) 探究结论：$\tan 2\alpha = \dfrac{2\tan \alpha}{1-\tan^2 \alpha}$.

设 $AB = DC = 1$，则 $BE = EC = \tan \alpha$，如图 4.79 所示.

∴ $BC = AD = 2\tan \alpha$.

∵ ∠FEC = α,

∴ $FC = \tan^2 \alpha$,

∴ $DF = 1 - \tan^2 \alpha$,

∴ $\tan 2\alpha = \dfrac{AD}{DF} = \dfrac{2\tan \alpha}{1-\tan^2 \alpha}$.

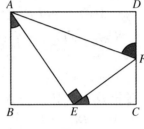

图 4.79

(3) **解法 1** 设 $AD = 2$，则 $CD = 4$，如图 4.80 所示.

∴ $\tan \beta = \dfrac{BC}{6}$, $\tan 2\beta = \dfrac{4}{BC}$,

∴ $\tan \beta \times \tan 2\beta = \dfrac{2}{3}$.

∵ 由(2)可知 $\tan 2\beta = \dfrac{2\tan \beta}{1-\tan^2 \beta}$,

∴ $\tan \beta \times \dfrac{2\tan \beta}{1-\tan^2 \beta} = \dfrac{2}{3}$，得 $\tan \beta = \dfrac{1}{2}$（负值舍去）,

∴ $BC = 3$,

∴ $\tan 2\beta = \dfrac{4}{3}$, $\cos 2\beta = \dfrac{3}{5}$.

∵ ∠DAE = 2β,

∴ $AE = AD\cos 2\beta = \dfrac{6}{5}$.

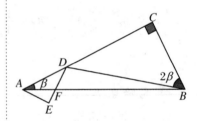

图 4.80

∵ 易证△AEF ∽ △ACB,

∴ $\dfrac{AF}{AB} = \dfrac{AE}{AC} = \dfrac{1}{5}$,

∴ $\dfrac{AF}{BF} = \dfrac{1}{4}$.

解法 2 延长 ED、BC 交于点 M，作 CN ∥ AB 交 EM 于点 N，如图 4.81 所示.

∴ $\dfrac{AF}{NC} = \dfrac{AD}{CD} = \dfrac{1}{2}$.

∵ ∠ADE = ∠MDC = 90° − 2β, ∠BDC = 90° − 2β,

∴ ∠MDC = ∠BDC.

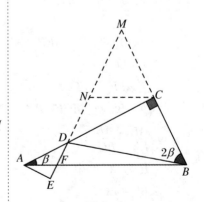

图 4.81

∵ $DC \perp BM$,

∴ $MC = BC$,

∴ NC 为△MFB 的中位线,

∴ $FB = 2NC$,

∴ $\dfrac{AF}{BF} = \dfrac{1}{4}$,

∴ $\dfrac{AF}{AB} = \dfrac{1}{5}$.

设 $AD = 2$,则 $CD = 4, AC = 6$.

易证△$AEF \backsim$△ACB,

∴ $\dfrac{AF}{AB} = \dfrac{AE}{AC} = \dfrac{1}{5}$,

∴ $AE = \dfrac{6}{5}$,

∴ $\cos\angle DAE = \cos 2\beta = \dfrac{3}{5}$,

∴ $\tan 2\beta = \dfrac{CD}{BC} = \dfrac{4}{3}$,

∴ $BC = 3$,

∴ $\tan \beta = \dfrac{BC}{AC} = \dfrac{1}{2}$.

> **思路点拨**
>
> (1) 第一问是典型的"一线三直角"相似问题. 通过等量代换判定△$ABE \backsim$△AEF,继而根据"两直线平行,内错角相等"证明$\angle AFD = \angle BAF = 2\alpha$.
>
> (2) 第二问要求探究 $\tan \alpha$ 与 $\tan 2\alpha$ 两者之间的数量关系,那么依据图形的本身特点,设矩形边长 $AB = 1$ 即可.
>
> (3) 第三问的解法较多. 第一种解法, 根据第二问的结论能够建立方程速解 $\tan \beta$, 再由△$AEF \backsim$△ACB 解决问题. 此解法偏重代数. 第二种解法相对简洁, 没有利用上面的结论, 而是利用对称性和中位线速解 $\dfrac{AF}{BF} = \dfrac{1}{4}$, 再由相似解得 $\tan \beta$. 此解法偏重几何, 两种解法各有千秋.

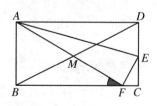

图 4.82

43. (1) 由翻折性质可知 $AD = AF$, 如图 4.82 所示.

∵ $\tan\angle DBC = \dfrac{1}{2}$,

$\therefore \dfrac{AB}{AD} = \dfrac{1}{2}$,

$\therefore \dfrac{AB}{AF} = \dfrac{1}{2}$.

$\because \angle ABF = 90°$,

$\therefore \sin\angle AFB = \dfrac{1}{2}$,

$\therefore \angle AFB = 30°$.

(2) 设 $\angle GED = \alpha$，$\angle ADB = \beta$，如图 4.83 所示.

由翻折性质可知 $\angle ADE = \angle AFE = 90°$，$FE = DE$.

$\because$ 易证 $\triangle ABF \backsim \triangle FCE$,

$\therefore \dfrac{AB}{AF} = \dfrac{FC}{FE}$.

$\because AF = AD, FE = DE, GD = FC$,

$\therefore \dfrac{AB}{AD} = \dfrac{GD}{DE}$.

$\because \angle BAD = \angle GDE = 90°$,

$\therefore \triangle BAD \backsim \triangle GDE$,

$\therefore \beta = \alpha$.

$\because \beta + \angle EDN = 90°$,

$\therefore \alpha + \angle EDN = 90°$，即 $EG \perp BD$.

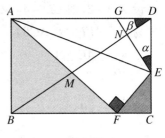

图 4.83

(3) $\because EG \perp BD, AF \perp EF, EF /\!/ BD$，如图 4.84 所示.

四边形 $MFEN$ 为矩形，

$\therefore MN = FE = DE = 2, \angle EFC = \angle GED = \alpha$,

$\therefore \tan\alpha = \dfrac{EC}{FC} = \dfrac{GD}{DE}$.

$\because GD = FC$,

$\therefore FC^2 = EC \times DE = EC^2 + EF^2$.

设 $EC = x$，则 $2x = x^2 + 4$，得 $x = \sqrt{5} - 1$.

$\therefore DC = DE + EC = \sqrt{5} + 1$.

$\because EF /\!/ BD$,

$\therefore \dfrac{EC}{DC} = \dfrac{EF}{BD}$,

$\therefore BD = \sqrt{5} + 3$.

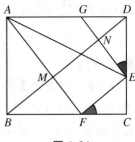

图 4.84

思路点拨

(1) 第一问比较简单，利用翻折性质和矩形性质，可得 $\sin\angle AFB = \dfrac{1}{2}$，即 $\angle AFB = 30°$.

思路点拨

(2) 第二问有些难度,首先这是一个较为典型的"一线三直角"相似模型,再利用翻折性质通过导比例得到 $\dfrac{AB}{AD}=\dfrac{GD}{DE}$,可证 $\triangle BAD \backsim \triangle GDE$,继而可证 $EG \perp BD$.

(3) 第三问需要定量计算.在(2)的基础上,首先要明确四边形 $MFEN$ 为矩形,再判定 $\angle EFC = \alpha$,然后利用三角函数(或相似)建立方程,解得 $EC = \sqrt{5}-1$,最后根据平行线分线段成比例定理解得 $BD = \sqrt{5}+3$.

44. (1) 连接点 C、G,如图 4.85 所示.

∵点 C、G 关于 EF 对称,

∴$CG \perp EF$,$EC = EG$.

∵$AE \perp EF$,

∴$AE // CG$.

∵$AG // EC$,

∴四边形 $AECG$ 为平行四边形,

∴$AG = EC$.

∵$AD = BC$,

∴$BE = DG$.

作 $EH \perp AD$ 于点 H,如图 4.85 所示.

∵易知四边形 $ABEH$ 为矩形,

∴$BE = AH$,$AB = EH$.

设 $BE = DG = AH = 1$,$AB = EH = x$,则 $EC = EG = HD = 2x - 1$.

∴$HG = 2x - 2$.

∵在 Rt$\triangle EHG$ 中,$(2x-1)^2 = x^2 + (2x-2)^2$,得 $x = 3$,

∴$HG = 4$,

∴$\tan\angle AGE = \dfrac{3}{4}$.

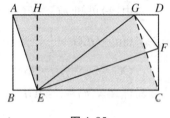

图 4.85

(2) ① ∵$AE \perp EF$,EQ 平分 $\angle AEF$,

∴$\angle QEF = 45°$.

易知 $\angle BAE = \angle FEC = \angle GEF$.

由(1)可知 $\tan\angle BAE = \dfrac{1}{3}$.

在 FQ 的延长线上取点 M,使得 $EG = GM$,则 $\triangle EMG$ 为等腰直角三角形,如图 4.86 所示.

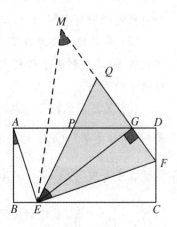

图 4.86

∵易证△EFQ∽△MFE，

∴$EF^2 = FQ \times FM = GF^2 + EG^2$.

令 $GF = 1$，则 $EG = 3$.

设 $GQ = x$，则 $MQ = 3 - x$.

∴$QF = x + 1$，$MF = 4$，

∴$4(x + 1) = 10$，得 $x = \dfrac{3}{2}$，

∴$\tan\angle QEG = \dfrac{1}{2}$.

② 作 $QN \perp PG$ 于点 N，作 $EH \perp AD$ 于点 H，如图4.87所示.

∵$AB = 6$，

∴由(1)可知 $EG = EC = 10$.

∵$\tan\angle QEG = \dfrac{1}{2}$，

∴$QG = 5$，$S_{\triangle QEG} = 25$.

易证 $\angle NQG = \angle AGE$.

∵$\tan\angle AGE = \dfrac{3}{4}$，

∴$QN = 4$.

∵$HE \parallel QN$，

∴$\dfrac{QN}{HE} = \dfrac{PQ}{PE} = \dfrac{S_{\triangle QPG}}{S_{\triangle PQE}} = \dfrac{2}{3}$，

∴$S_{\triangle QPG} = \dfrac{2}{5} S_{\triangle QEG} = 10$.

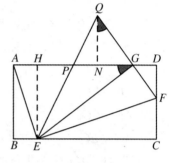

图 4.87

思路点拨

(1) 第一问主要考查了三角形全等和翻折性质，结合勾股定理即可求解，相对简单.

(2) 第二问主要考查了45°角的经典模型，解决的方法也较多，其中利用子母型相似结合勾股定理是一种相对简洁的办法.

(3) 第三问依托于前两问，比较容易求得△QEG 的面积. 题目要求△QEG 的面积，即求 $\dfrac{PQ}{PE}$ 的值，这一问的关键在于发现 $\angle NQG = \angle AGE$，由于 $\tan\angle AGE = \dfrac{3}{4}$，则 $\dfrac{QN}{HE} = \dfrac{PQ}{PE} = \dfrac{2}{3}$，最终解决问题.

45. (1) 过点 G 作 BC 的平行线交 DC 于点 P、交 AB 于点 Q，则四边形 $AQPD$、$QBCP$ 均为矩形，如图 4.88 所示.

∵ $DG = GE$，$GP \parallel EC$，

∴ GP 为 $\triangle DEC$ 的中位线，

∴ $CP = DP$，

∴ $BQ = AQ$，即 GQ 垂直平分 AB，

∴ $AG = BG$.

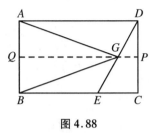

图 4.88

(2) ∵ $AG = BG$，

∴ $\angle GAB = \angle GBA$.

∵ $\angle BAD = \angle ABC = 90°$，

∴ $\angle 1 = \angle 2$(图 4.89).

∵ $DG = GE$，$DG^2 = BG \times GF$，

∴ $\dfrac{DG}{GF} = \dfrac{BG}{GE}$.

∵ $\angle BGE = \angle DGF$，

∴ $\triangle BGE \backsim \triangle DGF$，

∴ $\angle 2 = \angle 3$，

∴ $\angle 1 = \angle 3$.

∵ $\angle 3 + \angle ADG = 90°$，

∴ $\angle 1 + \angle ADG = 90°$，

∴ $AG \perp DG$，

∴ 四边形 $ABEG$ 为圆的内接四边形，

∴ $\angle BAG = \angle DEC = \angle ABG$.

∵ $\angle AGB + 2\angle BAG = 180°$，

∴ $\angle AGB + 2\angle DEC = 180°$.

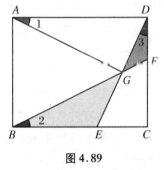

图 4.89

(3) 连接点 A、E，如图 4.90 所示.

∵ AG 垂直平分 DE，

∴ $AD = AE$.

∵ 四边形 $ABEG$ 为圆的内接四边形，

∴ $\angle AEG = \angle ABG = \angle DEC$，$\angle BAE = \angle BGE = \angle DGF$，即 DE 平分 $\angle AEC$，

∴ 点 M 落在 AE 上，$EC = ME$.

设 $AD = AE = x$，则 $BE = AM = x - 1$.

∴ $AB = CD = \sqrt{2x - 1}$，

∴ $DE = \sqrt{2x}$，

∴ $DG = EG = \dfrac{\sqrt{2x}}{2}$.

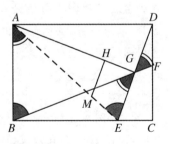

图 4.90

∵ $MH \perp AG, EG \perp AG$,

∴ $MH \parallel EG$,

∴ $\dfrac{AM}{AE} = \dfrac{MH}{EG}$,

∴ $\dfrac{x-1}{x} = \dfrac{\frac{3\sqrt{2}}{4}}{\frac{\sqrt{2x}}{2}}$,化简得 $2x - 3\sqrt{x} - 2 = 0$.

∵ $x > 0$,

∴ $(\sqrt{x} - 2)(2\sqrt{x} + 1) = 0$,

∴ $x = 4$,

∴ $AB = \sqrt{7}, BE = 3$,

∴ $\tan\angle DGF = \tan\angle BAE = \dfrac{3}{\sqrt{7}} = \dfrac{3\sqrt{7}}{7}$.

思路点拨

本题三问之间有着千丝万缕的联系,层层递进,环环相扣,这是一道经典的压轴题.

(1) 第一问采用构造中位线的办法,较为简单.

(2) 第二问的关键在于利用第一问的结论,将角度进行转化,难度不是很大.

(3) 难点在于第三问,首先要将∠DGF 转化为∠BAE,那么 BC 就是关键的参数了.通过上面的两问不难判定 DE 平分∠AEC,这样一来, A、M、E 三点共线,再由勾股定理和平行线分线段成比例定理就可以建立方程,求解即可.虽然最后化简的结果是无理方程,但是可以通过换元法转化为一元二次方程或者直接进行因式分解,完美收官.

46. ∵易证△BEC≌△DGC(SAS,图4.91),

∴∠ECB = ∠GCD, EC = GC,

∴ EC⊥GC,

∴△EGC 为等腰直角三角形,

∴△EHC 为等腰直角三角形.

易证∠GFH = ∠GEA = ∠HCB.

作 $MH \perp HE$ 交 BC 的延长线于点 M,如图4.92所示.

∵易证△EHB≌△CHM(ASA),

∴ $BH = MH = 8, EB = CM$,

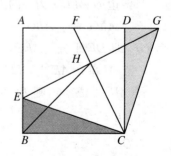

图 4.91

$\therefore BM = 8\sqrt{2}$,

$\therefore EB = CM = DG = 2\sqrt{2}$,

$\therefore AG = 8\sqrt{2}, AE = 4\sqrt{2}$,

$\therefore \tan\angle AGE = \tan\angle FCD = \dfrac{1}{2}$,

$\therefore DF = 3\sqrt{2}$,

$\therefore FG = 5\sqrt{2}$.

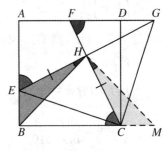

图 4.92

思路点拨

本题是一道经典考题,对全等、相似及三角函数的知识考查得较为细致. 首先比较容易判定△EGC、△EHC 为等腰直角三角形,那么利用旋转的办法求解 BM 是常考内容. 接下来求 $\tan\angle AGE$ 的值是关键,解决了这个问题,本题便迎刃而解. 本题也可以利用共圆解决图形中的角度问题,在此不再赘述.

47. 连接点 E、H 并延长与 AD 的延长线交于点 M,连接点 C、M,如图 4.93 所示.

∵ $\angle EBF = 45°, EF \parallel BC$,

∴ △EBF 为等腰直角三角形,

∴ $BE = EF$.

∵ $EF \parallel DM, FH = DH$,

∴ $DM = EF = BE$,

∴ △BEC ≌ △DMC(SAS),

∴ $EC = MC, \angle BCE = \angle DCM$,

∴ $\angle ECM = 90°$,

∴ △ECM 为等腰直角三角形.

∵ AH 为 Rt△EAM 斜边上的中线,

∴ $AH = EH = HM = \sqrt{2}$,

∴ $EC = \dfrac{EM}{\sqrt{2}} = 2$.

∴ $EG = \dfrac{4}{7}$,

∴ $GC = \dfrac{10}{7}$,

∴ $\dfrac{BE}{DC} = \dfrac{BG}{GD} = \dfrac{EG}{GC} = \dfrac{2}{5}$.

∵ $BE = EF, BC = DC$,

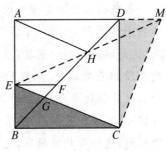

图 4.93

∴ $\dfrac{EF}{BC} = \dfrac{GF}{BG} = \dfrac{2}{5}$.

设 $BG = 10a$，则 $GF = 4a$，$GD = 25a$，$BD = 35a$.

∴ $FD = 21a$，

∴ $DH = FH = \dfrac{21}{2}a$，

∴ $\dfrac{S_{\triangle AHD}}{S_{\triangle ABD}} = \dfrac{DH}{BD} = \dfrac{3}{10}$.

设 $BE = 2b$，则 $BC = AB = 5b$.

∴ $\dfrac{S_{\triangle BEF}}{S_{\triangle ABD}} = \left(\dfrac{BE}{AB}\right)^2 = \dfrac{4}{25}$，

∴ $S_{四AEFH} = \left(1 - \dfrac{4}{25} - \dfrac{3}{10}\right) S_{\triangle ABD} = \dfrac{27}{50} S_{\triangle ABD}$.

∵ $4b^2 + 25b^2 = 4$，得 $b^2 = \dfrac{4}{29}$，

∴ $S_{\triangle ABD} = \dfrac{25}{2}b^2 = \dfrac{50}{29}$，

∴ $S_{四AEFH} = \dfrac{27}{50} S_{\triangle ABD} = \dfrac{27}{29}$.

思路点拨

　　本题的难度还是较大的，条件较少，而且比较分散，不利于解决问题. 首先，要得到 AH、EC 之间的数量关系，这是解决问题的前提. 没有解决这一问题，下面一系列手段都无从谈起. 本题的着眼点是点 H，它既是旋转中心又是斜边中点，充分利用好这一条件是解决问题的关键. 接下来就是在 △ABD 中解决两个三角形面积的占比问题，这一步相对简单，也是常考类型.

48. 连接点 O、P，如图 4.94 所示.

设 $\angle ACP = \alpha$，则 $\angle DPC = 3\alpha$.

∵ $\angle DPC = \angle DAC = 45°$，

∴ $\alpha = 15°$.

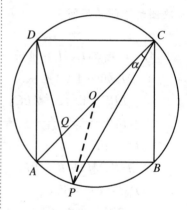

图 4.94

在线段 PC 上取点 F，使得 $AF = CF$，连接点 A 与 F、A 与 P，如图 4.95 所示，则 $\angle AFP = 2\alpha = 30°$.

∵ $\angle APC = 90°$，

∴ PQ 平分 $\angle APC$.

设 $AP = k$，则 $PF = \sqrt{3}k$，$AF = CF = 2k$.

∴ $\dfrac{AP}{PC} = \dfrac{1}{2+\sqrt{3}}$.

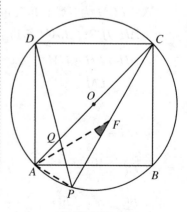

图 4.95

由三角形内角平分线定理得 $\dfrac{AP}{PC}=\dfrac{AQ}{QC}=\dfrac{1}{2+\sqrt{3}}$.

$\therefore AQ=\dfrac{1}{3+\sqrt{3}}AC,QC=\dfrac{2+\sqrt{3}}{3+\sqrt{3}}AC$,

$\therefore AQ\times QC=\dfrac{1}{6}AC^{2}=\dfrac{1}{3}S_{\text{正}ABCD}=1$.

思路点拨

本题的综合性较强. 首先要结合题目得到 $\alpha=15°$, 这是基础也是关键. $15°$ 角在初中阶段不属于特殊角, 那么可以考虑构造二倍角, 将问题转化到我们熟悉的轨道上来. 不难得到 $\dfrac{AP}{PC}=\dfrac{1}{2+\sqrt{3}}$, 同时我们发现 PQ 平分 $\angle APC$, 根据三角形内角平分线定理, 即可求解线段 AQ、QC 与 AC 之间的比例关系, 这样一来就有了 $AQ\times QC=\dfrac{1}{6}AC^{2}=\dfrac{1}{3}S_{\text{正}ABCD}$.

49. **解法1** 连接点 D、G, 作 $CH\perp DE$ 于点 H, 如图 4.96 所示.

$\because \angle CGF=\angle CDF$,

$\therefore D$、G、C、F 四点共圆,

$\therefore \angle GDF=\angle GCF=90°$,

$\therefore \angle ADG=\angle CDH$.

易求 $EH=FH=1, DF=3$.

$\because GF=DE=5$,

$\therefore DG=DH=4$,

$\therefore \triangle AGD\cong\triangle CHD$,

$\therefore AG=CH=2$.

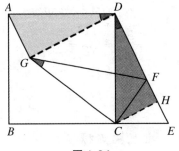

图 4.96

解法2 作 $CH\perp DE$ 于点 H, 如图 4.97 所示.

易求 $EH=FH=1, CH=2$.

作 $FM\perp CE$ 于点 M, 作 $GN\perp BC$ 于点 N, 作 $GQ\perp AB$ 于点 Q.

易证 $\triangle CMF\sim\triangle GNC$, 相似比为 $\dfrac{CF}{CG}=\dfrac{CE}{CD}=\dfrac{1}{2}$.

$\because S_{\triangle CFE}=\dfrac{1}{2}FM\times CE=\dfrac{1}{2}CH\times FE$,

$\therefore FM=\dfrac{4}{\sqrt{5}}, CM=\dfrac{3}{\sqrt{5}}$,

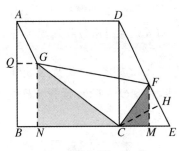

图 4.97

$\therefore CN = \dfrac{8}{\sqrt{5}}, GN = \dfrac{6}{\sqrt{5}}$,

$\therefore BN = QG = \dfrac{2}{\sqrt{5}}, AQ = \dfrac{4}{\sqrt{5}}$,

$\therefore AG = 2$.

思路点拨

解法 1 相对简洁,几乎没有计算量.利用四点共圆和全等可速解.解法 2 计算量稍大,利用"一线三直角"相似和等积法计算 FM 的长度是解题的关键.

50. 过点 F 作 $MN // BC$ 交 AB 于点 M、交 CD 于点 N, 如图 4.98 所示.

$\because \angle EDF + \angle ADF = 90°, \angle EDF = \angle DAF = \alpha$,

$\therefore \angle DAF + \angle ADF = 90°,$ 即 $AF \perp DF$.

$\because AD = 15, \tan \alpha = \dfrac{1}{2}$,

$\therefore DF = 3\sqrt{5}, FN = 3, DN = AM = 6$,

$\therefore BM = 9, MF = 12$.

由翻折性质可知 $BF \perp FE, FE = CE$,

$\therefore \triangle BMF \sim \triangle FNE$,

$\therefore \dfrac{BM}{MF} = \dfrac{FN}{NE} = \dfrac{3}{4}$,

$\therefore NE = 4$,

$\therefore CE = FE = 5$.

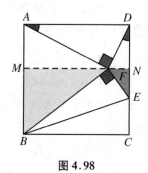

图 4.98

思路点拨

本题是经典的正方形背景下的翻折问题,通常利用"一线三直角"相似求解线段之间的数量关系.以本题为例,首先要得到 $\triangle ADF$ 为直角三角形,即可解得线段 FN、DN,继而解得 MF、BM,再由 $\triangle BMF \sim \triangle FNE$ 解得 NE,最后利用勾股定理解得 FE.

51. 如图 4.99 所示,连接点 O、C,则 A、O、C 三点共线,且 $AO = CO$;延长 EF 交 BG 于点 P,作 $EQ \perp DC$ 于点 Q.

$\because EP // AC$,

$\therefore \dfrac{EF}{AO} = \dfrac{GF}{GO} = \dfrac{FP}{OC}, \triangle DEF$ 为等腰直角三角形,

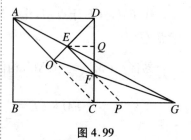

图 4.99

∴ $EF = FP$, $DQ = FQ$.
∵ $EQ \parallel CP$,
∴ $CF = FQ = DQ$.
作 $OM \perp BC$ 于点 M,作 $FN \perp OM$ 于点 N,如图 4.100 所示.

设 $AB = 6a$,则 $CF = 2a$,$OM = MC = NF = 3a$.
∴ $ON = a$,
∴ $a^2 + 9a^2 = 5$,得 $a^2 = \dfrac{1}{2}$,
∴ $S_{正ABCD} = 36a^2 = 18$.

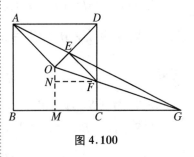

图 4.100

思路点拨

"平行线遇中点"是中考高频考点,通常利用平行线解决线段之间的数量关系.以本题为例,O 为 AC 的中点,$EP \parallel AC$,那么只要延长 EF 交 BG 于点 P,即有 $EF = FP$,再根据 $EQ \parallel CP$,$DQ = FQ$,就可以判定 $CF = \dfrac{1}{3}DC$. 这样一来,在 Rt△ONF 中,利用勾股定理解得 ON 的值,最后解决正方形面积问题.

52. **解法 1** 作 $EM \perp AB$ 于点 M,作 $FN \perp CD$ 于点 N,如图 4.101 所示.

∵ 点 G 在以 BC 为直径的半圆上,
∴ $\angle BGC = 90°$.
易证△$EBM \sim$ △BCG.
设 $BG = CF = a$,$GC = BE = b$.
∴ $\dfrac{b}{EM} = \dfrac{BC}{a} = \dfrac{AB}{a}$,
∴ $EM \times AB = ab$,
∴ $S_{△AEB} = \dfrac{1}{2}EM \times AB = \dfrac{1}{2}ab$.

同理,$S_{△FCD} = \dfrac{1}{2}NF \times DC = \dfrac{1}{2}ab$.
∴ $S_{△ABE} + S_{△DCF} = ab$,
∵ $S_{正ABCD} = BC^2 = a^2 + b^2$,
∴ $\dfrac{ab}{a^2 + b^2} = \dfrac{12}{25}$,得 $\dfrac{a}{b} = \dfrac{3}{4}$ 或 $\dfrac{a}{b} = \dfrac{4}{3}$,
∴ $\tan \alpha = \dfrac{3}{4}$ 或 $\tan \alpha = \dfrac{4}{3}$.

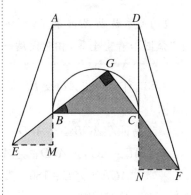

图 4.101

解法 2 作 $AM \perp EG$ 于点 M,作 $DN \perp FG$ 于点 N,如

图 4.102 所示.

易证 $\triangle ABM \cong \triangle BCG$.

同理，$\triangle CDN \cong \triangle BCG$.

设 $BG = AM = CF = a$，$GC = DN = EB = b$.

$\therefore S_{\triangle ABE} = \frac{1}{2} AM \times EB = \frac{1}{2}ab$，$S_{\triangle DCF} = \frac{1}{2} DN \times CF = \frac{1}{2}ab$，

$\therefore S_{\triangle ABE} + S_{\triangle DCF} = ab$.

$\therefore S_{正ABCD} = BC^2 = a^2 + b^2$，

$\therefore \frac{ab}{a^2+b^2} = \frac{12}{25}$，得 $(3a-4b)(4a-3b) = 0$，

$\therefore \frac{a}{b} = \frac{3}{4}$ 或 $\frac{a}{b} = \frac{4}{3}$，

$\therefore \tan \alpha = \frac{3}{4}$ 或 $\tan \alpha = \frac{4}{3}$.

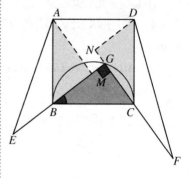

图 4.102

思路点拨

本题着重对全等、相似及三角函数的考查. 由题意可知，$\frac{S_{\triangle ABE} + S_{\triangle DCF}}{S_{正ABCD}}$ 的值应该与 $\triangle BCG$ 的两条直角边有着某种关联. 第一种解法注重相似，利用相似可以得到 $S_{\triangle ABE} = \frac{1}{2}ab$，$S_{\triangle DCF} = \frac{1}{2}ab$. 这样一来，两条直角边与斜边的关系就凸显出来了，解方程即可. 第二种解法利用"弦图"，着重全等，相对简洁一点.

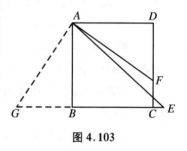

图 4.103

53. 作 $AG \perp AF$ 交 EB 的延长线于点 G，如图 4.103 所示.

$\because$ 易证 $\triangle AGB \cong \triangle AFD$，

$\therefore AF = AG$，$\angle AFD = \angle AGB = 180° - 3\angle E$，

$\therefore \angle AGE + \angle E = 180° - 2\angle E$，

$\therefore \angle GAE = 2\angle E$.

延长 EA 至点 H，使得 $AH = AG$，连接点 H、G，如图 4.104 所示.

$\therefore \angle H = \angle AGH = \angle E$，

$\therefore GH = GE$，

$\therefore \triangle AGH \sim \triangle GEH$，

$\therefore \frac{GH}{AG} = \frac{EH}{GE}$，

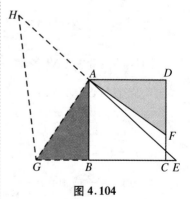

图 4.104

∴ $GE^2 = AH \times HE = AF(AF + AE)$.

设 $AF = AG = AH = 4$,则 $AE = 5$.

∴ $GE = 6$.

设 $BE = 6$,则 $GB = 6 - x$.

∴ $AB^2 = 16 - (6-x)^2 = 25 - x^2$,得 $x = \dfrac{15}{4}$,

∴ $\cos\angle E = \dfrac{BE}{AE} = \dfrac{3}{4}$.

思路点拨

本题重点考查了正方形中的旋转变化、二倍角三角形三边之间的数量关系以及双勾股.我们对三倍角较为陌生,对二倍角三角形相对熟悉.同时,两个存在三倍角关系的角不在一个三角形中,不利于解决问题.那么首要任务是将问题转化到我们熟悉的轨道上,这样才有利于解决问题.我们发现,如果将△AFD 绕点 A 顺时针旋转 $90°$,那么△GAE 为二倍角三角形.这样一来,就豁然开朗了,因为二倍角三角形三边之间有着固定的数量关系,即可解得 GE.欲求 $\cos\angle E$,即求 BE,利用双勾股即可解决问题.

54. 延长 DE 交 CB 的延长线于点 P,如图 4.105 所示.

∵ 易证△AED≌△BEP,

∴ $PE = DE$, $PB = DA$.

作 DH∥GF 交 BC 于点 H,作 DQ⊥PD 交 BC 于点 Q.

∴ $\angle EDH = \angle EGF = 45°$.

易证△AED≌△CQD,继而△EDH≌△QDH,

∴ $EH = HQ = HC + CQ = HC + AE$.

设 $AB = PB = 6$,$HC = x$,则 $AE = BE = 3$,$EH = 3 + x$,$BH = 6 - x$.

∴ $(3+x)^2 = 9 + (6-x)^2$,得 $x = 2$,

∴ $BH = 4$,$PH = 10$.

∴ $\dfrac{GD}{EG} = \dfrac{2}{3}$,$PE = ED$,

∴ $\dfrac{GD}{PD} = \dfrac{1}{5}$.

∵ $GF\parallel DH$,

∴ $FH = \dfrac{1}{5}PH = 2$,

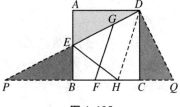

图 4.105

∴ BF = 2,

∴ $\dfrac{BF}{FC} = \dfrac{1}{2}$.

(2) 延长 FG 交 AD 于点 N, 则四边形 NFHD 为平行四边形, 如图 4.106 所示.

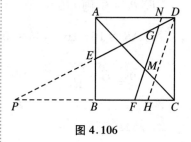

图 4.106

∵ 由(1)可知 ND = FH = FC - HC = 1,

∴ AN = 5,

∴ $\dfrac{NG}{GF} = \dfrac{ND}{PF} = \dfrac{1}{9}, \dfrac{FC}{AN} = \dfrac{FM}{MN} = \dfrac{3}{5}$.

设 FM = 3k, 则 MN = 5k, NF = 8k.

∴ $NG = \dfrac{1}{10}NF = \dfrac{4}{5}k$,

∴ $GM = 5k - \dfrac{4}{5}k = \dfrac{21}{5}k$,

∴ $GM = \dfrac{21}{40}FN = \dfrac{21}{40}DH$.

∵ $DH = 2\sqrt{10}$,

∴ $\dfrac{FC}{GM} = \dfrac{3}{2\sqrt{10} \times \dfrac{21}{40}} = \dfrac{2\sqrt{10}}{7}$.

思路点拨

本题重点考查正方形半角模型、平移变换及平行线分线段成比例定理. 首先, 对错位角的处理通常采用平移的办法.

(1) 第一问将线段 GF 平移就会得到正方形半角模型, 这是我们较为熟悉的模式, 于是解决问题得心应手. 再利用中点这一关键条件, 我们便可以通过延长 DE 构造全等, 线段之间的数量关系就凸显出来了.

(2) 第二问稍微有些变化, 但万变不离其宗, 只要解决 GM 与 DH 之间的比例问题, 就大功告成了.

55. (1) 设 ∠FBC = α.

延长 AD、BF 交于点 P, 如图 4.107 所示.

∵ 易证△BFC ≌ △PFD(AAS),

∴ PD = BC, ∠P = ∠FBC = ∠EBP,

∴ BE = EP.

设 CF = x, 则 DP = 2x, EP = BE = 4x - 3.

∵ 在 Rt△ABE 中, $4x^2 + 9 = (4x-3)^2$, 得 x = 2,

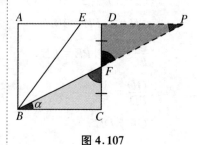

图 4.107

∴正方形边长为4.

(2) ① ∵ $CG \parallel BE$,

∴ $\angle BGC = \angle EBG = \alpha$,

∴ $BC = CG = CD$,

∴点 B、D、G 在以点 C 为圆心、BC 为半径的圆上(图 4.108),

∴ $\angle BGD = \dfrac{1}{2} \angle BCD = 45°$.

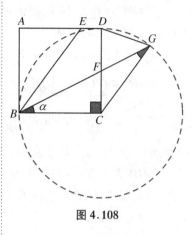

图 4.108

② 连接点 B、D, 如图 4.109 所示.

∵ $AD = 4, AE = 3$,

∴ $ED = 1$,

∴ $S_{\triangle BED} = \dfrac{1}{2} AB \times ED = 2$.

作 $CS \perp BG$ 于点 S, 作 $GK \perp BC$ 交 BC 的延长线于点 K.

易证 $\triangle BCS \sim \triangle BGK$,

∴ $\dfrac{BS}{BC} = \dfrac{BK}{BG} = \dfrac{2}{\sqrt{5}}$,

∴ $BS = \dfrac{8}{\sqrt{5}}$,

∴ $BG = 2BS = \dfrac{16}{\sqrt{5}}$,

∴ $BK = \dfrac{32}{5}$,

∴ $S_{\triangle BDG} = \dfrac{1}{2} DF \times BK = \dfrac{32}{5}$,

∴ $S_{\text{四} BEDG} = S_{\triangle BED} + S_{\triangle BDG} = \dfrac{42}{5}$.

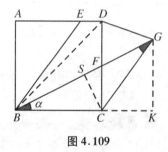

图 4.109

思路点拨

(1) 第一问的解法较多,本解法充分利用了"双平出等腰"这一特性.也可以通过将 $\triangle ABE$ 绕点 A 逆时针旋转解决问题.在此不再赘述.

(2) 第二问是考查"一点三等长"模型,符合圆的定义,利用圆来解决问题就相对简洁.

(3) 第三问利用了割补法将问题转化为求两个三角形的面积,并且运用了宽高法求解 $\triangle BDG$.

56. (1) 取 DE 的中点 M, 连接点 C、M, 作 $CN \perp DE$ 于点 N, 如图 4.110 所示.

∵ ∠DEB = 75°,

∴ ∠CDE = 15°.

∵ CM 为 Rt△DCE 斜边上的中线,

∴ CM = ME = DM,

∴ ∠CME = 2∠CDE = 30°,

∴ $CN = \frac{1}{2}CM = \frac{1}{4}DE$,

∴ $S_{\triangle DEC} = \frac{1}{2}CN \times DE = \frac{1}{8}DE^2$.

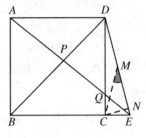

图 4.110

(2) 作 PG⊥AB 于点 G, 作 PH⊥BE 于点 H, 则四边形 GBHP 为正方形,如图 4.111 所示.

∵ 易证△AGP≌△QCE,

∴ CE = BH,

∴ HE = BC.

设 CE = PH = x, AB = 1, 则

$$\tan\angle E = \frac{PH}{HE} = x = \frac{AB}{BE} = \frac{1}{x+1},$$

∴ $x = \frac{\sqrt{5}-1}{2}$(负值舍去),

∴ $\tan\angle E = \frac{\sqrt{5}-1}{2}$.

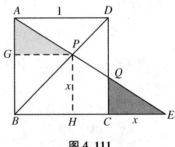

图 4.111

思路点拨

(1) 第一问考查了含15°角的直角三角形斜边与面积的数量关系. 15°角不是特殊角,初中阶段不宜利用其三角函数值强行计算,但是利用斜边上的中线构造二倍角,可以轻松解得 $CN = \frac{1}{4}DE$,继而命题得证.

(2) 第二问主要考查了正方形背景下全等与相似、三角函数的综合运用. 利用全等得到关键线段之间的数量关系,再利用相似、三角函数建立方程求解. 需要特别指出的是,对于比值型的结果,可以设其中某一变量值为 1, 这样可以简化方程,减少未知数.

57. (1) 连接点 A 与 E、B 与 D、C 与 E, 如图 4.112 所示.

设 ∠BDE = α, ∠DBE = β, 则

$\angle DEG = \alpha + \beta = \frac{1}{2}(\angle BAE + \angle DAE) = \frac{1}{2}\angle DAB = 45°$.

∵ DC 为圆的直径,

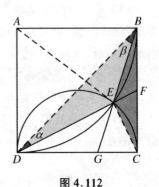

图 4.112

$\therefore CE \perp DE$,

$\therefore \angle GEC = 45°$.

$\because$ 易证 $\triangle DEB \backsim \triangle BEC$,

$\therefore BE^2 = CE \times DE$, 相似比为 $\dfrac{BD}{BC} = \dfrac{\sqrt{2}}{1}$.

设 $CE = a$, 则 $BE = \sqrt{2}a$.

$\therefore DE = 2a$.

$\because GE$ 平分 $\angle DEC$,

$\therefore \dfrac{CG}{DG} = \dfrac{CE}{DE} = \dfrac{1}{2}$.

(2) $\because CE \perp DF$, $CF \perp DC$,

$\therefore \triangle CEF \backsim \triangle DEC$,

$\therefore \dfrac{S_{\triangle CEF}}{S_{\triangle DEC}} = \left(\dfrac{CE}{DE}\right)^2 = \dfrac{1}{4}$,

$\therefore S_{\triangle CEF} = \dfrac{1}{4} S_{\triangle DEC}$.

$\because \dfrac{S_{\triangle GEC}}{S_{\triangle DEG}} = \dfrac{CG}{DG} = \dfrac{1}{2}$,

$\therefore S_{\triangle GEC} = \dfrac{1}{3} S_{\triangle DEC}$,

$\therefore S_{四 FEGC} = \dfrac{7}{12} S_{\triangle DEC}$.

$\because \tan\angle EDC = \dfrac{1}{2}$, $DC = 1$,

$\therefore EC = \dfrac{1}{\sqrt{5}}$, $DE = \dfrac{2}{\sqrt{5}}$,

$\therefore S_{\triangle DEC} = \dfrac{1}{5}$,

$\therefore S_{四 FEGC} = \dfrac{7}{60}$.

思路点拨

本题有一定的难度,考查了圆心角、圆周角、相似、三角形内角平分线定理以及等底同高的三角形面积比.

(1) 第一问首先要判定 $\triangle DEB \backsim \triangle BEC$, 这是关键的一步. 再根据相似比来求解 $\dfrac{CE}{DE}$, 同时由于 GE 平分 $\angle DEC$, 故 $\dfrac{CG}{DG} = \dfrac{CE}{DE} = \dfrac{1}{2}$.

(2) 第二问相对简单一点，根据相似比的平方等于面积比可以得到 $\dfrac{S_{\triangle CEF}}{S_{\triangle DEC}} = \dfrac{1}{4}$，再根据等底同高的两个三角形面积之比等于底边之比得到 $\dfrac{S_{\triangle GEC}}{S_{\triangle DEG}} = \dfrac{1}{2}$，那么 $S_{四 FEGC} = \dfrac{7}{12} S_{\triangle DEC}$，最后计算可得 $S_{\triangle DEC} = \dfrac{1}{5}$，从而解决问题.

58. (1) 作 $PC \perp MC$ 交 AB 的延长线于点 P，连接点 M、P 交 BE 于点 Q，如图 4.113 所示.

易证 $\triangle BPC \cong \triangle NCM$（ASA），

$\therefore PC = CM, BP = NC$，

$\therefore \triangle PMC$ 为等腰直角三角形，

$\therefore \angle PMC = 45°$.

设 $\angle CMN = \alpha$，则 $\angle QME = 45° - \alpha$.

$\because \angle BEN = 90° - 2\alpha$，

$\therefore \angle MQE = \angle BQP = 45° - \alpha$，

$\therefore ME = QE$.

$\because BP \parallel MN$，

$\therefore \angle BPQ = 45° - \alpha$，

$\therefore BP = BQ = NC$，

$\therefore BE = BQ + QE = NC + ME$，

$\therefore BE + BN + NE = (NC + BN) + (ME + NE) = BC + MN = 2BC$，即 $\triangle BEN$ 的周长为定值.

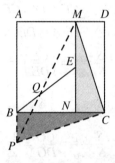

图 4.113

(2) 设 $NC = 1$，则 $BN = 2$，$BM = \sqrt{13}$（图 4.114）.

设 $BE = x$，由(1)的结论可知 $EN = 4 - x$，$ME = x - 1$.

在 Rt$\triangle BEN$ 中，$x^2 = 4 + (4-x)^2$，得 $x = \dfrac{5}{2}$.

$\therefore ME = NE = \dfrac{3}{2}$，

$\therefore S_{\triangle BME} = \dfrac{1}{2} BN \times ME = \dfrac{3}{2}$.

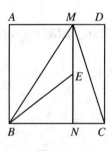

图 4.114

作 $EG \perp BM$ 于点 G，如图 4.115 所示.

$\because S_{\triangle BME} = \dfrac{1}{2} GE \times BM = \dfrac{3}{2}$，

$\therefore GE = \dfrac{3}{\sqrt{13}}$，

$\therefore \sin \angle MBE = \dfrac{GE}{BE} = \dfrac{6}{5\sqrt{13}}$，

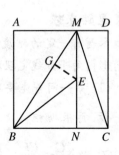

图 4.115

$\therefore \tan\angle MBE = \dfrac{6}{17}.$

(3) 过点 P 作 BC 的平行线交 AB 于点 S,交 NC 于点 K,如图 4.116 所示.

易证 $\triangle SBP \backsim \triangle KPE$,且相似比为

$$\dfrac{BP}{PE} = \dfrac{BN}{NE} = \dfrac{4}{3}.$$

设 $KE = 3x, PK = 3y$,则 $SP = 4x, SB = 4y.$

$\therefore \begin{cases} 4x + 3y = 2 \\ 4y - 3x = \dfrac{3}{2} \end{cases}$,得 $\begin{cases} x = \dfrac{7}{50} \\ y = \dfrac{12}{25} \end{cases}$,

$\therefore SP = \dfrac{14}{25}, AS = \dfrac{27}{25},$

$\therefore \tan\angle BAP = \dfrac{SP}{AS} = \dfrac{14}{27}.$

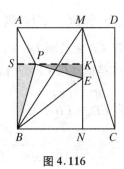

图 4.116

思路点拨

(1) 第一问的结论非常关键,是解决后两问的前提.通过构造全等三角形可以解得相关线段之间的数量关系,从而解决问题.

(2) 第二问在第一问的基础上有所拓展,主要依据第一问中 $BE = ME + NC$ 这一结论建立线段之间的数量关系,并辅以勾股定理、等积法计算出 CG,再由三角函数的知识求解 $\tan\angle MBE$.

(3) 第三问是翻折问题,这是中考高频考点.利用"一线三直角"构造相似三角形是解决翻折问题的有效手段.

59 (1) **解法 1** $\because AD \parallel BE$(图 4.117),

$\therefore \triangle ADF \backsim \triangle EBA,$

$\therefore \dfrac{DF}{AD} = \dfrac{AB}{BE},$

$\therefore DF \times BE = AD \times AB = S_{正ABCD}.$

(2) $\because OD = \dfrac{1}{2}BD,$

$\therefore OD \times BD = \dfrac{1}{2}BD^2 = S_{正ABCD},$

$\therefore OD \times BD = DF \times BE,$ 即 $\dfrac{OD}{DF} = \dfrac{BE}{BD}.$

$\because \angle ODF = \angle EBD = 45°,$

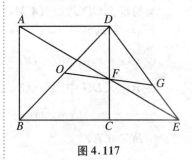

图 4.117

∴△ODF∽△EBD,
∴∠OFD=∠EDB,
∴∠DGO+∠FDG=∠ODF+∠FDG,
∴∠DGO=∠ODF=45°.

(3) 令 $BC=\sqrt{10}$，则 $OG=3, OD=\sqrt{5}$.

设 $CE=x$，则 $DE=\sqrt{x^2+10}$.

∵易证△ODG∽△EDB(图 4.118),

∴$\dfrac{OD}{ED}=\dfrac{OG}{EB}$,

∴$\dfrac{\sqrt{5}}{\sqrt{x^2+10}}=\dfrac{3}{x+\sqrt{10}}$,化简得

$$(x-2\sqrt{10})(2x-\sqrt{10})=0.$$

∵$BC>CE$,

∴$CE=\dfrac{\sqrt{10}}{2}$,

∴$\tan\angle CDE=\dfrac{1}{2}$.

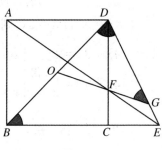

图 4.118

解法 2 连接点 O、C，作 $OM\perp OG$ 交 GC 的延长线于点 M，如图 4.119 所示.

∵△DOC 为等腰直角三角形,

∴∠OCD=∠OGD=45°,

∴四边形 DOCG 为圆的内接四边形,

∴$MG\perp DE$,

∴∠OGM=45°,

∴△MOG 为等腰直角三角形.

令 $BC=\sqrt{10}$，则 $OG=3$.

∴$MG=\sqrt{2}OG=3\sqrt{2}$.

∵易证△ODG≌△OCM,

∴$MC=DG$.

设 $CG=x$，则 $MC=DG=3\sqrt{2}-x$.

在 Rt△CDG 中，$x^2+(3\sqrt{2}-x)^2=10$，得

$$(x-\sqrt{2})(x-2\sqrt{2})=0.$$

∵$BC>CE$,

∴$CG=\sqrt{2}, MC=DG=2\sqrt{2}$,

∴$\tan\angle CDE=\dfrac{1}{2}$.

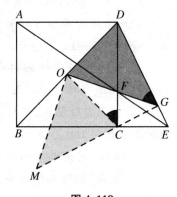

图 4.119

思路点拨

本题重点考查了正方形中的相似与全等，这是一道难度适中的经典好题.

(1) 第一问相对比较简单，一次相似就能直接证明.

(2) 第二问的突破口在于利用 $OD \times BD = DF \times BE$，从而判定 $\triangle ODF \backsim \triangle EBD$，再通过角度之间的关系证明即可.

(3) 第三问有两种解法. 第一种解法完全依靠相似，建立方程解决问题. 第二种解法更注重图形本身的几何性质，利用共圆、全等及勾股定理建立方程. 两种解法各有千秋.

60 (1) 探究结论：$CG = DH$ 且 $DG \perp DH$.

$\because \angle BAH + \angle HAD = 90°, \angle ADG + \angle HAD = 90°$,

$\therefore \angle BAH = \angle ADG$.

$\because$ 如图 4.120 所示，在 $\triangle ADG$ 与 $\triangle HAB$ 中，有

$$\begin{cases} \angle ADG = \angle BAH \\ \angle AGD = \angle BHA = 90° \\ AD = BA \end{cases}$$

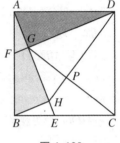

图 4.120

$\therefore \triangle ADG \cong \triangle BAH$（AAS），

$\therefore DG = AH, AG = BH$.

$\because \angle DAH + \angle BAH = 90°, \angle GDC + \angle ADG = 90°$, $\angle BAH = \angle ADG$,

$\therefore \angle DAH = \angle GDC$.

$\because$ 如图 4.121 所示，在 $\triangle ADH$ 与 $\triangle DGC$ 中，有

$$\begin{cases} DG = AH \\ \angle DAH = \angle GDC \\ AD = DC \end{cases}$$

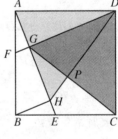

图 4.121

$\therefore \triangle ADH \cong \triangle DCG$（SAS），

$\therefore DH = GC, \angle AHD = \angle DGC$.

$\because \angle DGC + \angle HGP = 90°$,

$\therefore \angle GHP + \angle HGP = 90°$，即 $CG \perp DH$.

(2) 由(1)可知 $AG = BH = 1, DG = AH$.

设 $DG = AH = x$，如图 4.122 所示.

$\therefore S_{\triangle ABH} = \frac{1}{2} BH \times AH = \frac{1}{2} x, S_{\triangle ADH} = \frac{1}{2} DG \times AH = \frac{1}{2} x^2$,

$\therefore S_{四ABHD} = S_{\triangle ABH} + S_{\triangle ADH} = \frac{1}{2} x + \frac{1}{2} x^2 = 6$，得 $x = 3$,

$\therefore DG = 3, GH = 2$,

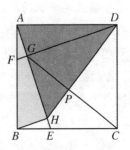

图 4.122

∴ $CG = DH = \sqrt{13}$.

(3) 作 $MH \parallel AB$ 交 AE 的延长线于点 H，连接点 C 与 H、N 与 H，如图 4.123 所示.

∵ 在 $\triangle AGD$ 与 $\triangle MHG$ 中，有
$$\begin{cases} \angle MHG = \angle BAH = \angle ADG \\ \angle AGD = \angle MGH \\ AG = MG \end{cases},$$

∴ $\triangle AGD \cong \triangle MGH$（AAS），

∴ $MH = AD = DC$，$DG = HG$.

∵ $MH \parallel DC$，

∴ 四边形 $MHCD$ 为平行四边形.

∵ 点 N 为平行四边形的中心，

∴ D、N、H 三点共线，$DN = HN$，

∴ $\triangle HDG$ 为等腰直角三角形.

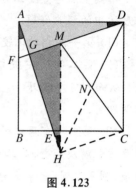

图 4.123

如图 4.124 所示，连接点 G、N，则 $GN \perp DH$；作 $NP \perp GD$ 于点 P.

∵ 易求 $GD = 3\sqrt{2}$，$NP = \dfrac{3}{\sqrt{2}}$，$MN = CN = \sqrt{5}$，

∴ $MP = \dfrac{1}{\sqrt{2}}$.

∵ $GP = DP = \dfrac{1}{2}GD = \dfrac{3}{\sqrt{2}}$，

∴ $AG = GM = GP - MP = \sqrt{2}$.

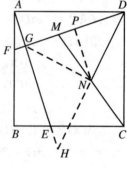

图 4.124

思路点拨

本题是正方形十字架模型的综合运用.正方形十字架全等模型是中考高频考点，一定要勤加练习.

(1) 第一问，利用两次全等解决问题，第一次全等是典型的十字架模型的运用，第二次全等则是水到渠成的事情.

(2) 第二问与第一问的联系比较紧密，将不规则四边形分割成两个三角形，分别计算面积，从而解得 $DG = 3$，$GH = 2$，继而利用勾股定理求得 $CG = \sqrt{13}$.

(3) 第三问难度稍大，核心问题就是要证明 $\angle GDN = 45°$，我们仍然利用十字架模型构造全等三角形，同时又构造出平行四边形，那么就将分散的条件有效集中起来.要特别注意的一点是，必须要证明 D、N、H 三点共线，只有这样，$\triangle HDG$ 才为等腰直角三角形，从而为后面的计算铺平了道路，否则逻辑不严谨.

61.（1）探究结论：$PC = ED + CF$.

作 $EH \perp BF$ 于点 H，则四边形 $EHCD$ 为矩形，如图 4.125 所示.

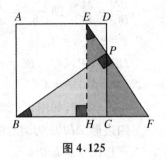

图 4.125

$\therefore ED = CH, EH = DC = BC$.

$\because \angle CBP + \angle F = 90°, \angle HEF + \angle F = 90°$,

$\therefore \angle CBP = \angle HEF$.

$\because$ 在 $\triangle CBP$ 与 $\triangle HEF$ 中，有

$$\begin{cases} \angle CBP = \angle HEF \\ BC = EH = \\ \angle BCP = \angle EHF = 90° \end{cases},$$

$\therefore \triangle CBP \cong \triangle HEF$（ASA），

$\therefore PC = HF = HC + CF = ED + CF$.

（2）连接点 E、B，如图 4.126 所示.

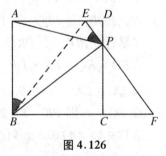

图 4.126

$\because \angle BAE = \angle EPB = 90°$,

$\therefore$ 四边形 $ABPE$ 为圆的内接四边形，

$\therefore \angle APE = \angle ABE$.

设 $ED = 1$，则 $CF = 3$.

$\therefore PC = ED + CF = 4$.

$\because ED // CF$,

$\therefore \dfrac{DP}{PC} = \dfrac{ED}{CF} = \dfrac{1}{3}$,

$\therefore DP = \dfrac{4}{3}$,

$\therefore DC = AD = AB = \dfrac{16}{3}$,

$\therefore AE = AD - ED = \dfrac{13}{3}$,

$\therefore \tan\angle APE = \tan\angle ABE = \dfrac{AE}{AB} = \dfrac{13}{16}$.

（3）解法 1　作 $MQ \perp PQ$ 交 BP 于点 M，作 $MN \perp BC$ 于点 N，如图 4.127 所示.

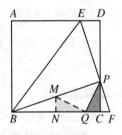

图 4.127

$\because \angle BPF = 90°, PQ$ 平分 $\angle BPF$,

$\therefore \angle BPQ = 45°$,

$\therefore \triangle MQP$ 为等腰直角三角形，

$\therefore MQ = PQ$.

$\therefore$ 易证 $\triangle MNQ \cong \triangle QCP$,

$\therefore PC = NQ, QC = MN$.

设 $QC = MN = 1$，则 $BQ = 5$.

设 $PC = NQ = x$，则 $BN = 5 - x$.

∵ $MN \parallel PC$,

∴ $\dfrac{BN}{BC} = \dfrac{MN}{PC}$,即 $\dfrac{5-x}{6} = \dfrac{1}{x}$,化简得 $(x-2)(x-3)=0$,

∴ $x=2$ 或 $x=3$.

∵ $DP > CP, DC = BC = 6$,

∴ $CP = 2, DP = 4$.

连接点 A、P,如图 4.128 所示.

∵ 四边形 $ABPE$ 为圆的内接四边形,

∴ $\angle PAE = \angle EBP$,

∴ $\tan\angle EBP = \tan\angle PAE = \dfrac{DP}{AD} = \dfrac{2}{3}$.

解法 2 连接点 A、D,在 DC 的延长线上取点 K,使得 $QC = CK$,则 $\triangle QCK$ 为等腰直角三角形,如图 4.129 所示.

∵ $\angle BPF = 90°$,PQ 平分 $\angle BPF$,

∴ $\angle BDP = \angle BPQ = \angle PKQ = 45°$.

∵ 易证 $\triangle BDP \sim \triangle PKQ$,

∴ $BD \times KQ = PK \times DP$.

设 $QC = CK = 1$,则 $BC = 6, QK = \sqrt{2}, BD = 6\sqrt{2}$.

设 $PC = x$,则 $PK = x+1, DP = 6-x$.

∴ $12 = (x+1)(6-x)$,化简得 $(x-2)(x-3)=0$,

∴ $x=2$ 或 $x=3$.

∵ $DP > CP, DC = BC = 6$,

∴ $CP = 2, DP = 4$.

连接点 A、P,如图 4.130 所示.

∵ 四边形 $ABPE$ 为圆的内接四边形,

∴ $\angle PAE = \angle EBP$,

∴ $\tan\angle EBP = \tan\angle PAE = \dfrac{PD}{AD} = \dfrac{2}{3}$.

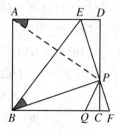

图 4.128

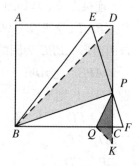

图 4.129

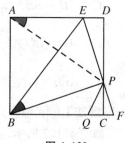

图 4.130

思路点拨

本题重点考查了全等、相似及四点共圆.

(1) 第一问比较简单,通过十字架全等即可证明.

(2) 第二问在第一问的基础上定量计算,只要注意到 $\angle APE = \angle ABE$,即可将需要求的角度转化到直角三角形中,这样利于解决问题.

(3) 第三问的解法众多,以上两种解法较为常见,核心问题是如何充分利用 $\angle BPQ = 45°$ 这一条件,两种解法均通过构造"一线三等角"相似解决问题.

62.（1）探究结论：$GC = CF + \sqrt{2}EC$.

作 $EM \perp EC$ 交 GC 于点 M，如图 4.131 所示.

∵ $\angle ECG = 45°$,

∴ △MEC 为等腰直角三角形，

∴ $ME = EC$，$MC = \sqrt{2}EC$.

∵ $\angle GEM + \angle MEF = 90°$，$\angle FEC + \angle MEF = 90°$,

∴ $\angle GEM = \angle FEC$.

∵ $\angle GME = \angle FCE = 135°$,

∴ △GME ≌ △FCE（ASA），

∴ $GM = CF$,

∴ $GC = GM + MC = CF + \sqrt{2}EC$.

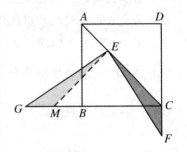

图 4.131

（2）① ∵ $\angle GEF = \angle GCF = 90°$（图 4.132），

∴ 四边形 $GECF$ 为圆的内接四边形，

∴ $\angle FEP = \angle CGF$.

∵ $AB = 4$，$AE = \sqrt{2}$,

∴ $EC = 3\sqrt{2}$,

∴ $CF = 1$,

∴ $GC = CF + \sqrt{2}EC = 7$,

∴ $\tan\angle FEP = \tan\angle CGF = \dfrac{CF}{CG} = \dfrac{1}{7}$.

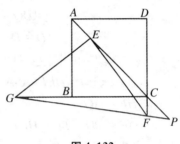

图 4.132

② 作 $PH \perp GC$ 交 GC 的延长线于点 H，如图 4.133 所示.

∵ $\angle ACB = \angle PCH = 45°$,

∴ △CPH 为等腰直角三角形.

设 $CH = PH = x$，则 $CP = \sqrt{2}x$.

∵ $\tan\angle CGF = \dfrac{1}{7}$,

∴ $\dfrac{HP}{GH} = \dfrac{1}{7}$,

∴ $\dfrac{x}{x+7} = \dfrac{1}{7}$，得 $x = \dfrac{7}{6}$,

∴ $CP = \sqrt{2}x = \dfrac{7\sqrt{2}}{6}$.

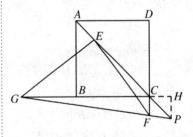

图 4.133

思路点拨

第一问比较常规，利用旋转即可解决.

> 　　第二问与第三问实际上是一个问题的两个方面,求出了角度正切值就能求得线段长度,主要是利用共圆将 $\angle FEP$ 转化为 $\angle CGF$,并根据第一问的结论求得 $\tan\angle CGF = \dfrac{1}{7}$,再根据平行线分线段成比例定理解得 $CH = \dfrac{7}{6}$,最终解得 CP.

63.(1)作 $EH \perp BC$ 于点 H,如图 4.134 所示.

易证 $\angle ADQ = \angle HEF$.

∵ 在 $\triangle ADQ$ 和 $\triangle HEF$ 中,有

$$\begin{cases} \angle ADQ = \angle HEF \\ AD = DC = HE \\ \angle QAD = \angle FHE \end{cases},$$

∴ $\triangle ADQ \cong \triangle HEF$(ASA).

∴ $HF = AQ$.

∵ $AE = BH = BF - HF$,

∴ $BF - AE = AQ$.

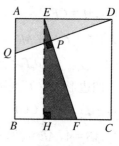

图 4.134

(2)如图 4.135 所示,作 $BM \perp EC$ 于点 M,延长 BM 交 DC 于点 N.

∵ $BM \perp CE$,$CE \perp DQ$,

∴ $BN /\!/ DQ$,

∴ 四边形 $QBND$ 为平行四边形,

∴ $DN = BQ$.

∵ 点 Q 为 AB 的中点,

∴ 点 N 为 DC 的中点,

∴ MN 为 $\triangle PCD$ 的中位线,

∴ 点 M 为 PC 的中点,

∴ BM 垂直平分 PC,

∴ $BP = BC$,

∴ $\triangle BCP$ 为等腰三角形.

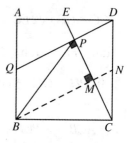

图 4.135

(3)作 $AS \perp DQ$ 于点 S,如图 4.136 所示.

∵ 易证 $\triangle ASD \cong \triangle DGC$(AAS),

∴ $DG = AS$.

∵ $\angle AGC = 135°$,

∴ $\angle AGQ = 45°$,

∴ $\triangle AGS$ 为等腰直角三角形,

∴ $AS = SG = GD$,

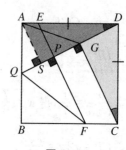

图 4.136

$\therefore SD = 2AS$,

$\therefore \tan\angle ADQ = \dfrac{AS}{SD} = \dfrac{1}{2} = \dfrac{AQ}{AD} = \dfrac{AQ}{AB}$,

$\therefore$ 点 Q 为 AB 的中点.

延长 FE 交 BA 的延长线于点 K,如图 4.137 所示.

$\because \angle AQD = \angle FQD$,

$\therefore \angle QFP = \angle QDA$.

$\because \angle QKP = \angle QDA$,

$\therefore \angle QFP = \angle QKP = \angle QDA$,

$\therefore QK = QF$.

$\because \tan\angle K = \dfrac{1}{2} = \dfrac{AE}{AK}$,

$\therefore AK = 2$,

$\therefore QK = AQ + AK = AQ + 2$.

设 $AQ = BQ = a$,则 $BF = AQ + AE = a + 1$.

在 Rt$\triangle BQF$ 中,$QF^2 = BQ^2 + BF^2$,即 $(a+2)^2 = a^2 + (a+1)^2$,得 $a = 3$.

$\therefore BF = a + 1 = 4$.

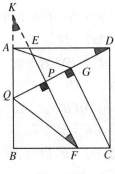

图 4.137

思路点拨

(1) 第一问是典型的正方形十字架模型,这是中考高频考点.

(2) 第二问通过构造平行四边形达到构造中位线的目的,比较简洁.也可以通过延长 DQ 构造直角三角形斜边上的中线.

(3) 第三问是第一问的延伸与拓展.首先利用全等解出 $\tan\angle ADQ$,再结合题设条件,求得相关线段之间的数量关系,最后在 Rt$\triangle BQF$ 中利用勾股定理解决问题.

64. (1) 作 $KQ \perp AB$ 于点 Q,则四边形 $KQBC$ 为矩形,如图 4.138 所示.

$\therefore QK = BC = AB$.

$\because \angle HKQ + \angle QHK = 90°$,$\angle PBA + \angle QHK = 90°$,

$\therefore \angle HKQ = \angle PBA$.

$\because$ 在 $\triangle HKQ$ 与 $\triangle PBA$ 中,有

$\begin{cases} \angle HKQ = \angle PBA \\ \angle KQH = \angle BAP = 90° \\ QK = AB \end{cases}$

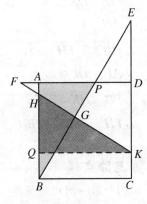

图 4.138

∴△HKQ≌△PBA（AAS），

∴BP = HK．

(2) 延长 EF、CB 交于点 M，如图 4.139 所示．

∵$PD = \frac{1}{2}AD = \frac{1}{2}BC$，PF∥CM，

∴PD 为△EBC 的中位线，

∴ED = DC，

∴F 为 EM 的中点．

∵∠EFB = ∠FBC，

∴∠MFB = ∠MBF = ∠BFD，

∴MB = MF．

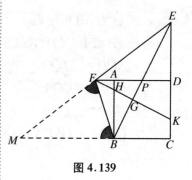

图 4.139

设 BC = a，EF = MF = MB = b，则 ME = 2b，CE = 2a，MC = a + b．

∵由勾股定理有 $ME^2 = CE^2 + MC^2$，

∴$4b^2 = 4a^2 + (a+b)^2$，得 $\frac{a}{b} = \frac{3}{5}$，

∴$\tan∠FEC = \frac{a+b}{2a} = \frac{4}{3}$．

(3) 作 BN⊥ME 于点 N，如图 4.140 所示．

由(2)可知∠MFB = ∠BFD．

∴BN = AB = BC，

∴EB 平分∠MEC．

∵EB⊥FK，

∴EF = EK．

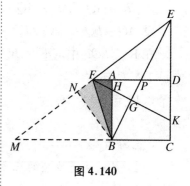

图 4.140

设 a = 6，则 b = 10．

易求 MN = 8，NF = AF = 2．

∴$\frac{AF}{FD} = \frac{AH}{DK} = \frac{1}{4}$，

∴AH = 1，

∴HB = 5，FH = $\sqrt{5}$．

∵AP = DP = 3，

∴PB = HK = $3\sqrt{5}$，

∴$FH^2 + HK^2 = 2BH^2 = 50$．

思路点拨

(1) 第一问比较简单，构造十字架全等即可．

(2) 第二问的关键在于一条中位线、一个等腰三角形

的判定,尤其是如何利用∠EFB = ∠FBC 这一条件.把握住这两点,势如破竹.

(3) 第三问在第二问的基础上定量计算.需要注意的是,∠MFB = ∠BFD,从而 EB 平分∠MEC,那么 FE = KE. 由于 $\frac{a}{b} = \frac{3}{5}$,给 a、b 适当赋值以后,图形中其他线段长度均可计算.只要计算出要求证明的三条线段的长度即可.

65. (1) ∵ 在△BCE 与△DCG 中,有

$$\begin{cases} BE = DG \\ \angle EBC = \angle GDC = 90° \\ BC = DC \end{cases}$$

∴ △BCE≌△DCG(SAS,图 4.141),

∴ CE = CG,∠ECB = ∠GCD.

∵ ∠GCD + ∠GCB = 90°,

∴ ∠ECB + ∠GCB = ∠ECG = 90°,即 CE⊥CG.

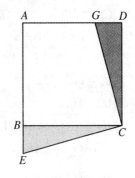

图 4.141

(2) 连接点 E、G,如图 4.142 所示.

∵ CE = CG,CE⊥CG,

∴ △EGC 为等腰直角三角形,

∴ ∠GEC = ∠EGC = 45°.

∵ CE⊥CG,∠ECF = 135°,

∴ ∠GCF = 45°,

∴ EG // CF.

设∠GCD = ∠HCG = α,则∠CGD = ∠HCE = 90° − α.

延长 CH 交 EG 于点 M,连接点 F、M.

∵ 在△EMC 与△CFG 中,有

$$\begin{cases} \angle MEC = \angle FCG = 45° \\ EC = CG \\ \angle MCE = \angle FGC = 90° − α \end{cases}$$,

∴ △EMC≌△CFG(ASA),

∴ EM = CF,CM = GF.

∵ EM // CF,

∴ 四边形 MECF 为平行四边形.

∵ H 为平行四边形 MECF 对角线的交点,

∴ EH = HF,HC = MH = $\frac{1}{2}$ CM = $\frac{1}{2}$ GF,

∴ AH 为 Rt△AEF 斜边上的中线,

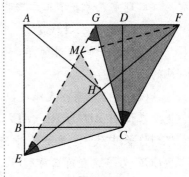

图 4.142

∴ $AH = EH = HF$,即 $EF = 2AH$.

(3) 在 AF 的延长线上取点 N,使得 $DN = DC$,连接点 C、N,则 $\triangle DCN$ 为等腰直角三角形,如图 4.143 所示.

∴ $\angle N = \angle GCF = 45°$,

∴ $\triangle GCF \sim \triangle GNC$,

∴ $GC^2 = GF \times GN = GD^2 + CD^2$.

设 $GD = 4$,则 $CH = 5$.

∵ $CH = \dfrac{1}{2} GF$,

∴ $GF = 10$,$DF = 6$.

设 $CD = DN = x$,则 $GN = 4 + x$.

∴ $10(4 + x) = 16 + x^2$,得 $x = 12$,

∴ $AF = AD + DF = 18$.

∵ $BE = GD = 4$,

∴ $AE = 16$.

∵ AH 为 Rt$\triangle AEF$ 斜边上的中线,

∴ $\angle HAG = \angle AFE$,

∴ $\tan\angle HAG = \tan\angle AFE = \dfrac{AE}{AF} = \dfrac{8}{9}$.

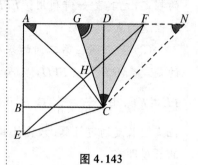

图 4.143

本题重点考查了正方形背景下的全等、相似及勾股定理,这是一道经典试题.

(1) 第一问相对简单,两个三角形全等是显而易见的.

(2) 第二问有一定难度,从要求证明的结论来看,即是要求证明 AH 为 Rt$\triangle AEF$ 斜边上的中线,由中点联想到倍长中线,这是解决中点问题常用的手段.由于 $\triangle EGC$ 为等腰直角三角形,故 $EG \parallel CF$.要证明点 H 为 EF 的中点,只要证明四边形 $MECF$ 为平行四边形即可.根据平行四边形的判定条件,只需证明 $EM = CF$.把握住这一点,问题就解决了.

(3) 第三问在第二问的基础上有所拓展,首先要发现 $\triangle GCF$ 经典的 $45°$ 角模型,解决的方案有很多.构造子母型相似并结合勾股定理是相对简洁的一种解法,问题是必须要知道 GD 与 DF 的比值,而条件只给了 $\dfrac{GD}{CH} = \dfrac{4}{5}$,

那么首要任务是求解线段之间的比值关系,在第二问中不难得到 $CH=\dfrac{1}{2}GF$,那么 GD 与 DF 的比值可求,继而解决正方形边长问题.同时我们发现 $\angle HAG = \angle AFE$,从而将所求角度转化到直角三角形中,便于求解.

66. 解法 1 作 $AM \perp BC$ 于点 M,作 $AN \perp CD$ 于点 N,如图 4.144 所示.

$\because AB = AC = AD$,

$\therefore M$ 为 BC 的中点,N 为 DC 的中点,

$\therefore MN$ 为 $\triangle BCD$ 的中位线,

$\therefore S_{四AMCN} = \dfrac{1}{2} S_{四ABCD}, MN = \dfrac{1}{2}BD$.

$\because AB = AC = AD$,

$\therefore B、C、D$ 在以点 A 为圆心、AB 为半径的圆上,

$\therefore \angle BDC = \dfrac{1}{2} \angle BAC = 45°$.

$\because MN \parallel BD$,

$\therefore \angle MNC = \angle BDC = 45°$.

$\because AN \perp CD$,

$\therefore \angle ANM = 45°$.

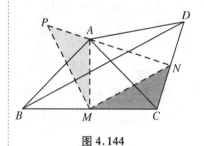

图 4.144

作 $PM \perp MN$ 交 NA 的延长线于点 P,则 $\triangle PNM$ 为等腰直角三角形.

$\therefore PM = NM$.

$\because \angle PMA + \angle AMN = \angle AMN + \angle NMC = 90°$,

$\therefore \angle PMA = \angle NMC$.

$\because$ 在 $\triangle PMA$ 与 $\triangle NMC$ 中,有

$$\begin{cases} \angle P = \angle MNA = 45° \\ \angle PMA = \angle NMC \\ PM = NM \end{cases},$$

$\therefore \triangle PMA \cong \triangle NMC$(AAS),

$\therefore S_{四AMCN} = S_{\triangle PMN} = \dfrac{1}{2} S_{四ABCD} = \dfrac{1}{2} MN^2$,

$\therefore S_{四ABCD} = MN^2 = \dfrac{1}{4} BD^2 = 4$,

$\therefore BD = 4$.

解法 2 作 $AN \perp BD$ 于点 N,作 $BM \perp DC$ 交 DC 的延

长线于点 M，如图 4.145 所示.

$\because AB = AC = AD$，

$\therefore B、C、D$ 在以点 A 为圆心、AB 为半径的圆上，

$\therefore \angle BDC = \dfrac{1}{2}\angle BAC = 45°$.

$\therefore \triangle BDM$ 为等腰直角三角形.

$\because AB = AC，\angle BAC = 90°$，

$\therefore \triangle ABC$ 为等腰直角三角形，

$\therefore \angle ABN + \angle DBC = \angle CBM + \angle DBC = 45°$，

$\therefore \angle ABN = \angle CBM$，

$\therefore \triangle ABN \backsim \triangle CBM$，

$\therefore \dfrac{S_{\triangle ABN}}{S_{\triangle CBM}} = \left(\dfrac{AB}{BC}\right)^2 = \dfrac{1}{2}$.

$\because AB = AD，AN \perp BD$，

$\therefore S_{\triangle ABD} = 2S_{\triangle ABN} = S_{\triangle CBM}$，

$\therefore S_{四 ABCD} = S_{\triangle BDM} = \dfrac{1}{4}BD^2 = 4$，

$\therefore BD = 4$.

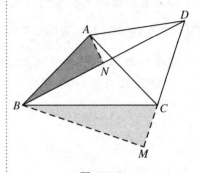

图 4.145

思路点拨

本题重点考查了圆的定义及三角形全等、相似等知识点. 首先要根据圆的定义判定 $\angle BDC = \dfrac{1}{2}\angle BAC = 45°$. 第一种解法注重全等，利用中位线将目标锁定在四边形 $AMCN$ 上，因为这个四边形是圆的内接四边形. 处理这样的四边形，尤其在有等腰直角三角形的情况下，采用旋转的办法较为常见. 第二种解法相对简洁一些，不难判定 $\triangle ABN \backsim \triangle CBM$，再根据相似三角形的面积比等于相似比的平方，就能够得到 $\triangle ABN$ 与 $\triangle CBM$ 的面积关系，由于 $\triangle ABD$ 为等腰三角形，故将 $\triangle ABD$ 的面积转化为 $\triangle CBM$ 的面积，问题就明朗化了.

67（1）探究结论：$AF + AB = BC$.

延长 FA 至点 G，使得 $AG = AB$，连接点 $B、G$，如图 4.146 所示.

设 $\angle BAF = 2\angle DBC = 2\alpha$，则 $\angle G = \angle ABG = \alpha$.

设 $\angle ABD = \beta$，则 $\angle ABC = \angle ACB = \alpha + \beta$.

$\therefore \angle AFE = 2\alpha + \beta，\angle AEF = 2\alpha + \beta$，

$\therefore \angle AFE = \angle AEF，AF = AE$.

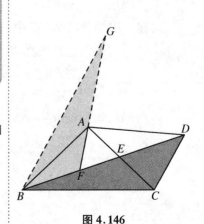

图 4.146

∵ ∠AEB + ∠BCD = 180°, ∠AFE + ∠BFG = 180°,
∴ ∠BFG = ∠DCB.
∵ 在△BFG 与△DCB 中,有
$$\begin{cases} \angle G = \angle DBC = \alpha \\ \angle BFG = \angle DCB \\ BF = DC \end{cases},$$
∴ △BFG ≌ △DCB(AAS),
∴ FG = AF + AG = AF + AB = BC.
(2) ① ∵ ∠AEB + ∠BCD = 180°,
∴ ∠BEC = ∠BCD,
∴ △BCE ∽ △BDC,
∴ ∠BCE = ∠BDC.
作 AH⊥BC 于点 H,如图 4.147 所示.
∵ AB = AC,
∴ BH = CH.
设 AE = EC = AF = 2,则 AB = AC = 4.
∴ BC = AF + AB = 6,
∴ BH = CH = 3,
∴ cos∠BDC = cos∠BCE = $\dfrac{CH}{AC}$ = $\dfrac{3}{4}$.

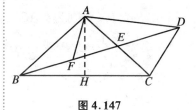

图 4.147

② 作 AN⊥BD 于点 N,作 CM⊥BD 于点 M,则 AN∥CM,如图 4.148 所示.
∵ AE = CE,
∴ EM = NE.
∵ AE = AF,
∴ FN = NE,
∴ EF = $\dfrac{2}{3}$FM.

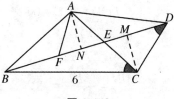

图 4.148

由(2)可知△BCE ∽ △DBC,cos∠BDC = $\dfrac{3}{4}$.
设 BF = CD = 4x,则 MD = 3x.
∵ $\dfrac{CE}{BC}$ = $\dfrac{CD}{BD}$ = $\dfrac{1}{3}$,
∴ BD = 12x,
∴ FM = 5x,
∴ EF = $\dfrac{10}{3}$x,
∴ $\dfrac{EF}{BF}$ = $\dfrac{5}{6}$.

思路点拨

本题的综合性较强,有一定的难度.

(1) 第一问重点考查了三角形全等的判定.对于二倍角的处理,常见的办法就是构造等腰三角形.

(2) 第二问承上启下,把握住△BCE∽△BDC,即可将所求角度转化到等腰三角形中.

(3) 第三问在前两问的基础上有所拓展,充分利用中点、等腰三角形、相似三角形这三个关键点,不难分析出关键线段之间的数量关系.

68 (1) 连接点 A、C,取其中点 P,再连接点 P 与 M、P 与 N,如图 4.149 所示.

∵ M、N 分别是 AB、CD 的中点,

∴ PM、PN 分别为△ABC、△ACD 的中位线,

∴ $PM = \dfrac{1}{2}BC$,$PN = \dfrac{1}{2}AD$.

∵ $BC = AD$,

∴ $PM = PN$.

延长 CB、DA 交于点 E.

∵ $\angle BCD + \angle ADC = 120°$,

∴ $\angle E = 60°$.

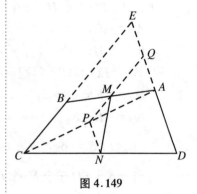

图 4.149

延长 PM 交 DE 于点 Q.

∵ $PQ \parallel BE$,

∴ $\angle PQD = \angle E = 60°$.

∵ $PN \parallel QD$,

∴ $\angle MPN = 120°$.

∴ $\dfrac{MN}{PN} = \dfrac{MN}{\dfrac{1}{2}BC} = \sqrt{3}$,

∴ $\dfrac{MN}{BC} = \dfrac{\sqrt{3}}{2}$.

(2) 探究结论:$AB^2 + AC^2 = CD^2$.

以 CD 为边在 CD 上方作等边△FCD,连接点 F 与 B、F 与 D,如图 4.150 所示.

∵ $\angle BCD + \angle ADC = 120°$,$\angle FCD = 60°$,

∴ $\angle ADC + \angle BCF = 60°$.

∵ $\angle ADC + \angle ADF = 60°$,

∴ $\angle BCF = \angle ADF$.

∵ 在△BCF 与△ADF 中,有

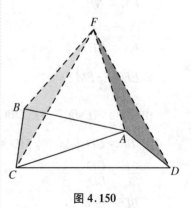

图 4.150

$$\begin{cases} BC = AD \\ \angle BCF = \angle ADF, \\ FC = FD \end{cases}$$

∴ △BCF ≌ △ADF(SAS),

∴ $FB = FA$, $\angle BFC = \angle AFD$.

∵ $\angle AFD + \angle CFA = \angle CFD = 60°$,

∴ $\angle BFC + \angle CFA = \angle BFA = 60°$,

∴ △BFA 为等边三角形,

∴ $\angle FAB = 60°$.

∵ $\angle BAC = 30°$,

∴ $\angle FAC = 90°$,

∴ $FA^2 + AC^2 = FC^2$.

∵ $AB = FA$, $FC = CD$,

∴ $AB^2 + AC^2 = CD^2$.

(3) 连接点 F、N,如图 4.151 所示.

∵ △FCD 为等边三角形,N 为 CD 的中点,

∴ $FN \perp CD$, $\angle CFN = 30°$.

∵ 由(2)可知 $\angle FAC = 90°$,

∴ 四边形 FCNA 为圆的内接四边形,

∴ $\angle CAN = \angle CFN = 30°$,

∴ $\angle NAF = 120°$.

作 NH⊥FA 交 FA 的延长线于点 H.
设 AN = 3,则 AB = AF = 5.

∵ $\angle NAH = 60°$,

∴ $AH = \dfrac{3}{2}$, $NH = \dfrac{3\sqrt{3}}{2}$.

∵ $AB = FA = 5$,

∴ $FH = \dfrac{13}{2}$,

∴ $FN = \sqrt{FH^2 + NH^2} = 7$,

∴ $CD = 2FN\tan 30° = \dfrac{14}{\sqrt{3}}$.

∵ $AB^2 + AC^2 = CD^2$,

∴ $AC = \dfrac{11}{\sqrt{3}}$,

∴ $\dfrac{AC}{CD} = \dfrac{11}{14}$.

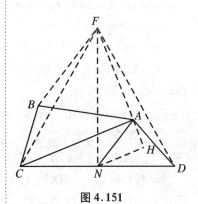

图 4.151

一次函数与四边形

> **思路点拨**
>
> 本题综合考查了中点四边形的性质、三角形全等的判定与构造、四点共圆的判定及解三角形等知识点,这是一道经典的压轴题.
>
> (1)第一问主要考查中点四边形.在凸四边形中,如果出现对边中点,一般情况下要构造中位线将几何元素转化到同一个三角形中,便于求解.这是通法.
>
> (2)第二问给出的三条线段比较分散,不便于分析与判断,那么我们就要将分散的条件有效地集中.构造等边三角形,本质上是将$\triangle ADF$绕点F逆时针旋转$60°$构造手拉手模型,这样一来,分散的线段就全部集中到Rt$\triangle FAC$中,问题就明朗了.
>
> (3)第三问重点考查两个直角三角形共斜边的情况下的四点共圆,先解得$\angle NAF = 120°$,接下来解$\triangle FAN$势在必行,由此解得CD,再依据第二问的结论解得AC.

69 (1) ① 探究结论:$EF = CF + BE$.

在 AC 的延长线上取点 G,使得 $CG = BE$,连接点 D、G,如图 4.152 所示.

∵ $\angle A = 60°$,$AB = AC$,

∴ $\triangle ABC$ 为等边三角形,

∴ $\angle ABC = \angle ACB = 60°$.

∵ $BD = CD$,$\angle BDC = 120°$,

∴ $\angle DBC = \angle DCB = 30°$,

∴ $\angle EBD = \angle GCD = 90°$.

∵ 在 $\triangle EBD$ 与 $\triangle GCD$ 中,有

$$\begin{cases} BE = CG \\ \angle EBD = \angle GCD \\ BD = CD \end{cases}$$

∴ $\triangle EBD \cong \triangle GCD$ (SAS),

∴ $DE = DG$,$\angle EDB = \angle GDC$.

∵ $\angle BDC = 120°$,$\angle EDF = 60°$,

∴ $\angle EDB + \angle FDC = 60°$,

∴ $\angle GDC + \angle FDC = \angle GDF = 60°$,

∴ $\angle EDF = \angle GDF$.

∵ 在 $\triangle EDF$ 与 $\triangle GDF$ 中,有

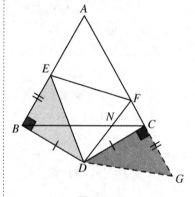

图 4.152

$$\begin{cases} BD = GD \\ \angle EDF = \angle GDF, \\ FD = FD \end{cases}$$

∴△EDF≌△GDF(SAS,图4.153),

∴EF = FG = CF + CG = CF + BE.

② 探究结论: $\dfrac{NC}{AE} = \dfrac{1}{2}$ 为定值.

连接点 A、D,如图 4.154 所示.

∵由对称性可知 AD 垂直平分 BC,

∴$\angle EAD = \dfrac{1}{2}\angle BAC = 30°$, $\angle ADC = \dfrac{1}{2}\angle BDC = 60°$,

∴∠EAD = ∠NCD.

∵∠EDA + ∠ADF = ∠EDF = 60°,∠NDC + ∠ADF = ∠ADC = 60°,

∴∠NDC = ∠EDA,

∴△NDC∽△EDA,

∴$\dfrac{NC}{AE} = \dfrac{DC}{DA}$.

∵在 Rt△ADC 中,∠DAC = 30°,

∴$\dfrac{NC}{AE} = \dfrac{DC}{DA} = \dfrac{1}{2}$ 为定值.

(2) 设 NC = x,则 AE = 2x.

令 EF = 7,则 AB = AC = 10.

∴BE = 10 - 2x.

∵EF = CF + BE,

∴FC = 2x - 3,

∴AF = 13 - 2x.

作 EH⊥AC 于点 H,如图 4.155 所示.

∵∠BAC = 60°,

∴AH = x,EH = $\sqrt{3}x$,

∴HF = 13 - 3x.

在 Rt△EHF 中,$3x^2 + (13-3x)^2 = 49$,化简得

$$(x-4)(2x-5) = 0.$$

∵当 x = 4 时,FC = 5,AF = 5 与 AF > CF 矛盾,舍去,

∴$x = \dfrac{5}{2}$,

∴CF = 2x - 3 = 2,

∴AF = 8,

∴$\dfrac{CF}{AF} = \dfrac{1}{4}$.

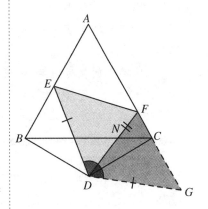

图 4.153

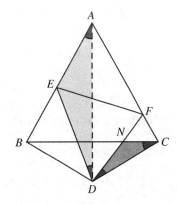

图 4.154

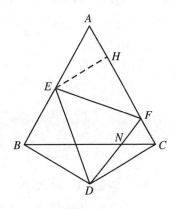

图 4.155

一次函数与四边形

> **思路点拨**
>
> 本题是典型的半角模型.解决半角模型的问题通常采用旋转法或者翻折法.
>
> （1）第一问本质上是采用旋转法,通过二次全等的证明解决问题.
>
> （2）第二问相对简单,比较容易判断,证明一次相似即可.
>
> （3）第三问在前二问的基础上定量计算,只要把握住前两问的结论,正确设元,不难解决.

70.（1）作 $DG \perp BD$ 交 BC 的延长线于点 G，则 $\angle BDC = \angle GDC = 45°$，如图 4.156 所示.

∵ $AB = AD$，$AD // BC$，

∴ $\angle ABD = \angle ADB = \angle CBD = \alpha$，

∴ $\angle BCF = 90° - 2\alpha$．

∵ $\angle DCG = 45° + \alpha$，

∴ $\angle ECD = 45° + \alpha$，

∴ $\triangle DCE \cong \triangle DCG$（ASA），

∴ $DE = DG$．

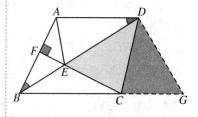

图 4.156

设 $ED = DG = n$，则 $BE = m$．

∴ $\tan \alpha = \dfrac{DG}{BD} = \dfrac{n}{m+n}$．

② 作 $AQ \perp BD$ 于点 P、交 BG 于点 Q，如图 4.157 所示.

∵ $AQ // DG$，

∴ 四边形 $AQGD$ 为平行四边形，

∴ $AQ = DG = DE$．

∵ $AB = AD$，

∴ $BP = DP$，

∴ PQ 为 $\triangle BDG$ 的中位线，

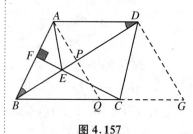

图 4.157

∴ $PQ = \dfrac{1}{2} DG = \dfrac{1}{2} AQ = \dfrac{1}{2} DE = AP$，

∴ $S_{\triangle AED} = \dfrac{1}{2} AP \times DE = \dfrac{1}{4} ED^2$．

（2）连接点 C、M，如图 4.158 所示.

∵ 四边形 $MNCD$ 为平行四边形，

∴ $\angle MNC = \angle MDC = 45° + \alpha$．

∵ $\angle BCF = 90° - 2\alpha$，

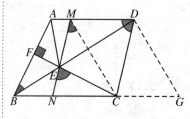

图 4.158

∴∠CEN = 45°+α,

∴四边形 MECD 为圆的内接四边形,

∴∠EMC = ∠EDC = 45°.

∵ME∥CD,

∴∠MED = ∠EDC = 45°,即 MC⊥ED,

∴四边形 MCGD 为平行四边形,

∴MC = DG = ED,

∴$S_{四MECD} = \frac{1}{2}MC \times ED = \frac{1}{2}ED^2$,

∴$S_{四MECD} = 2S_{\triangle AED}$.

设 $S_{\triangle MED} = y$,$S_{\triangle CEN} = 2x$.

∵四边形 MNCD 为平行四边形,

∴$S_{\triangle ECD} = 2x + y$,

∴$S_{四MECD} = y + (2x+y) = 2x + 2y$,

∴$S_{\triangle AED} = x + y$,

∴$S_{\triangle AEM} = x$,

∴$\frac{S_{\triangle AEM}}{S_{\triangle CEN}} = \frac{1}{2}$.

思路点拨

(1) 第一问主要考查全等三角形的判定. 如果直接求角度的正切值,则困难较大. 于是我们通过构造全等三角形将问题转化为求 $\frac{DG}{BD}$.

(2) 第二问在第一问的基础上进一步探究相关线段的数量关系,不难发现 $PQ = AP = \frac{1}{2}DG = \frac{1}{2}DE$,那么问题就明朗化了.

(3) 第三问综合性较强,没有任何数量条件,但是我们可以知道的是,在平行四边形 MNCD 中有一半模型,即 $S_{\triangle ECD} = 2x + y$,那么只要得到四边形 MECD 的面积与△AED 的面积之间的数量关系就可能解决问题. 利用题目中角度之间的联系可证 $S_{四MECD} = \frac{1}{2}ED^2$. 到此,问题的突破口找到了,必然势如破竹.

71. ∵$S_{\triangle DCE} = \frac{1}{2}DE \times CE\sin\alpha$,$S_{\triangle ABE} = \frac{1}{2}AE \times BE\sin\alpha$(图 4.159),

$$\therefore \frac{S_{\triangle DCE}}{S_{\triangle ABE}} = \frac{CE}{AE} \times \frac{DE}{BE}.$$

∵ 四边形 ABCD 为圆的内接四边形,

∴ ∠CDE = ∠ABE,

∴ △CDE∽△ABE,

$$\therefore \frac{CE}{AE} = \frac{DE}{BE}.$$

∵ AB 为圆的直径,

∴ AC ⊥ BE,

$$\therefore \cos \alpha = \frac{CE}{AE},$$

$$\therefore \frac{S_{\triangle DCE}}{S_{\triangle ABE}} = \cos^2 \alpha = \frac{1}{n},$$

$$\therefore \cos \alpha = \frac{\sqrt{n}}{n}.$$

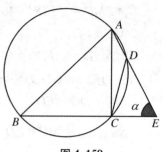

图 4.159

思路点拨

本题短小精悍,重点考查了共角成比例定理(乌头模型)、圆的内接四边形性质、相似三角形、三角函数,这是一道不可多得的经典小题. 当两个三角形具有相等或者互补的两个内角时,它们的面积之比等于共角的两边乘积之比. 再由两个三角形相似可以得到它们之间的面积之比仅仅与 cos α 有关.

72. 在 CD 的延长线上取点 E, 使得 AD = AE, 如图 4.160 所示.

∵ 四边形 ABCD 为圆的内接四边形,

∴ ∠ADE = ∠ABC.

∵ AB = AC, AD = AE,

∴ △ADE∽△ABC,

$$\therefore \frac{DE}{BC} = \frac{AD}{AB} = \frac{2}{3}, \angle E = \angle ACB.$$

∵ BC = 6,

∴ DE = 4.

连接点 B、D, 如图 4.161 所示.

易知∠ABD = ∠ACE, ∠ACB = ∠ADB = ∠E.

∴ 在△ABD 与△ACE 中, 有

$$\begin{cases} \angle ADB = \angle AEC \\ \angle ABD = \angle ACE, \\ AB = AC \end{cases}$$

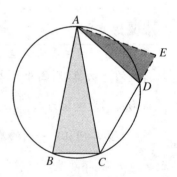

图 4.160

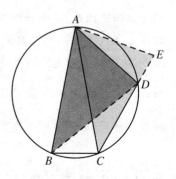

图 4.161

∴△ABD≌△ACE（AAS），

∴BD=CE.

作 DG⊥BC 交 BC 的延长线于点 G,如图 4.162 所示.

易知∠DCG=∠BAD=60°.

设 CG=x.

∴CD=2x,DG=$\sqrt{3}$x,

∴BD=CE=2x+4,BG=6+x.

在 Rt△BDG 中,$(2x+4)^2=(6+x)^2+3x^2$,得 x=5.

∴CD=10.

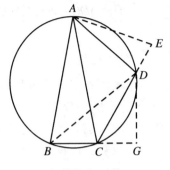

图 4.162

 思路点拨

本题重点考查了圆的内接四边形性质、全等、相似及解三角形等知识点,综合性较强,有一定的难度.首先,构造相似三角形,本质上是将△ABD 绕点 A 逆时针旋转60°,由相似性质得到 DE=4,同时又构造出两个全等三角形,这是一箭双雕之举.也就是说,只要是自旋转,就必然会产生相似三角形、全等三角形.接下来,关键线段的数量关系就凸显出来了,再解△BDC 即可.

73. ∵$\frac{BE}{EC}=\frac{S_{\triangle ABE}}{S_{\triangle AEC}}=\frac{S_{\triangle BDE}}{S_{\triangle DEC}}$,

∴$\frac{BE}{EC}=\frac{S_{\triangle ABE}+S_{\triangle BDE}}{S_{\triangle AEC}+S_{\triangle DEC}}=\frac{S_{\triangle ABD}}{S_{\triangle ADC}}=\frac{1}{5}$.

连接点 A 与 O、D 与 O,如图 4.163 所示.

设 BE=2,则 EC=10,BC=12.

∴BO=CO=6,

∴EO=4.

由对称性可知 AO 平分∠DAC.

∵AO=CO,

∴∠ACE=∠OAC=∠EAO,

∴△AOE∽△CAE,

∴$AE^2=EO\times EC=40$,得 AE=2$\sqrt{10}$.

∵∠ADB=∠ACB=∠DAO,

∴BD∥AO,

∴$\frac{DE}{AE}=\frac{BE}{EO}=\frac{1}{2}$,

∴DE=$\frac{1}{2}$AE=$\sqrt{10}$,

∴AD=AC=3$\sqrt{10}$,

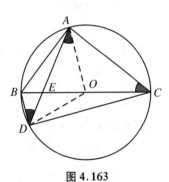

图 4.163

∴ $AB = 3\sqrt{6}$.

∵ $\angle ABC = \angle ADC$,

∴ $\cos\angle ADC = \cos\angle ABC = \dfrac{AB}{BC} = \dfrac{\sqrt{6}}{4}$.

思路点拨

本题重点考查了圆的内接四边形性质、等比性质、全等三角形、相似三角形及三角函数等知识点，考点密集，综合性较强.首先，将面积比转化为线段比，利用了共高定理和等比性质.这一步是基础工作，只有搞清楚线段之间的比例关系，才能求解线段 AE 的长.其次，要判定 $BD \parallel AO$，然后根据子母型相似解得 $AE = 2\sqrt{10}$，继而解得 $DE = \sqrt{10}$，从而解得 AC、AB，再将所求角度转化到直角三角形中，可谓一波三折.

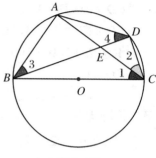

图 4.164

74. （1）由圆周角定理得 $\angle 1 = \angle 4$，$\angle 2 = \angle 3$，如图 4.164 所示.

∵ $\angle 1 = \angle 2$,

∴ $\angle 1 = \angle 3$，$\angle 3 = \angle 4$,

∴ $\triangle ABE \backsim \triangle ACB$，$AB = AD$.

设 $AE = CE = x$，$AB = AD = y$.

∴ $AB^2 = AE \times AC$，即 $y^2 = 2x^2$.

∵ BC 为圆的直径,

∴ $\angle BAC = 90°$,

∴ $AB^2 + AC^2 = BC^2$，即 $y^2 + 4x^2 = 9$,

∴ $y = \sqrt{3}$,

∴ $AD = \sqrt{3}$.

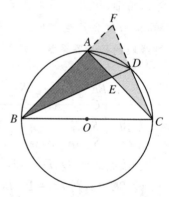

图 4.165

（2）延长 BA、CD 交于点 F，如图 4.165 所示.

∵ A 为 $\overset{\frown}{BC}$ 的中点，BC 为直径,

∴ $\triangle ABC$ 为等腰直角三角形.

又 $\angle ABE = \angle ACF$,

∴ $\triangle ABE \cong \triangle ACF$（ASA）.

∴ $AE = AF$.

令 $CE = 3$，则 $AD = \sqrt{6}$.

设 $AE = AF = a$，则 $AC = a + 3$.

∴ $FC = \sqrt{a^2 + (a+3)^2} = \sqrt{2a(a+3) + 9}$.

作 $AG \perp BD$ 于点 G，如图 4.166 所示.

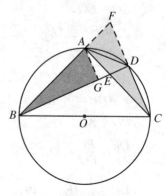

图 4.166

∵ ∠ADB = ∠ACB = 45°,

∴ △AGD 为等腰直角三角形,

∴ $AG = \dfrac{AD}{\sqrt{2}} = \sqrt{3}$.

∵ △ABG ∽ △FCA,

∴ $\dfrac{AG}{AB} = \dfrac{AF}{FC}$, 即 $\dfrac{\sqrt{3}}{a+3} = \dfrac{a}{\sqrt{2a(a+3)+9}}$, 整理得

$$[a(a+3)]^2 = 6a(a+3) + 27.$$

设 $a(a+3) = t$, 则

$$(t+3)(t-9) = 0.$$

∴ $a(a+3) = 9$, 即 $AE \times AC = CE^2$,

∴ 点 E 为线段 AC 的黄金分割点.

思路点拨

本题重点考查了圆的内接四边形性质、圆周角定理、全等三角形的判定与性质、相似三角形的判定与性质以及黄金分割点的定义,综合性较强,尤其是第二问,有一定的运算技巧.

(1) 第一问相对简单,利用圆周角定理可以快速判定两个三角形子母型相似,结合勾股定理即可解决问题.

(2) 第二问有一定的难度,对于邻边相等的圆的内接四边形,通常采用旋转的方法,利用全等、相似手段建立方程,关键在于运用换元的方法,只要能够证明 $CE^2 = AE \times AC$, 即满足黄金分割点定义.

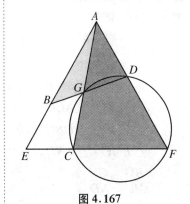

图 4.167

75 (1) ① ∵ 四边形 GCFD 为圆的内接四边形,

∴ ∠AGD = ∠AFC = ∠BAD = 60°.

∵ ∠AGD = ∠ABG + ∠BAG, ∠BAD = ∠BAG + ∠GAD,

∴ ∠ABG = ∠GAD,

∴ △ABD ∽ △FCA ∽ △GAD (图 4.167),

∴ $\dfrac{AD}{AB} = \dfrac{CF}{AF}$.

∵ CF = 2EC, AF = EF,

∴ $\dfrac{AD}{AB} = \dfrac{2}{3}$.

② 作 EP ∥ AF 交 AC 的延长线于点 P, 如图 4.168 所示.

∵ EP ∥ AF,

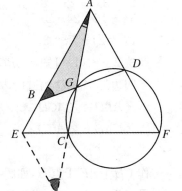

图 4.168

$\therefore \angle P = \angle GAD$,

$\therefore \angle ABG = \angle P$,

$\therefore \triangle ABG \backsim \triangle APE$,

$\therefore \dfrac{BG}{AG} = \dfrac{EP}{AE} = \dfrac{EP}{AF} = \dfrac{CE}{CF} = \dfrac{1}{2}$,

$\therefore BG = \dfrac{1}{2} AG$.

$\because \triangle GAD \backsim \triangle FAC$,

$\therefore \dfrac{GD}{AG} = \dfrac{FC}{AF} = \dfrac{2}{3}$,

$\therefore GD = \dfrac{2}{3} AG$,

$\therefore \dfrac{BG}{GD} = \dfrac{3}{4}$.

(2) **解法 1** 作 $BM \parallel AF$ 交 EF 于点 M,作 $DN \parallel AE$ 交 EF 于点 N,则 $\triangle EBM$、$\triangle DNF$ 均为等边三角形,如图 4.169 所示.

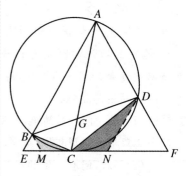

图 4.169

$\because$ 四边形 $ABCD$ 为圆的内接四边形,

$\therefore \angle BCD = 180° - \angle BAD = 120°$.

$\because \angle MBC + \angle MCB = 60°, \angle MCB + \angle NCD = 60°$,

$\therefore \angle MBC = \angle NCD$.

$\because \angle CMB = \angle DNC = 120°$,

$\therefore \triangle BMC \backsim \triangle CND$,

$\therefore \dfrac{BM}{MC} = \dfrac{CN}{ND}$.

设 $AD = 2x$,则 $AE = 3x$.

$\therefore BE = BM = EM = 24 - 3x, MC = 3x - 16, DF = DN = NF = 24 - 2x, CN = 2x - 8$,

$\therefore \dfrac{24 - 3x}{3x - 16} = \dfrac{2x - 8}{24 - 2x}$,得 $x = 7$,

$\therefore BE = 24 - 3x = 3$.

解法 2 由(1)可知 $\angle ABD = \angle CAD$.

$\because$ 四边形 $ABCD$ 为圆的内接四边形,

$\therefore \angle ABD = \angle ACD$,

$\therefore \angle CAD = \angle ACD$,

$\therefore AD = CD$.

作 $CH \perp AF$ 于点 H,如图 4.170 所示.

设 $AD = CD = 2x$,则 $AB = 3x$.

$\because CF = 16$,

$\therefore FH = 8, CH = 8\sqrt{3}, DH = 16 - 2x$.

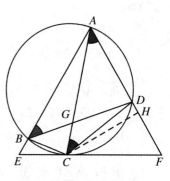

图 4.170

在 Rt△CDH 中,$4x^2 = (8\sqrt{3})^2 + (16-2x)^2$,得 $x = 7$.
∴ $BE = 24 - 3x = 3$.

> **思路点拨**
>
> 本题重点考查了圆的内接四边形性质、相似三角形的判定、子母型相似模型、"一线三等角"相似模型.在本题的背景下有多组三角形相似,它们之间存在密切的联系.尤其要把握住,线段 AG 与其他线段都有千丝万缕的联系,它是一个非常关键的中间变量.
>
> (1) 第一问相对简单,判定两个三角形相似,即可一步到位.
>
> (2) 第二问利用两次相似,由比例式推导出数列关系.
>
> (3) 第三问中第一种解法从"一线三等角"相似模型的角度,大胆突破,不失为一种好的办法.第二种解法,注意到 $AD = CD$,那么就可以利用勾股定理求解,相对简洁,也是可行的.

76. ∵ 点 B 到 △OMN 三边的距离相等,

∴ 点 B 为 Rt△OMN 的内心,

∴ 正方形 ABCO 的边长即为 Rt△OMN 内切圆的半径,如图 4.171 所示.

∵ $y_{MN} = -\dfrac{5}{12}x + b$,

∴ $\dfrac{ON}{OM} = \dfrac{5}{12}$.

设 $ON = 5a$,则 $OM = 12a, MN = 13a$.

由直角三角形内切圆半径公式有

$$\dfrac{5a + 12a - 13a}{2} = 2, \text{ 得 } a = 1.$$

∴ $ON = 5$

∴ $b = 5$.

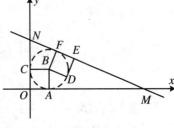

图 4.171

> **思路点拨**
>
> 本题重点考查了三角形内心性质、直角三角形内切圆半径与三边的关系.首先,由于点 B 到 △OMN 三边的距离相等,可判定点 B 为 Rt△OMN 的内心,而正方形 ABCO 的边长即为 Rt△OMN 内切圆的半径.因为直线 MN 的斜率已知,所以 Rt△OMN 的三边之比可求,利用直角三角形内切圆半径公式可解得 ON,即 b 的值.

77. 连接点 B、D，作 $AE \parallel BD$ 交 CD 的延长线于点 E，连接点 B、E 交 AD 于点 G，如图 4.172 所示.

∵ $AE \parallel BD$，
∴ $S_{\triangle EBD} = S_{\triangle ABD}$，
∴ $S_{\triangle EBD} - S_{\triangle GBD} = S_{\triangle ABD} - S_{\triangle GBD}$，即 $S_{\triangle EGD} = S_{\triangle ABG}$，
∴ $S_{\triangle ABG} + S_{四GBCD} = S_{\triangle EGD} + S_{四GBCD}$，即 $S_{四ABCD} = S_{\triangle EBC}$.

取 EC 的中点 F，连接点 B、F，如图 4.172 所示.

易知 $S_{\triangle BCF} = S_{\triangle BEF} = S_{四ABFD}$，即直线 BF 将四边形 $ABCD$ 分成面积相等的两部分.

∵ $B(-2,-1)$，$D(0,3)$，
∴ $y_{BD} = 2x + 3$.
∵ $AE \parallel BD$，$A(-4,0)$，
∴ $y_{AE} = 2x + 8$.
∵ $C(3,0)$，$D(0,3)$，
∴ $y_{CD} = -x + 3$.

令 $2x + 8 = -x + 3$，得 $x = -\dfrac{5}{3}$.

∴ $E\left(-\dfrac{5}{3}, \dfrac{14}{3}\right)$.

∵ $C(3,0)$，F 为 EC 的中点，
∴ $F\left(\dfrac{2}{3}, \dfrac{7}{3}\right)$，
∴ 直线 l 的解析式为 $y = \dfrac{5}{4}x + \dfrac{3}{2}$.

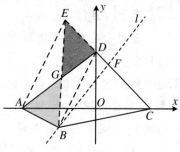

图 4.172

思路点拨

本题重点考查了一次函数的诸多知识点，如：利用待定系数法求直线的解析式；两直线平行，斜率相等；中点坐标公式；如何将任意凸四边形用一条过顶点的直线平分面积．首先，如何确定满足题意的直线是关键．利用几何法确定此直线，为后面的计算打下基础．我们知道，三角形的中线可以将三角形的面积平分．现在的问题是：如何平分四边形的面积？我们可以设想，将四边形转化为等面积的三角形，那么问题就简单多了．利用平行线可以将问题转化，通过等积变换，只要解得△EBC 的边 EC 的中点坐标即可．

78.（1）∵ 四边形 $ABCO$ 为矩形，如图 4.173 所示，
∴ $\angle CBA = 90°$，$\angle BCP = \angle BAQ = 90°$.

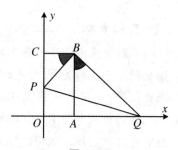

图 4.173

∵ $BQ \perp BP$,

∴ $\angle PBQ = 90°$,

∴ $\angle PBC + \angle PBA = \angle QBA + \angle PBA = 90°$,

∴ $\angle PBC = \angle QBA$,

∴ $\triangle BCP \sim \triangle BAQ$.

(2) MN 为 PQ 的中点，$MN \perp x$ 轴，如图 4.174 所示.

∴ $MN // OP$,

∴ $MN = \dfrac{1}{2}OP$, $ON = QN = \dfrac{1}{2}OQ$.

设 $MN = a$, 则 $OP = 2a$.

∴ $CP = 4 - 2a$.

∵ $\triangle BCP \sim \triangle BAQ$,

∴ $\dfrac{BC}{AB} = \dfrac{CP}{AQ} = \dfrac{1}{2}$,

∴ $AQ = 8 - 4a$,

∴ $OQ = 10 - 4a$,

∴ $ON = 5 - 2a$,

∴ $AN = 3 - 2a$.

在 Rt$\triangle AMN$ 中，$AM^2 = AN^2 + MN^2 = (3-2a)^2 + a^2 = 5a^2 - 12a + 9$.

当 $a = \dfrac{6}{5}$ 时，AM 有最小值为 $\dfrac{3\sqrt{5}}{5}$.

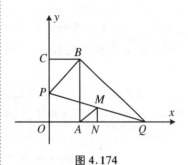

图 4.174

(3) 连接点 B 与 M、O 与 M、B 与 O，如图 4.175 所示.

∵ BM 是 Rt$\triangle PBQ$ 斜边上的中线，

∴ $BM = \dfrac{1}{2}PQ$.

同理，$OM = \dfrac{1}{2}PQ$.

∴ $BM = OM$,

∴ 点 M 一定在线段 BO 的垂直平分线上.

过点 M 作 BO 的垂线交 BO 于点 G、交 x 轴于点 F，作 $GH \perp x$ 轴于点 H，如图 4.176 所示.

当点 P 从点 C 运动到点 O 时，线段 MN 扫过的面积为 $S_{\triangle GHF}$.

∵ $GH = \dfrac{1}{2}AB = BC$, $\angle COB = \angle HFG$, $\angle BCO = \angle GHF = 90°$,

∴ $\triangle BCP \cong \triangle GHF$,

∴ $S_{\triangle GHF} = S_{\triangle OBC} = 4$,

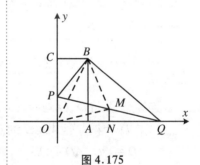

图 4.175

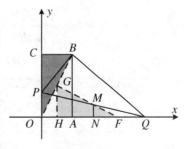

图 4.176

∴线段 MN 扫过的面积为 4.

思路点拨

第一问相对简单,只要证明两个三角形中的两个内角分别对应相等,那么这两个三角形相似.

第二问是求最值.显然,线段 AM 是 $Rt\triangle AMN$ 的斜边,而且两条直角边长之间存在一次函数关系,那么依据勾股定理可先求出 AM^2 的最小值,再求 AM 的最小值.

第三问本质上是动点轨迹问题.轨迹问题在近年的中考中异军突起.初中阶段动点的轨迹问题一般只有两种情况,一是直线型,二是圆或圆弧型.也有双曲线型,但是不多见.本题利用直角三角形斜边上的中线性质可以判定,动点 M 与点 O、B 之间的距离始终相等,那么动点 M 就必然在线段 BO 的中垂线上.欲求线段 MN 扫过的面积,只要确定 M 的起点和终点,就会发现 MN 扫过的面积为 $\triangle GHF$.

79.(1)探究结论: $AE = OG$,直线 AE 与直线 OG 垂直.

连接点 A 与 D、O 与 D,如图 4.177 所示.

∵点 D 为正方形 $ABCO$ 的对称中心,

∴ $AD = OD$,$AD \perp OD$.

∵四边形 $DEFG$ 为正方形,

∴ $ED = GD$,$DE \perp GD$,

∴ $\angle ADE + \angle EDO = \angle ODG + \angle EDO = 90°$,

∴ $\angle ADE = \angle ODG$.

∵在 $\triangle ADE$ 与 $\triangle ODG$ 中,有

$$\begin{cases} AD = OD \\ \angle ADE = \angle ODG \\ ED = GD \end{cases}$$

∴ $\triangle ADE \cong \triangle ODG$(SAS),

∴ $AE = OG$,$\angle EAD = \angle GOD$,$\angle AED = \angle OGD$.

延长 AE、OG 交于点 H,连接点 D、H,如图 4.178 所示.

∵ $\angle HAD = \angle HOD$,

∴ A、O、H、D 四点共圆,

∴ $\angle ADO = \angle AHO = 90°$,即 $AH \perp OH$,

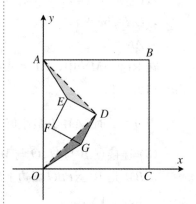

图 4.177

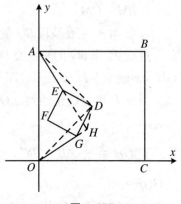

图 4.178

∴ 直线 AE 与直线 OG 垂直.

(2) ① 连接点 O 与 G,作 $OP \perp FG$ 交 FG 的延长线于点 P,如图 4.179 所示.

由(1)可知 $OG = AE = \sqrt{2}$.

设 $OP = a$,$GP = b$.

由勾股定理有
$$\begin{cases} a^2 + b^2 = 2 \\ a^2 + (1+b)^2 = 5 \end{cases},$$

得 $a = b = 1$.

∴ $\tan \angle OFG = \dfrac{OP}{PF} = \dfrac{1}{2}$.

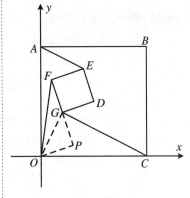

图 4.179

② 连接点 O 与 D、A 与 D、G 与 E,如图 4.180 所示.

∵ $OP = GP$,

∴ △GOP 为等腰直角三角形,

∴ $\angle OGP = 45°$,

∴ $\angle FGO = 135°$,

∵ $\angle FGD = 90°$,

∴ $\angle DGO = 135°$.

由(1)可知 $\angle AED = \angle OGD = 135°$.

∵ $\angle GED = 45°$,

∴ $\angle AEG = 90°$,即 $GE \perp AE$.

∵ $OG \perp AE$,

∴ O、G、E 三点共线.

∵ $\angle DAE = \angle DOG$,$\angle OAD = \angle AOD = 45°$,

∴ $\angle OAE = \angle COG$,

∴ △$OAE \cong$ △COG(SAS)

∴ $CG = OE = 2\sqrt{2}$,$AO = CO = \sqrt{10}$,

∴ $C(\sqrt{10}, 0)$.

∵ $\angle AOE = \angle OCG$,$\tan \angle AOE = \dfrac{1}{2}$,

∴ $y_{CG} = -\dfrac{1}{2}x + \dfrac{\sqrt{10}}{2}$.

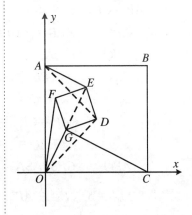

图 4.180

思路点拨

本题的综合性较强,难度较大.

(1) 第一问主要是构造手拉手模型,结合四点共圆的判定,解决问题.

(2)第二问在第一问的基础上定量计算,结合勾股定理,解得角度正切值.

(3)第三问要结合第一问中的诸多结论进行全面分析,首先可以解得正方形边长,即可知点 C 的坐标,由于直线 CG 与 x 轴之间的夹角的正切值可求,故直线 CG 的解析式可求.

80. (1) $\because A(0,3), B(3,0)$,

$\therefore \angle PAB = 45°$.

$\because y_{AQ} = x + 3$,

$\therefore$ 直线 $y = x + 3$ 过点 A,$\angle PAQ = 45°$.

作 $PC \perp AP$ 交 AB 的延长线于点 C,如图 4.181 所示.

易知△APC 为等腰直角三角形,

$\therefore AP = CP, \angle C = 45°$.

$\because \angle APQ + \angle APB = \angle CPB + \angle APB = 90°$,

$\therefore \angle APQ = \angle CPB$.

$\because$ 在△APQ 与△CPB 中,有

$$\begin{cases} \angle APQ = \angle CPB \\ AP = CP \\ \angle PAQ = \angle C = 45° \end{cases},$$

$\therefore △APQ \cong △CPB$(ASA),

$\therefore S_{四ABPQ} = S_{△APC} = \dfrac{1}{2}AP^2$.

$\because AO = 3, OP = -t$,

$\therefore AP = AO + OP = 3 - t$,

$\therefore S_{四ABPQ} = \dfrac{1}{2}(3-t)^2$.

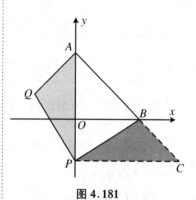

图 4.181

(2)作 $GB \perp x$ 轴交 EF 的延长线于点 G,连接点 D、G,如图 4.182 所示.

$\because DE \perp EG, GB \perp DB$,

$\therefore$ 四边形 $GEDB$ 为圆的内接四边形,

$\therefore \angle GDE = \angle GBE$.

$\therefore \angle EBD = 45°$,

$\therefore \angle GDE = \angle GBE = 45°$,

$\therefore △EDG$ 为等腰直角三角形,

$\therefore EG = ED$,

$\therefore \dfrac{EF}{ED} = \dfrac{EF}{EG} = \dfrac{2}{5}$,

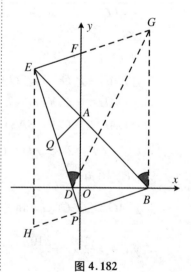

图 4.182

$\therefore \dfrac{EF}{FG} = \dfrac{2}{3}$.

作 $EH \parallel y$ 轴交 BP 的延长线于点 H,如图 4.182 所示.

$\because EH \parallel BG$,

$\therefore \angle HEB = \angle GBE = 45°$.

$\because EH \parallel FP \parallel GB, EG \parallel HB$,

$\therefore$ 四边形 $EHPF$、$FPBG$ 均为平行四边形,

$\therefore HP = EF, BP = FG$,

$\therefore \dfrac{HP}{BP} = \dfrac{EF}{FG} = \dfrac{2}{3}$.

在 BP 的延长线上取点 M,使得 $EP = PM$,则 $\triangle EPM$ 为等腰直角三角形,如图 4.183 所示.

$\therefore \angle M = \angle HEB = 45°$,

$\therefore \triangle EBH \backsim \triangle MBE$,

$\therefore BE^2 = BH \times BM$.

$\because$ 在 $Rt\triangle EPB$ 中,$BE^2 = EP^2 + BP^2$,

$\therefore BH \times BM = EP^2 + BP^2$.

设 $HP = 2a, EP = PM = b$,则 $BP = 3a, BH = 5a$, $BM = 3a + b$.

$\therefore 5a(3a+b) = 9a^2 + b^2$,化简得
$$(a+b)(6a-b) = 0,$$

$\therefore b = 6a$,

$\therefore \tan\angle HEP = \dfrac{1}{3}$.

$\because \angle HEP = \angle OBP$,

$\therefore \tan\angle OBP = \dfrac{1}{3}$.

$\because OB = 3$,

$\therefore OP = 1$,

$\therefore y_{BP} = \dfrac{1}{3}x - 1$.

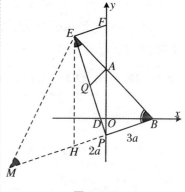

图 4.183

思路点拨

(1) 第一问相对简单,主要考查"对角互补、邻边相等"模型. 对于这个模型,一般采用作双垂线或者旋转的方法解决问题.

(2)第二问有相当的难度,首先就要将两条线段的比值进行转化.我们通过构造圆的内接四边形将问题转化为求同一条线段上的两条线段的比值,同时构造平行四边形将问题最终转化为经典的 45° 模型.对于这个模型,中考考查得非常频繁,解决问题的办法也很多,"一线三等角"相似、两次翻折、子母型相似结合勾股定理都可以,无论哪一种办法,都要解得 ∠HEP 的正切值,目的是求得 ∠OBP 的正切值,得到 OP 的长度以后,问题就简单了.

81. ∵ 四边形 ABCD 为正方形,边长为 m,O 为 AD 的中点,如图 4.184 所示.

∴ $DC = m$,$OD = AO = \frac{1}{2}m$,

∴ $C\left(m, \frac{1}{2}m\right)$.

∵ $y = ax^2$ 的图像过点 C,

∴ $\frac{1}{2}m = am^2$,得 $a = \frac{1}{2m}$.

∵ 四边形 DEFG 为正方形,边长为 n,

∴ $GF = DE = n$,$OE = DE + OD = n + \frac{1}{2}m$,

∴ $F\left(-n, n + \frac{1}{2}m\right)$.

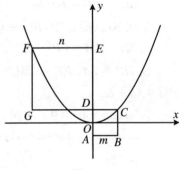

图 4.184

∵ $y = ax^2$ 的图像过点 F,

∴ $n + \frac{1}{2}m = a \times (-n)^2 = \frac{n^2}{2m}$,化简得

$$\left(\frac{n}{m}\right)^2 - 2 \times \frac{n}{m} - 1 = 0,$$

∴ $\frac{n}{m} = 1 + \sqrt{2}$(负值舍去).

思路点拨

本题重点考查正方形的性质、二次函数背景下线段长度与坐标的关系.由于点 C、F 在抛物线上,故这两点的坐标一定满足抛物线解析式,结合题意,可以建立方程,得到关于 m、n 的二次方程,求解即可.

82. 作 $DF \perp y$ 轴于点 F,如图 4.185 所示.

易知 $S_{\triangle DCO}=\dfrac{1}{2}DF\times CO, S_{\triangle BCO}=\dfrac{1}{2}BO\times CO$.

∵ y 轴平分四边形 $DCBO$ 的面积,

∴ $S_{\triangle DCO}=S_{\triangle BCO}$,

∴ $DF=BO$.

∵ $DF\ /\!/\ BO$,

∴ $EF=EO=\dfrac{1}{2}OF$.

∵ $y=a(x-3)(x+4)$,

∴ $A(-4,0), B(3,0), C(0,-12a)$,

∴ $D(-3,-6a)$,

∴ $OE=-3a$,

∴ $CE=-9a$.

∵ $S_{\triangle DCB}=\dfrac{1}{2}CE\times(DF+BO)=\dfrac{27}{4}$,

∴ $\dfrac{1}{2}\times(-9a)\times 6=\dfrac{27}{4}$, 得 $a=-\dfrac{1}{4}$.

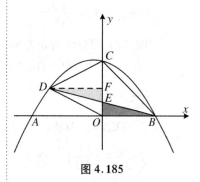

图 4.185

思路点拨

本题重点考查了抛物线的基本性质,这是一道基础题,相对简单.只要搞清楚点 D 与点 B 是关于 y 轴对称的,就可以利用面积公式建立方程,同时要注意宽高法求面积在抛物线背景下的运用.

83. 作 $DM\perp x$ 轴于点 M,如图 4.186 所示.

∵ $y=(x-1)(x+3)$,

∴ $A(-3,0), B(1,0), C(0,-3)$.

∵ 抛物线的对称轴为 $x=-1, CD\ /\!/\ x$ 轴,

∴ 点 $C、D$ 关于抛物线的对称轴对称,

∴ $D(-2,-3)$,

∴ $DM=3, OM=2, AM=1$,

∴ $BM=DM=3$,

∴ $\angle ABD=45°$.

∵ $HE\perp x$ 轴,

∴ $\triangle HEB$ 为等腰直角三角形,

∴ $HE=BH$.

∵ $FG\ /\!/\ DM$,

∴ $\angle AFG=\angle ADM$.

∵ $\tan\angle ADM=\dfrac{AM}{DM}=\dfrac{1}{3}$,

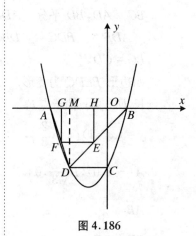

图 4.186

$\therefore \tan\angle AFG = \dfrac{AG}{GF} = \dfrac{1}{3}$.

$\because$ 四边形 $EFGH$ 为正方形,

$\therefore GF = FE = GH = HE = BH = 3AG$,

$\therefore \dfrac{EF}{AB} = \dfrac{3}{7}$.

$\because \triangle FDE \backsim \triangle ADB$,

$\therefore \dfrac{S_{\triangle FDE}}{S_{\triangle ADB}} = \left(\dfrac{EF}{AB}\right)^2 = \dfrac{9}{49}$.

$\because S_{\triangle ADB} = \dfrac{1}{2}DM \times AB = 6$,

$\therefore S_{\triangle FDE} = \dfrac{54}{49}$.

思路点拨

本题把握住两点即可事半功倍,一是 $\angle ABD = 45°$,二是 $\tan\angle AFG = \dfrac{1}{3}$.这样会迅速解得 $\dfrac{EF}{AB} = \dfrac{3}{7}$,再根据相似比的平方等于面积比解决问题.本题欲求 $S_{\triangle FDE}$,显然 $\triangle FDE \backsim \triangle ADB$,由于 $\triangle ADB$ 的面积易求,故只要解得相似比即可.

84. 作 $BE \parallel CD$ 交 AD 于点 E,如图 4.187 所示.

$\because BC \parallel AD$,

$\therefore$ 四边形 $BEDC$ 为平行四边形.

$\because BC \parallel AD$,BD 平分 $\angle ADC$,

$\therefore \angle ADB = \angle BDC = \angle DBC$,

$\therefore BC = CD$,

$\therefore$ 四边形 $BEDC$ 为菱形.

延长 DC 交 x 轴于点 F.

$\because y = (x+1)\left(x - \dfrac{2}{3}\right)$,

$\therefore A(-1, 0)$,$B\left(\dfrac{2}{3}, 0\right)$,

$\therefore AB = \dfrac{5}{3}$.

$\because BE \parallel DF$,

$\therefore \dfrac{BE}{DF} = \dfrac{AB}{AF}$.

设 $D\left(m, (m+1)\left(m - \dfrac{2}{3}\right)\right)$,则

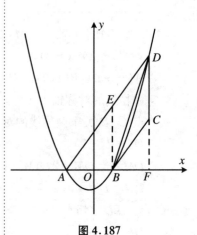

图 4.187

$DF = (m+1)\left(m - \dfrac{2}{3}\right)$, $AF = m+1$, $BF = m - \dfrac{2}{3}$.

$\therefore \dfrac{BE}{(m+1)\left(m-\dfrac{2}{3}\right)} = \dfrac{\dfrac{5}{3}}{m+1}$,

$\therefore BE = \dfrac{5}{3}\left(m - \dfrac{2}{3}\right)$.

$\because BE = BC$,

$\therefore \cos\angle CBF = \dfrac{BF}{BC} = \dfrac{3}{5}$.

$\because AD // BC$,

$\therefore \angle DAB = \angle CBF$,

$\therefore \cos\angle DAB = \dfrac{3}{5}$,

$\therefore \tan\angle DAB = \dfrac{DF}{AF} = \dfrac{4}{3}$,

$\therefore y_{AD} = \dfrac{4}{3}x + \dfrac{4}{3}$.

思路点拨

本题考查了二次函数的基本性质、菱形的性质、三角函数及一次函数的解析式,综合性较强,灵活新颖. 本题欲求直线 AD 的解析式,由于点 A 已知,故求点 D 的坐标或者 $\angle DAB$ 的三角函数值便可以解决问题. 本解法利用后者,采用构造菱形的办法,将问题转化到求 $\angle CBF$ 的三角函数值,结合抛物线的解析式和平行线分线段成比例定理,可以解决问题.

85. (1) $\because y = -\dfrac{2}{3}(x+1)(x-3)$,

$\therefore A(-1, 0), B(3, 0), M(0, 2)$,

$\therefore AB = 4, AO = 1, BO = 3, OM = 2$.

$\because AE = BE$,

$\therefore OE = 1$.

$\because$ 四边形 $ABCD$ 为矩形,$DC // x$ 轴,

$\therefore OH // AD$,

$\therefore H$ 为 DE 的中点.

延长 CH 交 x 轴于点 N,如图 4.188 所示.

$\because$ 易知 $\triangle DHC \cong \triangle EHN$,

$\therefore DC = EN = AB, HN = HC$.

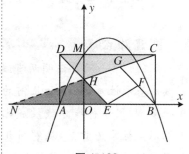

图 4.188

∵ $HG = GC$,

∴ $\dfrac{NH}{NG} = \dfrac{NE}{NB} = \dfrac{2}{3}$,

∴ $DE \parallel BG$.

(2) 连接点 D 与 G、E 与 G, 如图 4.189 所示.

∵ $HG = GC$,

∴ $S_{\triangle DGC} = S_{\triangle DHG}$.

∵ $DH = HE$,

∴ $S_{\triangle DHG} = S_{\triangle GHE}$,

∴ $S_{\triangle GHE} = \dfrac{1}{2} S_{\triangle DHC}$.

∵ $AO = OE = 1, HO \parallel AD$,

∴ $HO = \dfrac{1}{2} AD = \dfrac{1}{2} MO = 1$,

∴ $MH = 1$,

∴ $S_{\triangle DHC} = 2$,

∴ $S_{\triangle GHE} = 1$.

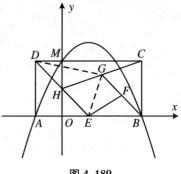

图 4.189

连接点 B、H, 如图 4.190 所示.

∵ 四边形 $MOBC$ 为矩形,

∴ $S_{\triangle HBC} = \dfrac{1}{2} S_{矩 MOBC} = 3$.

∵ $HG = GC$,

∴ $S_{\triangle BGC} = S_{\triangle BGH} = \dfrac{3}{2}$.

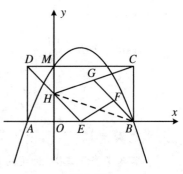

图 4.190

连接点 H 与 F、C 与 F、G 与 E, 如图 4.191 所示.

∵ $GF = FB, HG = GC$,

∴ $S_{\triangle CGF} = \dfrac{1}{2} S_{\triangle BGC} = S_{\triangle HGF} = \dfrac{3}{2}$,

∵ $HE \parallel FG$,

∴ $S_{\triangle GEF} = S_{\triangle HGF} = \dfrac{3}{2}$,

∴ $S_{四 EFGH} = S_{\triangle GHE} + S_{\triangle GEF} = \dfrac{5}{2}$.

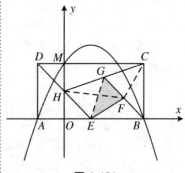

图 4.191

思路点拨

(1) 第一问要证明两直线平行,同时也考查了抛物线的基本性质.从平面几何的角度,证明平行的办法有很多,利用平行线分线段成比例逆定理是一种办法.本题以坐标系为背景,从解析几何的角度,可以分别求出两直线的解析式,如果斜率相等,则平行.

(2) 第二问欲求面积. 显然, 四边形 $EFGH$ 是不规则图形, 直接求解不方便, 那么我们将四边形分割成两个三角形, 分别求出面积即可. 其中, 利用了平行四边形一半模型、三角形中线平分三角形面积、平行线等积变换, 这三个知识点都是中考高频考点.

86. 作 $CF \perp x$ 轴于点 F, 作 $DE \perp y$ 轴于点 E, 如图 4.192 所示.

∵ 易证 △ ADE ≌ △ BAO ≌ △ CBF,

∴ $OB = CF = AE, ED = OA = BF$.

设 $OB = CF = AE = a, ED = OA = BF = b$.

∵ $AB = \sqrt{5}$,

∴ $a^2 + b^2 = 5$.

∵ $S_{\triangle AOB} = \dfrac{1}{5} S_{\text{正}ABCD}$,

∴ $\dfrac{1}{2}ab = \dfrac{1}{5}AB^2 = 1$, 得 $ab = 2$,

∴ $\begin{cases} a = 1 \\ b = 2 \end{cases}$ 或 $\begin{cases} a = 2 \\ b = 1 \end{cases}$.

∵ $m > n$,

∴ $D(2,3), C(3,1)$,

∴ $m = 6, n = 3$,

∴ $m - n = 3$.

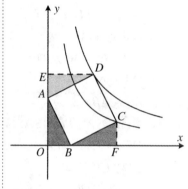

图 4.192

思路点拨

本题相对简单, 属于基础题, 重点考查了 "一线三等角" 全等模型、反比例函数的基本性质. 本题只要解得点 D、C 的坐标, 即解得 m、n 的值.

87. (1) 作 $AM \perp y$ 轴于点 M, 作 $BN \perp x$ 轴于点 N, 连接点 A 与 O、B 与 O、M 与 N、B 与 M、A 与 N, 如图 4.193 所示.

∵ $AM \parallel x$ 轴,

∴ $S_{\triangle AMO} = S_{\triangle AMN}$.

同理, $S_{\triangle BON} = S_{\triangle BNM}$.

∵ $S_{\triangle AMO} = S_{\triangle BON} = \dfrac{1}{2}k$,

∴ $S_{\triangle AMN} = S_{\triangle BNM}$,

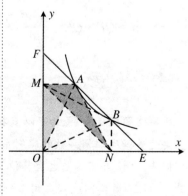

图 4.193

∴ $AB \parallel MN$.

∵ $FM \parallel BN$,

∴ 四边形 $FMNB$ 为平行四边形,

∴ $FM = BN$.

同理, $AM = EN$.

∴ $\triangle AFM \cong \triangle EBN$(SAS),

∴ $AF = EB$.

(2) 延长 AB 交 x 轴于点 E, 延长 BA 交 y 轴于点 F, 如图 4.194 所示.

由(1)可知 $AF = EB$.

连接点 C 与 F、E 与 C.

∵ 四边形 $OACB$ 为平行四边形,

∴ $AO = BC$, $AO \parallel BC$.

∵ $OA \perp AB$,

∴ $BC \perp AB$,

∴ $\triangle AFO \cong \triangle BEC$(SAS),

∴ $OF = CE$, $\angle OFE = \angle CEF$,

∴ $OF \parallel CE$,

∴ 四边形 $FOEC$ 为矩形.

作 $AH \perp x$ 轴于点 H, 则 $OH = a$, $AH = b$, $AO^2 = a^2 + b^2$.

∵ $AH \parallel OF$,

∴ $\angle FOA = \angle OAH$,

∴ $\triangle OAF \backsim \triangle AHO$,

∴ $AO^2 = OF \times AH$, 得 $OF = \dfrac{AO^2}{b}$.

∵ $\triangle AOH \backsim \triangle EOA$,

∴ $AO^2 = OH \times OE$, 得 $OE = \dfrac{AO^2}{a}$,

∴ $m = OF \times OE = \dfrac{AO^4}{ab} = \dfrac{(a^2+b^2)^2}{ab}$.

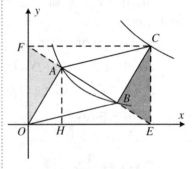

图 4.194

思路点拨

(1) 第一问的结论也是反比例函数几何性质之一, 在填空题或选择题中可以直接运用, 事半功倍. 本题主要是根据反比例函数的比例系数 k 的几何意义, 利用面积法证明. 当然本题也有其他证法, 本证法相对简洁.

(2) 第二问直接利用第一问的结论, 通过构造矩形, 利用两次相似, 得到 m 与 a、b 之间的数量关系.

88. 作 $EG \perp x$ 轴于点 G, 交 OF 于点 H, 如图 4.195 所示.

$\because S_{\triangle OEG} = S_{\triangle OFC} = \dfrac{1}{2}k$,

$\therefore S_{\triangle OEG} - S_{\triangle OHG} = S_{\triangle OFC} - S_{\triangle OHG}$, 即 $S_{\triangle OEH} = S_{\text{四}HGCF}$,

$\therefore S_{\triangle OEH} + S_{\triangle EHF} = S_{\text{四}HGCF} + S_{\triangle EHF}$, 即 $S_{\triangle OEF} = S_{\text{四}EGCF} = b$.

$\because EG \parallel FC$,

$\therefore \triangle FCD \backsim \triangle EGD$,

$\therefore \dfrac{S_{\triangle FCD}}{S_{\triangle EGD}} = \left(\dfrac{FD}{ED}\right)^2 = \dfrac{1}{m^2}$.

设 $S_{\triangle FCD} = x$.

$\therefore \dfrac{x}{b+x} = \dfrac{1}{m^2}$, 得 $b = (m^2 - 1)x$.

$\because EB \parallel CD$,

$\therefore \triangle BEF \backsim \triangle CDF$,

$\therefore \dfrac{S_{\triangle CDF}}{S_{\triangle BEF}} = \left(\dfrac{FD}{EF}\right)^2$.

$\therefore \dfrac{DF}{DE} = \dfrac{1}{m}$,

$\therefore \dfrac{DF}{EF} = \dfrac{1}{m-1}$,

$\therefore \dfrac{x}{a} = \dfrac{1}{(m-1)^2}$, 得 $a = (m-1)^2 x$,

$\therefore \dfrac{a}{b} = \dfrac{(m-1)^2}{m^2 - 1} = \dfrac{m-1}{m+1}$.

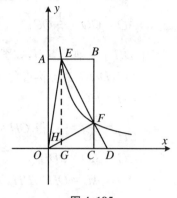

图 4.195

思路点拨

> 本题重点考查了反比例函数的比例系数 k 的几何意义,"小喇叭"三角形与梯形的等积变换,相似三角形的面积比等于相似比的平方,这是一道经典的反比例试题.首先,对应反比例函数的"小喇叭"三角形的面积是中考高频考点,一定要引起重视.将面积转化后,显然存在 3 个三角形两两相似,由相似三角形的性质将 $\triangle CDF$ 作为"桥梁"建立联系,不难解决问题.

89. $\because S_{\triangle AOE} = S_{\triangle FOC} = \dfrac{1}{2}k$,

$\therefore AO \times AE = CF \times AB$.

$\because AB = 2AO$,

$\therefore AE = 2CF$.

$\because AG$ 平分 $\angle OAB$,

∴△OAG 为等腰直角三角形,

∴AO = GO = $\frac{1}{2}$OC.

作 DH⊥x 轴于点 H,如图 4.196 所示.

易知△DHG 为等腰直角三角形.

∴DH = HG.

∴$\frac{DH}{OH} = \frac{BC}{OC} = \frac{1}{2}$,得 OH = 2DH,

∴OG = AO = 3DH.

∴AO × AE = OH × DH,即 3DH × AE = 2DH × DH,

∴DH = $\frac{3}{2}$AE = 3CF.

设 CF = a,则 AE = 2a,DH = 3a,AO = 9a,AB = 18a.

∴BE = 16a.

作 EM⊥x 轴于点 M.

易证 $S_{△OEF} = S_{四EMCF}$.

∴$\frac{1}{2}(a + 9a) \times 16a = \frac{80}{9}$,得 $a = \frac{1}{3}$,

∴OH = 6a = 2,DH = 3a = 1,

∴D(2,1).

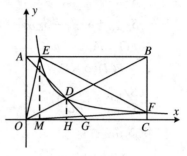

图 4.196

思路点拨

本题重点考查了反比例函数的比例系数的几何意义."小喇叭"三角形面积的计算方法及相似三角形的性质,这是一道综合性较强的题目.首先比较容易得到 AE = 2CF,再利用角平分线的性质可以判定△OAG 为等腰直角三角形,从而推出 AO = 3DH,继而有 DH = 3CF,那么将"小喇叭"三角形的面积转化为梯形的面积,建立方程即可.

90. (1) 作 HF∥AD 交 AB 于点 H,作 EG∥AB 交 BC 于点 G、交 HF 于点 P,如图 4.197 所示,则

$S_{▱EPFD} = 2a$, $S_{▱HBCF} = 2b$.

∵$S_{▱ABCD} = a + b + c + S$,

∴$S_{▱AHPE} = S - a - b + c$.

∵$S_{▱ABGE} = 2c$,

∴$S_{▱HBGP} = a + b + c - S$.

∴$\frac{AE}{AD} = \frac{S_{▱ABGE}}{S_{▱ABCD}} = \frac{HP}{HF} = \frac{S_{▱HBGP}}{S_{▱HBCF}}$,

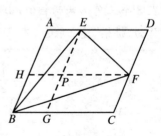

图 4.197

$$\therefore \frac{2c}{a+b+c+S} = \frac{a+b+c-S}{2b},$$

$$\therefore (a+b+c)^2 - S^2 = 4bc,$$

$$\therefore S = \sqrt{(a+b+c)^2 - 4bc}.$$

(2) 作 $EP \perp BE$ 交 BF 的延长线于点 P，过点 P 作 AB 的平行线交 AD 的延长线于点 H、交 BC 的延长线于点 G，则四边形 $ABGH$ 为矩形，如图 4.198 所示.

∵ △BEF 为等边三角形，

∴ EF 为 Rt△BEP 斜边上的中线，$\dfrac{BE}{EP} = \dfrac{1}{\sqrt{3}}$，

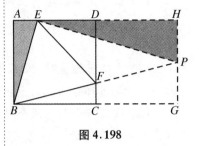

图 4.198

∴ $S_{\triangle BEF} = S_{\triangle EFP} = S$.

易证 △$ABE \sim$ △HEP.

∴ $\dfrac{S_{\triangle ABE}}{S_{\triangle HEP}} = \left(\dfrac{BE}{EP}\right)^2 = \dfrac{1}{3}$，得 $S_{\triangle HEP} = 3c$.

∵ $BF = FP$，$FC \parallel PG$，

∴ FC 为 △BPG 的中位线，

∴ $BC = CG$，$S_{\triangle PBG} = 4S_{\triangle BCF} = 4b$，

∴ $S_{矩ABGH} = 2S_{矩ABCD} = 2(a+b+c+S)$.

∴ $S_{矩ABGH} = 4c + 4b + 2S$，

∴ $2(a+b+c+S) = 4c + 4b + 2S$，

∴ $a = b + c$.

(3) 作 $AE \perp x$ 轴于点 E，过点 A 作 x 轴的平行线，过点 B 作 x 轴的垂线，垂足为点 D，两直线交于点 C，则四边形 $EACD$ 为矩形，如图 4.199 所示.

∵ 点 A 在反比例函数 $y = \dfrac{2}{x}$ 的图像上，

∴ $S_{\triangle AOE} = 1$.

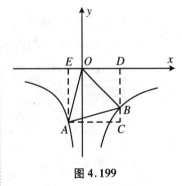

图 4.199

∵ 点 B 在反比例函数 $y = \dfrac{-4}{x}$ 的图像上，

∴ $S_{\triangle ODB} = 2$.

∵ △AOB 为等边三角形，

∴ 由 (2) 可知 $S_{\triangle AOE} + S_{\triangle ABC} = S_{\triangle ODB}$，

∴ $S_{\triangle ABC} = 1$.

由 (1) 可知 $S_{\triangle AOB} = \sqrt{(1+1+2)^2 - 4 \times 1 \times 1} = 2\sqrt{3}$.

∴ $S_{\triangle AOB} = \dfrac{\sqrt{3}}{4} AO^2 = 2\sqrt{3}$，

∴ $AO = 2\sqrt{2}$.

思路点拨

本题有一定的难度,涉及平行四边形的一个重要性质和矩形内接等边三角形的一个重要规律.在证明上述两个结论之后,解决第三问就相对简单很多.

(1)第一问关键是将面积比转化为线段比,通过构造平行四边形,分块求解面积表达式,利用比例关系建立方程.

(2)第二问构造"一线三等角"相似,结合中位线将大矩形中的各部分面积表示出来,建立方程即可.

(3)第三问是上述两个结论的具体运用,结合反比例函数比例系数的几何意义,可速解.如果将第三问独立解决,由于等边三角形的两个顶点在不同的反比例函数图像上,采用传统的"一线三等角"解法,计算量很大,而且有高次方程,初中生不容易掌握.

91. 连接点 E 与 C、F 与 C,如图 4.200 所示.

∵ 四边形 $AECF$ 为圆的内接四边形,

∴ $\angle EAC = \angle EFC = 90°$.

取 GC 的中点 H,连接点 F、H.

∵ FH 为 Rt$\triangle FGC$ 斜边上的中线,

∴ $FH = GH = CH$.

作 $HN \perp BC$ 于点 N.

∵ $\tan\angle B = \dfrac{4}{3}$,$AC \perp AB$,

∴ $\tan\angle ACB = \dfrac{3}{4}$.

∵ $AD \parallel BC$,

∴ $\angle CAD = \angle ACB$.

作 $CM \perp AD$ 于点 M.

∵ $\tan\angle CAD = \dfrac{CM}{AM} = \dfrac{3}{4}$,

∴ $CM = \dfrac{3}{5}AC$.

设 $AG = a$,$HN = 3b$,则 $FH = GH = CH = 5b$.

∵ $FH + HN = 8b \geqslant MC$,

∴ $8b \geqslant \dfrac{3}{5}(a + 10b)$,得 $10b \geqslant 3a$,

∴ $\dfrac{AG}{GC} = \dfrac{a}{10b} \leqslant \dfrac{1}{3}$.

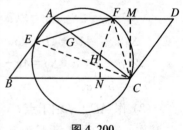

图 4.200

思路点拨

本题是涉及线段比值的最值问题,一般的解题思路是将两条线段分别设未知数,结合题意建立不等式求解.本题重点考查了圆的内接四边形性质、平行四边形的性质及直角三角形三边数量关系,结合斜边大于直角边建立不等式.

92. 连接点 E、F,如图 4.201 所示.
由翻折性质可知四边形 $ABEF$ 为菱形.
$\therefore AB = BE = EF$.
连接点 A、N.
$\because \angle B = \alpha = 80°$,$AM = MN$,
$\therefore \angle ANM = \angle AEB = 50°$,
$\therefore$ 四边形 $AMEN$ 为圆的内接四边形,
$\therefore \angle AEN = \alpha = 80°$.
$\because \angle AEF = 50°$,
$\therefore \angle FEN = 30°$ 为定值.
作 $FG \perp EN$ 于点 G.
$\therefore EN \geqslant EG = EF\cos 30° = \sqrt{3}$.

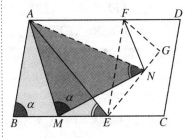

图 4.201

思路点拨

本题重点考查了翻折的性质、旋转的性质、四点共圆的判定.首先由翻折性质不难判定四边形 $ABEF$ 为菱形,继而由旋转的性质得到 $\angle ANM = \angle AEB$,所以可以判定 A、M、E、N 四点共圆,从而有 $\angle AEN = 80°$,故 $\angle FEN = 30°$,这就确定了点 N 的运动轨迹,将问题转化为定点到定直线的最短距离.

93. 连接点 D、E,如图 4.202 所示.
由正方形的对称性可知 $BE = DE$.
作 $EH \perp DF$ 于点 H.
$\because EH \leqslant DE$,
$\therefore \sin\angle EFD = \dfrac{EH}{EF} \leqslant \dfrac{DE}{EF} = \dfrac{BE}{EF} = \dfrac{1}{2}$,
$\therefore \angle EFD = 30°$.
$\because \tan\angle BFE = \dfrac{1}{2}$ 为定值,
$\therefore \angle BFE$ 为定值,
$\therefore$ 当 $\angle EFD$ 取得最大值时,$\angle BFD$ 最大.

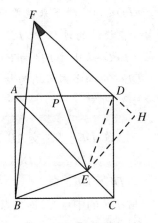

图 4.202

连接点 B、P，如图 4.203 所示.

$\because \angle BAP = \angle BEP = 90°$,

$\therefore$ 四边形 $ABEP$ 为圆的内接四边形,

$\therefore \angle BAE = \angle BPE = 45°$,

$\therefore \triangle BPE$ 为等腰直角三角形,

$\therefore BE = PE$.

$\because EF = 2BE$,

$\therefore PF = PE$.

当 $\angle EFD = 30°$ 时，$ED \perp FD$.

$\therefore PD$ 为 $Rt\triangle EFD$ 斜边上的中线,

$\therefore PD = FP = PE$,

$\therefore \triangle PED$ 为等边三角形,

$\therefore \angle EDC = 30°$.

作 $EQ \perp DC$ 于点 Q，则 $\triangle EQC$ 为等腰直角三角形.

设 $EQ = QC = x$，则 $DQ = 2 - x$.

$\because DQ = \sqrt{3}EQ$,

$\therefore 2 - x = \sqrt{3}x$，得 $x = \sqrt{3} - 1$,

$\therefore CE = \sqrt{2}x = \sqrt{6} - \sqrt{2}$.

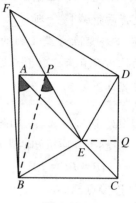

图 4.203

思路点拨

本题要把握住两点：何时 $\angle BFD$ 最大？当 $\angle BFD$ 最大时图形本身具备哪些特性？首先，由于 $\angle BFE$ 为定值，只要 $\angle EFD$ 取得最大值，$\angle BFD$ 即为最大.基于这一点，我们研究的目标就是 $\angle EFD$.根据正方形的对称性，不难判定 $\sin\angle EFD \leqslant \dfrac{1}{2}$，由正弦函数的单调性可知 $\angle EFD \leqslant 30°$.接下来就要研究此时图形具备哪些特性.由于在旋转的过程中，PD 始终为 $\triangle EFD$ 的中线，那么在 $\angle EFD = 30°$ 时 PD 为 $Rt\triangle EFD$ 斜边上的中线.此时，$\triangle DEC$ 中两个内角均为特殊角，并且一边已知，所以解 $\triangle DEC$ 即可.

94. 作 $DF \perp DE$ 交 AB 于点 F，如图 4.204 所示.

易证 $\triangle ADF \cong \triangle CDE$（ASA）.

$\therefore DF = DE$.

取 DF 的中点 G，连接点 A 与 G、E 与 G.

$\because AG$ 为 $Rt\triangle ADF$ 斜边上的中线,

$\therefore AG = DF = FG$.

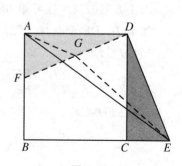

图 4.204

设 $AG = DG = FG = 1$,则 $DF = DE = 2$.

∴ $EG = \sqrt{DG^2 + DE^2} = \sqrt{5}$.

∵ $AE \leqslant AG + GC$,

∴ $AE \leqslant \sqrt{5} + 1$,

∴ $\dfrac{DE}{AE} \geqslant \dfrac{2}{\sqrt{5}+1} = \dfrac{\sqrt{5}-1}{2}$,当且仅当 A、G、E 三点共线时取等号,

∴ $\left(\dfrac{DE}{AE}\right)_{\min} = \dfrac{\sqrt{5}-1}{2}$.

思路点拨

正方形既是轴对称图形又是中心对称图形,所以对很多在正方形背景下的问题,常常会利用旋转法解决. 以本题为例,我们将 $\triangle DCE$ 绕点 D 顺时针旋转 $90°$,就可以将问题转化为三角形两边之和大于第三边的问题,比较简洁.

95. (1) 延长 DC 至点 G,使得 $CG = DC$,连接点 E 与 G、A 与 G,如图 4.205 所示.

∵ $BE = CF$,$BC = CD$,

∴ $EC = DF$.

∵ 在 $\triangle ADF$ 与 $\triangle GCE$ 中,有
$$\begin{cases} AD = CG \\ \angle ADF = \angle GCE = 90° \\ DF = CE \end{cases}$$

∴ $\triangle ADF \cong \triangle GCE$(SAS),

∴ $AF = GE$,

∴ $AE + AF = AE + EG \geqslant AG = 2\sqrt{5}$.

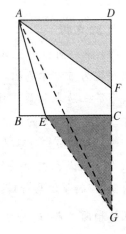

图 4.205

(2) 连接点 E、F 交 AC 于点 P,连接点 N、P,如图 4.206 所示.

∵ E、F 分别是 BC、CD 的中点,

∴ $EC = FC$,

∴ $\triangle FEC$ 为等腰直角三角形,

∴ $AC \perp EF$.

∵ $\triangle MNC$ 为等腰直角三角形,

∴ $\dfrac{PC}{EC} = \dfrac{NC}{MC} = \dfrac{1}{\sqrt{2}}$.

∵ $\angle PCN = \angle ECM$,

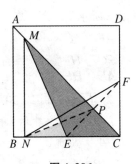

图 4.206

∴ △PCN ∽ △ECM，

∴ $\dfrac{NP}{ME} = \dfrac{PC}{EC} = \dfrac{1}{\sqrt{2}}$，得 $NP = \dfrac{ME}{\sqrt{2}}$，

∴ $ME + \sqrt{2}NF = \sqrt{2}\left(\dfrac{ME}{\sqrt{2}} + NF\right) = \sqrt{2}(NP + NF)$．

取点 P 关于 BC 的对称点 Q，连接点 F 与 Q、N 与 Q，如图 4.207 所示．

∵ $NP = NQ$，

∴ $NP + NF = NF + NQ \geqslant FQ$．

作 $QH \perp DC$ 交 DC 的延长线于点 H．

∵ △PEC 为等腰直角三角形，由对称性可知 $QH = CH = \dfrac{1}{2}EC = \dfrac{1}{2}$，

∴ $FQ = \dfrac{\sqrt{10}}{2}$，

∴ $ME + \sqrt{2}NF \geqslant \sqrt{2}FQ = \sqrt{5}$．

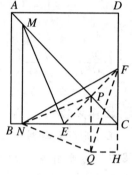

图 4.207

思路点拨

（1）第一问相对简单，核心思路就是将两条共顶点线段转化为可以首尾相连的线段，根据三角形中两边之和大于第三边求得最小值．要达到这一目的，通过构造全等三角形是较好的办法．

（2）第二问相对难很多．首先，要将线段 ME 转化为线段 NP，这是至关重要的一步．这样一来，问题就转化为典型的"将军饮马"问题了．由 ME 转化到 NP，势必需要构造相似三角形，而且相似比一定为 $\dfrac{1}{\sqrt{2}}$，因此我们构造 △PCN，问题即可解决．

96. 连接点 A、C 交 EF 于点 H，连接点 H、G，如图 4.208 所示．

∵ $AE \parallel FC$，

∴ $\dfrac{FC}{AE} = \dfrac{HF}{HE} = \sqrt{3} + 1$．

∵ △EFG 为等边三角形，

∴ $\dfrac{FG}{HF} = \dfrac{\sqrt{3}+2}{\sqrt{3}+1} = \dfrac{\sqrt{3}+1}{2}$．

作 $HP \perp FG$ 于点 P，连接点 C、G，如图 4.208 所示．

设 $HF = 2a$，则 $FP = a$，$HP = \sqrt{3}a$，$FG = (\sqrt{3}+1)a$．

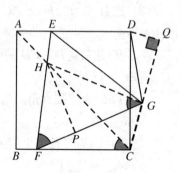

图 4.208

∴ $PG = \sqrt{3}a$,

∴ $PG = HP$,

∴ △HPG 为等腰直角三角形,

∴ $\angle HGF = \angle HCF = 45°$,

∴ H、F、C、G 四点共圆,

∴ $\angle HCG = \angle HFG = 60°$,

∴ $\angle DCG = 15°$.

作 $DQ \perp CG$ 于点 Q.

∴ $DG \geqslant DQ = CD\sin 15° = \sqrt{6} - \sqrt{2}$.

思路点拨

本题的核心是要研究点 G 的运动轨迹到底是直线型还是圆弧型,继而才能判断 DG 的最小值.首先题目给出了 $CF = (\sqrt{3}+1)AE$,这两条线段比较分散,不利于解决问题.那么我们尝试将问题转化,利用对角线可以计算出 $\dfrac{FG}{HF} = \dfrac{\sqrt{3}+1}{2}$.这样一来,在△HFG 中,两边的比值已知且夹角为 $60°$.解△HFG 可知 $\angle HGF = 45°$,从而 H、F、C、G 四点共圆,所以 $\angle HCG = \angle HFG = 60°$ 为定值,那么定点 C 与动点 G 之间的连线始终与定线段 CD 成 $15°$ 夹角,从而将 DG 的最小值问题转化为定点 D 到直线 CG 的最短距离问题.

97. 延长 AB 至点 P,使得 $BP = 2AD = 8$,连接点 P 与 E、M 与 P,如图 4.209 所示.

∴ $\dfrac{DF}{BE} = \dfrac{AD}{BP} = \dfrac{1}{2}$, $\angle ADF = \angle PBE = 90°$,

∴ △ADF∽△PBE,

∴ $\dfrac{AF}{PE} = \dfrac{AD}{BP} = \dfrac{1}{2}$,

∴ $PE = 2AF$.

∴ $AF + \dfrac{1}{2}ME = \dfrac{1}{2}(ME + 2AF) = \dfrac{1}{2}(ME + PE)$,

∴ $AF + \dfrac{1}{2}ME \geqslant \dfrac{1}{2}MP$.

∴ $AM = 2$, $AP = 10$,

∴ $MP = 2\sqrt{26}$,

∴ $\left(AF + \dfrac{1}{2}ME\right)_{\min} = \sqrt{26}$.

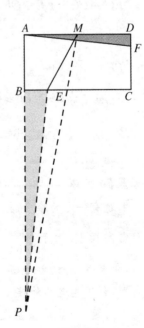

图 4.209

> **思路点拨**
>
> 本题核心思路就是将两条分散的线段转化为可以首尾相连的线段.显然,这需要构造相似三角形来解决.根据题目条件中的加权比例系数,利用△ADF∽△PBE就将问题解决了.再根据三角形三边关系求解即可.

98. 延长 BC、QE 交于点 F,如图 4.210 所示.

∵ $FP \parallel QD$,

∴ $\dfrac{EF}{QE} = \dfrac{CE}{DE} = \dfrac{2}{3}$,

∴ $\dfrac{S_{\triangle PFE}}{S_{\triangle PEQ}} = \dfrac{FE}{EQ} = \dfrac{2}{3}$.

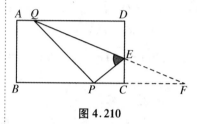

图 4.210

作 △PEF 外接圆⊙O,设半径为 r,连接点 P 与 Q、F 与 O,如图 4.211 所示.

∵ ∠PEQ = 60°,

∴ ∠PEF = 120°,

∴ ∠POF = 360° − 2×120° = 120°,

∴ ∠FPO = ∠PFO = 30°,

∴ $PF = \sqrt{3}\,r$.

连接点 E、O,过点 O 作 EC 的垂线,垂足为点 G.

∴ $CG = r\sin 30° = \dfrac{1}{2}r$.

∵ $EG = CG + CE \leqslant OE$,

∴ $\dfrac{1}{2}r + 2 \leqslant r$,得 $r \geqslant 4$,

∴ $PF = \sqrt{3}\,r \geqslant 4\sqrt{3}$,

∴ $S_{\triangle PEF} = \dfrac{1}{2}EC \times PF \geqslant 4\sqrt{3}$,

∴ $S_{\triangle PEQ} = \dfrac{3}{2}S_{\triangle PEF} \geqslant 6\sqrt{3}$,即 $S_{\triangle PEQ}$ 的最小值为 $6\sqrt{3}$.

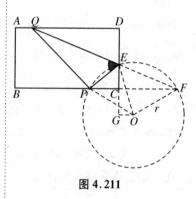

图 4.211

> **思路点拨**
>
> 本题有一定的难度,核心思路就是要将问题转化为定角定高模型.由于 $\dfrac{S_{\triangle PEF}}{S_{\triangle PEQ}} = \dfrac{2}{3}$ 为定值,欲求 $S_{\triangle PEQ}$ 的最小值,即求 $S_{\triangle PEF}$ 的最小值,而△PEQ 是典型的定角定高三角形,利用构造的外接圆可以解得弦 PF 的最小值,从而解决问题.如果是填空题或者选择题,可以直接利用定角定高模型的结论——等腰时面积最小,速解.

99. 作 $DM\perp BC$ 于点 M，$DN\perp AB$ 交 AB 的延长线于点 N，如图 4.212 所示.

∵ 四边形 $ABCD$ 内接于半⊙O，BD 平分 $\angle ABC$，

∴ $DN=DM$，$AD=CD$，

∴ $\triangle ADN\cong\triangle CDM$（HL），

∴ $AN=CM$.

∵ $\triangle BDN\cong\triangle BDM$（AAS），

∴ $BN=BM$，

∴ $AB+BC=AB+BM+CM=AB+AN+BM=2BM$，

∴ $L=AB+BC+CD+AD=2BM+2DC$.

∵ BC 为⊙O 的直径，

∴ $\angle BDC=90°$，

∴ $\triangle BDC\sim\triangle DMC$，

∴ $DC^2=MC\times BC$.

设 $AD=CD=x$，$BM=a$，则 $MC=4-a$.

∴ $x^2=4(4-a)$，得 $a=4-\dfrac{x^2}{4}$，

∴ $L=-\dfrac{x^2}{2}+2x+8=-\dfrac{1}{2}(x-2)^2+10$，

∴ $L_{\max}=10$.

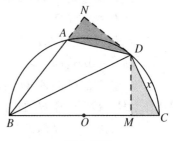

图 4.212

思路点拨

本题是典型的"邻边相等、对角互补"模型，综合考查了圆的内接四边形性质、全等、相似、二次函数等知识点. 首先，对于"邻边相等、对角互补"模型，常见的处理办法是作双垂线，本质上就是旋转. 这样一来，四边形 $ABCD$ 的周长 L 只与 DC、BM 有关，那么只要推出它们之间的数量关系，问题就可以解决. 显然，DC、BM 存在客观联系，由射影定理可以解得，从而周长 L 与 DC 之间存在二次函数关系，利用配方法便可以解得周长 L 的最大值.

100.（1）∵ 四边形 $ABCD$ 内接于⊙O，如图 4.213 所示，

∴ $\angle BAD+\angle BCD=180°$.

∵ 四边形 $EBCD$ 为菱形，

∴ $\angle ABC+\angle BCD=180°$，$\angle ABC=2\angle ABD$，

∴ $\angle BAD=\angle ABC=2\angle ABD$.

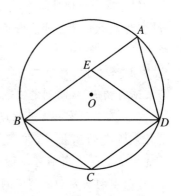

图 4.213

(2) 延长 DA 至点 F，使得 $AF = AB$，连接点 B、F，如图 4.214 所示.

$\because \angle BAD = 2\angle ABD, AF = AB,$

$\therefore \angle F = \angle ABD,$

$\therefore \triangle FBD \sim \triangle BAD,$

$\therefore BD^2 = AD \times DF = AD \times (AD + AF) = AD^2 + AD \times AB.$

(3) 连接点 O 与 A，O 与 B，O 与 D，作 $OG \perp BD$ 于点 G，作 $AH \perp OD$ 于点 H，如图 4.215 所示.

$\because \angle BOG = \angle DOG = \angle BAD, \angle AOD = 2\angle ABD = \angle BAD,$

$\therefore \angle BOG = \angle AOH = \angle DOG,$

$\therefore \triangle AOH \cong \triangle BOG \cong \triangle DOG,$

$\therefore OG = OH, AH = BG.$

$\because AB \ /\!/ \ CD,$

$\therefore AD = BC = ED.$

设 $OG = OH = x$，则 $HD = r - x$.

由(2)可知 $AB \times AD = AB \times DE = BD^2 - AD^2.$

$\because BD^2 = 4BG^2, AD^2 = AH^2 + HD^2 = BG^2 + HD^2,$

$\therefore AB \times DE = 3BG^2 - HD^2 = 3(r^2 - x^2) - (r - x)^2,$

$\therefore AB \times DE = -4\left(x - \dfrac{1}{4}r\right)^2 + \dfrac{9}{4}r^2,$

$\therefore (AB \times DE)_{\max} = \dfrac{9}{4}r^2.$

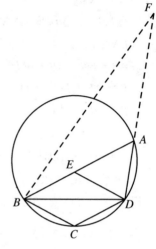

图 4.214

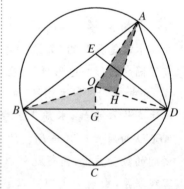

图 4.215

思路点拨

本题综合性较强，重点考查了圆周角定理、平行弦所夹的弧相等、二倍角三角形的处理方法、全等三角形、二次函数等知识点，考点比较密集.

(1) 第一问相对简单，根据"圆的内接四边形对角互补"、"两直线平行，同旁内角互补"及菱形的性质不难解决.

(2) 第二问，对于二倍角三角形，通常构造等腰三角形来证明相似，从而判定三边之间的数量关系.

(3) 第三问有一定的难度，根据第二问的结论，结合平行弦所夹的弧相等，即求 $AB \times AD$ 的最大值. 我们通过构造全等三角形可以得到相关线段之间的客观联系，再利用勾股定理就将问题转化为二次函数求最值问题了.